21世纪的
公共管理者

挑战与策略

[荷] 泽格·范德沃尔 Zeger van der Wal 著

叶林 等 译

格致出版社　上海人民出版社

前　言

　　我在纽约为期五周的研究假期间写完了这本书。住在布鲁克林一所"不高档"的公寓,面对大都市的原始状态——无尽的垃圾堆、破旧的房屋、四处游荡的穷人和流浪汉、在街头叫卖并希望维持生计的移民们,我下定决心要写完这本书。我比以往更加确信,这个世界需要善治的政府、优秀的行政官以及高效的公共管理者;简而言之:公共管理很重要。更为重要的是,我觉得通过提供一本实践和行动者导向的书,同时与经常处于行动困境的公共管理者对话,我的工作可能会对他们中的一些人产生影响,哪怕影响的程度可能微乎其微。

　　2014 年,我动手撰写本书,主要基于两个原因。第一个原因是,在开展科研项目、授课、开会和调研访谈期间,我接触到的所有(有抱负的)公共管理者都对我产生了启发和激励作用。他们中的绝大多数人每天都在不知疲倦地工作,在举步维艰的环境中创造公共价值。我从他们那里学到的东西远比他们从我这里学到的要多得多。我也一直与来自十几个国家的年轻的或年长的校友进行非正式的互动交流。与此同时,我不禁注意到,特别是对处于发展情境中的公共管理者而言,即使是针对以实践者为导向的"接地气"话题,我与他们讨论的读物和案例,也往往过于学术化,与他们的实际情况相去甚远。

　　这个观察结果促成了我写本书的第二个原因——我想写一本能与全球(有抱负的)公共管理者对话的书。这本书将以他们的问题、辛劳和挑战,以及他们的乐观精神、睿智的解决方案和应对机制为起点,对当前的趋势和驱动因素进行分类与核查。因为总有其他"必须"涵盖的内容,这些趋势和驱动因素在我们之前的对话中没有得到应有的重视。最为重要的是,这本书将严肃对待资深从业者,为他们提供基于最新研究证据和最佳实践的案例、观点和策略,同时保证通俗易懂和以行动者为导向。最后,这本书对于发展中国家和发达国家、西方国家和非西方国家的公共管理者来说都是相关和及时的。毕竟，书籍和文章经常有意或无意地传播源自西方而在其他环境中可能不大适用的观点、框架和模型。

现在有必要谈谈关于本书性质的问题。本书不是详细报道原始实证研究的研究专著，也不是传播一种特定的公共管理理论或方法的概念性书籍（如果存在的话）。除了 21 世纪公共管理者在以易变性（volatility）、不确定性（uncertainty）、复杂性（complexity）和模糊性（ambiguity）为特征的 VUCA 时代的工作概念之外，没有任何核心框架或"模型"贯穿各个章节。相反，本书以实践者为导向，为雄心勃勃的公共行政硕士（master of public administration，MPA）、公共管理硕士（master of public management，MPM）和全球高管教育者及时提供技能提升的教学文本。

因此，本书不是采用传统的"主题"式教科书写法，凭借几章内容阐述政府绩效、政治-行政关系以及公共管理者的责任或道德，而是采用"别出心裁"的方式。本书基于未来几年公共管理者面临的主要趋势和要求，讨论现有研究和案例如何帮助他们理解这些新兴趋势和管理要求，这就是我大约三年前在开始写作和组织初步想法时所期望的。现在，经历五个版本的大纲和几十个版本的手稿修订之后，这本书终于诞生了。我真心希望你会发现它的用处所在，并且时不时受其激励继续前行。我一直努力使用最新的内容和文献，直到最后一刻。

末了，我要感谢在撰写本书的过程中发挥重要作用的一些人。首先，丛书编辑、同事兼朋友保罗·哈特（Paul 't Hart）从一开始就对本书给予极大的支持。保罗建设性的批评意见和始终及时的反馈给了我很大的帮助，使我一直"坚持不懈"，尤其是在我精力不足、写作遇阻的时候。其次，帕尔格雷夫出版社（Palgrave）的编辑史蒂文·肯尼迪（Steven Kennedy）和劳埃德·兰曼（Lloyd Langman），以及编辑助理图尔·德利埃赛（Tuur Driesser）（恰好和我儿子同为不常见的名字），在他们的建议和帮助方面一直都表现得包容、支持且务实。最后，我还要感谢匿名审稿人对我的草稿提出的宝贵意见。

在此需要特别提及的是，我的四位研究助理以各自不同的方式、风格和优势为这本书做出了巨大的贡献。非常感谢来自中国香港的卡罗琳·劳（Carolyn Law），来自冈比亚的阿瓦·图雷（Awa Touray），来自哈萨克斯坦的阿塞尔·穆萨古洛娃（Assel Mussagulova）以及来自印度的辛格（Singh）！他们背景的多样性说明了我试图在书中呈现的观点、背景、实例和案例的多样性，以及我多年来非常欣赏的工作环境的多样性。数年来,他们所有人都为实现我创作真正的全球公共管理教科书的目标做出了贡献。我的同事兼编辑莉比·摩根·贝里(Libby Morgan Berri)在审阅和校订每个章节中发挥了极其重要的作用。她对细节和连贯性有敏锐的洞察力,对这本书的贡献是非常宝贵的。

就个人层面而言,我要感谢三位养育我的长辈——一直对我的努力和抱负给予肯定的凯蒂(Katie)、格里特(Gerrit)和米克(Mieke),以及我经常想念但相距7 000多英里的(姻亲)兄弟姐妹。我们敬重的保姆扎尔(Zel)也值得特别感谢:她让我们在努力工作的同时,尽享天伦之乐。但最重要的是,感激与爱意都要归于我这个了不起的家庭。马珍(Marjanne)、图尔(Tuur)和劳伦(Lauren)每天都让我的生活充满乐趣和价值。在写这本书的过程中,特别是在过去的几个月里,我向他们每个人提出了很多问题。我保证至少在两年内不会再开始写另一本书了!

泽格·范德沃尔

新加坡,2016 年 9 月 23 日

目　录

1. 引　言

1.1　成为 VUCA 时代的公共管理者

试想一下,作为地球上某个地方政府的管理者,你的工作日程中包含许多活动:为讨论政策和有关服务递送活动的进展情况而召开会议和制定议程;忍受无法跟上迅速变化的环境的常任制官员;指导需要认真管理的基层工作者,但他们认为自己并不需要;向焦躁的政治领袖解释,复杂的决策不可能在一周内达成共识;与跨部门的利益相关者就如何共同设计和生产服务进行谈判、沟通和咨询;避开那些在传统新闻媒体和非主流媒体工作的记者,他们为了迎合一个不断从危机和失败中汲取养分的媒体环境,会仔细观察你的行为表现。

所有这些,甚至更多的事务可能很容易就填满你的工作日程——一个你似乎无法掌控,更别说可以指挥的日程。当然,成为一名公共管理者从来都不是一件容易的事,但这似乎一直在变得更具挑战性。你的工作环境似乎越来越具备四个关键特性。

第一,你和你的下属越来越多地面临,或者更确切地说是惊叹于各类破坏性事件、丑闻、危机和冲击。在这种情况下,你所面临的挑战并不一定很难获悉——你甚至已经为其中一些挑战进行了筹备和演练。然而,它们的出现及出现的时机似乎总是出人意料,且持续时间也是个未知数。由于互联性的增强,即使是小事件也可能引发其他破坏性事件和危机。此类事件的增加将会导致更大的**易变性**。

第二,你会更频繁地面临突如其来的领导换届,这将彻底改变你从事了数月、有时甚至数年的政策和规划的前景。你通常能理解为什么会发生这种转变，或者为什么这种转变是不可避免的，但总是缺乏关于短期影响和事态如何推进的关键信息。你和下属们想要规划未来的发展前景并制定工作方案，但又不得不静候事态的发展。因为这样的转变，你会经历更多的**不确定性**。

第三，你越来越多地和各个利益相关者协作制定和实施政策，而每个利益相关者都有不同的政治议题、世界观和作风。此外，你还必须管理在性别、年龄、定位、背景方面日益多样化的劳动力。你基于直觉和经验继续工作，却发现很难有效地处理这么多相互关联的问题和角色。你的工作越来越具备协作性和代际性，这只是**复杂性**日益增加的两个示例。

第四，随着技术的发展和精通技术的公民要求提供更好的服务，你被迫进行"创新"和实施未经试点的新对策。但问题在于，在进行试点试验时，你所期望的潜在结果能否实现完全是未知数。解决方案的提供者、政治领袖和最终的受众有着不同的，甚至是相互冲突的目标。对你而言，其中一些利益诉求你也并不清楚或根本不知情。由此可见，试点试验充满了**模糊性**。

综上所述，这四个示例说明，一个以**易变性**（volatility）、**不确定性**（uncertainty）、**复杂性**（complexity）和**模糊性**（ambiguity）为特征的"VUCA 时代"（Johansen，2007）将逐渐塑造你的工作环境。在某种程度上，这种工作环境不仅对预测结果来说将是"未知的"，而且在所需技能、策略和参数方面也是未知的。2002 年，美国前国防部长唐纳德·拉姆斯菲尔德（Donald Rumsfeld）在五角大楼的一次新闻发布会上发表了一份声明，很好地捕捉了这一特性：

> 我总是对那些说什么事情也没有发生的报道很感兴趣。因为我们知道，世上有"已知的已知"，也就是我们知道自己已经知晓的事情；同时还有"已知的未知"，也就是我们知道自己并不了解的东西；除此之外，也有"未知的未知"，即那些我们甚至不知道我们对其一无所知的东西。

正如这四个特征所示，VUCA 时代的事件在包含"未知"方面有所不同。围绕**易变性**和**不确定性**的问题更"为人所知"，但其本身也颇具挑战性。它们需要一定程度的灵活性和适应性，以及先见之明和战略规划能力。以**复杂性**和**模糊性**为特征的形势是最不"为人所知"的,需要试点试验和突破常规认知的专家参与。图 1.1 显示了 VUCA 时代工作环境的关键特征。

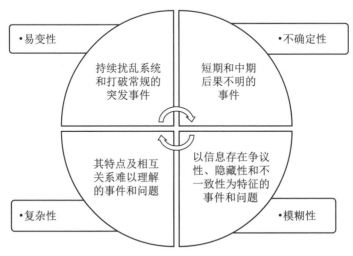

图 1.1 VUCA 时代下的工作环境特征

1.1.1 21 世纪公共管理:更有挑战性,但也更有价值?

这些特征以各种方式说明为什么你在 VUCA 时代工作将会充满挑战。包括新生代员工在内的利益相关者一边急需权威领导和循证决策的解决方案,一边又表现得像万事通。媒体热衷于报道失误和丑闻,却对已取得的稳步进展和小而重要的成就缺乏兴趣。政治领袖十分苛刻和模棱两可,以至于在为他们效忠的同时,保持自己的价值观、动机和中立立场几乎是不可能的。无限的技术机遇和创新"给世界带来希望",却远远超出了你的人力和财力范围,更别提那些程序和监管空间了。这些听起来难道不觉得熟悉?

当然,你所处的环境有其独特的机遇与挑战。政治环境可能基本上比较稳定,官僚主义对政策结果的影响或多或少是可预期的,变革和创新要么受到热烈欢迎,要么遭到激烈反对。但是,无论你身在何处,正如你与世界各地的公共管理者共享激情和抱负一样,你们也将共同经历许多挑战和挫折。或许在一个与今天截然不同的时代,这样的激情和抱负可能首先成为加入公共部门工作队伍的重要驱动力,你必须继续坚持并不断提升，以保持职业自豪感和工作满意度。

然而，新的发展也为实现水平空前的优质公共服务提供了令人激动的机会，同时还为公民和其他部门的变革先驱者提供了机遇。为了成为一名高效的21世纪的公共管理者，你需要学习并运用各种技能和思维方式，将各种新的挑战转化为巨大的机遇。

如果你是一个有抱负的公共管理者，当你进入政府机构的管理层时，事情肯定会更有挑战性。同时，在未来几十年，你无论是工作在一个新兴大城市，还是一个即将加入发达国家行列的发展中国家，抑或是一个此前曾多次被宣告破产但生命力惊人的发达福利国家，公共机构和政策的管理将是你能想到的最激动人心、最有趣、最有价值的活动之一。技术革命、富有主见的利益相关者，以及精通技术、富有企业家精神的新同僚，在带来挑战的同时，也为公共部门走向卓越提供了无限的契机。

1.1.2 为 VUCA 时代做好准备

如果你热衷于创造公共价值，并受到日益复杂的21世纪公共管理所带来的智力挑战的驱动，那么这本书就是为你写的。你可能会发现它会鼓舞人心，甚至有所帮助。如果你为工作保障、惯例安排、稳定性和工作环境的可预测性所驱使，或者仅仅满足于每天5点下班，直到退休时拥有一份体面的养老金，那么你现在可能并不需要阅读此书。

毕竟，在未来的几十年里，我们知道作为一名公共管理者，有很多事情我们不知道也不可能知道——因为这份工作将变得非常规化，在时间、空间、任务和政策领域方面的界限越来越不清晰，并且朝着更复杂、风险更高、多方面、跨部门、跨国的方向发展。因此，本书的一个关键问题是，公共管理者如何准备和应对 VUCA 时代。除了试图变得"灵活""开放"和"适应"之外，他们应该抛弃现有的、经过验证的惯例和框架——"陈规"——而在几乎没有确定任何方向的情况下就奔向未知的未来吗？公共管理者是否可以制定新的指导方针和战略？或者仅仅为了自保而坐视不管，"随遇而安"？

最重要的是，公共管理者不应该以"VUCA 时代"的概念为借口，逃避战略规划方面繁重且越来越痛苦的工作(Bennett and Lemoine，2014)。的确，VUCA 的概念最早出现在 20 世纪 90 年代初冷战后的军事领域，正是为了促进人们对“未知”(wild card)特征日益显著的作战环境进行规划和准备的思考(Ho，2008，2010；Petersen，2000)。未知因素是指不太可能发生但影响巨大的事情，它们复杂而代价高昂，很少能事先准备和计划出政治方面的权宜之计。

公共管理者如何开始思考识别和响应各种类型的 VUCA 事件？图 1.2 基于本内特和勒莫因(Bennett and Lemoine，2014：2)的研究，概述了公共管理者处理易变性、不确定性、复杂性或模糊性事件的基本方法。

+你能在多大程度上预测你行动的结果？—		
	复杂性 **特征：**许多相互关联的部分和变量。有些信息可能是可用的，也可能是可预测的，但信息的数量或性质可能是难以处理的。 **示例：**你正在不同的领域和部门实施新的政策战略，但是每个领域和部门都有自己的规则、价值观和工作程序。 **方法：**培育或发展专业知识、资源和(重组)结构。	**易变性** **特征：**挑战是难以预料或不断波动的，可能持续时间也是未知的，但不一定很难获悉。知识往往唾手可得。 **示例：**你必须对一个阻碍公共服务递送并可能危及公民的破坏性事件、灾难或危机做出响应。 **方法：**建立缓冲地带，投入资源，做到保持韧性，有备无患，例如储备库存或大量储备人才。
	模糊性 **特征：**因果关系完全不清楚，没有任何先例，你将面临许多“未知的未知”。 **示例：**在医疗机构中，你决定要用一种全新的、未经测试的新技术来影响患者的行为。 **方法：**实验法。理解因果关系需要产生假设并对其进行检验。设计实验，以便学到许多经验教训。	**不确定性** **特征：**尽管缺乏一些重要的信息，但基本的因果关系是已知的。改变是可能的，但不是确定的。 **示例：**一场突如其来的政治制度转型改变了你们在过去两年中一直实施的政策和项目的前景。 **方法：**提升信息和情境构建能力，收集、解释和共享信息。这项工作与能减少持续增加的不确定性的结构性变化相结合效果最好。
	—你对情况了解多少？+	

资料来源：Bennett and Lemoine，2014：2。

图 1.2 识别、准备和响应 VUCA 时代

诸如此类的基本指导可以帮助公共管理者理解动态的工作环境。事实上，有人可能会说，能够在 VUCA 环境中工作是 21 世纪的公共管理者首要的“关键胜任素质"。然而,我们需要更具体地了解公共管理者需要获得和展现的角色、胜任素质和价值观,以便**在这种环境中成功地履行职责**——在21世纪创造和实现"公共价值"(Benington and Moore, 2011：2)。

21世纪的发展伴随着各种各样的大趋势,比如经济的互联性、人口结构的变化以及气候变化,这些都会影响公共管理者,无论他们在哪里工作。本书将在此背景下,审慎评估这些角色、胜任素质和价值观。在此过程中,本书为公共管理者提供了现实而又具有广阔前景的视角。目前而言,这样的视角至关重要,因为太多的书籍和报告只不过是针对官僚机构在应对和缓解21世纪问题方面的不足展开的"投诉会话"。

1.2 公共管理者：身份与职责

在我们开始了解这个未知的大世界和21世纪公共管理者的概况之前,我们应该先界定21世纪的公共管理者的身份及其职责。简而言之：在我们进行预测和提供解决方案之前,先要提供一些概述。如今,各种从狭义到广义的定义和类型分类俯拾皆是。例如,诺德格拉夫(Noordegraaf, 2015)在他的著作《公共管理》(*Public Management*)中,将公共管理者宽泛地定义为"在公共领域发挥领导作用的人"。

与哈特('t Hart, 2014a)的《理解公共领导力》(*Understanding Public Leadership*)一书的观点相似,诺德格拉夫探讨了"管理者"与"领导者"之间的区别。两位都认为,这两个概念可能代表不同的角色、职责和特性,因此可以通过分析进行区分。然而,本书必须强调的是,从**职位而不是职能的角度**分析公共管理者十分重要(参阅 Noordegraaf, 2004)。虽然非管理者或许可以很好地进行领导或管理,而管理者可能并非如此,但本书将聚焦于管理职位上的个体。此外,这本书并不关注政治家——哈特('t Hart, 2014a：23)探讨的三类公共领导者之一,尽管公共管理的政治维度这一特征将贯穿全书。

因此,这本书是为中级到高级的(未来)管理者而写的,他们在公共和半公共部门组织工作,如部委,行政机构,国际、区域和市级政府组织,法定机构,公立医院,大学,国有企业以及政府合资企业。这样的管理者可能是通过政治委任的方式上任的,但他们中的大多数将是通过行政系统层级晋升的职业官僚,对政策、规划和人民负责(Van Wart et al., 2015)。他们中的许多人通常会拥有专业的研究生学位,并参加各类的领导力发展或"速成"课程。表 1.1 显示了四种常见的公共管理者类型(另见 Noordegraaf, 2015)。

表 1.1　根据职位划分的公共管理者类型

类　型	活动与职责	示　例
1. **高级主管或行政领导**	第一类公共管理者对他们的组织和部门负有对内和对外的最终责任(直到现在,大多数正式的对外沟通都是政治领袖的专属领域)	(副)常务秘书、秘书长,主任、处长,机关、公立医院和教育机构的(第二)负责人,检察长
2. **一线管理者**	第二类公共管理者是各个部门、机构和其他公共组织的"常规"管理者,负责特定的政策战略、项目和(或)单位,对第一类公共管理者(有时是政治领袖)负责	政策主管、单位领导、部门领导、分部及小组领导
3. **方案或项目负责人**	第三类公共管理者是负责(有时是临时建立的)特定政策事务、工作小组、项目、网络和协作的管理者。他们要对第一类和第二类管理者负责(如果某个特定的项目或问题对政治领袖具有很大的政治重要性)	计划主任、工作小组组长、项目管理者、战略规划者、网络主管、临时协作安排的负责人
4. **人事管理者**	第四类公共管理者是负责人事,信息(信息技术、知识),财务,人力资源,住房和设施等方面的人事部门管理,通常对第一类公共管理者负责(但很少对政治领袖负责)	人力资源和人事主管、财务总监、公关总监、信息技术总监、后勤管理员

"第一类"高层主管——或者在某些国家,称之为"行政领导"——是级别最高的。然而,一线管理者、方案或项目负责人以及人事管理者的类型却很多。他们既包括管理一个特定政策领域和项目或拥有少量下属的中层管理者,也包括管理部门、项目或拥有数千名下属,预算高达数亿美元部门的重量级人物。

第一类和第二类管理者主要负责战略政策咨询以及管理、立法和预算方面的工作,而第三类管理者和一些第一类管理者则更多地在地方政府开展政策的实际执行和服务递送活动。第四类管理者主要为其他三类提供执行、法律和战略支持。然而,各类管理者在角色、活动和职责方面的区别将越来越模糊。一些人认为,未来的公共部门将由高技能的战略政策顾问组成一个核心集团,大部分任务和服务的实施和执行将外包和共享给其他行动者（Dickinson and Sullivan，2014；Needham and Mangan，2014）。

就其本身而言，这种与VUCA时代的网格化和流动性特征之间的区别难道不是**很容易**区分吗？答案是不一定。在未来的几十年里，无论公共管理者与其他参与者（代表公共、私人和公民的利益）的协作程度如何，他们都将拥有正式的职称、职责以及要管理的项目和部门。这是公共部门原始性所在。

然而，**将会改变的是，公共管理者必须同时履行有时相互矛盾的角色**，这就需要各种传统的、反复出现的**新技能、胜任素质和价值观来支撑他们的角色**，使他们能在21世纪的工作环境中得以生存。本书余下的章节将在全球大趋势对公共管理者提出新要求的背景下，批判性地概述和讨论这些角色、技能、胜任素质和价值观。

1.3 大纲

下面的大纲详细说明了本书余下的章节如何处理这些关键主题。图1.3对概述进行了可视化处理。

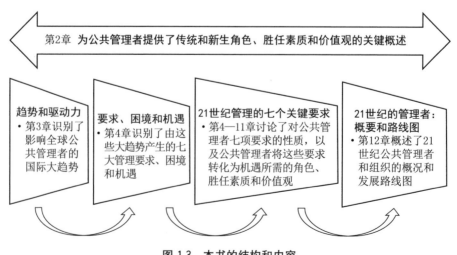

图 1.3 本书的结构和内容

　　"'传统'与'新生'"一章从时间的角度对公共管理者进行定位,对其传统、复兴以及新的角色、技能和价值观进行了重点概括。"趋势与驱动因素"一章识别了未来几年主要影响公共管理者所处组织环境的国际大趋势,如经济互联性(economic interconnectedness)、资源短缺和气候变化、"超城市化"以及个人主义和价值多元主义(例如 Dickinson and Sullivan,2014;KPMG,2013;Needham and Manga,2014,2016)。随后,"要求、困境与机遇"一章将这些大趋势转化为七个要求以及相关的困境和机遇。

　　"管理利益相关者的多元性""管理权威的动荡""管理新工作(劳动力)""管理创新力量""管理道德的复杂性""管理短期与长期视野"和"管理跨部门协作"等章节围绕公共管理者的七大关键要求展开,结合现实案例和示例阐述了挑战、困境与机遇的同时,详细说明所需的胜任素质和特性如何满足每一个要求,并且把挑战转换成机遇。每一章都围绕着一个以公共管理者为主角的中心案例展开。这些案例都是基于现实生活中的事件和发展动态而假设的。这些章节构成了这本书的核心。最后一章介绍了 21 世纪公共管理者的概况,并概述了令管理者和机构"经得起 21 世纪考验"的策略。

　　"'传统'与'新生'"一章以时间为轴,简要概述了三种理想的公共管理者类型,讨论长期存在且不断发展的新生角色、胜任素质、技能和价值观。这一章认为,高效的公共管理者能否结合和平衡这三种理想类型的素质,取决于情境和背景。

　　在详细讨论 21 世纪的重大趋势以及它们将如何影响全球公共管理者的生活之前,"趋势与驱动因素"一章区分了从渐进性的到破坏性的且不可预测的各类变革。这一章从超越西方传统观点的角度出发,提供了来自不同地区和制度的案例和示例。

　　"要求、困境与机遇"一章提出了将构成本书其余部分的七大关键管理要求,如"管理新工作(劳动力)"和"管理创新力量"。随后,它将这些要求转化为七个困境——要求的模糊性强化了选择的难度——以及公共管理者创造公共部门卓越绩效的七个前所未有的机遇。

　　"管理利益相关者的多元性"一章阐述了对公共管理者的要求,即在流动和动态的网络中工作时,服务、回应于越来越多的利益相关者并与其协作。这一章介绍了了解、区分和参与此类网络的工具,认为公共管理者需要延伸触角来预见利益相关者的动态，并提出了如设计、促销、市场营销以及包括和特定的社会化媒体进行沟通的技能在内的胜任素质。

在此之后，"管理权威的动荡"一章讨论了权力结构的根本性转变，以及传统的等级和权威概念，即使是在具有明确的自上而下的权威治理结构的国家也是如此。在全球范围内，富有主见且自我的利益相关者质疑权威，迫使公共管理者不断通过内部和外部的表现来论证自己的合法性。政治敏锐性、分权型领导力和危机管理是本章讨论的关键胜任素质。

"管理新工作（劳动力）"一章，作者在全新且更为基本的工作实践——虚拟办公室、模糊的职业和个人生活与角色之间的界限，以及"无边界"职业生涯的背景下，审慎地评估了新员工的特点和抱负，尤其是评估招募、激励和管理"Y 世代"和"Z 世代"员工的有效方式，以及通过逆向辅导开发他们在 21 世纪的胜任素质。

"管理创新力量"一章讨论了在法律、宪法和预算的约束下，回应公共部门实践创新的各种（人为、自然、技术方面）压力的平衡做法，论述创新过程中"艰难管理工作"的所有五个阶段：创意的产生、选择、试验、扩散和传播。这一章还解释了公众对政府同时进行试验、保障稳定以及证明"物有所值"的模糊期望。

"管理道德的复杂性"一章基于对公共管理者相互竞争的价值观的讨论，分析了对公共管理者的新道德挑战以及持续攀升的道德期望值——有时是不切实际和不公平的。这一章旨在为道德领导和稳定而完善的管理体系提供一个开放视角。

"管理短期与长期视野"一章讨论了一个日益重要的问题，即如何管理由永不停息的新闻周期驱动的短期时间轴，以及为非常严重的问题创造韧性和可持续解决方案的长期时间轴。越来越容易获得的预见能力可能有助于公共管理者向各类选民证明长期决策的合理性。这一章同时讨论了在保存制度记忆和向政治领袖"兜售"预见性措施方面所面临的挑战。

"管理跨部门协作"一章概述了成功的网络管理者的主要特点，他们必须在作为推动共同解决问题和服务递送的众多行动者（和部门）之一的公共部门工作。这一章通过近期实例，介绍了关于协作性公共管理、共同创造、共同生产和三部门协作的最新见解。

最后一章"21 世纪的公共管理者"，勾勒出 21 世纪的公共管理者形象的轮廓，并对这一形象的普遍性进行了评价。然后，这一章概述了政府应该如何开始考虑创建经得起 21 世纪考验的人力资源管理实践和环境,以此招聘、保留和发展高效的管理者。显然,21 世纪的公共管理行为只会出现在以企业家精神、适应性和稳健性为特征的组织环境中。

1.4　主要受众和用途

《21 世纪的公共管理者》关注的是作为一类**主体**的公共管理者,而不是作为一门**学科**的公共管理。然而,我注意到关于管理和领导力的文献具有将个人与环境分离的可疑倾向(参阅't Hart, 2014a)。因此,通过观察国际大趋势(宏观)、支撑架构、文化及其构思方面的组织要求(中观)和个人在技能、胜任素质和价值观方面的管理要求(微观)之间的相互作用,管理者将不断地在其工作环境中被评估。

本书是基于最新的研究观点和证据,以及来自不同行政辖区的实践而写成,可以提供给研究生和管理者作为课堂教学文本,并不是专门为该领域同行所编写的研究专著。同时,我希望在公共管理、公共行政和一般管理科学领域的同仁们也能发现这本书的趣味性和价值。

本书服务于三类目标读者。最首要的是,我希望能够激励目前和未来学习专业学位课程和高管教育课程的公共管理者,让他们在不接受过于简单的解决方案的情况下,提升自己的各项技能,养成随时准备变革的心态。本书概述了近期的争论,并对公共管理者及其未来的工作环境进行了最新的解读,并提供了大量来自全球各地的示例和案例,使本书可直接应用于各种教学环境。

其次,高级公共部门人力资源管理者和人事管理者可能会发现,本书特别有助于加强和启发他们对未来理想的劳动力的思考,以及在招聘、维持和培养这样的劳动力时需要怎么做。

再次,本书的内容也可能满足高级教育专家、培训师和教材编者的需求,因为他们要严格审查公共政策学院、政府学院和院校以及智库是否为建设 21 世纪管理的劳动力大军做出了充分的贡献。更一般的情况是,这些专家和编者,包括资深学者和公共政策学院的教师,可能会发现本书的内容和案例对他们授课和思考 21 世纪公共管理教育很有帮助。

1.4.1 全球公共管理书籍的（不）可能性

在我们开始对趋势、新兴战略问题及其对公共管理者的影响高谈阔论之前，让我先谈谈"房间里的大象"（指闭口不谈却确实存在的事实）。本书以《21世纪的公共管理者》为题，渴望成为全球范围内教学材料的一分子，我尽量不落入写作陷阱——过于普通地描述趋势或规定管理的才能，或者声称特定的管理理念或技能过早"消亡"或"过时"。毕竟，这可能很大程度上取决于被研究的地区或国家及其所处发展和改革的阶段。

相反，我认为，一场关于21世纪公共管理者的真正有意义且与全球相关的辩论，需要对公共管理的传统方法和创新方法进行评估，审慎思考不同情境下那些好的治理和管理方式。事实上，这就是"公共管理讨论"和"公共管理实践"的交汇点。得益于思想的良性竞争，他们进行深入交谈，交流碰撞融合，通过试错来适应环境和情境。

在一个力量更迭和全球变革的时代，这种良性、真正全球化的思想竞争至关重要。它之所以尤为重要，是因为目前全球使用的绝大多数公共管理教科书，就其使用的关键假设、分析和示例而言，其源头仍然是西方。在当今世界，不同于西方的地区在其行政传统、政治发展和制度文化方面对经济增长、产业创新和新治理理念发挥着重要作用，在此情况下，这种失衡是有问题的。诚然，考虑到我自己的背景，我在本书中使用的大多数框架、论证和示例仍然来自西方和盎格鲁-撒克逊国家。然而，就管理能力和改革潜力对他们的影响而言，本书也运用其他治理环境中的主流示例，对实质性实践和研究进行了讨论和比较。

事实上，正如福山（Fukuyama, 2013）指出的，为了提升治理水平，不同的国家可能会选择不同的改革路径，这取决于官僚机构能力的强弱：在政府能力强的背景下，提高公共管理者的自主性可能是可取的；但如果政府能力较弱，这可能会适得其反。福山（Fukuyama, 2013:363）曾认为，诸如新加坡、美国和德国这些国家，授予公共管理者更多自主权将使他们受益，而中国的公共管理者则被赋予了过多的自由裁量权。公共管理者**如何**在不断变化的环境中实现能力的提升是本书的一个关键问题。

因此,尽管书中许多关于事态发展的研究适用于全球各国,但我将从地方差异和特殊性的角度来对它们进行识别和评估。由此,本书将使用来自不同国家和地区的案例、示例和最佳实践。例如,消息灵通的公民越来越多地使用社交媒体,以及"黑客"作为一种批评和审查政府的力量出现,将在未来几年在各大洲风靡。然而,这些发展显然对美国、荷兰、中国和哈萨克斯坦的公共管理者及其治理环境产生不同的影响。

此外,"中国崛起"——21世纪最显见的大趋势之一——将明显对不同国家的公共管理者产生不同的影响,尤其是对中国的公共管理者而言。斯里兰卡或缅甸等与中国共同发展的新兴国家的公共管理者所受到的影响将不同于印度或日本等与中国竞争的国家的公共管理者所受到的影响,许多西方国家受到的影响介于两者之间。再比如,西方民主国家有一种批评政治和行政严格对立的倾向,认为这是对现实世界的一种徒劳和静态的抽象表达。在现实世界中,政治和行政的角色、价值和责任义务日益相互融合。然而,在发展中国家,这种二分法被传播,甚至被作为公共管理者获得更多自主权的一种手段获得推崇。

显然,迈尔斯(Miles,1978)的"你的观点取决于你的站位"的格言在全球化的世界中仍然十分重要。在可能的情况下,本书为不同的区域提供了共同趋势及其影响的具体实例;同时作者也应认识到一本书不能涵盖整个世界,相较于其他人,不同章节对某些公共管理者可能更有意义。

我很清楚地意识到,在世界不同地区,特别是在发达国家和施政"困难"的地方,公共管理者在地位、能力和潜在影响方面存在巨大的社会经济和文化差异。在过去的几年里,我作为一名教育家、研究者和顾问,在许多不同地区的有趣经历只会强化我的这种认知。这本书囊括了来自不同大洲的案例和示例,但要使这样一本书具有意义并符合公众期待,它还需要展开世界各地政府之间的规范性和经验性对比。简而言之,在写一本面向21世纪的公共管理者的书时,我意识到尽管我将本书命名如此,但是21世纪的公共管理者可能尚未出现。

2. "传统"与"新生"

要保持不变，一切都必须改变。

——坦克雷迪·法尔科内里(Tancredi Falconeri)，
1963 年，于影片《豹》(*II Gattopardo / The Leopard*)

2.1　1990 年的公共管理

试想一下，你于 1990 年在盎格鲁-撒克逊国家的一个部门担任高级规划管理者。在过去的几年里，你为了将私营部门的管理技术引入政府机构中，做出了各种努力。这些行动的动力是为了削减政府成本，并去除"功能失调又臃肿的官僚机构"的懈怠状态(如两位前任部长所言)。

眼下，你和同僚正在为下一个甚至更为根本的转变做准备：对当前的政府职能、计划和机构进行一系列大规模的私有化。许多国家同时开展改革运动，更是强化了你的政治领袖们推进这个最近被称为**新公共管理**(new public management，NPM)运动的热情和渴望。而对于你来说，迄今为止，NPM 意味着政策制定与执行的进一步细分、各个机构与方案之争以及针对高级管理者的更具竞争力的培训计划和薪酬结构。

在过去的几年里，你一直忠于政治领袖的改革雄心而做出贡献。他们可能没有发现，在交流和实施新措施的过程中，你的灵感大多来自一些经典的示例、著作和实践。从成为国家顶尖政府学院的研究生到开启职业生涯，你已将这期间的学习经验烂熟于心。

的确,你看到了政客和顾问们宣传的新思想与新价值十分令人信服,但是你也越来越怀疑这些观念到底有多"新颖"。你还记得在 1937 年罗斯福政府的报告中读到过美国公共管理改革者布朗罗(Brownlow)和古力克(Gulick)想让政府变得更有效率和效益,也就是更加"商业化"的论断。事实上,20 世纪早期的管理思想家弗雷德里克·温斯洛·泰勒(Frederick Winslow Taylor)在其关于组织如何运作的"科学管理"思想中,不是就已经强调了效率和绩效回报吗? 此外,公共行政学的奠基人马克斯·韦伯(Max Weber)也强调效率是行政运作的核心价值,认为公务员应该从政治领域中分离出去。

因此,这一切有时会让你对公共部门运作中又一次重大变革的潜在成功持怀疑态度。如果以前什么都尝试过了,为什么还有那么多关于公共官僚机构的陈词滥调呢? 谁又能保证新公共管理运动(在某种程度上是新生的)将解决公共机构及其工作人员普遍存在的问题? 如果政府进一步发展,并在未来十年将许多核心的政府职能、计划和人员都私有化,那么从长远来看,当政治局势再次有利于其他政党时,他们很可能会后悔迈出了如此激进的步伐。你当初加入公共服务部门正是因为其公共性质。如今,你很想知道几年后你的部门还会留存下什么样的理念。是不是有了充分的理由为官僚机构构建一些基本原理呢? 或许,我们"重新认识官僚制"只是时间问题……

现在,让我们将时间快进到当下。70 多岁的你,思考着自 20 世纪 80 年代末以来的事情。你当时实施的改革确实是"新颖的"吗? 后来,它们过时了吗? 如今它们又是否会被认为是"陈旧的"甚至是过时的东西呢? 当然,公共部门现在已经变得更网络化和水平化,政策也更加相联互通与复杂,但是公民是否还期望政府有着同从前一样的权威表现和领导力呢?

而且,当你在讲授由前雇主提供的管理发展培训课程时,与你互动的学员仍然抱怨着等级制度及僵化性阻碍了真正的创新和跨部门协作。现今,随着对事物越来越多的反思,你闭上眼睛,微笑着,想着经典电影《豹》(*The Leopard*)中一句有关意大利统一的美妙语句:"要保持不变,一切都必须改变。"

2.2 公共管理者：三种理想类型

正如我们在引言中所说的，关于公共管理者在做什么和应该做什么的观点，随着时间的推移而不断发展。不过，"新"思想有时根本不是新的事物，旧思想也会时而东山再起。因此，在这本名为《21 世纪的公共管理者》的书中，我们必须解决的问题是现今的公共管理者与 20 世纪的公共管理者到底有何不同。

许多文章都建构了公共管理实践与理论发展的重点时间脉络，并定义了公共管理者所具备的特征（例如 Lynn，2006；Noordegraaf，2015；Pollitt and Bouckaert，2011）。按照时间发展顺序，我们主要可以归纳出三种理想类型的公共管理者，他们的出现都伴随着人们看待政府角色视角的变化以及并发的公共管理改革运动。接下来的三个段落简要概述了这三种理想类型的特征以及他们推崇的管理者所具有的角色、胜任素质和价值观。

在这里，我以哈特（'t Hart，2014b）最近的著作中谈到的"管理技术 1.0、2.0 和3.0"为基础展开叙述，他强调了这三种技术是如何在公共管理者的日常生活中相互融合与互补的。在阅读这些段落时，重点在于需要意识到这三种类型并非随着时间的推移而简单地相互替换，它不是"旧的不去，新的不来"的关系。在许多方面，1.0 型依然为 2.0 与 3.0 型的升级应用功能提供着"基础软件"。

2.2.1 管理技术 1.0：规则导向型的传统官僚

19 世纪末和 20 世纪初，随着官僚机构的成长和复杂化，公共管理实践与公共管理者的职能开始专业化。虽然一些古老的王国及其统治者在很久以前就开发出相当先进的区域机构管理方法（Rutgers，2005），但当时大多数国家选拔公务员的普遍现状却是，人们需要依靠运气或者通过裙带关系、任用亲信和赞助的方式才能入选。后来，两位具有重要影响力的思想家伍德罗·威尔逊（Woodrow Wilson，后来担任美国总统）和德国社会学家马克斯·韦伯（Max Weber），在他们的开创性著作中,主张让公务员用一种独立的职业精神和一套核心技能来脱离政治领域(Weber,1921;Wilson,1887)。

韦伯勾勒出了一套被称为理想官僚制的原则。其中以规则为导向的传统官僚忠于其政治任务,对政策和方案的看法保持中立,在执行和管理政策方案时保持公正,并能高效且合法地组织运作其机构,而其权威则来自深厚的领域知识和法律专业知识。韦伯的思想同样在很大程度上影响着政府机构的运作方式以及公务员的培训和招募。许多公共政策、方案、服务和产品都是通过理想的 1.0 型这种"等级化、正规化、官僚化组织"的模式而不断产生。此类型最常用的标签是韦伯式公共行政或**传统公共行政**(traditional public administration,TPA)。

不过,韦伯及其追随者谈论的对象是管理者、官僚或公务员,而不是"公共管理者"。正如下一节所示,理想的 2.0 型才是和公共管理者主要相关的类型。而且,韦伯关于早期官僚机构如何被组织起来的想法也是受到了工程师弗雷德里克·温斯洛·泰勒著名的"科学管理"(Taylor,1914:7)理念的影响。泰勒的理念旨在在快速工业化的社会中提高工厂工作的效率。虽然这种思想主要指向私营部门,但他和韦伯都同样强调了工作效率,并相信要用技术专长和"科学"方法来管理工作和机构。

2.2.2 管理技术 2.0:注重绩效的商业型管理者

2.0 型的公共管理者是更规范意义上的"管理者",因为其应该体现了管理意义上的、私营部门的激励工具、技术和价值观(Lynn,2006;Noordegraaf,2015)。如先导案例所示,这种理想类型于 20 世纪 80 年代初出现在盎格鲁-撒克逊国家中,比如澳大利亚、新西兰、英国和美国。这些国家的保守党政府希望公共部门组织能效仿私营部门的做法,认为私营部门要优于日益膨胀、负担过重且有时会功能失调的官僚机构。20 世纪 90 年代以来,全球的许多政府由于完全或部分受到了"像管理企业一样运作政府"观念的启发,都推行了这样的改革。顾问戴维·奥斯本和特德·盖布勒撰写的畅销书《改革政府》(*Reinventing Government*)正是有关这套理论的经典著作。他们的名言便是政府必须"掌舵而不是划桨"(Osborne and Gaebler,1992:25)。在随后的几年中,竞争、外包和私有化成为许多政府的主要信条。

注重绩效的 2.0 型商业型管理者首先希望的是实现物有所值并产生可衡量的结果；考虑的对象是"客户和顾客"，而不是公民；主张对外包给其他参与者的运行工作进行引导和监督；并期望掌握的是管理上的胜任素质，而不是某个领域专长。虽然他们仍然强调韦伯式的效率质量，但是也认为公共管理的有效性和问责性更为重要。而传统的韦伯价值观，如合法性、公正性、专业性和中立性等并没有在此得到强调，反而在某些方面甚至与有惰性的、保守和沉闷的官僚主义思维方式相关联。

理想的 2.0 型主要表现形式就是准市场、合同以及政府与私营部门合作(PPP)，这些形式被认为能够提供更便宜、更好、更有回应性的公共服务与产品。克里斯托弗·胡德(Hood, 1991)在其开创性文章中提出，与这种理想类型相对应的实践、观点和宣传炒作的动态组合被称为"新公共管理"(NPM)，且在世界各地形成了不同的模式。

2.2.3 管理技术 3.0：注重关系的网络型协作者

3.0 型的公共管理者首先是一个关系网络的使用者和协作者，其注重的运作背景是"治理"而不是"政府"(Rhodes, 1996)。在这种情况下，公共部门不再是主角，而是在水平和垂直的关系网络中共同创建、共同设计并共同生产服务的参与者之一。这种理想型出现于 20 世纪 90 年代末到 21 世纪初，其同时也意识到政府在解决复杂的、跨界的政策问题时不能够再"单打独斗"，而且市场也不是灵丹妙药(Agranoff, 2006；McGuire, 2006)。如今，民间社会组织和非政府组织(NGO)获得了合法性，并变得更加强大和专业化；高等教育逐渐普及使公民逐渐变得富有主见；而企业则更加关注它们对社会和环境的影响。所有这些"利益相关者"都开始要求在解决和定义政策问题与解决方案时占据一席之地。

这种状态下，注重关系网络的 3.0 型协作者是一个熟练的谈判者、沟通者、推动者和激发者。他们可以轻易地解决跨部门问题，同时能够从各种利益相关者那里一次又一次地赢得权威和信誉。经典的韦伯理论固然重要，但如果过分强调，它们可能会阻碍非国家主导的创新型举措的蓬勃发展。而对于一个 3.0 型的公共管理者来说，虽然目标"是什么"有规定的导向性，但是实现这一目标的具体制度和立法结构,即"如何做",却是随机灵活的。哈佛大学肯尼迪学院(Harvard Kennedy School)的教授马克·莫尔(Moore,1995,2013)提出了"公共价值"这一重要理论框架,将公共机构及其管理者试图实现的最终使命看作出发点。在创造公共价值的过程中,公共管理者必须不断地从动态各异的"授权环境"中获得认同,而这一环境范围则远远超出了政治家和选民本身。

因此,理想的 3.0 型的主要表现形式是来自各个部门和辖区参与者的关系网络、合作伙伴关系与多部门协作。奥斯本(Osborne,2009,2010)提出了界定这套实践规范的常用术语,即"新公共治理"(new public governance,NPG)。

下文中,图 2.1 将理想的 1.0 型、2.0 型和 3.0 型形象化为三个有着不同角色、胜任素质和价值观的互动集群。成功的 21 世纪公共管理者能够根据受众、问题和当前境况,巧妙地结合有时相互冲突的角色、胜任素质和价值观,并随着工作环境的不断变化而添加新的内容。

图 2.1　公共管理者 1.0、2.0 和 3.0 型:三种互动模式

2.3 混合、互补与循环

鉴于每种新类型在某种程度上都是对上一类缺点的回应，上一节已经按照形成的时间顺序介绍了每个理想类型。不过，据知名公共管理学者克里斯托弗·波利特(Pollitt，2011)所说，公共管理在现实中的革新是一个"循环、改变又重新平衡"的过程。事实上，某些教科书仅是用开始和结束日期对这些类型进行整齐地划分和排序，因而掩盖了公共管理者同时混合使用这三种类型要素的现实。

范德斯滕等人(Van der Steen et al.，2015:28)将这一现实描述为"沉积作用"，指出高效的公共管理者会以互补的方式将各种类型结合在一起。在确定优先顺序时，这些公共管理者会根据情景、关键事件和当前的政府情况，留意不同类型是流行还是过时。例如，在2008年全球金融危机之后，许多政府在强调市场缺陷的同时也再次强调了"强势国家"的重要性，甚至有一些政府建议取消先前的私有化做法。谁还敢在那个阶段做出2.0型的行为呢？

此外，将1.0、2.0和3.0型视为逻辑上的递进甚至相互替代的做法，表现出了强烈的西方主义偏见。事实上，我们所说的"新"或"变化"在很大程度上取决于一个国家的背景和文化环境及其发展阶段。

在世界各地，看起来相似的变革、方法与技术，其实施方式却大不相同，且各自取得了不同程度的成功。例如，理想的1.0型仍然在全球各地的人员培训方案和政府文化中无处不在，而理想的2.0型也仍然在世界银行、联合国、亚洲开发银行以及经济合作与发展组织的公共管理改革方案中占据突出地位(Andrews，2013；Pollitt and Bouckaert，2011)。在西方，公共管理2.0型(NPM)已经被多次宣布失败(Dunleavy et al.，2006)，但它的许多核心特征仍然活跃于中国等国家的管理改革当中(Christensen，2012)。所以最终，在权威性更高、领导能力基本毋庸置疑的环境中，留给3.0型相关行为和发挥胜任素质的空间可能有限。事实上，它们可能会遭到反对甚至处于不利地位。

因此，我们应该避免对跨背景的公共管理改革、趋势及宣传的影响因素和成效进行简单概括。更为重要的是,在讨论公共管理改革如何影响公共管理者的实际行为和思维方式时,我们应该区分什么是"空谈"和什么是"实践"(Pollitt,2010)。任何参与组织变革的培训师或顾问都会告诉我们,如有可能,根深蒂固的行为模式和规范只会慢慢改变。

但与此同时,我们看到世界各地的外部事件、利益相关者和外部环境的期望都在日益影响公共管理者(应该)的表现。与几十年前相当内化和"封闭"的公共管理事业相比,现在的情况要严重得多(Van der Steen,2015:263)。无论公共管理者是否愿意,以不断强化的波动性、不确定性、复杂性和模糊性为特征的新兴 VUCA 时代将需要新的技能和思维方式,这迫使他们做出改变。

2.3.1 公共管理者必须协调传统与创新

但是,要让公共管理者拥有"公共"的本质,意味着相较于企业环境,公共管理改革可能不会那么激进和猛烈。的确,虽然我们数十年来一直在讨论公共管理和公共管理者的新型模式,但是公共管理者职业生涯的一个关键点始终会使他们与企业管理者有所区别。这个关键点就是他们在不逾越政治家舒适区的情况下,担负起维护公共价值与利益以及维护体制完整性的额外责任(Rhodes,2016;Terry,1995)。

无论 21 世纪公共管理者的工作环境多么网络化、渠道多元化与创新化,也无论公共管理者借鉴了多少受私营部门启发的工具、技术和方法,他们都是公共利益的保护者和管理者(Watt,2012)。而且,许多有关面向私营部门和跨部门网络管理的论述似乎都忽视了法律与宪法对公共管理者施加的责任及对其的授权仍然是这样的有效(Rosenbloom,2015;Van der Wal,2011)。因而实际上,公共管理者的许多责任和素质都是**制度性而不是变革性的**。

有一些人格外强调这些责任和约束的独特性,将公共管理者与需要时间、耐心、经验和政治意识的"园丁"相比较,认为他们是长期沉默寡言的领导者,他们的技巧就是妥协(Frederickson and Matkin,2007;'t Hart,2014b)。特里甚至认为,"无论是伟大的(个人英雄主义式的)还是变革性的领导特征,从根本上都是改变组织并摒弃组织现有的传统,从而威胁到体制的完整性"(Terry,1995:44)。

在本书的其余部分中,以上观念至关重要,因为它点明了公共管理者的角色、能力和价值观的制度限制。21世纪的公共管理者虽然定是与20世纪的管理者有所不同,但不仅限于"推翻"过去。尽管广受推崇,但"创造性破坏"(Schumpeter,1942:90)不像适用于企业管理者那样适用于公共管理者。再者,那些限制公共部门根本性变化的固有制度,不仅将影响我们对新生的角色、胜任素质和价值观的特征勾勒,还影响到我们如何将不同类型要素进行融合而非直截了当地取代传统做法。

2.4　VUCA时代的角色、胜任素质和价值观

那么,这些新角色和传统角色都是什么呢？迪金森和尼达姆(Dickinson and Needham,2012)在《英国公共服务委员会的未来》这篇报告中定义了21世纪公务员的11个角色,为了使其更贴合本书的论述,我们在专栏2.1中稍做修改和重组。他们一方面断言:"私营部门和第三部门供应者更多地参与到公共服务的提供中,可能意味着公务员的工作方式、工作地点、所需技能及职业轨迹发展等方面都将发生重大转变。"(2012:1)另一方面,他们认识到,存在已久的角色和新生角色及演进中的角色一样很重要,并重申无论主要推动力的性质如何,公共管理的变化是渐进的而不是激进的。

专栏2.1　21世纪公共管理者新的、演化中的和存在已久的角色

四个新角色

故事演绎者	故事演绎者可以在没有蓝图的情况下,利用来自各种资源的经验和根据,创作和交流设想中的新世界的故事。这是关于塑造和交流未来的选择,可能是假设性的与实验性的,并让服务用户、公民和工作人员参与项目的重新规划。

续表

资源缝合者	一个资源缝合者能够不论预期意图或原始用途,创造性地利用现有资源,将各种混杂的材料编制到一起以产生新的且有用的物品提供给服务用户和公民。
系统架构师	系统架构师能够不断编辑众多来自随时空变化的公共、私人、第三部门及其他处资源中的地方公共支持系统。
领航员	领航员专门致力于在公共支持系统可能波及的范围中去引导公民与服务用户。

三个与新角色共存并在的演化中的角色

专员	专员在其技能范围里,根据一套系统而非根据服务来委托服务和提供资助。
经纪人	经纪人能够与服务用户密切合作并代表服务用户获得适当的(预算)资助。
掮客	掮客致力于开发协作网络的技能,来识别新专业知识和资助的来源。

四个存在已久且仍旧重要的角色

监管者	监管者根据标准评估资源的效用。
保护者	保护者通过干预防止伤害。
裁判员	裁判员综合各种证据做出决定。
专家	专家在决策过程中运用相关技能和经验进行判断。

资料来源:Dickinson and Needham,2012;Dickinson and Sullivan,2014:26。

2.4.1 新角色、演化中的角色与存在已久的角色

如专栏 2.1 所示,根据迪金森(Dickinson)的观点,有四个存在已久的角色仍将

处于重要位置,与理想的 1.0 型相对应。这里,公共管理者在某种程度上具有家长式的身份,在社会中充当着主要的监管者和保护者,同时根据相关证据和专业知识进行判断并执行公务。当然,虽然这些角色的作用很重要,但是它们的合法性和公信力却将越来越受到争议。

还有三种演化中的角色显然将理想的 2.0 型和理想的 3.0 型的要素结合在了一起。公共管理者不得不慢慢演变成中间人的角色,围绕利益相关者寻求解决的问题,对该关系网络中不同相关者间的利益、关注议题、工作方式与世界观等方面进行协调。为了更好地摸索和获取新的外部专业知识、技能和资金,他们只好扮演掮客的身份。公共管理者既要作为外包和监督他人执行一系列工作流程的专员,又要将长远的公共价值目标牢记于心间。可见,一位称职的专员不仅仅是一位 2.0 型的私有化者,更要对政府过程与服务的外包选择及时机问题拥有全面而系统的见解。

最后,迪金森在理想的 3.0 型基础上建立了四种新角色,同时还添加了新要素,并强调技术与数字资源对公共管理者的作用日益增强。故事演绎者、资源缝合者、系统架构师和领航员等角色的核心概念归根结底,就是公共管理者将越来越多地作为引导者和推动者去激发与激励他人,而不是仅依靠自己的力量来领导和控制解决政策问题。这便意味着他们虽然可以无可争议地支配资源,但不能再像传统角色所规定的那样,被认为是最权威的专家。

2.4.2 竞争或互补的角色、胜任素质与价值观?

在讨论这些角色、胜任素质和价值观时,存在已久的专家角色与故事演绎者这个新角色之间的潜在张力给我们引入了另一个重要原理:**两者融合和互补的过程不一定是和谐的**。显然,韦伯所说的核心专业素质当下正在与其他至关重要的胜任素质和价值观争夺着人们的注意力。实际上,专业知识的真正含义是有争议的,至少在公共管理者及其政治领袖中是如此(Van der Wal, 2014)。在一个非专家人士(包括许多政治领袖)都可以广泛且轻易获取并吸收信息的时代,专业领域知识是否比一般管理技能更为重要呢?21 世纪的公共管理者应该同时具备这项技能吗?

几年前,我采访了一位经验丰富的 1.0 型公共管理者罗伯特·马德林(Robert

Madelin),他曾是欧盟几位委员的得力助手。他表达出了对专业知识重要性认定的模糊立场,认为从根本上来说有效性和响应性反而更为重要(Van der Wal,2014):

> 所以说,专业知识是一个……必要但非充分条件。你毫无疑问得是专家。但如果你把事情都交给专家去做,并说"他是专家",那就是另一种专制政治了。在这场关于评估未来的讨论中,成为最专业的人是非常重要的,但要确保这些专家们不是穿着白大褂闭门造车的人,而是会到外面倾听社会,却不对社会指手画脚的人。想要得到设计政府过程的有效方法,就要考虑到人的一些特性:我们如何才能得到正确的结果呢?如果不是人人都有政治直觉,那么达到正确结果的方法就是要确保他们能够彼此交谈。如果你能创造一个让他们在 12 到 18 个月的时间里保持对话的过程,就会发现即使是不喜欢和别人交谈的专家也会看到世界的变化。

马德林在叙述中还阐明了各种期望的胜任素质和价值观是如何争夺公共管理者注意力的,从而使其工作环境比私营部门的经营者所处环境要更加模糊和"紧张"(DeGraaf,2010;Noordegraaf,2015;Putters,2009)。处理这种相互对抗的价值观、逻辑和压力将是 21 世纪公共管理的核心特征。

2.4.3 技能、胜任素质和价值观:它们有何不同?

对这位经验丰富的公共管理者的采访还告诉我们,我们需要将到目前为止本章识别的一些普遍、有时又抽象的 21 世纪角色,具体化为技能、胜任素质和价值观等特征。此外,我们需要考量它们为何重要、如何重要以及管理者要如何去获得和开发它们的问题。来自政府委员会、咨询公司和公共管理学者近期的报告,都经常提及或不知不觉地就混淆了"可培训的"特定技能、众多广泛的胜任素质及许多"固有"的价值观这三者。

专栏 2.2 定义了贯穿本书的这三个关键概念,并解释了它们的不同之处及原因。但这样做并不容易,因为它们并不是那么好分辨。比如,专业知识到底是一种价值观、一种胜任素质、一系列胜任素质,还是属于以上所有呢?那谈判又是什么呢，是一项特定的可培训技能，还是一项来之不易的胜任素质，需要多年经验的洞察力？要分辨这些概念，可以写一整本书了。

专栏 2.2 技能、胜任素质和价值观

许多有关人力资源管理和（对企业等组织的）管理文献提到一些概念，如技能、胜任素质、品行和价值观等，其使用方式各不相同且有时会混淆。本书区分了更具体和微观层面的**技能**（如编程、视频剪辑或议论文写作）与更全面的技巧及**胜任素质**（如社交媒体素养、政治敏锐性和谈判）。

这些技能和胜任素质在很大程度上是"可培训的"，也就是说，它们可以在工作之前或在工作中通过有针对性的计划指导得到开发。其中，有些技能和胜任素质"较硬"，而另一些则"较软"。此外，技术类、认知类和人际交往类技能通常是要区分开来的（Katzenbach and Smith，1993）。

另一方面，有很多"固有"并且通常不那么明显的**价值观**被内在化了（个人、职业和组织的品行及行为特征）。但在社会化、职业指导和一些管理专项发展项目中，具有这些品行和行为特征的员工可以被挑选、招聘和发展。

不过，价值观不同于技能和胜任素质的一个关键点在于，它在（未来的）管理者被聘用时就已经存在。此外，如果这些（未来的）管理者接受了错误的价值观，仅仅通过培训、指导和社会化来摆脱它或用其他价值观取而代之，那么这几乎是不可能完成的任务。

有趣的是，21 世纪的技能、胜任素质和价值观可能越来越需要"逆向辅导"，年轻一代的人会使老一代的人加速发展，而不是反过来。

意识到这三个概念相互依赖与重叠的关系后，本书其余部分对其做出以下定义：

● **技能**——通过深思熟虑的、系统的和持续的努力来执行复杂活动和工作职能而获得的能力（Baldissin et al.，2013）。

例如：预算编制、说服性备忘录写作、编程、利益相关者分析图制作与视频编辑。

● **胜任素质**——一系列相关的才能、义务、知识和技能（Rosen，2015）。

例如：协作、交际手段、长期思维、谈判、政治敏锐性、社交媒体素养与利益相

关者参与。

● 价值观——指导行为和决策的素质或标准（Van der Wal，2008）。

　　例如：灵活、同理心、企业家精神、人性化、中立性、审慎和回应能力。

不过，我们在此通过区分具体的可培训技能（如视频剪辑或备忘录写作）和更广泛的胜任素质（协作或利益相关者参与）以及价值观（同理心或谨慎性），使各种公共管理类型的要素可以被充分地具体化与分类，以供后面的章节使用。

2.4.4　技能、胜任素质和价值观："传统"与"新生"

最近有大量令人眼花缭乱的学术文章和书籍，连同咨询报告和政府文件，都在讨论未来公共部门的劳动力问题。据这些著作所言，公共管理者应具有企业家精神和地方意识，能展现出人际交往技能和商业头脑，掌握协作和沟通技能，领导和管理变革，交付项目和方案，重新规划服务并将其递送数字化（Dickinson and Sullivan，2014；KPMG，2013；Needham and Mangan，2014，2016；Alford and O'Flynn，2012；'t Hart，2014b）。显然，3.0 型的技能和胜任素质在这里甚是关键。21 世纪的公共管理者应该有能力在越来越多的跨部门、国际化和共同生产的网络中开展工作。在这些网络中，公民是与公共管理者一起管理公共事务，而不是被他们管理。

于是，一场关系到 21 世纪工作未来的更基本、更宏观的讨论展开了（Dickinson and Needham，2012；Gratton，2011）。讨论的问题包括非常规和自发团队合作的出现、"远程"与"虚拟"办公室的设置以及模拟和实验的增加（Melbourne School of Government，2013）。还有人强调"社交媒体素养"和大数据分析技能（McKinsey，2013），以及技术和自动化对未来劳动、岗位、职业安全感的破坏性影响（世界经济论坛，2016）。

可是，广受赞誉的政治学家罗得·罗茨（Rod Rhodes，2016：638）却提出了一种截然不同的观点。他最近提出，在网络化治理的时代，公共管理者应该摒弃商业化技能和方法，从而回归到注重六种经典品质或行政"技能"的状态。他提出的这六种技能是指咨询、责任、管理、判断、交际手段和政治理性（他人称之为政治头脑、政治直觉或"政治敏锐性")（Hartley et al.，2013:17；Hartley，2015）。

罗茨的解释在某些方面与本章提出的观点相一致，即一些传统的胜任素质和特性仍然很重要，而另外一些的重要性慢慢降低。当内外部的变化与压力共同产生影响时，不重要的素质将会被取代。他强调要再现 1.0 类型的品质，认为近几十年来这些品质一直受到低估和忽视。虽然在某些情况下确实如此，但我要在此重申，21 世纪的公共管理者必须将 1.0、2.0 和 3.0 类型的技能、胜任素质和价值观统合起来，才能取得有效的成功。

下文中的表 2.1 初步概述了 21 世纪公共管理者传统的（但仍然重要）和新的（越来越重要）技能、胜任素质和价值观。这些要素及其如何相互竞争与互补的关系将贯穿本书的其余部分。

表 2.1　传统的与新的技能、胜任素质和价值观

	"传统"但仍然重要的	"新生"并越来越重要的
可培训的技能和胜任素质 （可以通过培训和开发获得）	政治敏锐性咨询 交际手腕 讨价还价 专业知识	网络化 团队合作 利益相关者参与 协作 顾客导向 精通信息技术（尤其是社交媒体素养和大数据分析技能） 设计思维 讲故事（品牌、框架） 找到正确的应对方法
固有价值观 （可以选择和培育）	判断 审慎 无私 人性化 中立性	创新性 回应性 灵活性 独创性 勇气 企业家精神

2.4.5　21 世纪精神

想要成为高效而成功的 21 世纪公共管理者，需要的不只是一个技能工具箱。他们还需要在正确的价值观和动机基础上开展工作，而这些价值观和动机则共同

构成了所谓的公共服务精神(Horton，2008；Rayner et al.，2011)。实际上，公共管理研究中有两个重要的主题都是关于公职人员在多大程度上会受利他主义、内在工作动机——公共服务动机(public service motivation，PSM)(Perry et al.，2010)——以及特定的公共价值观，如公平、社会正义和问责等因素(Van der Wal et al.，2015)的驱动。许多人认为，这样的动机和价值——及其构成的公共服务精神——与以营利、竞争和创新为特征的传统私营部门精神不可同日而语(Bovens，1996；Frederickson and Ghere，2005；Jacobs，1992；Politt，2008；Van der Wal，2008)。

在这里，本书的全球视角和抱负再次将事情复杂化了，但也引出了一些有趣的问题和讨论。全球的公共管理者是否有着相同的价值观和动机？他们到底有没有坚持利他的公共服务精神？VUCA 时代的出现将如何影响这些价值观和动机，以及如何影响公共和私营部门环境中的传统差异？社会的发展是否会使 21 世纪的公共管理者在坚持传统公共服务精神的同时，也表现出商业化、企业家化和创新性的行为？他们又将如何脚踏实地地去做正确的事情？

的确，作为个体的公共管理者会根据其个人价值观、所在的组织文化，尤其是激励结构和绩效要求，对他们工作环境的发展做出不同反应(Chen and Hsieh，2015；Van der Wal，2015a，2015b)。而且，我们也可能会质疑利他主义的公共服务精神在严峻的治理环境中的适用性和真实存在性。这个环境的特征乃是地方性腐败、不安全的政治运行环境，及模棱两可且通常从外部推动改革议程(Van der Wal，2014：197)。

或许在严峻的治理环境中，公共管理者更像是传统的、有点玩世不恭的官僚，往往为诸如职业安全感、养老金制度、工作与生活的平衡及地位、权力等机会主义和外在动机所驱动(Tullock，1976)。然而，也有人认为，公共管理者需要更高水平的公共服务动机才能保持积极性，从而在艰难环境下做好所有事情(Houston，2014)。但其实最有可能的情况则是，复杂而动态的内外在驱动因素对这些公共管理者的激励作用是混合性的。

这样的情况也同样适用于发达的西方国家。利他主义的公共服务精神是许多公共管理者在日常工作中的一个关键驱动因素，这是不言而喻的。有研究表明，许多公共管理者受到激励都是出于更务实的考虑，比如想要更接近权力、获得重要的工作和"影响力"（Van der Wal，2013）。表2.2展示了西方国家1.0型和2.0型公共管理者的各种工作动机的经验性排序，并比较了他们加入公共部门的最初动机及其目前寻求令其满意的高级职务时的动机（Van der Wal，2013：753—754）。

表2.2　高级公共管理者的工作动机

职业生涯起步期	现有状态
1. 我想为社会做贡献，改善之，"服务"之 2. 工作的复杂性、挑战性和关联性（"有趣的工作"） 3. 与我的个人背景和（或）学历相适应 4. 在我第一轮面试中或多或少地存在选择的偶然性 5. "政府"提供了良好的职业前景和机会 6. 非职业性的个人原因和动机（包括工作与生活的平衡） 7. 想解决特定问题，但不一定与政府有关 8. 我想成为比自己更伟大的事业的一部分，产生更大的影响 9. 我被要求、邀请或"敦促"去做这项工作 10. 我相信民主和官僚程序，我想提升公共支出质量	1. 工作的复杂性、挑战性和关联性（"有趣的工作"） 2. 我想为社会做贡献，改善之，"服务"之 3. 为了接近政治权力，带来"影响和作用"而工作 4. 想解决特定问题，但不一定与政府有关 5. "政府"提供了良好的职业前景和机会 6. 我被要求、邀请或"敦促"去做这项工作 7. 有良好的薪水和（或）工作保障 8. 非职业性的个人原因和动机（包括工作与生活的平衡）

　　显然，内在动机和外在动机共同对这些管理者产生驱动作用，并且这种混合的构成会随着他们的职业发展以及影响力和贴近权力的重要性不断提升而持续发展。但是，这两个时期的动机有一个显著的共同点，即都强调了"有趣的工作"，因为它是使公务员留在公共服务部门并在其最高层不懈努力的主要动力。在VUCA时代，这种工作动机可能变得越来越重要。一位副秘书长重申道（Van der Wal，2013：754）：

　　　　这个领域的工作复杂性以及随之带来的挑战是促使我前进的动力。我发现这其中的本质问题很复杂，因此比企业的大一统思路视角更有趣。公共管理不能简化为一个相当容易的计算题。我觉得这是一个有关如何调和社会上所有事物的复杂的、必要的权衡和判断，即"治理游戏"。你必须解开问题症结并求解复杂的方程式。这是一个巨大的智力挑战，也是我这么喜欢在中央政府工作的原因。

§下章导览

本章为我们走进 21 世纪公共管理者的世界提供了必要的基础。在确定了公共管理者的一些关键角色、技能、胜任素质和价值观之后,我们现在转向本书的下一个问题:管理的工作环境何时、何地以及因何发生重大的变化,这些变化又会是什么样子的?"趋势与驱动因素"一章将通过分析国际大趋势来解释这个问题。无论管理者身在何处或将在何处,这些大趋势正以各种——有时甚至是以根本性的——方式影响着管理工作。尽管这些趋势中有许多看起来是持续和渐进的,但很难判断出未来它们可能引发哪些破坏性冲击和事件。但是,有一点是清楚的:这些变化的驱动因素加在一起将导致一个更加动荡、不确定、复杂和模糊的工作环境。下面,就让我们一起探索 VUCA 时代的关键驱动因素吧!

3. 趋势与驱动因素

预测是非常困难的,尤其是关于未来的预测。

——尼尔斯·亨利克·戴维·玻尔(Niels Henrik David Bohr),

丹麦物理学家、诺贝尔奖获得者

3.1 "3·11"灾难:成因、后续事件以及后果

2011 年 3 月 11 日,由企业巨头东京电力公司(Tokyo Electric Power Company, TEPCO)运营的日本福岛第一核电站受到了由 9.0 级的东日本大地震引发的海啸袭击。该工厂的六座核反应堆中有三座发生熔化,并且该工厂于 3 月 12 日开始释放大量的放射性物质。这是自 1986 年 4 月切尔诺贝利灾难以来最大的核事故,也是第二起在国际核事故分级中达到 7 级的事件。直到今天,工作人员依然在通过化学地下墙等措施继续减少泄漏。虽然辐射暴露没有立即造成死亡事故,但该地区大约有 30 万人被疏散;地震和海啸造成近 1.6 万人死亡;而 1 600 起死亡则归因于疏散条件,例如临时性住房和医院的关闭。

福岛核事故独立调查委员会发现核灾难是"人为的",其直接成因都是可预见和可预测的。许多其他调查也得出了类似的结论。他们认为,多年来工业、政府和学界的密切关系所导致的"规制俘获"、共谋、监管缺失和腐败是影响这一灾难严重程度的关键因素。

这场灾难使国际社会产生了多元而广泛的反应。国际原子能机构(International Atomic Energy Agency,IAEA)将 2035 年新增核发电能力的估计值减半,许多国

家在反核示威之后对现有的核电计划进行了重大的重新评估。2011 年 6 月,益普索·莫里国际调研机构(Ipsos MORI)的一项民意调查显示,24 个不同国家中有62％的公民反对核能。马来西亚、菲律宾、科威特和巴林放弃了核电计划,中国则暂停了核开发计划,但于 2012 年底在削减的基础上重启。

德国关闭了旧的核反应堆,并决定在 2022 年前逐步淘汰所有核电站。虽然德国的能源转型旨在以比先前计划的更快速度摆脱对化石燃料的依赖,但这导致了短期内高污染褐煤使用的大幅增加。在意大利举行的全民公投中,94％的投票者反对建造新核电站的计划。同样的情况也发生在瑞士和比利时。然而,日本政府却选择从中东进口规模空前的石油和天然气,而不是"走向绿色"。这导致政府大量借贷和财政支出,并对国际能源市场产生了出乎意料的影响。

显然,各国政府对同一"冲击"事件的反应非常不同,有时似乎是无意之中和意料之外的。即使在今天,福岛灾难仍然影响着许多地区性和全球性的事件和决策。在未来几年,很难估计其对全球排放和向更清洁能源结构转型、采矿业和能源行业的规制,以及政府、工业和大学之间的协作实践和知识转化等的长期净效应。

3.2 趋势、炒作和冲击

"3·11"灾难及其后果有力地说明了各种成因和后果相互关联的事件使政府不堪重负的同时,导致其他行动者采取一些意想不到的、甚至可能是不合逻辑的行动。正如哈特('t Hart,2013:101)所说:"这是一场灾难转变成更大时间、空间和政治损失的示例。"的确,即使政府制订了对可预见或可预防的事件、趋势和驱动因素的计划,这些事件在实际发生时也可能难以管理。此外,它们还可能引发其他不太可预见、不可预测和几乎不可能计划的事件。

尽管许多人将"3·11"灾难称为"一生一次"的事件,但人们似乎越来越认识到,我们所生活的时代,持续的复杂性和动荡成为常态而非例外。正如维尔麦特和塞尔(Vielmetter and Sell,2014:4)所言,"有什么即将发生"。本书引言使用首字母缩略词 VUCA 介绍了这种观点，说明工作环境越来越多地表现出易变性、不确定性、复杂性和模糊性的特征。其他人则使用了"长期性动荡"这一概念，指"复杂性和变化已经升级到使社区和社会机构的适应能力受到严重挑战的地步"（McCann and Selsky，1984：465，'t Hart，2014b：19）。这里一个常用的比喻是 1967 年由混沌理论先驱爱德华·洛伦茨（Edward Lorenz）创造的"蝴蝶效应"。盖曼和普拉切特（Gaiman and Pratchett，2006）精辟地捕捉了它的本质：

> 过去人们认为，改变世界的事件就是诸如大型炸弹、疯狂的政客、大地震或大规模人口流动等，但现在人们意识到，这是一种完全脱离现代思想的过时观点。根据混沌理论，真正改变世界的是微小事物。一只在亚马孙丛林的蝴蝶扇动翅膀，随后一场风暴席卷了半个欧洲。

显然，在一个由不可预测的"微小事物"塑造事件的时代，我们需要一种与公共管理体制截然不同的路径。传统路径假设我们能够了解大多数相关变量及其交互效应，倾向于以"简化"方式对工作环境进行建模（Ho，2008）。然而，除了那些支持微观趋势（Penn，2009）决定未来事件的人之外，各种最近的报道和著述表明，宏观趋势（该概念由奈斯比特于 1988 年创造）塑造了未来公共管理议程。在许多方面，从城市化、气候变化或老龄化等宏观趋势来考虑看起来似乎更令人放心：更为渐进、长期的过程允许我们提前计划，对公共管理者提出新的要求，并在此过程中进行调整。

为了本章和本书的目的，我认为渐进的宏观趋势和不太可预测的微观趋势都需要纳入我们的考虑范畴，以便识别 21 世纪的要求及其所需要的能力。的确，"3·11"灾难的示例显示了宏观趋势和微观趋势如何以意料之外的方式相互关联。此外，我们需要能够将炒作、流行一时的事物与不可否认、不可阻挡的事物相区分。我们还能有别的方法着手优先处理吗？

专栏 3.1 向我们介绍了四类不同的变化：(1)趋势（trend），(2)逐渐中断（gradual discontinuity），(3)炒作或流行（hype or rage），以及(4)突然中断（abrupt discontinuity）。

专栏 3.1 讨论与评估变化的词汇

为了确定哪些变化可能发生,我们必须评估特定问题是否已经发生、如何发生及其未来可能以何种方式导致其他问题的发生。这种评估得益于关于变化的日常语言或词汇。范里恩和范德伯格特(Van Rijn and Van der Burgt,2012:32—42)将这九种模式分为四类,从而为确定行动视角提供了词汇表,其中还纳入了来自全世界的示例。

第一类:趋势

定义:当(长期)数据纳入考虑范畴时重复模式的发展。

 稳定或无变化

示例:美国和西欧 1994—2006 年期间的人寿保险所有权。

 稳步上升

示例:美国 1949—2009 年期间的煤产量。

 稳步下降

示例:2005—2006 年期间的海冰范围。

第二类:逐渐中断

定义:逐渐演变的范式转变(扭转即将到来的变化是可能的)。

 加速增长(指数型或饱和型)

示例:1750—2000 年期间的温室气体。

 加速下降(指数型或饱和型)

示例:放射性衰变或知识的半衰期。

续表

第三类：炒作或流行

炒作的定义：人们对发展抱有过高的期望。

流行的定义：暂时时髦的产品或生活方式。

 暂时性增长

示例：2000 年的互联网泡沫或 2007—2008 年的次贷危机和房地产泡沫。

 暂时性下降

示例：2011 年的德国大肠杆菌疫情或 2003 年的亚洲非典疫情；消费和旅游。

第四类：突然中断

定义：一种演化速度如此之快以至于使体制变得不稳定的范式转变（扭转即将到来的变化是不可能的）。

 突然增长

示例：2011 年日本地震和海啸。

 突然下降

示例：2008 年 9 月道琼斯（Dow Jones）或 2016 年初上海证券交易所的股价下跌。

资料来源：Foresight Cards，https://foresightcards.com/background-information/patterns-of-change。

这些词汇使我们一方面能够区分趋势和逐渐中断，另一方面还能区分冲击、扰乱和突然中断，并理解其对公共管理者的影响。显然，第三类和第四类变化可以令第一类和第二类变化转变、加速或改变方向——想想房地产泡沫的破裂或证券交易的崩盘,以及它们对公共债务比例的长期、相当线性的影响,或者如"3·11"灾难的示例所示,海啸导致的核反应堆熔毁造成了能源政策的根本性、长期性转变。

因此,应对渐进式和破坏性的变化需要部分不同的特质和能力:前者需要计划、预见和情景构建,后者需要韧性、敏捷性和试验性。然而,新加坡前公务员首长何学渊(Peter Ho,2010:2)表示,综合考虑这些因素,有必要向公务员灌输一种超前的心态:

> 长期政策规划所需的技能与应对更直接的变动和危机所需的技能不同。虽然两者都很重要,但是那些负责思考未来的人应该得到专注于这个重要角色的自由与空间,而不是陷入每天的例行公事中。

然而,由于未知就是未知,所以很难专章论述。的确,我没有水晶球,无论是"黑天鹅"(Taleb,2007)——罕见、极端、不可预测的事件,还是"百搭牌"(Petersen,2000)——低概率、高影响的事件,都是无法预测的。此外,基于"预测"的战略制定不仅不切实际,甚至可能存在直接的危险(Kuah,2015)。相反,在为后面的关于新兴管理要求和困境及其所需的技能、胜任素质和价值观的章节奠定基础时,本章概述了广泛认可的、相互关联的大趋势。

本书的全球抱负要求我们识别具有全球影响力的趋势,即"影响所有地区和利益相关者的趋势"(Vielmeter and Sell,2014:6)。尽管如此,这些"具有全球影响力、范围广泛、具有根本性和巨大影响的长期转型过程"(Z_punkt,2008:1)及其往往相辅相成的特点,指向了同样经得起 VUCA 时代考验的胜任素质。其中许多趋势已经充分发挥出威力(Compston,2006;OECD,2009,2005),有些趋势则呈逐渐中断的形式(专栏3.1)。

我将趋势、驱动因素和变革力量视为可互换的概念,因为它们都指的是同样的宏观层面,相对渐进和连续的因素将影响我们未来几十年的生活和工作方式。首先,一个重要问题是要再次认识到本书识别的大趋势可以被视为限制因素和促进因素,这取决于公共部门及其中的管理者如何解决这些问题。反过来,正如格拉顿(Gratton,2011:16)所言,这将取决于管理者的胜任素质和整体思维方式——无论是进入"精心设计的未来"还是被动地接受"默认的未来"。

3.3 国际大趋势

鉴于文献中就主要趋势和驱动因素达成了广泛共识,本章大致对来自政府和咨询公司的各种近期文章、书籍和报告的八种大趋势进行整合(CSIRO,2013;Dickinson and Sullivan,2014;Dobbs et al.,2015;Gratton,2011;KPMG,2013;McKinsey,2013;Needham and Mangan,2014,2016;Roland Berger,2011;Vielmetter and Sell,2014;'t Hart,2014b)。这些趋势显示出惊人的相似性和重合性。此外,"3·11"灾难说明了它们如何在群体中运作,以及突如其来的增长和冲击如何进一步增强影响。根据毕马威(KPMG,2013)的分类,这八个趋势可以大致归类为与**个人**相关的趋势(趋势 1—3)、与**全球经济**相关的趋势(趋势 4—6)和与**自然环境**相关的趋势(趋势 7—8),其中"技术"和"全球化"通常被认为是首要的关键因素(Gratton,2011;Jones,2013)。毕马威(KPMG,2013:8)断言:

> 全球大趋势是高度相关的。尽管个别趋势在每个国家的影响不尽相同,但由此产生的后果不可避免地相互关联并相互强化影响。例如,在考虑人口变动、资源压力和气候变化等问题之间的联系时,这种关系就很明显[这同样适用于个人的发展、支持技术(enabling technology)、经济实力的转变以及互联性]。

本章聚焦于这些趋势如何影响全世界的公共部门,尽管这种影响会因经济和政治背景以及发展阶段不同而各有不同。其余的章节会重点介绍它们如何影响公共管理者个体。

3.3.1 趋势 1:"完全网络化"——支持技术、社交媒体和大数据

很明显,这里的一个首要关键因素是技术的进步。过去数十年快速的科技发展塑造的世界将 20 世纪八九十年代科幻电影中出现的许多小玩意儿都变成了现

实;事实上,它们甚至已经被超越了。当我每天早上乘地铁去上班时,我越来越惊讶地发现,几乎每个人的注意力都被手中的小型智能设备所吸引。这使得1990年范霍文(Verhoeven)的著名电影《宇宙威龙》(*Total Recall*)中的地铁场景显得过时了。

的确,如今似乎很难想象智能手机在不到十年前甚至不存在;当前,"全球应用"经济在2017年的估计值为1 510亿美元。带有移动互联网的智能手机正在改变我们每天的工作、生活和通信方式;而且到2020年左右,5G将取代4G,移动互联网的速度将提高1 000倍,这将超出人们的想象(Dean,2014)。我们正日益生活在一个"网络社会"(Castells and Cardoso,2005)中,它导致了全球经济的互联性,即本章提到的第四个大趋势。

就其本质而言,技术加速了它所带来的变化,并使可用的数据和信息呈现指数型增长的态势。1965年,未来的英特尔创始人戈登·摩尔(Gordon E. Moore)曾提出一个著名的预测,微芯片的性能将每两年翻一番。这一所谓的"摩尔定律"(Moore's Law)的发现在十年后被英特尔高管戴维·豪斯(David House)调整为18个月。而后,性能增长速度似乎将开始放缓(因为芯片的性能并非无限),计算机处理和存储容量的增长致使数据生产量或"知识的创造"增加。据估计,当今世界约90%的数字型数据是在过去两年内创造的(IBM,2013)。

由美国建筑师和未来主义者巴克敏斯特·富勒(Fuller,1982)最初创造的"知识倍增曲线"(knowledge doubling curve)的最新推论几乎是无法想象的(见图3.1)。这是专栏3.1中确定的指数型增长的一个示例。

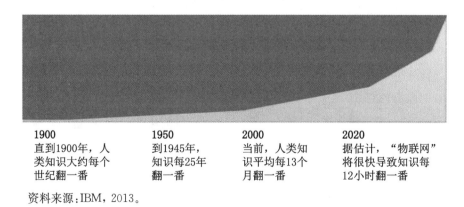

1900	1950	2000	2020
直到1900年,人类知识大约每个世纪翻一番	到1945年,知识每25年翻一番	当前,人类知识平均每13个月翻一番	据估计,"物联网"将很快导致知识每12小时翻一番

资料来源:IBM,2013。

图 3.1 信息的指数型增长:1900—2020

有关"大数据"影响商业、政府和社会的文献很多（Schönberger and Cukier，2013）。在诸如系统和管理者的信息处理能力、绩效管理信息使用（Meijer，2015；Moynihan and Pandey，2010；Van Dooren，2013）和公共服务递送（Barber et al.，2010）等领域，学界较少探讨对公共部门的潜在影响。目前，公共决策者面临的关键问题是相关政策和绩效数据的过剩，而非短缺。目前大多数的公共管理者对信息技术的专业化程度并不高，他们甚至对这种过剩意味着什么都缺乏基本的理解，更不用说拥有利用这些数据所需的技能和思维方式了。

许多公民，特别是年轻一代，在这方面的表现已经远远超过现有的公共管理者。这一事实，再加上公民对政府如何使用数据来规划和证明其决策的透明度要求越来越高，给公共管理者带来了巨大的压力。其中之一便是网络安全威胁的增加，包括"黑客活动"（hacktivists）的兴起（RAND，2013）。这些压力反过来要求管理发展和人力资源管理战略来吸引和培训能够达到外部利益相关者标准和要求的未来公共管理者。

3.3.2 趋势 2："远大期望"——个人主义和对无限透明度的要求

第二个趋势因技术进步而受到强化，为诸如"个人的崛起"（KPMG，2013）、"远大期望"（Melbourne School of Government，2013）和"个人主义和价值多元化"（Vielmetter and Sell，2014）等标签所俘获。这一趋势的要旨在于，技术和教育提升了个人，特别体现在年轻一代的识字率（目前全球识字率为 84%）、妇女的劳动参与率和中产阶层的迅速扩大方面（KPMG，2013；UNDP，2013；UNESCO，2011）。到 2030 年，全球中产阶层将从人口的 30% 左右增加到 60% 左右，其中 80% 居住在发展中国家，特别是在亚洲（Kharas and Geoffrey，2010；Mahbubani，2013；OECD，2010）。

这类拥有越来越多权力、声音、参与性和批判性的中产阶层，配备了高速且联网的智能手机，将使政府保持警惕，或者可能最终使他们失去权力。这一种动态在更为层级化和权威性的文化和政权中尤为突出，社交媒体在三个主要动态中发挥了作用：组织抗议、塑造叙事、增加国际社会的压力（Boyd，2011；KPMG，2013）。

这种动态将从根本上改变政权和代表政权的公共管理者与利益相关者和公民

进行互动、沟通和协作的方式。简而言之,政府需要变得"更具开放、创新性、响应性和智慧性"(Deloitte,2010:38)。"远大期望"是炒作吗? 不,已经发生了一段时间的事件表明(传统)权威的自明性在逐步减少,威权体制的反击和防御反应是一种自然反应。

3.3.3 趋势 3:"永远年轻"——人口统计特征、生育率和老龄化

与个人有关的第三种趋势涉及人口统计特征。整个发达国家的出生率正在下降,个体正在老龄化。据估计,到 2030 年,世界人口中 65 岁及以上的人口将达到 13%,而这一比例当前为 8%;到 2050 年,老年人将占 1/5(INIA,2013,2015)。人口老龄化主要是由两个因素造成的。第一,平均出生率从 20 世纪 50 年代初的 37‰下降到 20 世纪 90 年代后期的 22‰,预计到 2035 年将下降到 16‰(UNPD,2013)。在这方面,美国明显是大多数发达国家的例外,因为在未来几十年中,美国的人口仍有望增加。然而,由于绝大多数新生儿来自移民,这种趋势带来了自己的政治和政策相关问题(从某种意义上讲,许多欧洲国家面临着这个问题的夸张版本,因为他们的"土著"人口正在老龄化,并且在当前难民危机的加剧下迅速萎缩)。

第二,个体寿命延长。从 2017 年到 2040 年,欧盟、澳大利亚、美国和俄罗斯 65 岁以上和 80 岁以上的老人数量预计将急剧增加,届时它们中的大多数其人口将达到峰值(Rodrigues et al.,2012;UNDP,2011)。举例说明:欧洲和北美目前有 1. 74 亿 65 岁及以上的人,比 20 年前多了 4 000 万。

预计在未来 20 年内,人口将进一步增加约 9 300 万,这意味着人口老龄化的速度加快(Rodrigues et al.,2012:24)。而不断提升和加速进步的医疗技术将把这个数字推到今天难以预测的高度。仅仅几十年后,老年人是否将会"永远年轻" (Melbourne School of Government,2013)呢?

发展中国家表现出完全不同的发展动态。全球有 90%的青年生活在发展中国家(ILO,2013;KPMG,2013),从 2017 年到 2030 年,印度等迅速发展的国家的劳动力估计会每月增加 100 万人(ADB,2011)。毋庸置疑,这对世界各国政府的影响是巨大的。显然,发达国家已经开始从根本上重新考虑其养老金制度、老年护

理安排、住房和整体的财政政策，以及如何并由谁来资助和递送这些政策（Alford and O'Flynn，2012；Dickinson，2012；KPMG，2013）。在某种程度上，这一过程为 2008 年和 2009 年全球金融危机所助长和加速。然而，发展中国家的关键问题是实现经济水平的增长，从而使其吸收越来越多的年轻求职者，连同提升 21 世纪工作所需的教育背景和技能。非洲、亚洲和拉丁美洲的许多国家为此做出努力（南欧的情况也日益严峻）。

因此，尽管整体上全球劳动力将走向萎缩，但这一过程将非常不均衡地偏向发达国家。除了明显对医疗、住房和医疗政策产生影响外，就人力资源管理而言，公共部门组织还将见证史无前例的"明星大战"：组织之间的人才战争，以避免人们非常担心的"领导力悬崖"（leadership cliff）（Vielmetter and Sell，2014：108）。公共管理者于痛苦的选择和改革中，在管理和平衡外部利益相关者和政治参与者的期望方面，以及在制定动态、复杂的政策体系以缓解这些趋势方面发挥着关键作用。此外，公共管理者自身也将受到日益国际化的"明星大战"的影响。

3.3.4 趋势 4："经济互联性"——趋同性、蔓延和规制

从个人领域的大趋势转向全球经济领域的大趋势，一个关键问题是技术和个人的崛起如何影响全球经济的性质、结构和规模，而这反过来又在很大程度上决定了国际和国内治理行动者的议程和竞争领域。毕马威（KPMG，2013：26）将这一趋势称为"经济互联性"。在过去的几十年中，自由贸易和国际投资激增：全球贸易占国内生产总值的比重从 1980 年的 40% 增加到 2014 年的 60%（Economist，2014；World Bank，2014）。此外，从 2017 年到 2030 年，全球贸易预计将以每年约 5% 的速度继续增长（HSBC，2015；KPMG，2013），而目前生效的贸易协定中有 80% 是自 1990 年开始实施的（Arestis et al.，2012）。马凯硕（Mahbubani，2013）认为，日益紧密的经济互联性也将导致全球，尤其是东西方之间文化和政治话语、管理思想以及教育战略的"大融合"。

同样，正如接下来的两个大趋势所示，这里的国家和地区之间存在明显的差异。此外，正如本章识别的大多数趋势一样，风险和机遇齐头并进，如同毕马威（KPMG，2013：26）总结的：

随着经济越来越多地接触国界以外的风险,新的挑战也产生了。这些风险不仅迅速蔓延,而且违抗国家规制的范围,要求进行国际协作。鉴于经济互联性趋势预计将继续增长,全世界的政府将需要确保具备适当的政策框架,以捕捉贸易利益并管理风险。

2008 年,美国一家大型银行破产引发的全球经济冲击就是一个很好的案例。为了应对危机,世界各国都出台了类似的经济法规,显示出在危机之前难以想象的监管趋同性。此外,福鲁哈尔(Foroohar, 2015, 2016)、斯蒂格利茨等人(Sitglitz et al., 2015)以及其他学者的研究表明,本章讨论的"支持技术"和"经济互联性"越来越有利于顶端和低端的劳动力市场,而不是全部人口;事实上,许多发展中国家中产阶层的崛起,将与西方传统中产阶层的衰落相伴而生。

此外,仅在十年前人们预计将主导世界经济的一些新兴经济体,在最近几年都已遭遇发展困境。同时,全球利率似乎已经达到了一个历史性的低点,这一低点已经持续了相当长一段时间,发达国家的大部分地区甚至出现了负利率,而低增长似乎已经是新常态(Foroohar, 2016)。在一个日益互联的世界,要渗透到不受这些发展影响的新市场中,即使不是没有可能,也变得越来越困难。

经济互联性对政治和政策的影响显而易见。公共管理者将在减轻公民的贸易保护主义和民族主义挫败感,以及防止其当选的政治领袖屈服于此类要求方面发挥关键作用。

3.3.5　趋势 5:"事半功倍"——公共债务和财政压力

发达国家公共部门最具有深远影响的趋势之一是公共债务的大量增加以及由此产生的财政压力。仅在 2007—2014 年,发达国家的净债务与国内生产总值的比例就从 46.3% 激增到近 80%(IMF, 2014)。前文讨论的人口趋势只会加剧公共债务和随之而来的财政压力,而公民对政府提供公共服务的要求不断增加(Noordegraaf, 2015;'t Hart, 2014b),将导致推迟或掩盖财政决策变得更加困难。简而言之:政府将不得不常态化地削减开支并且保持公共服务供给(Needham and Mangan, 2014)。事实上,鉴于许多其他趋势要求投资于能力建设,以使公共部门及其管理者"经得起未来考验"(future proof)，他们将面临严重的投资潜力限制。由于第二次世界大战后福利国家的扩张、大规模的预算削减、管理改革和私有化、失业和社会动荡，20世纪80年代也出现了类似的问题(见Ferrera and Hemerijck，2003；Pollitt and Bouckaert，2011)。但是，正如之前所证明的那样，经济学家对当前的紧缩政策能否为发达国家带来20世纪90年代那样的繁荣这点，并不那么乐观。

在某种程度上，考虑到本章呈现了对全球贸易增长的预测，这一趋势似乎令人迷惑。然而，国家之间再次出现明显的差异。例如，欧洲、美国、澳大利亚和日本正在适度增长，并且从2017年到2030年，其仅与老龄化有关的公共支出占国内生产总值的比例就将增长4.4%(IMF，2013)。相比之下，发展中国家的部分地区在未来20年内将实现全球经济的大幅增长，而且那里的人口要年轻得多，公共支出不会出现如此显著的增长。

这些观察给我们带来了全球势力转移的大趋势，其表现为备受讨论的"新亚洲半球"(Mahbubani，2008)、"亚洲崛起"(Vielmetter and Sell，2014)、"亚洲世纪"(Gillard，2012)、"丝绸之路"(CSIRO，2013)等概念的出现，或者最易引起争议的一个书名：《当中国统治世界：中国的崛起和西方世界的衰落》(*When China Rules the World：The End of the Western World and the Birth of a New Global Order*)(Jacques，2009)。

3.3.6 趋势6："全球势力转移"——亚洲世纪和多极世界

首先，这一估计是惊人的事实：到2030年发展中国家将创造全球57%的国内生产总值(OECD，2010)，金砖国家将达36%(本书完成时为18%)，年均增长率为8%(Roland Berger，2011)。然而，与亚洲，尤其是与中国和印度的经济增长相比，这些数字显得苍白了。例如，就在35年前，美国依购买力平价(PPP)核算，其占全球国民生产总值(GNP)的份额为25%，而中国为2.2%；到2014年底，美国所占份额为16.2%，中国为16.4%(IMF，2014)。这是200年来非西方国家第一次成为世界上最大的经济体(Mahbubani，2015:17)。亚洲的中产阶层有望在不到十年的时间里激增，从2015年的5亿增长到2020年左右的17.5亿，而中国的中产阶层有望翻一番，达到11亿(Roland Berger，2011)。这些是翻天覆地般的经济力量转移。

在接下来的几十年中,新的"丝绸之路"将产生大部分的经济增长、贸易以及商品和服务的运输(Melbourne School of Government,2013:4)。

毋庸置疑,这些经济转变还将导致政治、外交、文化、教育和军事力量的转变,其中许多正在发生。例如,从现在到 2020 年,中国企业收购外国企业的数量将增加 4 倍(Wolf,2011)。2016 年初,由中国发起的亚洲基础设施投资银行(以下简称"亚投行",AIIB)启动,得到了多个欧洲国家的支持,但美国没有加入。中国将拥有 30%的股份。亚投行被视为中国进一步扩大其在该地区的影响力和利益的重要工具。正如我们所说,一个接一个的国家正在签署协议,支持和参与亚投行,而美国仍然是一个坚定和日益孤立的对手。美国的立场激起了时任中国财政部长的楼继伟在 2015 年概述亚投行提案时异常尖锐的评论:"对于美国的决策者而言,必须提醒他们,如果他们不及时赶上变革的潮流,他们很快就会被这股潮流压倒。"随着经济和政治关系比以前更快地建立和打破,旧势力在全球经济和外交的重要性层级中上下移动,现在的世界相较于过去两个世纪更加"多极化"(见 Kaplan,2009)。

显然,这些转变对政府和公共管理者的影响取决于其所在地和关注点。但是,我将挑战这样一种观念,这种观点认为全球经济趋势和国际发展只会影响那些在外交关系和贸易部门工作的人。事实上,无论公职人员是否喜欢,**所有公共管理工作都可能在未来几十年内实现国际化和全球化**(参阅 KPMG,2013;'t Hart,2014b)。西方国家的政府将越来越需要习惯于一种新常态,在这种新常态下,亚洲(以及发展程度低的非洲和拉丁美洲)力量正在推动他们的议程,而不是走相反的道路。

对于亚洲的公共管理者,尤其是在经济和政治影响力迅速增加的国家中,这些发展意味着他们必须协助其政府去领导而不是跟随、去制定而不是阻碍全球议程,以及去获得和维持他们的新地位要求具备的角色和能力:"位高则任重"(noblesse oblige)。内向型和保护主义的心态是公共部门最不应该抱持的,但世界许多地方的公共管理者却正是如此。

3.3.7 趋势 7:"超城市化"——特大城市成为增长和治理的节点

社会经济和物质动力以及技术发展带来的趋势是快速的城市化。新兴的"大城市"正在蔓延并日渐成为经济活动和治理的自治中心,从现在到 2030 年,80％的城市化发生在非洲和亚洲(UNDP, 2006)。到 2030 年,世界上 60％的人口将生活在城市中(目前为 50％),且超过 90％的发达国家人口将生活在城市中。同时,世界人口将增长 10 亿之多(KPMG, 2013),对经济发展和城乡差距产生明显影响。

经济互联性和支持技术在这里起到了促进作用。目前,仅 600 个城市就承载了世界 20％左右的人口,并产生了全球 50％的国内生产总值(McKinsey, 2012)。此外,到 2030 年,人口超过 1 000 万的特大城市的数量将增加一倍,达到 40 个左右。这种发展给基础设施投资、社会不平等、犯罪和宜居性带来了巨大的影响——政策不变,生活在贫民窟中的人将从现在的 10 亿增加一倍,到 2030 年达到 20 亿——这给可持续发展带来了压力(Doshi et al., 203; KPMG, 2013; OECD, 2008)。

资源不足和发展较不发达的"二级"或二线城市(Storey, 2014)也在崛起。的确,在未来几十年里,发展中国家的大部分经济发展将在这里发生:中国已经有 135 个这样的城市,其人口在 100 万到 1 000 万之间(Storey, 2014)。这些城市的市长和城市管理者越来越多地站上舞台,推动政策和管理议程。一些观察家认为,政策创新和试验及其所需的创造性领导和协作越来越多地出现在城市中。另一些人则猜测,正如被大肆炒作的本杰明·巴伯(Barber, 2013)的著作的书名所示(副标题是"功能失调的国家,崛起的城市"),《如果市长统治世界》会发生什么。

专栏 3.2 概述了政府在管理和"指导"二级大城市的兴起中面临的一些关键问题,并着重强调了这些问题如何影响公共管理者。

专栏 3.2 "二级大城市":兴起和政府回应

新兴和可持续城市倡议(Emerging and Sustainable Cities Initiative, ESCI)的总协调员埃利斯·胡安(Ellis Juan)说道:"二级城市是在未来几十年里世界将要经历快速城市化的新兴引擎。在拉美,二级城市为国家贡献的国内生产总值已经占比近 25％。其中一些城市将产生大都市,如墨西哥城、圣保罗和布宜诺斯艾利斯,这些都市在适应城市增长上面临严重限制。"

当二级城市转变为繁荣熙攘的"大城市",发展中国家未来大部分经济增长和创新随之产生,同时新的二级城市也将诞生。世界各国政府,特别是亚洲和拉丁美洲的政府,正在与这些"城市怪物"快速而混乱的增长做斗争。在政策设计和治理方面,政府正在尝试不同的方法,基于城市联盟(Cities Alliance, 2014)的研究,可将其分为三大类:

- **政治、政策和管理的去中心化和权力下放**

许多去中心化的倡议是模糊的,因为中央政府通常强烈影响着资源分配和规划。实质性的授权有时会发生,但是国家、区域和地方行动者通常是彼此对抗而不是协作的关系。

- **特殊的空间规划政策**
  - "新城":环绕大城市的用以疏散人口的二级城市带
  - "卫星城":通常与特定经济需求相关的一级城市的扩张
  - "工业区和商业园":税收激励计划辅助下的生产中心
  - "增长极":欠发达地区受政治激励的发展中心
  - "技术极":研发和高端商业活动的计划性集中
  - "城市复兴":通常是中央指示的复兴和激励性尝试

- **新城市主义思想**

无论是否有明确的政府支持,特定的产业、技术和社会其他部门日益聚集在(虚拟或实体的)"网络化"城市中。

各级公共管理者面临的问题如下:中央是否应该在设计模型或"蓝图"方面起主导作用?如果地方参与者要获得授权来试验、主导和增长,那么中央是否应通过更多的去中心化和权力下放来促进和实现当地的发展?城市如何创造足够的管理和政治能力来满足商业需求——地方政府通常被认为是公共服务提供中最薄弱的环节(Roberts, 2014)?特别是,鉴于大多数资源、(可感知的)职业机会以及人才和实习生计划都在中央,当城市知道大多数"高素质人才"会进入中央政府时,它们如何吸引21世纪的公共管理人才?

与大多数其他大趋势一样,"超城市化"带来的风险和威胁与机遇一样多。随着城市日益吸引人口和经济增长,而中央政府继续持有和分配大部分政府预算,公共管理者将不得不讨价还价和斡旋。他们必须调整"管辖职责的资源要求以及财

政权和激励权"，并"制定跨辖区、跨政府的规划论坛和支持统一规划的机制"
(KPMG，2013：48)。

3.3.8 趋势 8："积少成多"——资源压力、环境损耗和气候变化

在许多方面，气候变化和资源压力可以被视为上述趋势的不利因素。正如墨
尔本政府学院(Melbourne School of Government，2013：3)的成果所说，我们必须
做到"事半功倍"。亚洲开发银行的一份报告(ADB，2013)预测，仅"亚洲崛起"就
意味着，到 2035 年，该地区的石油消费量将翻一番，天然气消费量将翻三番，煤炭
消费量将增长 81%。反过来，75%—80%的适应气候变化的成本将由发展中国家
承担，其中大部分费用由东亚和太平洋地区承担(World Bank，2010)。

全球变暖已成为最近有关环境讨论的关键框架，尽管 2015 年 12 月在巴黎举
行的第 21 届联合国气候大会达成了空前的实质性全球减排协议后，情况开始发生
变化，但这似乎仍然遥远并远离许多公共管理者的关注点。然而，已经对公共管理
者的工作产生直接显著性影响的是环境损耗和资源稀缺之间错综复杂的动态。

例如，随着全球能源消耗量到 2030 年将增长 25%左右且年度总需水量将增
长 50%以上，即使就可再生能源的使用和技术进步而言，最乐观的情况也无法阻
止将近一半的人口生活的区域沦为"水资源高度紧张地区"(Roland Berger，
2011)。全球粮食需求将上升，而全球农业增长率将下降。然而，支持提高农业效
率所需的洁净水走向枯竭，而这正加剧了水资源紧张情况。缓解上述发展的技术
所需的铟和镓等原材料很可能会减少(Roland Berger，2011)。就像这里讨论的诸
多其他趋势一样，许多动态相互关联并相互促进，从而为政府缓和、规划和适应这
个"积少成多"和"事半功倍"的世界带来巨大挑战。

当然，像苹果首席执行官蒂姆·库克(Tim Cook)、特斯拉首席执行官埃隆·
马斯克(Elon Musk)，或《纽约时报》记者托马斯·弗里德曼(Thomas Friedman)这
样的"技术爱好者"都认为，持续的技术革命和进步将帮助我们克服大多数此类问
题。确实，一个有希望的迹象是近年来可再生能源和"清洁技术"的投资急剧增加，
2015 年首次超过了对化石燃料的投资(FS-UNEP，2016)。

但是，对于许多政府，尤其是欠发达地区的政府而言，要获取——更不用说利

用——这些技术（如果它们能兑现承诺），就需要大规模升级人力资源以及管理发展和培训系统。更重要的是，获取和利用它们将需要改变当前对组织和个人学习以及试验文化的态度。

§ **下章导览**

　　本章确定的大趋势以可想象和不可想象的方式影响着世界各地的政府。"要求、困境与机遇"一章将针对在不同背景和环境下，为公共管理者带来的要求、困境和机遇所产生的这些影响。虽然我意识到政府在养老金、医疗保健、环境和教育领域需要改变特定政策内容的重要性，但本书的重点还在于政府需要如何改变；具体来说，我探讨了公共管理者需要哪些角色、胜任素质和价值观，以实现战略和结构的变更。对公共管理者提出的推动和适应这些变化的要求是多种多样的，但是它们并不一定要像某些人（也许是无意地）暗示的那样整整齐齐、协调一致。当公共管理者优先考虑和管理这些要求时，他们面临着各种困境和前所未有的机遇。下一章将阐明这些将如何在公共管理者的日常生活中发挥作用。

4. 要求、困境与机遇

当深海潜水员听到上面的船发来"立刻上浮,我们要下沉了"的消息时,没有比这更两难的选择了。

——威斯康星州神学院罗伯特·库珀教授(Robert Cooper),1979 年

4.1 公共管理 2025

试想一下,在 2025 年,你是一个快速发展的中等收入国家规划与基础设施部门的副部长。在未来的十个月里,你的首要任务是制定一个综合性政策框架,以此说明最近新当选的政府应该如何促进和管理新兴"二级城市"的发展。这些城市将是今后几年内经济增长的主要引擎,并且将在 2050 年前吸纳贵国 80％以上的人口,其中一半正是目前生活在传统农村地区和落后社区的人们。当然,这些新兴城市不仅暂时性或永久性地吸纳了数百万迁往此地的市民,还将有望吸引大量的邻国蓝领和白领。

再者,你的部长还责成你将"智慧"城市的最新理念融入要制定的政策框架之中。他敦促你要尽可能大胆地运用新技术策略,例如包括无人驾驶汽车中的人工智能、数字化智能管理与"绿色"电网、用于构建公民注册与服务递送结构的云计算和仪表盘技术,以及用于老年人和弱势群体住房项目设计的机器人技术。他明确表示,像世界银行、联合国开发计划署(UNDP)、新开发银行(NDB)和亚洲基础设施投资银行等主要的国际地区参与者和金融机构,都渴望推动这些智慧城市长期发展,但前提是要证明,随着时间推移,你提出的规划框架具备可行性与持续性。这些金融家希望展示自身在改善发展中国家城市环境当中的作用。目前,由于居

住区中的工厂老化(那里15年前还是工业郊区)、持续的交通堵塞以及过度依赖从邻国进口的廉价化石燃料,贵国的二级城市正遭受着大规模的环境恶化。

然而,在此阶段你尚不清楚自己有望获得多少财政支持,调动多少积极性(如果有的话),因此很难制作一个实际可行的预算来支撑规划框架。你的部长是一位雄心勃勃并渴望进取的“街头霸王型”政客,他的民众支持基础主要由新兴城市的蓝领工人和那些在农村地区工作的穷人组成。因而他把自己大部分的政治前途都押在了发展二级城市上。可与此同时,他却缺乏相关的专业知识和充足的耐心,以至于无法顺利完成这个任务,这才交给了你。但是到目前为止,他一直拒绝你提出的聘请外部专家、雇用年轻且精通技术的新员工或纳入更灵活的新工作方式等各项请示,理由则是现有的政府预算已经满足不了各个利益相关者的要求了。因此,即使你在规划过程中看到了许多可以极大地改善公民生活品质的机会,你也不知道该如何把握它们。

虽然你的固有工作本领是能根据不完善的信息进行计划和决策,但是你面临的日趋严重的问题反而是数据泛滥而非数据不足。此外,在你获取的一些高质量信息中,其来源并不是价值“中立”的:实际上,许多参与者在此问题上都涉及相当大的利益关联,尤其是私营部门,他们是智慧城市相关技术的利益导向型“推动者”。你体会到了需要采用外部专业知识库来获取更多支持的迫切性,但是没有时间与各种潜在的协作者进行沟通;并且你的合作者及其管理者也缺乏构建相互协作能力的思维和技能。更糟糕的是,同僚中有一些人还有曾经与私人企业相勾结的经历。但是众所周知,新政府是因具有强有力的“公职道德规范”而当选的,这也是新兴中产阶层选民日益关注的重要问题。你的部长也在内部的首次重要讲话中强调,本部门的公职人员要严格遵守最高道德标准。

与此同时,许多年轻的“Z世代”公民非常渴望表达自己的意见,并为他们理想的未来城市面貌建言献策。他们精通技术且善于发现和吸纳有关全球最佳实践的相关信息(这远远超过你自己团队的大多数人),也通过新政府建立的在线互动平台(作为政府“以市民为中心”的工程宣传品牌之一)提供过日常的政策建议。这些公民的贡献中虽然有一些具有创造力和启发性,但是缺乏现实基础,甚至缺乏对可负担性和可实施性的基本理解。正因如此,你越来越反感你的部长总在会议中提到这些人的想法,似乎是在批评你和你的团队缺乏进展。

那么,你能否考虑寻求其他发展中国家的建议或最佳做法呢?这可不见得,因为最近他们由于公民对过度拥挤和超大城市的强烈政治抵制，已经彻底改变了移民和城市发展政策，提出了与贵国相反的"回归本原"的政治言论。正如近期，一个稍微发达的邻国中新当选的总理甚至在上周一篇题为《愚笨城市：无路可去》的报纸采访中，宣布智慧城市的概念已经消亡。所有这些其实都是政治议程的一部分，其旨在恢复国家而非地方性政治决策的首要地位。你想避免其他国家犯下的那些错误，你也相信建立智慧的二级城市对国家的未来经济有着巨大的重要意义与发展机遇，但有时你会在开始制定规划之前就忍不住认为这种规划"过于重大而不能失败"。

你与部长的下一次会面在两周后。这几天总有几个问题让你晚上辗转难眠：

- 在"掌控全局"的同时，我可以在哪些阶段让不同的行动者参与进来协助我制定政策框架？
- 我要使哪些行动者参与规划，又以何种协作方式管理他们？
- 如果我现在让私营部门的利益相关者加入规划过程，我以后又能否再次将他们排除在外？
- 我要如何处理所有可用的数据和可用的想法？
- 我要怎样才能在忽略选民一些"幻想"的同时，而不至于成为一个闭门造车型官僚或与我的领导为敌？
- 在没有技术知识和人员能力去使用有效信息的情况下，我如何才能弄懂数据的过剩？
- 鉴于各部门政治抱负、可用预算和人员能力之间的差异，我应该设计什么样的递送流程？
- 在一个变化飞快的地区（以至于今天的智慧城市规划可能在 10 年后就会创造出一个"愚笨城市"），我要如何确定正确的行动方针？

4.2 大趋势与管理要求

上面的案例仅仅反映了在一个于 2025 年迅速崛起的发展中国家中，公共管理者最有可能面临的关键要求和困境。我们在第三章"趋势与驱动因素"中区分过的许多内容也体现在这里：如科技与大数据、人口变化、城市化、环境问题、财政约束，以及富有主见的公民参与政策规划和对最高道德标准的要求等。本案例的主人公不仅面临着自身各项不足与不明确的未知情况，而且承受着其所在部门组织人员的能力限制。另外，她需要预料到能使用潜在协作者专业知识的各种情况，并且要在长期交往的复杂过程中建立并保持相互信任。当然，如果以上这些是随之而来的线性的要求，那么她至少能够基于自己丰富的经验能力，根据"可行性"进行优先排序并在适当的时候去实现它们。

然而，这里的关键问题是，在一个模棱两可、难以预测的不可靠政治运行环境中，她必须面对和说服那些相互竞争的利益相关者，同时做出各种艰难选择。简而言之，我们案例的主人公面临着一个有着多方面的矛盾要求的"集合体"（Noordegraaf，2007），这反过来又导致了复杂的公共管理困境。其中一个主要问题是，公共管理者究竟能够在多大程度上影响（更不用说推动）这些趋势变化。通常，他们会觉得这些要求只是"更高权力"和"更大势力"强加给他们的，可能是政治领袖及其选举压力与承诺，或者是国际市场和治理参与者提出的。那么，他们要如何调整态度，实现从不作为到兢兢业业的转变（Gratton，2011）？ 他们又如何确保自己能一直"掌控大局"而不会"惹祸上身"（Noordegraaf，2004），又能将要求和眼下的困境转化为发展机遇？

这些要求和困境并非都是独特或新生的。事实上，人们对于"竞争价值"（Cameron and Quinn，1989：32）与"竞争逻辑"（Noordegraaf，2015：64）主导管理环境的现象已经观察了相当长的一段时间。许多作者以前都曾探讨过公共部门背景的"多元性"和"模糊性"（March and Olsen，1989；Brandsen et al.，2007：1）。但是，21 世纪相互关联的庞大趋势与驱动因素意味着我们面临的新要求和新困境将是：

- 常态化而无例外的；
- （随着可预测性的降低）相互强化和恶化；
- 影响所有类型的公共管理者，而不仅是最高层；
- 影响公共管理的性质和实践，而不仅仅是（公共管理）工作内容。

我们在"趋势与驱动因素"一章中识别的大趋势对管理者产生了多种影响。维尔麦特和塞尔（Vielmetter and Sell，2014：141）运用"增强剂"的概念，指出"两个或多个大趋势同时产生并强化巨大的后果的影响。这些增强剂的性质是相关联的，因而在某种程度上会重叠"。他们的增强剂观点与最近各种著作中提到的公共管理者面临的未来挑战如出一辙，只是不同的作者加入了各自的风格、关注重点和划分的优先顺序（例如 Dickinson and Sullivan，2014；Melbourne School of Government，2013；Needham and Mengan，2014，2016；'t Hart，2014b）。专栏 4.1 列出了全球大趋势所产生的一些常见影响和挑战。

专栏 4.1　全球大趋势：对公共管理者的影响

- **利益相关者本身有着动态的变化**，必须考虑到一些更模糊利益的递增；
- 利益相关者网络中的**协作模式**需要权力共享、新媒体的使用以及开放式创新；
- **权力总会经历从旧到新的权威转换**，也会更频繁和突然地从某个领导人或选区的手中转移到另一个；
- **提高合法性和绩效要求**，会使利益相关者的网络变得更加富有主见、精明和审慎；
- 由于技术革命、工作态度的转变以及新一代雇员的出现，**新型的工作内容、方法与人员**应运而生；
- 由于缺乏人力和自然资源，并且要在经济低迷和财政紧缩的时代使用先进技术，对**更智能的组织化与预算编制**的压力普遍存在；
- **道德化**，是组织及其领导者对最高道德标准设定的要求。

资料来源：Dickinson and Sullivan，2012；Needham and Meegan，2014；'t Hart，2014b；Vielmeter and Sell，2014。

为了与本书的全球雄心和视野保持一致，我自己制定了适用于公共管理者的七项具体要求（某些内容可能有关联和部分重叠）。这些内容构成了本章的其余部分，对于发达国家和发展中国家以及民主环境相差不多的公共管理者都有适用性。不过，我也知道这样的清单总是太过武断，或许五年后再看，可能会全然不同。但是，为了能使本书有更长的"保质期"，因而这些要求在本质上更为广泛通用，其显著性也是专家学者们普遍认同的。下面的七个小节将分别介绍这些要求的具体内容和发生情景。

在阅览图 4.1 的各类大趋势及其带来的管理要求时,应谨记五项"导览说明":

- 每一个要求都是多重大趋势共同作用的结果(通常是 3 个或 4 个),而技术革命("完全网络化")与不断增长的公民要求("远大期望")这两个趋势,几乎在所有要求中都扮演着关键性的角色。

- 由于大趋势在不断地演变,加之其多重性质,它们产生原因及造成后果(通常是不可预测的、非线性且有破坏性的)的边界并非总是清晰呈现。

- 大趋势"落入"公共管理者的微观工作环境中,并对公共组织、规制和政策的组织方式产生了中观影响。这些内容我们将在接下来的七小节中一一去解构讨论。

- 显然,一些大趋势对某类管理者的影响要比其他类的更大:如宏观经济的变化和发展间接影响了大多数公共管理者的工作环境。

- 对这些要求要强调使用"管理"一词加以表达,而不仅仅是去"处理"它们,以此强调公众对公共管理者采取积极控制措施的各种期望(包括立法和政策要求)。

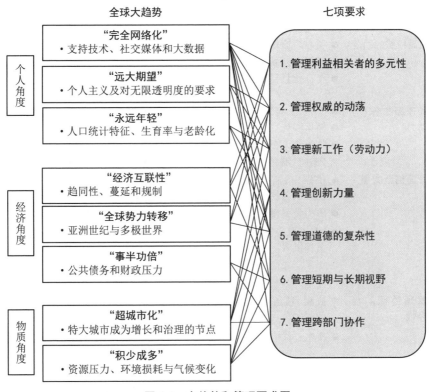

图 4.1 大趋势和管理要求图

事实上，这里的关键信息是，21世纪恪尽职守的公共管理者能够合理地管理这些要求，但毫无作为者只能为这些要求所管理（参阅 Gratton，2011）。本章接下来的部分将为公共管理者提供相关管理思路、最佳实践及管理工具，助其抓住这些要求背后的机遇。

表4.1区分了七项要求用以说明**应当管理谁**（如案例所示，诸多有时相互关联的利益相关者和参与者同时有着不同的角色身份），以及在行动、实践、技术、政策和情绪方面**应当管理的内容**（参阅 CSIRO，2013；Vielmeter and Sell，2014）。很明显，这七项管理要求的主客体都是有重叠的。

表 4.1　要求、主体与对象

要　　求	管理谁？	管理什么？
1. **管理利益相关者的多样性**	● 流动的利益相关者网络 ● 多元公众 ● 拥护者与对手	● 多方面、不稳定的沟通过程 ● 各种媒体平台及其动态 ● 国际、区域和地方的政策议程与政治舞台
2. **管理权威的动荡**	● 关心政治却愤世嫉俗、急躁的公民 ● 频繁更换新的政治领袖 ● 个性化且富有主见的员工队伍	● 反集体主义与反威权主义 ● 危机、紧急情况和叛乱 ● 参与政策过程的设计 ● 绩效（排名、品牌）
3. **管理新工作（劳动力）**	● 个性化、有选择性的员工 ● 新生一代 ● 临退休人员 ● （逆向）辅导	● 移动和虚拟工作（场所） ● 千变万化的职业岗位 ● 工作-生活的模糊界限 ● 反集体主义和反威权主义
4. **管理创新力量**	● 挑剔、精通技术但政治态度模棱两可的公民 ● 压力大又没耐心的政客 ● "有进取心"的科技企业和解决方案提供者	● 颠覆性技术 ● 人才和技能资源短缺 ● "智能"网络、政策和情景规划 ● 关于创新的"军备竞赛" ● 罕见专业化
5. **管理道德的复杂性**	● 挑剔、精通技术但政治态度模棱两可的公民 ● 新生一代 ● 个性化且富有主见的员工队伍	● 基于价值观的实践和声誉 ● （国际化和网络化的）道德框架、准则和规范 ● 可持续模式与绩效 ● 社交媒体和全天候的"玻璃屋"

要　　求	管理谁?	管理什么?
6. 管理短期与长期视野	● 地球 ● 后代 ● 老龄化的人口 ● 压力大又没耐心的政客	● 预见性工具与方案规划 ● 国际议程、条约和政治舞台 ● 迫在眉睫的灾难、危机和匮乏 ● 预算争议
7. 管理跨部门协作	● 多样且分散的同僚和委托方 ● 自发的共同生产者 ● 非政府资助者	● 共同生产、共同创造的网络 ● 关键职能的外包 ● 复杂的供应链 ● 私营部门合同、道德和利益

正如先导案例所示,这些要求常常给公共管理者造成各种各样的困境和矛盾。就此而言,诺德格拉夫(Noordegraaf,2004:26)使用了"干预陷阱"的概念来隐喻在公共管理者"坚决行动"、执行和决策过程中并存的要求和约束。但同时,那些精明的、有创业精神及热情的公共管理者也将获得改善公共部门绩效的空前机会。他们可以通过吸纳新技术并吸引更多利益相关者参与以突破某些限制。事实上,这正是他们成为 21 世纪公共管理者的原因。因此,我们要区分这七类要求、困境和机遇的集群,而不是只关注相关问题和挑战。

4.3　七类要求、困境与机遇

4.3.1　要求 1：管理利益相关者的多元性

我们案例中的副部长面对着一众利益相关者,他们每个人都有着各自模糊的要求、政治态度和处事方式。此外,正如本案例主旨所示,这些利益相关者效忠的对象并非一成不变。如果一些潜在的支持者(如国际金融专家和精通技术的公民等)没有得到经常性拉拢并被纳入重要的实践过程,就可能会在一夜之间反目成仇(Bryson,2004)。管理这种与日俱增的利益相关者多元性,不仅需要非凡的沟通协作能力与灵活的思维,还需要能将有诉求者与有影响者区分开的直觉和敏锐性(Mitchell et al.,1997:859)。有些看似"隐匿"或"从属型"的利益相关者,也许某一天就几乎在一夜之间变成"危险"或"主导"的一方（Mitchell et al.，1997：875—876）。邻国新当选的总理就是一个示例。

实际上，**利益相关者本身往往是公共管理者的触角**，公共管理者需要利用他们在巨大而又复杂的国际利益网络中的地位。本章案例中含纳了两种不同类型的群体，一种是城市集群兴起时被吸引过来的外来务工人员，另一种是参与网络问政的公民群体。这两类群体有各自不同的偏好，因而 21 世纪的公共管理者需要在各个群体的社会网络中安排触角主动地管理他们。

专栏 4.2 展示了在要求 1 的情况下，公共管理者面临的一些主要困境、机遇以及潜在的权衡取舍。

专栏 4.2　要求 1：管理利益相关者的多样性

困境：向要求多元、渐趋不同的受众传递清晰、一致的信息。

机遇：利用无限的渠道、受众和支持者来"品牌化"、传播、宣传政策目标，并通过有针对性的信息传递方式去平衡民众供给与需求。

潜在的权衡取舍：

- 要在确保当前利益相关者保持效忠与留意和争取潜在支持者（但目前反对或漠不关心的）的资源使用之间保持平衡。
- 要在忽视未来"主要参与者"和失去主要支持者的风险之间保持平衡。
- 首先要关注政策质量，然后关注其框架和效应，并且在此过程中要能控制住利益相关者；否则从一开始就让他们参与制定规划。在为有潜在要求冲突的不同受众调整政策内容和框架的同时，要维护信息的一致性和完整性。

4.3.2　要求 2：管理权威的动荡

我们案例的主人公拥有正式的权威和权力，但她影响决策的实际能力却似乎有限。此外，她工作环境的最大特点是，在国内外政治动态过程中，独断的利益相关者要求其必须产生"看得见"的绩效和递送。这个特征暗示了一个更广泛的全球现象,那就是不管是传统等级社会还是先进民主国家,其不证自明的权威都遭到了一定的削弱,即权威将越来越必须通过绩效和产出来获得('t Hart,2014b)。与日俱增的个人主义、价值多元化和"富有主见的公民"的崛起是这种现象的关键所在(Needham and Mengan,2014)。这一趋势对公共管理者产生了三种影响,如下所示:

- 公民和其他利益相关者——Z 世代"网民"、国际投资者和企业——将对政策选择及递送的深入了解和透明度提出更多的要求。

- 我们的同僚和下属(这些人缺乏 21 世纪管理者应具备的能力,但仍认为自己是重要协作成员)会要求以参与的方式,并通过非正式领导而非等级资历得到组织管理。

- 你一天中随时都要想着自己的绩效,而无法用级别、角色或其他理由去躲避它。正如你的同僚回避传统官僚结构一样,你也可能不愿意接受领导的传统官僚行为。回顾你的部长在与你共事时显示出来的缺乏专业知识和不稳定的决策行为,就可想而知。

一些作者用"分布式领导"(Gronn,2002:423)或"以人为本的领导"(Vielmeter and Sell,2014:162)等概念形容更加横向宽松地管理员工的方式。然而,如我们的案例所示,这种视角有时会低估管理者在"控制和掌控大局"方面所面临的压力(Noordegraaf,2015)。专栏 4.3 展示了在要求 2 的情况下,公共管理者面临的一些主要困境、机遇以及潜在的权衡取舍。

专栏 4.3　要求 2:管理权威的动荡

困境:在表现权威和控制力的同时,也要通过移交权力展示协作领导能力。

机遇:通过分担责任来克服等级制的限制和结构,以释放政策规划的集体管辖权与协作管辖权的潜能。

潜在的权衡取舍:

- 在冒着可能被高估、被超越或被视为难以实现、过时风险的同时,将权力、权威和责任转交给同僚、下属和外部利益相关者,以增加管辖权和视角的多样性。

- 要平等地对待利益相关者,并努力将他们的信息、"知识"和观点纳入你的决策当中;否则就要在咨询和评估阶段限制他们的参与。

4.3.3　要求 3：管理新工作（劳动力）

案例中的副部长在压力下被迫采取了新的工作方式,以适应充斥其内外部工作环境的新生代世界观和价值态度。实际上,各种不断强化的大趋势已经创造了一个新的员工阶层,他们将对雇主提出前所未有的要求并会质问"这对我有什么好处"(Deloitte, 2016；Holmes, 2012；Twenge and Campbell, 2012)。的确,有很多关于劳动力变化的文章越来越多地涉及 Y 世代甚至 Z 世代的讨论,以及工作本身不断变化的性质(Gratton, 2011；McKinsey, 2013)。新的一代人及其工作方式可能会极大地改善公共部门的绩效情况。正如案例所说,面对新一代寻求"更灵活、便捷与技术性的工作环境",官僚机构是否能够适应或满足其要求还是个未知数。此外,在现有的公共人事制度下,那些与新生代存在不同价值偏好的高级官员还会在今后继续任职。

同时,如案例所示,一个受过教育、富有主见又精通技术的年轻公民会更希望看到自己的抱怨和要求能得到倾听,自己的想法与观点能被纳入政策建议中,但是他们不会去考虑这些建议的可行性与可负担性。这时,公共管理者便要像我们的副部长一样,必须既要找到有效的方法去将新的工作方式和新型员工相结合,也要坚守组织结构与员工应有的职责。专栏 4.4 说明了在要求 3 的情况下,公共管理者面临的一些主要困境、机遇以及潜在权衡取舍。

专栏 4.4　要求 3：管理新工作（劳动力）

困境：在控制、监控和确保递送的同时,适应工作和员工性质的变化。

机遇：在节省办公空间、成本、繁文缛节及程序限制的同时,全天候地去完成"工作",以创造真正的后官僚环境来吸引并留住新一代在公共部门工作的人员。

潜在的权衡取舍：

● 在资源有限的环境中,既要管理、激励和留住职业抱负"变化无常"与职业生活边界模糊的新一代员工,又要保持一定程度的控制性和官僚作风。

● 冒着可能疏远和打击新员工的风险去密切管理和指导他们,或者冒着拖延和失败的风险(你自己来承担责任)给他们最大的自由和自主权。

● 顶着递送持续性不足的风险，允许同僚在办公室以外的场地工作，尽量减少会议和身体互动以最大限度地提高工作效率和工作与生活的平衡，或者保持传统的办公室作风，即使新技术终究会让其过时。

4.3.4 要求 4：管理创新力量

我们再回到该案例中副部长的问题上，她必须在未来几十年里对城市治理和维护的整个系统进行实质性的升级。在制订这些雄心勃勃的计划时，她不断被告知要尽可能大胆地吸收不断发展改进的新技术，但同时又受到预算和相关能力因素的制约。此外，一些资源和材料的成本可能会随时间逐步激增，但是不断发展的技术也会使其他资源材料的成本更为低廉，这皆取决于创新的时机。于是便产生了所谓的"创新者的困境"(Christensen，1997：1)。她甚至无法想象，为了使这些城市中心能够繁荣运转，自己该如何处理、编算和整合 15 年后所需的许多技术和应用问题。然而，更根本的问题是，她感受到官僚机构对稳定性、合法性和可预测性的需求(Van der Wal，2008)与外部创新压力(Hartley，2015；Hartley et al.，2013)之间的张力。也许公共机构天生就不能有真正的创新？

此外，在她目前的工作团队和领导者中，只有一部分人有能力去实践协作型与企业化的公共管理模式(De Vries et al.，2016；Vij and O'Leary，2012)，并能利用技术型公民的那些"众包"(crowdsourcing)创意(Meijer，2014)。于是，她陷入了两难境地：为了创新，她必须在技术、培训和招聘方面予以投资，并提高自身的适应性与魄力。但是，由于这需要一定的时间，况且部长对此又很焦虑，她还不如将国家紧张的财政资源用在外部支持和"硬"基础设施上。专栏 4.5 便说明了在要求 4 的情况下，公共管理者面临的主要困境、机遇以及潜在的权衡取舍。

专栏 4.5 要求 4：管理创新力量

难题：在严格的限制和模糊的期望中做到适应性、创业性与试验性。

机遇：在越来越灵活、有利的环境中，可以比以往任何时候都能更快、更低成

本、更容易地试行和试验新的政策、方案与工具。

潜在的权衡取舍：

- 要融合企业家、监管者、专家和机构保护者在应对"破坏性"创新与创新压力方面的作用。
- 在规划长期投资战略时，相较于人力资源，要优先考虑信息技术资源，因为后者可以逐渐实现自动化；但是，这也面临着有可能长期无法弥补丧失制度记忆的风险。
- 要采用终身学习战略，大量投资于员工的技能和能力；但是这几乎没有短期收益可以展示给政治领袖。
- 在不稳定的选举、创新和预算周期中，是继续采用传统的预算战略，还是更适应性地与试验性地制定预算。

4.3.5　要求 5：管理道德的复杂性

案例表明，要求进行道德治理是一种普遍的全球现象（Cooper and Menzel，2013）。在相当封闭的自上而下或专制治理体制内，多种大趋势的结合还将不断强化这种要求，并依照政治家的选举承诺受到强制执行（但这些政治家自己的道德态度或许也是模糊的）。随着公民对透明度的要求越来越高，再加上他们仔细地查看（数字的）蛛丝马迹，以找到有关公共领袖的不利信息，这就给领导们（例如案例中的副部长）在各种道德测试中带来了更大的压力（Lawton et al.，2013）。当公民每天创建关于领导的头版头条供大家查阅时，我们的副部长要如何才能够在评估自己的决定时，通过著名的"头条测试"（Kaptein，2006）？

从根本上讲，由于这位副部长同时受到政治领袖、公民期望、国际竞争和各种创新力量的压力，她的工作环境便充斥着隐私、公平、问责与可持续性等关键价值之间的经常性冲突（Van der Wal et al.，2011，2015）。新技术提供了无限的创新潜力，但她是否就应该追求将一切都技术化的可能性？如果私营部门的利益与公民的需要相冲突，她要如何坚决反对这些急切推动方案的行动者（私营部门）？在她效忠新的政治领袖和国家时，又应如何一边吸纳众多利益相关者的技能、资本与思路,一边还能保持政治中立?

其中一些问题尽管需要在政治舞台上解决,但也会对她产生影响。毕竟,涉及这些道德问题时,相关的公众有时过于仓促且苛刻地确定立场,还会要求她及其工作成员有明确的立场。更复杂的是,在道德伦理问题上,那些国际金融人士、精明的方案提供者、蓝领工人以及受过教育的技术型公民都有各自不同且相互竞争,有时甚至是不公平的立场;而且每个人都会按照他们自己的安排,用越来越多的工具来监督我们的副部长。专栏 4.6 显示了在要求 5 的情况下,公共管理者面临的一些主要困境、机遇及潜在的权衡取舍。

专栏 4.6　要求 5:管理道德的复杂性

困境:在竞争日益激烈的价值观体系中,在越来越严格的公众面前,遵守道德以进行领导与管理。

机遇:管理者要成为一个高于法律和道德最低标准的榜样;同时积极主动地与社交媒体和公民互动以(重新)获得合法性。

潜在的权衡取舍:

- 对自己的要求要高于所规定的道德标准,以身作则,不断完善和执行那些道德政策,但是这同时要冒着行政效率和效益下降的风险。
- 战略性、选择性地满足那些关键利益相关者的道德要求,以最大限度地提高效率效果,但是这会面临"为时已晚"的风险。
- 根据"价值观的契合"、道德态度与自身形象来选择协作者和同僚,而不是以能力及其附加值为标准。这样才能经受得起网络、企业界或政府机构进行的价值观、标准与文化的道德审查。

4.3.6　要求 6:管理短期与长期视野

本案例还说明了一个现象,即我们的主人公不得不去兼顾短期时间范围(如"两周内给我一份全面的政策建议!"),以及长期视野(如"在快速发展的背景下,规划出 20 年后智慧城市的样貌"）。公共管理者必须一直平衡好短期与长期计划及其绩效情况。这一要求会越来越重要，但同时也会更矛盾，即虽然提供应对方案与实施预测模型的预见性工具会迅速发展，但同时，这项平衡挑战也会逐渐增多并一直持续下去。为了满足这项要求，我们备受压力的副部长就需要将各种技能思路结合起来：使政客能够在一个永无止境的"新闻周期"（news cycle）中有所成绩且看起来是"做了些事情的"；同时也能进行预先规划，保留政策遗产，并通过保存机构知识及全面韧性，为继任者做好准备。

鉴于此，何学渊（Ho，2010:6）建议在解决严重问题时，公共管理者要么成为在这些领域不作为而导致最坏结果的实际担保人，要么以企业家大胆的、探索性的思维和创新精神提前应对这些挑战。然而，考虑到重点受众、时间安排和预算限制，我们的主人公又有多大的空间去打造创业精神和长期探索情景和试验呢？专栏 4.7 显示了在要求 6 的情况下，公共管理者面对的一些主要困境、机遇以及潜在的权衡取舍。

专栏 4.7 要求 6：管理短期与长期视野

困境：将长期的规划思路与数字时代及政治的即时性、波动性相结合，并加以平衡。

机遇：在大数据分析和开放软件的帮助下，通过可用的预见和情景构建技术比以往能更好地预测和应对未来的挑战与结果。

潜在的权衡取舍：

- VUCA 环境可能会使现有的计划存在几年内过时的潜在风险，在这种情况下是否还要优先考虑那些短期可产出、能快速盈利的政策成果，仅因为它们会带来最大的政治信任。
- 是否去清晰对比管理性的角色、目标和政治性的角色、目标，同时相信政治领袖最终会理解公共管理者提倡的"长远视野"。
- 是直接去调整规划，使之适应政治活动与媒体，而不是去适应其他要素；还是先注重深思熟虑后得出的有理有据的战略，然后再关注要如何获得那些重要参与者的支持。

4.3.7 要求 7：管理跨部门协作

案例中的规划部副部长如果想要应对所面临的各种要求和压力，就不得不与各种利益相关者进行广泛的协作：以此吸引更多的财政资源，挖掘创新理念及外部专业知识，获得其他陌生利益相关者的支持，并且推出大型的执行及递送链条。事实上，本案重申了很多公共管理领域的同僚长期以来已确立的观点：由公共、半公共、私人和民间参与者构成的整个跨部门网络共同创造与生产 21 世纪的公共服务（Agranoff，2006；Alford and O'Flynn，2012）。

政府不再是唯一的主角，而仅仅是提供公共服务和成果的行动者之一（Rhodes，2016）。因此，我们的公共管理者必须掌握社交和团队合作技能（Klijn et al.，2010），以及在国际金融家、私人企业参与的情况下，具备管理那些高风险、一定程度上不可预测性的"复杂合同"的能力（Malatesta and Van Slyke，2015：665）。

通过广泛研究各种性质的网络与政府和私营部门合作（Boyer et al.，2015；Greve and Hodge，2011；Bouckaert and Halligan，2008），我们其实可以知道这位副部长最有可能遇到的委托代理问题，以及双方关于目标、结果的争议。显然，无形的信任是其中最难管理的因素之一，特别是案例中提到的我们公共部门的同僚和私营部门人员曾有官商勾结的情况。此时，针对棘手的管理和政策问题，似乎只有利益相关者的多方协作才是唯一可行的出路。专栏 4.8 展示了在要求 7 的情况下，公共管理者面临的一些主要困境、机遇及潜在的权衡取舍。

专栏 4.8 要求 7：管理跨部门协作

困境：要在信任、契约、权力关系和信息不对称的平衡中，管理横向的合作伙伴关系。

机遇：可使利益相关者能够参与到整个政策周期中，并且能够激发管辖权共享、自下而上治理、互补能力与创造性解决方案出现的巨大潜力。

潜在的权衡取舍：

- 是设法去教育有主见的公民和政治领袖,使其认识到公共管理者不再是许多治理行为者中的唯一主体,而是其中之一,他们每个人都有自己的优势和权威地位;还是主张在推动政策解决方面重新发挥政府的行政领导(主导)作用。
- 是进行协商对话,通过合同巩固关系,建立相关保障、核查与平衡机制,确保合作伙伴的"可选择性";还是走等级化的道路。
- 是通过强化知识管理系统、招聘和薪酬战略,在部门内部建构专门知识与能力,以较大的成本保住重要人才;还是最大程度提升与外部合作伙伴、承包商和顾问的关系,运行一个精简和灵活的核心政府机构。

§下章导览

公共管理者及其组织需要各种传统的、演化中的和新生的角色、特征与胜任素质,才能将本章概述的要求和困境转化为相应的机遇。后文中,"管理利益相关者的多元性""管理权威的动荡""管理新工作(劳动力)""管理创新力量""管理道德的复杂性""管理短期与长期视野"以及"管理跨部门协作"等章节,将围绕上述七个关键管理要求去分析所需要的各种角色、特征与胜任素质。其中,每一章都会以一个中心案例为出发点,来说明公共管理者所面临的要求及其产生的棘手问题。在下一章中,我们将通过对管理利益相关者多元化问题的探究,展开相应要求的讨论,并且介绍和评估一些能将分散的利益相关者网络进行整合和连通的工具、平台、技术及胜任素质。

5. 管理利益相关者的多元性

找到各种利益相关者相互竞争的诉求之间的适当平衡点。所有的诉求都值得考虑,但有些诉求比其他诉求更为重要。

——沃伦·本尼斯(Warren Bennis),领导力专家

5.1 谁应当成为诉求者

试想一下,在 1991 年,你身为壳牌英国公司(Shell UK)——隶属于世界上最大的公司之一荷兰皇家壳牌集团(Royal Dutch Shell)——的高级经理,刚刚拟定将布兰特史帕尔(Brent Spar)钻井平台沉入大西洋的计划。在进行了大约 30 项不同的研究,并与多个地方政府和非政府组织交流过后,你们团队认为最佳可行的环境方案(Best Practicable Environmental Option,BPEO)是将平台沉入深水,而不是在陆地上进行横向拆解。由于平台规模和一些储罐的损坏,相较于花费 1 800 万美元的自沉选择,将布兰特史帕尔钻井平台搬到岸上,在陆地上进行拆解的过程复杂而昂贵——需要花费 6 900 万美元,而且会带来破坏环境的潜在风险。

相信你已经对所有的选择进行了充分的比较,你将最佳可行的环境方案这一概念反馈给英国工业贸易部(Department of Trade and Industry,DTI)。在与其他四个北海和欧盟委员会(European Commission)的成员国中央政府进行了针对性的协商且没有遭到反对的情况下,英国工业贸易部最终在 1995 年 2 月予以许可。你和领导都深知这个决定的敏感性,因为从来没有人以这种方式对钻井平台进行拆解。然而,你已经以你的方式在尽职尽责。

现在试想一下,你是绿色和平组织(Greenpeace)中一名雄心勃勃的活动管理者。绿色和平组织是最大的环保游说组织,在全球拥有300多万成员。你的同僚非常仔细地审查了布兰特史帕尔的处理过程,并于1994年9月向英国工业贸易部提交了一份题为《毫无理由的倾倒》(No Ground for Dumping)的报告。你表示不赞同,因为自沉方案将为北海其他130个钻井平台的退役计划开启一个危险的先例,而且对环境的破坏将远远大于壳牌公司所表明的那样。尽管你和同僚们多次尝试参与,但并没有在壳牌公司的决策过程中发挥积极作用。你觉得现在是时候有人代表环境利益相关者,在这个问题上发声了。1995年4月30日,你的四名同僚乘"牵牛星"号(Altair)轮船进入该平台。他们开始在平台上直播,主流媒体急切地加入,公众舆论也立即开始转变。

现在假定你是德国环境、自然保护和核安全部(BMU)的联络官。1995年5月9日,贵国部长宣布,必须公开反对壳牌公司的决定;一周后,英国议会中的所有反对派都谴责了该计划;紧随其后的是欧洲各国贸易、外交和环境部部长。突如其来的观点转变把你吓了一跳。在认可壳牌英国公司为期两年的仔细审查和报告的情况下,所有相关的政府难道不是在几个月前批准了这一决定吗?难道不是所有的利益相关者都参与到这个决策过程中来了吗?

虽然壳牌英国公司走法律程序以反对绿色和平组织,并着手将钻井平台拖至北芬尼岭,但情况却迅速恶化。德国加油站的收入下降了50%,50个加油站遭到破坏,2个加油站遭到炸弹袭击,1个加油站遭到枪击。绿色和平组织于1995年6月再次占领该钻井平台,同时公布其对该平台的采样调查结果,结果显示该平台含有5 000吨石油和大量有毒物质。1995年6月20日,壳牌英国公司撤销了让钻井平台沉没的决定。绿色和平组织称这一决定是"每个人的胜利,是常识与环境的胜利"。另一方面,壳牌公司则认为,这是一种"情绪冲昏头脑的胜利",并坚信下沉仍然是最佳可行的环境方案。

现在试想你是英国工业贸易部的高级公共管理者。你很可能会感到不知所措,甚至感受到背叛。你建议部长去警告壳牌公司,承诺拆解的批准不再有效,并要求额外的解释和研究。事实上,壳牌公司要求挪威船级社(DNV)在7月对该平台进行审核,并检查其早期问题。然而,令你惊讶的是,审核结果显示绿色和平组织使用的测量方法是不准确的(从管道顶部而非供应罐采集样本)。这导致公众舆论发生了再次转变,尤其是在保守的媒体中,这一次绿色和平组织成为了对立面。

这里发生了什么?

1995 年 9 月 5 日,绿色和平组织就其取样错误向壳牌英国公司道歉,承认其声明是不正确的。著名的英国报纸《卫报》(*The Guardian*)是绿色和平组织在该事件中的坚定盟友,两天后它发表了一篇评论,称几乎所有接受采访的科学家都认为自沉是最不具破坏性的拆解方式。1998 年 1 月,壳牌公司决定在挪威海岸对平台进行拆解和回收利用。最后,运营成本达到了 1 亿美元。壳牌公司总裁科尔·赫克斯特罗(Cor Herkströter)宣称,跨国企业将越来越需要一张社会支持的许可证,才能开展业务活动。

在这个阶段,所有卷入这件事的管理者可能都感到眼花缭乱、沮丧,甚至愤怒。他们是否还能依靠证据和数据来决定未来决策的最佳方向? 他们是采取果断行动,还是应该更加小心地预测公众舆论和少数人的强势观点? 显然,长期的盟友可以在短短几周内变成对手。的确,他们如何能再次确定谁塑造了他们的授权环境?(免责声明:本案例描述基于实际事件。然而,所描述的管理者都是虚构的,任何与他们有关的感受或行为完全都是假设的。)

现在快进到今天的社交媒体环境,小企业需要在全球范围内扩大它们的市场。这种环境进一步加剧了布兰特史帕尔事件中的关键问题的严重性。公共管理者如何定义谁与他们的战略目标和运营有“利害”关系,这些相关者合法与否? 他们如何确定今天或两周后谁可能成为关键的盟友或对手,以及他们如何阻止坚定的盟友走向“对立面”? 他们如何建立主导权而不是使自己处于被动状态? 在社交媒体、大数据以及没完没了的新闻报道的时代,机构是否有足够的直觉回应评估利益相关者动态的诉求? 它们是否投资于新的技能和能力,如利益相关者分析、讲故事、建构和品牌化,以及视频编辑和制作?

5.1.1　管理利益相关者的多元性

企业、非政府组织和政府互动的案例情况强有力地证明,为什么管理由利益相关者组成,而且重要性、忠诚度以及对政策、项目和目标的立场方面不断变化而又不可预测的环境,将是 21 世纪公共管理者的一个核心要求。值得一提的是,即使没有推特(Twitter)和脸书(Facebook),绿色和平组织也在短短几周内让壳牌公司名誉扫地,并改变这个重要的公私协作决策过程。自布兰特史帕尔事件以来,利益相关者在他们的武备库里增加了大量的媒体工具，并抢占数据收集先机，进一步增强了他们支持和阻挠管理目标的能力。维尔麦特和塞尔（Vielmetter and Sell，2014）最近介绍了"利益相关者扩散"（stakeholder proliferation）这一术语，指出公共组织必须处理不断增强的利益相关者的沟通能力和不断攀升的利益相关者数量，以及将面临的不断增加的互动频率。

但这不仅仅是数字、频率和方式的提升。**利益相关者本身，以及他们所使用的网络，越来越具有流动性、动态性和模糊性。**新技术和社会结构允许利益相关者同时扮演许多通常看起来相互矛盾的角色。今天，环保型非政府组织可能与商业利益集团结成协作伙伴关系，以反对公共管理者的监管，因为它们认为这样会妨碍协作伙伴关系以促进可持续发展。时隔一周，同一个非政府组织可能又会支持同一个公共管理者提出的其他政策。只要回想一下欧洲各国政府从支持并且与壳牌公司协作到走向壳牌公司对立面仅用了三周时间就能明白，这一切都归功于绿色和平组织利用《卫报》和其他知名媒体进行巧妙的"品牌宣传"活动。在某种意义上，利益相关者的行为日益反映出公共领域管理工作的模糊性和多元性（Brandsen et al.，2007；Chun and Rainey，2005；Noordegraaf，2015）。

此外，在"趋势与驱动因素"一章中所呈现的技术和社会革命不仅分散了利益相关者网络、忠诚度和需求，还为处于最弱势地位、资金不足的少数利益相关者提供了强大的武器，以获得公共舆论和信息系统的胜利。在未来的几年里，精明的个体可能会变得和绿色和平组织一样强大。因此，公共管理者将不得不管理各种各样的利益相关者，他们以效忠于不同主体、设立多种议程的方式来提出他们的诉求。此外，多元性意味着公共管理者必须能够将各种角色和技能统筹起来，以评估和吸纳有不同意见的和投机取巧的诉求者。简而言之：**管理利益相关者的多元性将是 21 世纪管理的一个核心要求。**

5.2　了解、优先处理、参与

公共管理者如何在这个动态的利益相关者环境中有效地了解、分类和确定优先级？这是一个关键问题,因为确定分类和优先级很大程度上决定了参与度和参与策略(Bryson,2004,Fung,2015；Nabatchi and Leighninger,2015)。然而,许多现有的"将诉求者与影响者分开"(Mitchell et al.,1997:859)的工具是相当静态的,因为它们只授予特定的利益相关者在特定时间点的权力或地位。事实上,要从管理的角度来解释为什么明智的欧洲政府和声誉良好的报纸会迅速投向绿色和平组织,并且热切支持其反对壳牌公司的科学主张(源于 30 多项研究)的立场,我们需要更好地了解利益相关者的动态性。

米切尔等(Mitchell et al.,1997)的开创性文章提出了七种利益相关者类型,这使管理者可以根据影响力、合法性和紧迫性方面的变化来绘制和评估显著性动态,如图 5.1 所示。这里的关键是管理视角:利益相关者很可能自认为是强大、紧迫而合法的诉求者,但重要的是公共管理者要去评估谁值得在现在和将来得到优先考虑和关注。

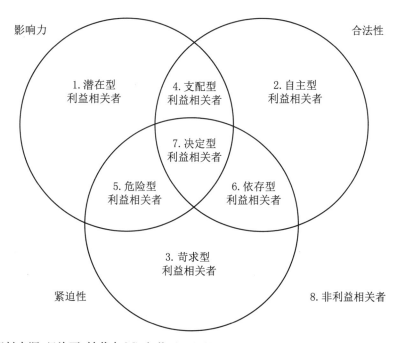

资料来源:经许可,转载自 Mitchell,1997:874。

图 5.1 利益相关者类型:一种、两种或三种属性

现在回到案例上来。在冲突初期,壳牌公司管理层很可能将绿色和平组织视为一个自主型利益相关者,其拥有一定的合法性,但缺乏在决策桌上获得一席之地的影响力和紧迫性。在那个阶段,管理者可能认为并不需要在它身上分配注意力。然而,在短短几周的时间里,在媒体、公众舆论和自主研究能力的支持下,绿色和平组织通过获得谈判权,转变为一个支配型利益相关者。紧接着,在某种程度上,当公众和政治压力对壳牌公司的威胁开始上升,他们利用紧迫性,成为壳牌公司运作中的决定型利益相关者。在这一过程接近尾声之时,绿色和平组织的合法性受到了打击,将自身推回到了危险的境地。然而,在这一事件之后,绿色和平组织购买了价值 50 万欧元的壳牌股份,这样它就可以参加股东大会并投票表决,又变成决定型利益相关者(几年后,绿色和平组织又把它们卖掉了)。

显然,21 世纪的公共管理者必须具备高度的敏感性,以评估利益相关者如何在上述计划中扮演角色,以及如何能够影响利益相关者以使其朝着期望方向的活动,并获得交换合法性和影响合法性(Suchman,1995)。此外,利益相关者在VUCA 时代的多元性意味着利益相关者将活跃于群体和网络中,有时甚至在没有针对特定问题的意图或知识的情况下相互连接。

在一篇用于分析利益相关者的文章中,布莱森(Bryson,2004)提出了各种用于分析和吸引利益相关者参与的实用工具和可视化工具,包括利益相关者-问题相互关系图,如图 5.2 所示。公共管理者据此了解哪些利益相关者群体对某些问题感兴趣,他们如何相关,以及他们是否在该问题上看法一致。布莱森(Bryson,2004:37)解释道:

> 利益相关者-问题相互关系图有助于显示在不同的问题上,哪些利益相关者会产生兴趣,以及利益相关者如何通过与问题的关系跟其他利益相关者建立联系。此类关系图有助于为问题域的建构提供重要意义,可能让其中许多实际或潜在的合作或冲突点变得明显。图上的箭头表示利益相关者对某个问题感兴趣,尽管具体的利益诉求可能因利益相关者的不同而不同,而且这些利益诉求很可能存在冲突。因此,应该要标记箭头来准确表示每种情况下的利益诉求。

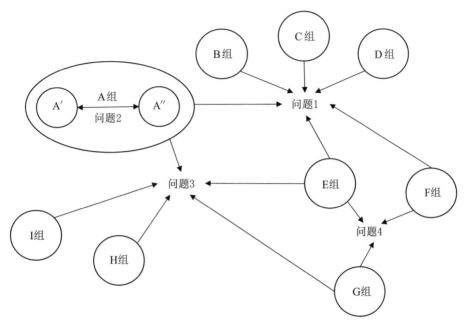

资料来源：经许可，转载自 Bryson，2004：38。

图 5.2　利益相关者-问题相互关系图

在了解利益相关者的动态性和相互关系之后，公共管理者需要制定策略来管理利益相关者的忠诚度、扩大他们的支持基础，同时尽量减少对手的数量和对手破坏战略和决策的权力。利益相关者战略管理的最终目标是通过说服对手成为追随者甚至拥护者以提高忠诚度。表 5.1 提供了一个利益相关者忠诚度的基本工作表，展示了管理者如何管理和吸纳具有不同级别忠诚度的利益相关者。有趣的是，大部分的"利益交换"很可能发生在无关紧要的人群中，公共管理者可能不得不与其他参与者竞争，从而将这些利益相关者纳入他们的影响和支持范围。

表 5.1　利益相关者的忠诚度

忠诚水平	如何管理
拥护者	● 通过积极的管理统一战线 ● 在政策和建议中直接使用投入
追随者	● 增加对其收益的了解 ● 避免把利用或支持视为理所当然的诱惑

续表

忠诚水平	如何管理
漠不关心者	● 识别和解决信息不对称
	● 保持信息更新
	● 尽最大努力防止他们成为阻碍者
阻碍者	● 争取和使之坚信存在的共同利益和议程
	● 使用冲突管理技术
	● 解释并建构克服恐惧的框架
对立者	● 反驳框架和辩论
	● 深刻理解他们的价值观和兴趣

资料来源：Manchester Metropolitan University, *Stakeholder Analysis Toolkit*，http://www2.mmu.ac.uk/media/mmuacuk/content/documents/bit/Stakeholder-analysis-toolkit-v3.pdf。

为了在分散且碎片化的工作环境中得到最大化的忠诚，21世纪的公共管理者不仅要培养对利益相关者动态性的"直觉"，还必须成为才华横溢的故事叙述者和有说服力、有人格魅力的沟通者。这些新的胜任素质必须被纳入，在某些情况下取代更传统的能力，例如"强硬"的谈判和协商，因为政府不能再假设自居于具有更高权威、权力和信息的地位。此外，公共管理者和利益相关者之间的交流将越来越多地包含双向交流，公共管理者必须监督、回应和调适，而不是简单地宣传他们的观点（Mergel，2010，2011）。本章余下的部分将通过讨论叙述、建构和品牌化是如何在争取和约束利益相关者方面起关键作用的，以及掌握社交媒体是如何对于成功做到这一点而言越来越重要的，来揭示这两种相关的胜任素质。

5.3 建构、品牌化、讲故事

为了说服、拉拢和"引诱"利益相关者站在自己这边，公共管理者将越来越需要培养这样一种能力，从而有说服力地去建构和传达他们一直努力想要实现的公共价值。莫尔（Moore，1995：39）在其有关公共价值的开创性研究中认为，建构一个关于公共机构的使命和政策的具有影响力的叙事或故事——这也是他们为社会生产而寻求的公共价值——最重要的方面可能在于确保相关授权环境保持合法化并支持这一使命。

快进 20 年,我们生活在一个大多数青少年在构建适合当前平台的叙事方面比公共管理者更为熟练的年代。此外,在 VUCA 时代,建构公共价值变得越来越困难。莫尔(1995,2013)认为,获得和保持合法性和支持性的授权环境比以往任何时候都更加动态化和不可预测。因此,公共管理者必须有效地制定政策目标和建议,以争取和约束利益相关者。

5.3.1 公共管理者的框架建构

在政治学和传播学中,关于建构的话题已经得到了大量的学术关注(例如 Chong and Druckman,2007;Jacoby,2000),可追溯到麦克卢汉(McLuhan,1967)的开创性研究《媒介即信息》(*The Medium Is the Message*)。最近,公共管理学者开始对框架理论表现出兴趣(例如 De Bruijn,2012;Sels and Arensman,2007)。尽管他们的示例大多与政治家有关,大多数公共管理者还是很少参与前期政策沟通,他们的工作为公共管理者提供了有益的经验。事实上,拥有多种能力的公共管理者为他们的政治领袖准备演讲,制定政策方案和评估,并必须说服其他公共、私人和公民行动者支持他们的政策、方案和建议。此外,在"趋势与驱动因素""要求、困境与机遇"等章节中讨论的趋势和要求的性质,将迫使公共管理者在未来几年更直接地参与政策制定和沟通,从而导致一些冲突和困境,如专栏 5.1 中所述。

专栏 5.1 公共管理者作为前端的政策制定者

政客们每天都在进行前期的决策。然而,除了警察局长等关键的一线角色外,公共管理者通常会在幕后进行沟通和"建构",除非危机或丑闻迫使他们"现身"于义愤填膺的委托人群体或调查委员会面前。然而,利益相关者将越来越多地要求忙碌而消息不灵通的政客们进行实时的政策沟通和"讲故事",迫使公共管理者在

"和平时期"也扮演更多前端的角色。因此，他们将扮演多重角色，身兼数职。

然而，大多数政府在法律和政治层面既不鼓励也不限制公共管理者和利益相关者进行直接交流，特别是议会成员或其他部门的部长。他们不直接与记者对话，而日益开放的媒体环境可能给公共管理者带来威胁。例如，英国政府最近颁布了一项言论禁止令，禁止公务员在未经其部长同意的前提下发表公开声明；这一事件激起了一向平和的高层公务员，即食品和药物管理局（FDA）的愤怒。与之相反，在荷兰，大多数行动者主张放宽现有的限制。新加坡等由某种主流政治势力长期掌权的国家也表示，行政官员在政治上是中立的。然而，在这种环境下，公共管理者犯下任由某种特定的政治意识形态"凌驾"于其他意识形态之上的错误的风险就要小得多。

最有可能的情况是，在保持政治中立的同时直接与利益相关者沟通，这将给传统上强调自己角色的中立性、公正性和合法性的公共管理者带来一连串的困境和冲突。当然，在前几章的讨论中经常出现的新角色挑战了传统的观念，但是问题仍然在于公共管理者是否能够在不损害重要的传统角色和价值的情况下，参与到和战略性利益相关者的沟通和政策制定过程中来。与此同时，新技术和公民要求委托公共管理者不时地奔走呼号，敦促他们与政治领袖提升新的互动沟通的合理性。

资料来源：Baetens, 2013; *The Guardian*, https://theguardian.com。

在试图建立有效的政策框架时，许多公共管理者将继续根据政治准则或授权衡量利益相关者的要求，以保持效忠和服务于政治领导层而非外部政党。然而，利益相关者的动态性将使公共管理者越来越难以藏身于这种相当传统的角色观背后。几年前我对一位社会事务部副秘书长的采访有力地说明了这一困境（Van der Wal, 2014:1035）：

> 你知道，我不介意满足利益相关者的请求，但最终应该优先考虑政客的意愿和要求。对我来说，我必须谨慎做出"正确"的决定；与某些利益相关者保持密切频繁的联系，可能会妨碍公务员的工作。坦率地说，我讨厌当前一些政客"狼狈为奸"的行为。组织有效性和政策有效性比取悦每个人更为重要。

为什么建构是有用的,它是如何发挥作用的? 德布鲁因(De Bruijn, 2012)提供了五条重要经验。

- 一个有效的框架会一直存在,使我们摆脱困境。我们会本能地认可它,因为它激活了潜在的核心价值观。
- 一个有效的框架很难被反驳,它迫使对手进行辩护,并且需要大量来自对手的证据,而很少来自框架引入者的证据。
- 当你与主流观点相悖时,重新组织辩论是关键,你可以使用不同的表达来支撑自己的观点。
- 在以政策复杂性和管理压力为特征的 VUCA 时代中,有效建构对于管理利益相关者是绝对必要的。那些管理压力显得太过技术性、辩护性或"乏味性",以至于无法向普通民众或利益相关者解释清楚。
- 将内容与框架区分开变得越来越不可能,也越来越没有意义;框架成为内容,对辩论起决定性作用。

回到布兰特史帕尔的案例中来,我们现在可以看到,框架视角是如何向我们解释很多情况下的动态性。最初的绿色和平组织将壳牌公司建构为一个基于利润而非环境标准而决策的贪婪企业的典型,并且投机取巧式地使用数据和研究,以使其目标变得几乎不可能遭到对抗或反驳。即使事实证明,绿色和平组织所做的同样是为了实现自己组织的利益。哪怕壳牌公司主要通过技术研究过程和结果赢得了支持,情绪激动和焦躁的利益相关者也可能会认为这很无聊。时至今日更是如此。

那么,管理者如何使用框架工具和技术呢? 表 5.2 将德布鲁因(De Bruijn, 2012)的五条经验转化为管理目标和行动,帮助公共管理者更有效地管理利益相关者的多元性。

表 5.2　通过建构来管理利益相关者的多元性:目标和行动

管理目标	行动
1. 激活不同利益团体的基本价值观	● 找出是什么让多个利益相关者团体发挥作用 ● 不同目标群体的信仰和议程会受到建构的影响
2. 通过建构来定义辩论内容	● 要一开始就解决复杂问题,为不同团体识别参与辩论的框架 ● 不要把建构框架看作留给沟通专家的一种"事后"的甚至是"低级"的活动

续表

管理目标	行　动
3. 快速而通俗地向利益团体解释立场	● 清楚制订每项计划和政策建议的使命和公众价值目标（以及它们如何推动持怀疑态度和持反对意见的团体） ● 培养在跨部门中用一两句话解释目标和决定的能力
4. 迫使对立的利益团体处于守势	● "首要任务"是以保持持续和积极的态度活跃于相关的论坛和渠道 ● 利用对立集团（在争论、专业知识和联盟方面）的关键弱点
5. 反驳占主导地位的对立利益团体的框架建构	● 如果需要的话，"提前准备"使用不同的情景去建构和叙事 ● 通过组织"模拟"政策辩论和利益相关者对话（从政治领域学习）来预测框架

5.3.2　从建构到品牌化

如果使用得当，建构可以帮助公共管理者支配和引导利益相关者的话语，改变利益相关者的动态性。然而，在一个跨领域、跨部门创造价值的时代，利益相关者和合作伙伴之间的依赖性更强，流行文化和媒体的要求会更大，公共管理者也需要利用其他的沟通工具（Eshuis and Klijn 2012：11—12）。一个关键的工具是将政策和方案作为公共管理重要产品成功推销的能力。品牌化包括使用标识、符号和标签，如"智慧国家""智慧城市""大社会"或"联合政府"，旨在唤起不同利益相关者的归属感、积极联想和身份认同。根据叶舒斯和克利恩（Eshuis and Klijn, 2012：3）的观点：

> 品牌是一个象征性的概念，它可以为某物赋予价值或意义，从而将其与竞争对手区分开来。如今，品牌越来越多地用于管理公共部门认知的策略。品牌化已经用于影响公众对个人、场域、组织、项目和实物（如交通基础设施和建筑物）的看法（如 Eshuis and Edelenbos, 2009; Evans, 2003; Pasotti, 2010）。其中，政治品牌化和城市品牌化的应用尤为广泛。

长久以来，品牌化在私营企业中一直是一种成功的方法，有助于将成功的企业与略逊一筹的竞争对手区分开来。如今，它正成为一种重要的公共管理工具，其中至少有三个原因。首先，公共机构需要对抗现有的关于政府或官僚机构的框架性认识（通常是负面的）。这通常与惰性、机构缺陷和缺乏响应能力相关（参阅 Eshuis and Klijn，2012；Lynn，2006）。例如，美国总统贝拉克·奥巴马（Barack Obama）于 2009 年 1 月就职后，就立誓要"让政府重新酷起来"。新加坡政府每天都会给自己贴上"智慧治理"和"智慧城市"的标签，强调利用大数据和技术改善公民生活。

其次，公共机构开始意识到，在迅速变化的媒体环境中，它们可以在兜售政策建议和获得成功方面做得更好，"没有消息就是好消息"的传统媒体与高度个性化的、全天候在线的社交媒体竞争。这些渠道使公共管理者和政治家能够从（未来的）政策受众那里获得直接反馈，并分享成功事例。为了更好地做到这一点，他们必须为迎合这种媒体而使用多套话语体系。

最后，成功的品牌化能够积极地激活和约束广大利益相关者（Eshuis and Klijn，2012:71）。图像和符号传达的是品牌所代表的价值、身份和需求（Batey，2008），而不是用理性的争论以及传统的协商方法和游说技术来赢得利益相关者。品牌之所以具有约束力，是因为它们在行动者和网络中创造了忠诚度（Eshuis and Klijn，2012）。因此，品牌化是管理利益相关者多元性的一项关键胜任素质。

专栏 5.2 识别出新加坡政府成功的政策品牌化的组成要素。"花园中的城市"（city in a garden）这一品牌成功地调动和凝聚了多元利益主体，通过个人和协作行动，为新加坡建设一个绿色、清洁、维护良好的城市的愿景做出贡献，尽管其中一些利益相关者在其他政策问题上意见不一。

专栏 5.2　品牌化以约束利益相关者：新加坡作为"花园中的城市"

1965 年新加坡独立后，建国总理李光耀在思考如何吸引跨国企业、外国投资和旅游业进驻到新加坡时，意识到可以通过创建一个他所谓的"花园城市"（garden city），将这个年轻的城市国家与地区竞争对手区分开来。他认为，一个绿色清洁的环境将意味着新加坡是一个组织有序的城市，有利于旅游业和外国投资的发展，这是早期城市品牌化的一个非常好的示例。

最初，"花园城市"的主要愿景包括由国家公园局（Parks and Trees Unit）牵头的密集植树计划。为了让各个社区参与进来，政府在 1971 年推出了植树节。作为一项年度活动，总理与全国各地的学生、居民和基层组织一起植树。1975 年，政府颁布了《公园与树木法案》，要求政府机构和私人开发商在住房和基础设施项目中分配固定数量的空间用于绿化。显然，这些利益相关者在一系列问题上存在利益冲突，但他们都对"花园城市"品牌产生了情感依附。如今，尽管新加坡是世界上人口最稠密的国家之一，但该国近50%的空间是由绿色植物构成的。此外，新加坡的植物和树种比整个美国还多。

近年来，随着来自香港、曼谷和上海等亚洲新兴城市的竞争日益激烈，新加坡政府认为自己必须走得更远：新加坡必须成为一座"花园中的城市"，而不仅仅是一座"花园城市"。新的愿景是通过一系列在流动性和可持续性领域的综合政策举措来实现的，包括鼓励骑自行车而不是开车，以及在办公大楼中使用绿色能源。实际上，这个品牌将这些举措"联系在一起"。2014年，当联合国教科文组织（UNESCO）宣布新加坡植物园为世界遗产时，这个品牌声名鹊起。

显然，新加坡政府内部的各个机构和管理者都在共同努力，推行和精简政策和计划，并通过全国性的品牌化，不断吸引公民和基层组织参与其中。因此，成功的品牌宣传并不仅仅是"装点门面"或"漂绿"。相反，公共管理者有效的品牌化需要服务于"兜售"政策计划的目标，以及归功于不同的利益相关者。"花园中的城市"这一品牌既刺激了"整体政府"的行为——促使不同的政府机构为共同的公共政策目标而协作，又促使各种利益相关团体参与进来。

资料来源：EResources, http://eresources. nlb. gov. sg/history；Ministry of National Development, https://app.mnd.gov.sg；National Parks, https://www.nparks.gov.sg。

这个示例表明，公共部门明确的目标如何与公民的积极参与和投入相统一，以克服单向的、被动反应的、以控制为导向的政策沟通，叶舒斯和克利恩（Eshuis and Klijn，2012：68）认为这是长期以来的做法：

> 传达政策仍然被视为主要是理性而单向的（从政府到公民），最好是尽可能精确地定义和清晰地表达（明确的目标和工具），这在治理环境中似乎不是很有效。在该环境中，各种利益相关者必须被引导参与，并且必须建立和维持行动者网络。在治理过程中，以实现预先制定的目标为代价的共同生产、交流和共同行动变得更加重要。

事实上,其他人使用"把关人"理论并强调破坏性控制的方式,也说明了政府部门的传统沟通方式(其中一些仍被广泛使用)是如何趋向于高度正式化、标准化和单向的(Meijer and Torenvlied,2014;Perrow,1986;Yates,1989;Weber,1968)。

然而,如今来自多个分散的授权环境压力迫使政府在与利益相关者沟通时使用脸书、推特、谷歌+(Google+)和其他社交媒体平台,以变得更加网络化和多渠道化。这些平台为发展公共管理者的叙述、建构和品牌化的潜能,以及调整品牌化努力的方向以应对多元性提供了巨大的契机。这里的关键是领先于利益相关者一步,或者至少是并驾齐驱。要做到这一点,需要对社交媒体有高度的了解,并理解这些平台如何既能服务于目标,又能阻碍目标的实现。换句话说,它要求公共管理者精通社交媒体。

5.4　培养精通社交媒体的管理者

就在过去的五年里,社交媒体至少在三个方面极大地改变了公共管理和决策的格局:

- 公民和其他利益相关者拥有前所未有的渠道,可以随时跟踪、审查、研究,不断地向政府正在做的事情提供信息。
- 反过来,政府和个别公共管理者也拥有前所未有的手段来获取有关利益相关者的信息,能够收集且轻而易举地分析有关他们行为和态度的大数据,以及交流和建构提议、目标和立场。
- 由于前两种动态性,政策制定的速度显然太慢,"跟不上"现实生活的发展:从制定到实施的传统周期常常长达数年时间。为了保持相关性,尤其是在政治领袖们的眼中保持相关性,公共管理者必须至少象征性地实时"制定政策",以说服利益相关者他们"正在跟进"。然而,在这样做的过程中,公共管理者会面临三方面的压力:遇到阻力,面临新的风险类型,并且必须小心地进行声誉管理(Noordegraaf,2015:166)。本章的专栏 5.4 对这三方面的压力进行了说明。

这些戏剧性的变化将继续以前所未有的速度，而且是我们今天所不知道的方式展开。我们不知道下一个推特或脸书会是什么样子，也不知道这样的平台将如何阻碍或促进有效的公共管理。然而，我们所知道的是，如果公共管理者不大力提升他们对社交媒体的掌控能力，他们将无法管理利益相关者的多元性。在这方面，一些国家的政府做得比其他国家好。例如，美国（见 Mergel，2014）、英国和澳大利亚最近开始将社交媒体主管引入政府部门。在爱沙尼亚、爱尔兰、荷兰、新西兰和新加坡等国家，公共机构（非常）积极主动地活跃于社交媒体（OECD，2015），旨在"提前"设定叙述以直接影响政策辩论。这些国家的公共部门在各种治理指标（包括电子政务、公民信任、政策有效性和适应性）上一直排在前十，这绝不是巧合（Van der Wal，2016）。

5.4.1 监控社交媒体

如今公共管理者经常听到有人抱怨的一个问题是："我如何理解在社交媒体平台上所有的舆论声音，如何知道哪些数据是有用的，以及如何避免在可能可以忽略不计的少数利益相关者的（大声）投诉上花费太多的时间和精力？"这里的一项关键技能是有效地监控社交媒体平台。默格尔（Mergel，2014）在社交媒体、透明度和公共管理者方面做了很多开创性的工作，最近他为公共管理者编写了一份关于监控社交媒体的指南。默格尔讨论的一些社交媒体监控工具如专栏 5.3 所示。这种监控在管理利益相关者的多元性方面是有效的，因为它允许公共管理者跟踪不同优先级的项目和根据机构、政策和（感知的）绩效方面分组展示的隐含信息。不同的利益相关者如何在网上感知这些特征，这些感知有多一致，管理者和机构的哪些输出实际上影响了这些感知？

专栏 5.3　四种公共管理者监控社交媒体的工具

Socialmention.com

这个免费工具帮助公共管理者搜索和分析来自社交媒体平台用户生成的聚合内容，其中包括推特、脸书、优兔（YouTube）、谷歌＋或掘客（Digg）。公共管理者可以输入特定的推特标签、社交媒体账户名或通用关键字,结果产生所有社交媒体平台上搜索条目最近被提及的次数,(提到的积极、消极、中性的)情绪分析,社交媒体更新中使用的最热门的相关关键词,以及用户提到的最热门的搜索词。

Tweetreach.com

该工具分析单个推特账户的活动。例如,以美国内政部的账户(@interior)为例,这一工具可以洞察有多少推特账户会与该机构的推送互动。此外,该工具还为公共管理者提供了有关热度的数据,这些数据是根据与@interior 的关注者转发的推文互动的推特用户数量计算得出的,并对转发次数最多的内容进行了细分。

Topsy.com

这个免费工具允许社交媒体主管和公共管理者比较网上关于政府的不同话题的关注度。由于此工具只允许公共管理者监视特定时间段内对不同推特标签的关注,而不是这些关注的性质,因此将其与此处列出的一个或多个其他工具组合使用可能会很有用。

TweetDeck

该工具可以快速查看其他社交媒体账户中转发或共享更新的数量。TweetDeck 的主要用途是撰写和安排社交媒体的快讯,并根据标签组织订阅。公共管理者可以使用此工具来节省时间,并更有效地监视他们认为相关的各种社交媒体账户的最新消息。

资料来源:Mergel,2014:7—8。

然而,随着平台和监控工具的不断变化,公共管理者不能只是成为技艺娴熟的监督者和社交媒体反馈数据的接受者:他们需要成为活跃的建构者、理解者和社交媒体内容的生产者。

5.4.2 社交媒体素养

基于数字文化概念(Hargittai,2002;Van Dijk,2005),戴塞尔和牛顿(Deiser and Newton,2013)强调"社交媒体素养"是 21 世纪管理者的关键胜任素质。他们识别了六种社交媒体角色和技能,用以指导精通社交媒体的领导,其中三个角色与个人行为有关(Deiser and Newton，2013:4—8)：

1. 制片人——提升讲真实故事的能力和磨炼新的沟通技能(特别是视频编辑)。

2. 接收者——通过智能过滤来感知舆论，通过选择性的关联和回复来产生共鸣。

3. 发行者——了解跨平台动态和内容病毒传播的成因，并建立一个持续的追随者群体(即数字利益相关者忠诚)。

此外，他们还识别了最大化社交媒体机会所需的三种组织能力(Deiser and Newton，2013:8—12)：

4. 顾问——在协调和约束组织工作的同时，在社交媒体使用上支持和启动一个360度全方位的环境。

5. 建构者——平衡垂直问责与横向一体化的关系，保持专注的同时，利用社交媒体实现关键功能。

6. 分析师——(通过特定的公职人员或部门)密切监控社交媒体行业动态，深入了解其对利益相关者和自身雇员们的社会和行为影响。

公共机构和公共管理者在多大程度上已经精通社交媒体？机构之间和国家之间还存在着巨大的差异。值得一提的是有一个公共部门领域成为社交媒体使用中的关键试错场:警察。专栏5.4介绍了警察部门和个别警官使用推特的一些不太成功的事件。

具有讽刺意味的是，尽管许多评论者，尤其是年轻一代，认为社交媒体为取得重大成功提供了机会(Grimmelikhuijsen and Meijer，2015)，并强化了塑造公共关系的能力(Campbell et al.，2014)，但这里展现的尝试却适得其反。从某种意义上说，它们说明了使用新媒体的政府官员，本身就是多重角色，他们混淆了个人和专业角色和存在。这些示例也说明了公共行动者在控制品牌化和限制社交媒体行为的非预期效应方面面临的挑战(Braun，2012；Karens et al.，2015)。

的确，梅耶尔和托伦威尔德(Meijer and Torenvlied，2014:16)在对荷兰警方使用推特的研究中，强调了管理沟通风险的挑战，但也淡化了社交媒体对沟通的变革性影响。他们的研究结果显示，少数被研究的警察使用专业且正式的推特账户(不使用个人姓名)进行外部交流，同时使用多种传统的交流方式。其他研究也证实了迄今为止使用推特进行交流的范围有限,强调了它在针对已经活跃在社交媒体上的特定受众方面的有效性(Grimmelikhuijsen and Meijer,2015:598)。这表明,诸如推特这样的工具在管理多元性方面至少在一定程度上是有帮助的。然而,这些作者的结论是,对这种目标起主要影响的是透明度,进而增强了可感知的合法性,但就积极的公民参与而言并不必要。此外,尽管这些沟通方式为管理者提供了许多管理内部利益相关者多元性的机会,但是它们在组织内部交流中的使用非常有限。

显然,在专栏 5.4 中,概述的建构者和分析师的组织角色还没有很好地发挥作用。实际上,组织社会媒体沟通的许多方式是混合的,并非根本不同于古典官僚模型,梅耶尔和托伦威尔德(Meijer and Torenvlied,2014:15)断言:组织社会媒体传播的混合性可以看作对外部世界变化的一种反应,这种变化要求政府组织既要集中化、正规化、与周围环境隔绝,又要分散化、个性化、对周围环境开放。

专栏 5.4　警察使用推特:引导或对抗利益相关者

世界各地的警察部队已经开始尝试使用推特,主要有三个原因:向公民快速广播信息;接收旁观者和证人提供的资料,以便更好地调查和逮捕罪犯;通过使方法和工作更加透明化来提升利益相关者的信任度。到目前为止,第三个目标实现了吗? 退一步说,结果好坏参半。各种丑闻吸引了媒体的大量关注,并表明了双向沟通的不稳定性,以及社交媒体上私人和个人行为界限模糊的挑战。

2014 年,一名荷兰警官在推特账号上发布了一条带有图片的新推文:"这是我之后职业生涯中最好的新朋友。别和社区警察鬼混!"这名警官成为众矢之的,其推特账户暴露了他的真实姓名,并与"社区警察"联系在一起。公众的反应激起了他们对社区警察情绪不稳定、容易激动的恐惧心理。

2014 年 4 月,纽约警察局(New York Police Department, NYPD)在推特上发起了 #myNYPD 运动,要求市民上传他们与纽约警察局官员会面的友好照片,以宣传其形象。发布被警察侵犯的图片的用户很快强行控制了这个标签,同时还伴随着一些玩世不恭的推文,比如"#NYPD 与社区成员互动,一次又一次地改变人们的思想观念"。纽约警察局的回应有些保守,认为它将继续寻求新的方式,以开放、不受审查的对话形式与社区进行接触,以利于纽约市的发展。

自那以来，使用社交媒体和智能手机用以审查警察涉嫌种族暴力的频率激增，这导致暴力抗议（再次被社交媒体放大）和近年来美国各地多名警察辞职。

这些示例表明，社交媒体互动很难调节、控制和指挥，暗示着应该对它们进行智能建构，以满足利益相关者的扩展目标。加拿大、荷兰和英国等国的警察部队已经开始向警官发布社交媒体指南，多伦多警察部队甚至为所有警官提供强制性的沟通培训。一个关键要素是网络风险意识，以及需要将职业账户与个人账户分开。这些都是非常必要的举措，因为许多公共行动者离精通社交媒体还有很长的路要走。

同样的道理也适用于组织内部活动，管理者越来越多地利用这些活动，从多个内部利益相关者那里为组织改革创造条件。使用社交媒体的内部和外部传播活动都有增加而不是减少"我们与他们为敌"的情绪风险。

资料来源：BBC, https://bbc.co.uk/news/technology-27126041；Elsevier, https://www.nrc.nl/nieuws/2014/04/02/dont-f-with-the-wijkagent-en-een-foto-van-je-wapen-dat-kan-echt-niet-a1426074；Gray 2015，http://connectedcops.net/the-toronto-police-service-launches-social-media-program。

就目前而言，混合模式可能是许多政府组织的逻辑结构。问题是，随着媒体创新继续对利益相关者的沟通施加压力，这种模式在5—10年后是否足以应对？

5.4.3　打造"公共管理者2.0版"

在讨论完关于公共管理者与各种利益相关者网络进行有效沟通的当前的和新兴的要求和挑战，以及推动有效沟通所需的工具、技能和心态之后，问题仍然是什么才是培养精通社交媒体的公共管理者的最佳方式。社交媒体和公共管理学者伊内斯·默格尔在一门名为"政府2.0"的课程中概述了其中的要素，该课程旨在培养公共管理者2.0版。他（Mergel，2012：471）认为：

> 公共管理者需要了解他们的各种利益相关者如何看待与政府互动的有用性，并使用参与渠道去支持机构完成这些目标的使命。电子政府时代的现有方法和工具不再支持社交媒体和任务，必须改变资源以应对这些挑战。

默格尔认为,需要创新公共事务和公共政策规划,并为公共管理者之间的非正式和在线学习、分享和交流提供更多的场所,从而使公共管理者具备这样的理解能力;它们形式化的组织结构往往不利于"现成"的讨论。为了实现这一目标,"公共事务项目需要提供以下技能:

● 新型的数字胜任素质。

● 新型的协作能力。

● 以及新型的社会和数字意识,以降低每个参与者的风险。而这不仅是个人,而且是整个组织的风险"(Mergel,2012:472)。

特别是,课程应该为发展个人技能、为学生未来的网络化工作做好准备而设,并且应该在三个不同层次上应用社会化媒体的教学元素(Mergel,2012:468):

● 非正式沟通网络:社会媒体工具直接将学生与实践者联系起来,并学习现实生活中的第一手资料。

● 课堂参与元素包括使用社交媒体工具来协作完成任务。

● 每周面对面会议时,通过社会媒体服务创造一种持续参与和社会意识的文化。

默格尔督促我们重新思考如何训练和培养 21 世纪的公共管理者,以满足本章所讨论的要求。她提供了一个详细的课程设计,其关注的主题包括社交媒体应用的阻碍和驱动因素,记录管理和风险缓解,信息再利用和移动应用,设计社会媒体活动的要素,以及衡量社会媒体的影响。在教学中,我已经开始向有抱负的公共管理者发出挑战,以更有效的方式来交流分析重要政策和管理问题,根据戴塞尔和牛顿(Deiser and Newton,2013)的观点,管理者应该成为(社会化)媒体内容的专业生产者。

例如,除了撰写政策备忘录外,我还引入了视频制作任务。专栏 5.5 显示了在教育和提升公共管理者管理利益相关者多元性的能力时,这种任务可以(在我看来也应该)放在更加突出的位置。

专栏 5.5　制作视频:2025 年管理培训的重要组成部分?

鉴于大多数公共管理领域的学位课程和行政课程的内容、结构和授课方式,很难想象我们会在短期内将学生培训成为熟练的视频内容编辑者和制作人，而非将写备忘录练得炉火纯青。但或许我们的想象力应该快速变得更为丰富。年轻一代越来越多地在业余时间提升和掌握视频制作技能；他们将从小学开始在学校作业和项目中接受磨炼这些技能的挑战。事实上，学校已经在使用平板电脑作为主要的教学工具。为什么不进一步提升和明确这些技能，并将它们导向特定的政策制定和品牌化目标？

如果公共政策学院和公共事务学院想要保持相关性，它们可能不得不彻底重新考虑课程和教学方法。考虑到信息传播的速度，以及利益相关者消费和共同生产这些信息的速度，我们不应该低估利益相关者（包括政治领袖）在面对几十页的材料，甚至是简洁的备忘录和简报时，会变得越来越抗拒和焦躁的可能性。从建构和品牌化的角度来看，一段剪辑得很巧妙的两分钟视频，可以在几分钟内传播到数百万人的手中，具有无限的潜力。此外，为了管理利益相关者的多元性，从而以非常不同的信息指向相同政策或计划的受众，公共管理者必须在各种通信工具的使用中灵活应对。近年来，各国政府开始越来越多地以视频作为交流工具，但生产工作仍主要委托高度专业化的部门或外包给商业主体。

然而，只要稍加努力，并辅之以日益普及和方便实用的技术，就可以训练和激励后代掌握这一过程。与此同时，他们必须意识到以轻松且非正式的方式发布视频所带来的风险，这与使用社交媒体带来的更大的风险相一致。

或许最紧迫的问题是，在未来五至十年，如何改革培训计划，以敦促管理部门内部的大部分新一代劳动大军积极使用他们认为令人生畏、有时甚至令人沮丧和恼火的工具和技术。解决这一问题的方法之一是，除了当前培训计划中常见的传统辅导外，可以推动下级对上级的逆向辅导［在"管理新工作（劳动力）"一章中会进一步讨论］。

---

§下章导览

21世纪公共管理者管理利益相关者多元性的要求与各种其他要求、压力一起出现。正如我们以前所看到的，大趋势及其对公共管理者的影响并不是孤立存在的：它们成群出现，随着它们的展开而进一步对彼此产生影响。公共管理者能否成功地管理复杂的利益相关者网络,在一定程度上取决于他们能否掌握本书中概述的其他要求的能力,其中最突出的是管理新工作(劳动力)、管理三部门协作和管理创新压力。

然而,公共管理者面临的一个重大挑战将是,在一个传统权威观念正在遭受侵蚀、甚至在年轻一代中造成疏远和反叛的时代,如何执行和展示领导力。当这些利益相关者,即那些积极主动、富有主见的"专家",抵制任何形式的自上而下的领导,尤其是来自政府的领导时,你怎么能"掌控大局"并展示出利益相关者所要求的强有力的领导力呢? 除了掌握本章所讨论的新式沟通方法、工具和风格外,公共管理者还必须尝试各种参与式治理和公民参与技巧。在某种程度上,他们需要成为"反领袖"来引领 21 世纪的潮流。下一章将勾勒这样的领导者和群体可能的形象。

6. 管理权威的动荡

伽利略的一个追随者说:"没有英雄的土地不幸福!"

伽利略:"不,不幸福的土地,才需要英雄!"

——贝托尔特·布雷赫特,《伽利略生平》

(Bertolt Brecht, *Life of Galileo*)

6.1 革命的声音:沉默而响亮

试想一下,你是中东或北非(MENA)国家的公共管理者。鉴于你所在地区几百年来特有的自上而下的传统封闭型统治文化,近年来你目睹的国内迅速爆发、影响巨大的集体性动乱,可谓是一次前所未有且极为出乎意料的 VUCA 事件。起初,你可能并不知道,在 2010 年 12 月 17 日,突尼斯水果商穆罕默德·布阿齐齐(Mohamed Bouazizi)被一名市政督察没收商品后采取的自焚行为会有怎样的后果。可结果是,一年后,四位长期任职的国家元首被撤职(这几位的连续任期加起来有 120 多年)。与此同时,中东和北非地区的其他六个国家也发生了民众起义和抗议运动。许多政府最初实行的暴力压制很快就通过社交媒体在全球范围内传播,进一步加剧了群众集会、罢工、示威与社交媒体运动,激化了公民对受到压迫和忽视的共鸣。在反抗运动的区域共鸣作用下,这些抗议者的共同口号变成了"人民要推翻政权"(Ash-skaib yurid isqat annizam)。

自 12 月那个出事的下午以来,你所在地区涌现出了新的领导人和治理机构。

事实证明,运动中的许多示威者在寻找新的权威人物和权威结构方面都有自己的企图。他们有些人想要实行部落统治或自治,以实现其革命统治的野心;而另一些人则只想要稳定、和平与安定。其实,内乱爆发后的许多选举结果都呈现出了抗议者起初最想摆脱的那种"男权至上"的独裁式领导。不过,你却觉得这种专制型领导者会从公民、你及同僚那里,获得比以往更多的合法性。

而如果你是一名西方的公共管理者,你会早早习惯于内外部管理环境中爆发的各种公民抗议以及人们对权威在一定程度上的挑战。不过,你也会经历各种侵蚀传统观念和权威结构的微妙而"沉默"的革命。全球化的趋势、新(社交)媒体的出现和维基解密(WikiLeaks)等倡议行动,催生并创造了不同阶层的公民对政府透明度以及监督公共部门绩效的新要求。

此外,组织内部也出现了权威真空,新一代人更加不愿意迎合自上而下的领导行为,更不用说因此受到激励了。在 21 世纪的公共机构中,"打资历牌"将很可能不是一个有效的管理策略。但是,我们目前也还并不清楚,在权威动荡的工作场所中,成功的管理模式将是什么样子。

另外,如前所述,利益相关者对权威的看法本身就非常模糊。即使在一些领导权力高度分散的主要西方民主国家中,大多数公民也都乐意在袭击和危机发生后,将广泛的权力和权威迅速归还给统治者,并要求实行他们曾经憎恨的那种强有力的统治。这种权威动荡的"双刃剑"特征,给公共管理者带来了各种苛刻的要求和困境,进而使其需要一套灵活的技能予以应对。

从越来越有主见的利益相关者的角度看,公共管理者要如何至少保持住部分权威与合法性?他们是否应该或多或少地倡导政府透明度、公民协作与参与、众包政策和管理理念?他们又是否应该重新投资于专业知识(毕竟相对于政治领袖和外部利益相关者,这是高级公务员权威与合法性的传统基础)?什么样的领导方式(如果有的话)适合一个权威动荡的时代?公共管理者要如何有效应对政治和行政管理层的快速更替?在这样一个不可预测的管理环境中,他们如何保持官僚的一致性和政治的中立性?

6.2 权威的动荡：原因与后果

上述先导案例表明，无论是在等级更为森严的传统社会，还是在发达的民主国家，被赋权且富有主见的利益相关者不再仅仅为了得到权威（或资历）而简单地去接受权威。乍一看，人们可能会认为，传统社会正遵循着大多数西方民主国家的模式：随着人们在效果俱佳的合法官僚民主程序中选择领导人和机构（参阅 Weber，1919），**传统型**权威逐渐被**法理型**权威取代，或被对（无论好坏）**魅力型**权威人物的无条件忠诚时时打断。

然而，对于许多高信任度的西方民主社会来说，法理型权威不再是"标准"的模式，甚至不再是理想的最终状态（见专栏 6.1）。这些国家受到的权威"冲击"也有所增加，一些富有主见的利益相关者会问："他们最近为我们做了什么？"（'t Hart，2014b:22）。在一个不断提高政府透明度要求的时代，公共主体和公共机构需要不断获得并巩固绩效权威，摒弃（权威是）不证自明的态度使其自身的合法性变得举足轻重（Scott，1992；Suchman，1995）。

专栏 6.1　西方民主国家民主参与度下降的五个特点

已故政治学家戴维·迈尔（David Mair，2013）在其《统治虚空》（*Ruling the Void*）一书中，指出了从 20 世纪 80 年代开始，人们背离和反抗传统治理机构与民主参与的五个主要特征。

● **公民脱离传统政治**：公民与其代表可互动的空间减少，从而赋予非民主管理机构更重要的地位。

● **选举参与率下降**：选举参与率持续下降，特别是年轻一代人，他们似乎从来没有参与过政治活动。

● **选举的波动性增加**：随着选民跨越意识形态的断层，对政党的选择游移不定，党派偏好的分歧逐渐拉大且越来越不稳定。

- **政党忠诚度下降**：随着选举波动性的增加，选民不再对某一政党或意识形态有清晰的认同感，这意味着他们不认为自己被某一特定政治阶层所代表。
- **党员人数下降**：在所有长期的民主国家中，各党派人数持续大幅下降，但同时非政府组织成员人数却迅速增加。这些趋势表明，公民当前更关注具体议题，而不是泛泛的意识形态。

资料来源：Mair，2013：17—44。

近年来，那些长期稳定并有预测性统治文化的高信任度社会，如丹麦、荷兰和英国，都出现了分裂、摇摆的选民不再形成传统多数联盟，或不再给予统治精英选票与信心的现象。因此，我们看到了新的治理模式、选举改革和内阁改组的产生。而在选举制度竞争性较低的稳定国家，也同样面临媒体和公民对其公共部门绩效日益严格的审查。

一段时间以来，我们看到了传统政治机构和行政机构的权威不断下降。这些机构不再被认为能够充分代表（越来越愤世嫉俗、怀疑政府的）公民的欲望和需求（Van de Walle et al.，2008；WRR，2012）。这便使得权威结构更加动荡：因为公共领导者及机构"获得、巩固和丧失"权威的过程难以预测，正在飞快变动着（Breslauer，2002：13）。这种动荡是为技术工具和被赋权的公民所煽动的。这些公民认为他们比领导人更了解自身，但其实并不清楚自己究竟想要什么。

一个相当极端的表现是，数以千计的西方青少年接受了"伊斯兰国"（IS）简单有力的差使，前往沙漠战区战斗至死。在这里，传统模式被逆转了：现代发达社会培养的年轻人打着现代技术的烙印，却在抨击法理型权威，反而支持传统型权威与魅力型权威的混合。

显然，管理权威动荡的内外规模及其所带来的影响，将是未来几年对公共管理者的一个关键要求。本章便将探讨权威动荡带来的挑战和机遇。

6.2.1 扩散的原因与表现

和本书强调的其他要求一样，科技与全球化趋势加剧了各种社会发展，进而导致权威的动荡更为严重。其中，对动荡影响较大的趋势是"个人权力：个人主义和价值多元化"（Vielmetter and Sell，2014：57）、"远大期望"（Dickinson and Sullivan，2014）以及"富有主见的公民集体崛起"（Needham and Mangan，2014）。尽管全球各地权威动荡发生的形式和速度有所不同，不过我们还是可以整理出五种主要的表现形式，参见专栏 6.2。

专栏 6.2　权威的动荡：五种表现

● **个人不再（仅仅是）接受正式、传统的权威结构**

绝对效忠文化上、历史上或前人建立的权威结构不再有保证。

● **个人将"权威"与"职能""职位"相分离**

公共部门领导者越来越正式化，但他们未必就是权威的代表人士。利益相关者们开始宣誓效忠包括体育、娱乐和技术领域在内的其他知名偶像。这些人或许不是正式的公共事务负责人，但却被视为更具有权威性的领导者（参阅 Heifetz，1994；Rothkopf，2008）。瑞德（Ryde，2012）就在《别管领导了》（*Never Mind the Bosses*）一书中，宣布了工作场所中的"顺从之死"。

● **个人只关注那些能够满足自己迫切需要和头等大事的人**

利益相关者将权威授予那些能够直接满足他们短期利益的人员，而不再认同广泛的价值观念、意识形态和政治信仰（这与 20 世纪 60 年代和 70 年代的反独裁运动有着重要区别）。他们参与小型的特别公民行动，而不参与那些传统的政治行政机构（参阅 Dalton，2004；Mair，2013）。

● **个人期望政府能够"现场"提供服务和展示绩效**

利益相关者急不可耐且不切实际地审视和监督公共部门的绩效（Baetens，2013）。

● **个人看到了统治机构和公共领导者的"去神秘化"**

公共领导人及其机构肮脏、不理性和无能的特点，在公开场合更轻易地显示了出来（'t Hart，2014b）。玻璃屋已经成为"真实的"、永久的、数字化的了——这一过程受到了维基解密等现象的辅助和加速。

总的来说,提升政府透明度会增加合法性的假设被证明是幼稚的:权威将越来越多地必须通过绩效和服务提供来获得('t Hart,2014b)。不过,不同的公众对合法性的要求与对绩效的怀疑有着各自的理由。事实上,为了进一步说明权威的动荡,我们需要区分不同公民群体的想法,以及他们各自的理由、生活方式和期望。Motivaction 项目组(Motivaction,2013)和荷兰社会文化办公室(SCP,2015)研发了一种十分有帮助的分类工具,用以区分三种公民群体,如表 6.1 所示。

表 6.1　界定权威的动荡:三种利益相关者

利益相关者类别	想法来源	表 现
"焦虑的公民"	● 感觉被抛弃、不被代表 ● 认为自己缺乏(进步的)机会	●(身体力行地在选举上)抱怨、抗议和反抗 ● 完全远离政治-行政机构及其服务
"热情又自立的人"	● 由于可见度的提高,公共行动和行动者被认为不称职 ● 获取数据、专业知识和最佳实践的能力不断增强	● 要求政府能使自己在共同制定政策和提供服务方面发挥更深远的作用 ● 通过"基于公众"的公民立法提案程序,与传统机构竞争政策解决方案
"冷漠的消费者"	● 认为公共部门侵犯了自身"来之不易"的自由和权利 ● 对任何类型的大规模干预都持消极态度	●(从实践上和法律上)自有主见但选择性地捍卫自由和权利 ● 以怀疑和不信任的眼光看待公共机构与精英

第一类群体是愤世嫉俗、情绪激动的焦虑公民,而且往往受教育程度较低。他们完全为全球化和国际化的浪潮所淹没,不再信任精英和专家,并且觉得专业特质和"智慧"特质平等分布于科学家与出租车司机之间(参阅 Batens,2013;Buves and Wile,2010;Schnabel,2015)。这些人是"网民"、茶话会的支持者或愤怒的公民(wütburger)——这是一个由科布维特(Kurbyuweit,2010)创造的术语,用来形容在(大多是在线)抗议中转向保守主义和民族主义意识形态的愤怒的德国中年白人。这一群体感到自身被疏远、被遗弃以及不被代表,进而参与激进而非建设性的公民行动(一般是在线的,有时是在现实生活中),或者完全退出公民空间和公共服务。

第二类人群是一些热情又自立的人,他们灵活、自信,而且往往受过高等教育。

其中，许多人属于所谓的"创意阶层"（Florida，2012：67）。他们觉得自己在得到技术和专业知识的提升后，能够比政府更好更快地提供许多东西。这部分人虽然是通过非政府组织、社会企业家和众筹倡议而非政党的形式参与政治和社会活动，但是依然十分积极。

第三类人群是冷漠的消费者，他们精通技术，也总体上保持乐观。然而，与第二类不同的是，他们既不真正关心公众参与，也不关心公共政策。他们只要自己的生活方式不受他人约束，当然也不受政府的约束，就不会制造麻烦。当这些人感到自己被"压制"的时候，便会将事态上升到权威的高度——但是他们不会尝试对当前问题深入了解，也无法设计出深思熟虑的替代方案。

除了各自独立采取行动外，这三个团体出于自身原因和扮演不同的角色，也可以联合起来，对抗其认定为"非法"的权威，给公共机构和官员制造生存危机。三类群体都以自己的方式显露自身"对更美好世界的理解"。公共管理者若想要确保获得他们的支持，吸纳其专业知识，同时又要减少他们的反对，就需要采取不同的应对措施。

6.2.2　内外部的管理影响

权威动荡的特征会转化为对公共管理者内外部工作环境的各种要求和困境，具体表现在以下五个方面。权威动荡给公共管理者带来的影响包括：

- 随着政治领袖比从前更加疯狂和急躁，公共管理者将不得不比以前更频繁、更快速地应对领导层的更迭和合法性的转变。
- 如果可能，公共管理者需要对不同世代、类型的专业人员团队进行有效管理，这些专业人员在工作组织和管理方式方面有自身的看法（Noordegraaf，2015；Ryde，2012；Weggeman，2007）。新员工队伍似乎不再倾向于简单地接受权威和资历。同时，许多 Y 世代人和 Z 世代人更喜欢处事简洁清晰且能鼓舞人心的领导者去激励他们（Holmes，2012；Lyons and Kuron，2014）。
- 公共管理者可能越来越需要公开对他们的行为做出解释。许多公共机构面临的绩效压力意味着这些机构不再能满足于幕后运作（Jacobs and Cugane-

san，2014；Schillemans，2011，2015），公共管理者或许需要在外部将其绩效品牌化，以保持或重获其合法性与权威。

● 公共管理者必须巧妙地设计并加入到新的参与式治理和共同产生政策的方式中，并且要使受教育程度高、社会参与度高的公民与无社会归属感的人都能参与其中（Alford and O'Flynn，2012；Fung，2015；Nabatchi et al.，2015）。

● 在真正发生明显动荡、引发权威真空的情景下，公共管理者便不得不满足和管理那些态度不明朗的利益相关者的要求（Boin and 't Hart，2000）。当面临（外部的、机构内的或两者兼而有之的）紧急情况或危机时，只要这不会抑制利益相关者自身的野心和发展可能性，他们就可能再次要求当局采取强有力的、引导性的"法律与秩序"领导（Boutellier，2004）。例如，在最近的恐怖袭击之后，公民们呼吁政府保护"我们"免受"他们"的攻击，允许限制公民自由，必要时也可以无视隐私问题。可是，当政府要求这些公民接受强化的边境管制或机场安全检查时，他们又很容易抱怨或抵制。这就给公共管理者带来了一个关键性难题：如果权威动荡加剧而导致在某些情况下出现了革命和起义，那他们便需要拿出强硬的"控制"姿态；但同时他们也意识到，一旦动荡真的达到了那种严重程度，局面又不可能允许他们实现有力的掌控（Noordegraaf，2015；'t Hart，2014a）。

6.3　八种管理的回应方式

以上这些要求，使得公共管理者在**对上管理**与行政、政治领袖的关系，**对下管理**不同类型的工作人员与团队，以及对外管理利益相关者的过程中，要做出及时反应并落实相关实践（参阅 Moore，1995）。本章的其余部分讨论了公共管理者在权威动荡的情况下可能做出的八种回应方式。如图 6.1 所示，这些方式的介绍中，强调了其所遇到的一些艰难选择和矛盾之处，随之也指出了将这些困难转化为机遇所需的技能和心态。

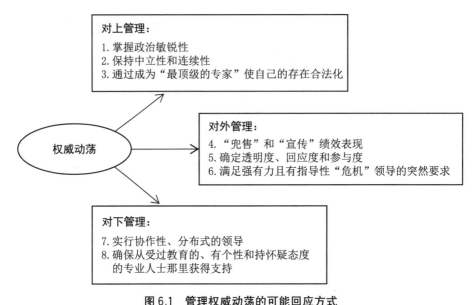

图 6.1 管理权威动荡的可能回应方式

在**对上管理**行政和政治领袖的关系时，以下三种回应方法及其包含的各项技能和价值观，或许有助于克服权威动荡。

6.3.1 回应 1：掌握政治敏锐性

首先，21 世纪的公共管理者必须做到政治敏锐。专栏 6.3 中解释了这种胜任素质与跨部门管理工作的关系，特别是对于那些担任高级职位的人（Gandz and Murray，1980；Hartley et al.，2015：197）。哈特利等人（Hartley，2015：197）认为，这种对政治结果保持中立态度的政治敏锐性，既与非正式政治有关，也与正式政治有关。尽管"政治色彩"已经很明显地融入许多问题、领域和利益相关者之间的政治互动中，但对于理解和适应行政和政治领袖的风格、关注议题及利益相关者忠诚度的重要性，我们强调得再多也不为过。这一点尤其适用于由权威动荡引发的领袖频繁更换，进而造成权威真空的情况。这种理解能力和适应能力所需的政治直觉，要通过经验、耐心和开放的思想获得，而不是通过具体的训练计划。

专栏 6.3　政治敏锐性是 21 世纪的关键胜任素质

　　吉恩·哈特利与同行们对政治敏锐性进行了有价值的概念和实证研究,他们将其定义为(Hartley,2013:24):

　　"在囊括相互竞争的各类利益与利益相关者的情况下,运用政治技能以结成利益联盟和(或)意见一致,从而获取最终成果"。

　　相关术语包括:

- 政治头脑(Ferris et al.,2005)
- 政治嗅觉(Perrewé and Nelson,2004)
- 政治理性(Rhodes,2016)
- 社会政治智慧(Burke,2006)
- 政治直觉(Benington and Moore,2011)
- 政治敏感性(Page,2012)。

　　作为一种胜任素质,政治敏锐性可以划分为五种具体技能:

- **战略指导和观测**——与组织目标相关的战略思维和行动(另见"管理短期与长期视野"一章);
- **建立统一战线和联盟**——详细了解与管理目标相关的利益相关者的背景、构成和目标;
- **察言观色、见机行事**——通过分析或凭直觉获知利益相关者与议程结合时可能发生的变化(另见"管理利益相关者的多元性"一章);
- **人际交往技能**——"软"技能:影响他人思维和行为的能力;
- **个人技能**——个人动力和行为的自我意识。

　　根据哈特利和弗莱彻的说法,掌握政治敏锐性需要全部具备以上 5 项胜任素质,其中有些技能会在特殊情景中显得无比重要(Hartley and Fletcher,2008;2014)。可以说,政治敏锐性一直是成功的公共管理者必备的关键胜任素质。权威动荡的加剧更是进一步突出了公共管理者政治敏锐性的重要性——它不仅是应对动荡的有效方式,而且首先保证了公共管理人员能生存下去。

　　延伸阅读:Hartley et al.,2013,2015;Rhodes,2016。

纳瓦罗(Navarro)和科特(Kotter)在 1980 年首次发表的著名文章《管好你的领导》(Managing Your Boss)中强调，更好地了解自己的上级、自身以及两者之间的相互依赖关系，对于管理者的成功至关重要。他们认为，管理者要做到与人合作、保持可靠和诚实，而不能只是简单地"讨好"上级。《向有权人说真话》(Rustin，1955)一文建议道，如果公共管理者能谨慎行事并致力于给出相关问题的解决方案，就能形成协调的上下级关系。同样，麦克里里(McCreary，2014)也给出了应对新领袖的五条建议：

- 轻松融入双方关系；
- 观察其风格；
- 注意别人对其的看法；
- 开展协作；
- 保持诚实可靠。

6.3.2 回应 2：保持中立性和持续性

公共管理者一项非常重要的职责是要在政治和社会动荡中保持冷静的头脑，保持长远的视野，并确保一定程度的制度连续性和政策一致性。不过，要成功实现这个目标，绝非易事。试想一下，如果你现今在埃及、利比亚或叙利亚担任司法或内务部长。过去几年来，你致力于保证国家的生存现状，但同时却受到了各种(被选举、被逮捕、被罢免、被谋杀的)新旧领导人的压力和指引，还有国际社会对本国未来的不同看法。

即使是在麻烦较少的治理环境中，为了在管理公共机构和政策时能够保持连续性和中立性，领导层的变动也会给公共管理者施加更多的责任。这适用于"应急管理"情景以及对机构的"危机领导"情景中('t Hart，2014b：137)。换言之，做到政治敏锐并不意味着公共管理者在动荡时期就可以忽视对重要的制度性品质和价值观的维护。

同时，通过不断推出完善的政策建议，并在动荡时期维持社会秩序和制度的连续性、一致性，频繁的领导更换也给官僚提供了科层权威与影响力最大化的机会(Frederickson，2006；Partridge，1974)。这是那些短期任职和雄心勃勃的领导喜欢看到的。不过,想要使这样的权力最大化,就需要善于在各种信息参与者及其主张的竞争环境中将专业知识系统化。

6.3.3 回应 3:通过成为"最顶级的专家"使自己的存在合法化

公共管理者的合法性和权威大多来自其行业知识和经验。事实上,相关研究表明,"专业知识"是各国公共管理者公认的最重要的价值观之一(Van der Wal,2008;Van der Wal and Yang,2015)。政治家往往缺乏这样的专业知识,他们依靠公共管理者来获得权威性的建议和支持(Aberbach et al.,1981;Nieuwenkamp,2001;Weber,1919),并急切地将具备大量专业知识的组织外包给行政机构(Van den Heuvel et al.,2002;Van der Wal,2014)。

然而,在过去的 20 年中,由于全球范围内高级行政官的岗位轮换越发频繁以及人们对其管理技能愈发重视,政策专业知识及行业知识对普通公共管理者的重要性有所下降(Bekker,2009;'t Hart and Wille,2006)。这很可能就削弱了公共管理者相对于政治领袖的权威地位。另外,政治和行政领导的知识基础也有很大的扩展。他们可以求助于付费顾问,这些人往往热衷于提供领导想要的或所谓"正确"的事实与结果;或者他们还可以向经济合作与发展组织、世界银行等国际机构征求免费的咨询意见;甚至还会遇到急于免费提供专业知识的说客和利益集团,即使他们没有被询问。另一方面,在组织内部,公共管理者及其代表的选民产生了各种集群和"阵营",它们也始终争夺着人们的注意力和权威。最后,信息中介或多或少地出于利他的意图,通过与大学、智囊团和商业专家建立制度化联系,获得了大量的公开数据,从而构成了当今竞争激烈的公共部门信息格局。

这些情况导向的结果是,相互竞争的信息流和政策流不断寻找通往最高层次的道路(Pollitt and Bouckaert,2011)。表 6.2 列出了那些希望成为顶级专家的公共管理者所面临的四大挑战,并提出了应对这些挑战的举措与方法。显然,专业知识和管理技能都非常重要,但公共管理者如果希望在管理过程中保持合法性和权威性,就不该低估成为"最顶级专家"的重要性。

表 6.2 作为顶级专家的公共管理者：挑战与策略

挑 战	策 略
公开数据 现在的大部分数据都是公开的，而且很容易获得。	掌握为政治和行政领导过滤、解释和代为处理公共数据的过程。
竞争性建议 政策顾问、国际机构、利益集团、说客和同僚们热切地为政治和行政领袖提供专业知识。	与外部顾问协作，但要为其设定条件和指导框架，并处罚相应的违规行为。
反构建与反叙述 媒体与利益相关者会仔细检查并攻击你的主张与所述事实。	将建构、品牌化和讲述故事置于政策过程的"前端和中心位置"，建立先发优势。
"政治专业知识" 政治和行政领导以及专业团体对何为"正确"专业知识的争夺越来越激烈。	将自己获取专业知识的渠道和途径"系统化"，而不是在持续的权威斗争中浪费精力（见本章最后一种回应方式）。

向上层管理的最后一个方面，即对绩效标准的制定方式、制定理由、制定人员以及制定重点施加一些影响和控制，这也是对外成功管理的先决条件。（Behn，2008，2014；De Bruijn，2012）。毕竟，如果测量绩效的指标从一开始就缺乏显著性，甚至缺乏公平性，那么就很难在之后以此去兜售和宣传你的业绩。德布鲁因（De Bruijn，2012:55—56）界定了有效绩效体系的三项原则，最大限度地提高了认可度和测量意义（Noordegraaf，2015:135）：

- 互动性——管理人员和专业人员应参与设计关键绩效指标（KPI）和绩效测量方案。
- 多样性——人员间的利益平衡、多元性和价值冲突应得到承认而不是被忽视。
- 动态性——绩效测量应该是一项生动活泼、富有挑战性的活动。

以上三种回应方式有助于公共管理者管理与上级领导的关系。但是，要想对外管理那些相当有主见的选民，便需要一套辅助互补的对策和技能。

当对外与利益相关者打交道时，也有三种回应措施或有助于克服权威的动荡。

6.3.4 回应 4："兜售"和"宣传"绩效表现

过去，在外部利益相关者眼中，公共管理者通过"成为顶级专家"来保持权威的行为是一种明智的策略。可是,这在当下并非如此。如今,外部相关者在判断公共管理者是否具有"权威"时,将重点更多地放在了他们的实际绩效之上。"管理利益相关者的多元性"一章讨论了公共管理者是如何从战略上运用品牌和标签效应,连接多个利益相关者网络并争取到他们的计划和建议的。在权威动荡的背景下,宣传和兜售过去的业绩,对于公共管理者保持和重获其合法性以及获得利益相关者的支持至关重要。

兜售业绩不再只是选举期间政客们的责任。公共机构必须考虑其建构公共价值的"内容"与"方式",他们必须有策略地践行问责制。许多研究都揭示了一些公共管理者是如何摆脱问责制的"折磨",转而将其作为展示和解释业绩成效或在必要时解释绩效失败的机会的(参阅 Schillemans,2008,2015)。的确,对自身义务进行优先排序并在战略上预测与合并问责周期的能力是一项资产,富有创造力的公共管理者可以重组内部信息,以便在多元利益相关者论坛上随时宣传自己的绩效(Schillemans,2015:439)。

高效的 21 世纪公共管理者能够不断证明自己实现了"物有所值",并通过普通人可以接受的方式向多元化的受众传达公共价值。我们在"管理利益相关者的多元性"一章中所讨论的一些技能,例如保持积极主动的社交媒体形象,或设计、制作和宣传一些视频,都将有助于公共管理者在瞬息万变的时代保留一定的权威。尽管如此,向不再对政府抱有幻想的人解释一些强硬的决定仍然是具有挑战性的,就算是政府过去有许多成就和创新值得称赞(Mazuccato,2013)。其实,那些焦虑的网民经常浏览的社交媒体论坛,是一个管理者与公众可以交流绩效成果的场所。不过,如上一章所示,如何使用恰当的语气至关重要。专栏 6.4 展示了一个公共机构向外界证明并宣传其合法性的范例。

专栏 6.4　SKAT:推广宣扬公共价值以(重新)获得合法性

没有人喜欢缴税。这是不可避免的,而税收的征收和管理过程也往往是烦琐的。不过,有效的税基决定了政府制定预算和政策的基本能力,也决定了其所掌握的"国家权力"大小。丹麦税务局 SKAT 近年来经历了一次在全球范围内广为流行的重大变革。他们为所有税务事项创建一个全天候的高频互动在线门户,从而:

- 大幅降低了公民有关税收如何申报、如何使用等问题的咨询门槛——现在几乎所有纳税人都可以在网上自行申报纳税；
- 即使在工资支出减少的情况下（2005—2015 年，SKAT 裁员近 40%），通过展示（和宣传）公共机构紧跟新技术发展、方便用户、及时反应、提高效率的能力来增强其合法性；
- 允许 SKAT 员工和其他公务员"公开"交流问题、解决方案和困境，进而向公众表明，政府人员虽不总是知道所有答案，但是乐于学习；
- 在各大洲用多种方式记录、推广和宣传其创新的服务提供过程，将其塑造成一个广为人知的"标准"智慧政府的研究案例。

资料来源：Copenhagen Capacity，http://copcap.com；KSAP，2012；SKAT，http://SKAT.dk。

SKAT 的示例表明，不同利益者群体需要亲身看到、感受到、体验到他们是决策过程的一部分，并且体会到政策和计划对其利益有明确考虑。因此，公共管理者制定了透明、回应和参与的关键公共价值观，以提高公共行动的合法性。但问题是，我们是否可以假设，制定的这些价值观在所有涉及意义建构和交流的竞争性决策环境中都能发挥作用？或许这时，我们就需要"调整"透明度，回应能力和公民参与的程度范围。

6.3.5 回应 5：确定透明度、回应度和公众参与度

2009 年，奥巴马在美国就职时宣誓，要提高联邦政府行动和决定的透明度。然而很快，他的"开放政府计划"就为公共事务中的突发事件和严峻现实蒙上阴影。维基解密、布拉德利·曼宁（Bradley Manning）和爱德华·斯诺登（Edward Snowden）披露了美国政府的秘密文件，并指出政府可能没有宣称的那样透明（或诚实）。而且，他们根本性地揭示了"过多"无法控制的公共部门透明度，即政府会向那些选择性解释数据的利益相关者提供原始数据，反而带来的局限性和危险性（参阅 Etzioni，2010；Margetts，2011；Roberts，2012）。几年前，在维基解密的披露事件成为头条新闻的时期，我采访过一位政府常务秘书，而他提倡要对政府行为更加保

密(Van der Wal,2014:1030):

> 程序的公开和透明不一定起作用。当然,政府的行政结果、责任分工和问责都需要予以明确,但一定程度的保密是绝对必要的。目前,我就正在参与一个重要的治理事项,但我不能告诉你那是什么样的过程,因为它是高度机密的。请注意,现阶段没有透明度是因为"公开"将不可避免地导致这个事项立即失败!保密,或者我们可以更好地形容为"信息的排他性",其实并不是一个大问题。只要你不欺骗别人,只要你是为了公众利益行事,这也不是犯罪,对吧?

在研究中,我采访的大多数政治高官都认为,透明度从属于效率和效力。他们觉得,在决策过程的任何阶段都要求透明度不利于提高公共价值。结果的透明度:可以有;过程的透明度:不能有。事实上,只有少数政治和行政精英认为透明度是一个关键的公共价值(Van der Wal,2014:1040)。因而,对于政府透明度来说,至关重要的是要对不同的问题、过程阶段和利益相关者,谨慎地提出各自合理的透明度级别与"类型"。

因此,梅耶尔等人(Meijer et al.,2015)区分了评估政府透明度的政治标准和行政标准,以及介绍了让这些标准在不同领域发挥作用的手段和价值区别。他们发现,在某些情况下提升行政透明度能够增加政府与利益相关者的接触,改善政府与媒体的关系(Hazell and Worthy,2010)。但是,透明度也会放大人们对行政风险和政府"低绩效"的感知。如果单个组织的绩效报告发布得太过频繁或缺乏相关事实背景,它可能就会作茧自缚,使公民离开该地区那些绩效较差的学校、社区、医院等机构(Meijer et al.,2015:14)。

一定程度上,研究也显示了人们在回应度方面的类似看法:公共管理者会害怕过度的回应以及将某些利益集团置于其他集团之上的做法,而且认为他们应该回应的是行政部长而非外部世界。另一方面,政治领袖在决定如何兼顾满足不同利益相关者的愿望和要求(有些人大声疾呼,有些人沉默以待),和运用自身的关键过滤器来评估公众需求时,也遇到了困境(Van der Wal,2011,2014)。一些学者认为,随着过程透明度的提高,公共部门的合法性会出现降低的情况;市民如果近距离观察"香肠的制作方法"，通常就不喜欢自己所见到的（'t Hart，2014b）。

那么，政府保持公共管理过程和公共政策过程的低透明度，以及对利益相关者要求的低回应度，是否就适宜呢？这是一个很难做出的论断。从表面上看，这一做法似乎在本章开头讨论的一些阿拉伯国家中已经奏效了几十年。然而，公民们终究总会想方设法地去了解政府过程，并对其进行监督。逐渐地，政府和公共管理者个人还是将不得不更加熟练地解释他们做出某些选择的原因，以及这些选择如何在长期、全天候和各种平台上产生"对大多数人最有利"的结果。

最终，富有主见的利益相关者将迫使公共管理者不再仅限于保持回应性和透明度，而是要允许相关者更为实际地参与到公共决策与政策制定中来。对于这种现象是否有益于产出"更好"的公共政策和更多政策合法性，我们所掌握的证据是喜忧参半的（Fung，2015）。表6.3展示了其中所涉及的一些利弊权衡。

表6.3　传统型与参与型政策制定的利弊权衡

	传统型	参与型
速度	通常较低	往往更低
（技术和法律）素质	高	不确定
合法性	较低；除非被证明是成功的	中等；必须落实投入
利益相关者的参与度	低	高

让各利益集团参与到决策过程中也许是增强合法性和政府信任的可行战略，但前提是要在参与流程的设计中能够使所有团体都真正融入进来。为了"兑现承诺"，政府在互动论坛和公开活动中必须针对不同的利益相关者类别，仔细规划设计与量身定制沟通方案（Fung，2006；Nabatchi，2012，2014）。近年来，哈佛大学的阿肯·冯（Archon Fung）教授在公众参与过程和公民参与方面做出了许多备受赞誉的研究。其中，他识别了三个关键的设计要点（Fung，2006，2015）：

- 参与者的选择和招募——参与者的范围可将普通人到作为精英专家的管理者包括其中。让有针对性、准备充分的"微型公众"（分层或随机选择）拥有不同席位，往往会产生最有意义的结果（Fung，2015：2）。

- 沟通和决策模式——参与者可以作为旁观者倾听、表达和制定偏好，或者积极地参与到谈判及其政策结果中去。阿肯·冯（Fung，2006：68）认为，并非所有的参与流程都旨在设定高水平的审议环节；有时，仅仅是给予抱怨的机会就会让利益相关者更加满意。

● 权威和权力——这里的关键问题是："参与者所表达的东西与当局或参与者自身会采取的行动有何联系？"(Fung，2006：69)答案可以是仅仅允许参与者提供建议，也可以是给予他们直接的权威或具有约束力的决定权，例如公民陪审团的案例。其实，世界各地的地方政府在预算决策或地方治安方面赋予公民充分的权威，都具有成功的经验(Peixoto，2014)。

有证据表明，某些陈词滥调确实成立——协商论坛的大多数参与者通常是已经参与到政治活动中的那些受过高等教育、口才好的公民(Nabatchi，2012)。而其他不同阶层的公民则不太习惯在这样的论坛上表达自己的观点，他们的参与方式就极少有建设性。最近，市政委员会为在欧洲各国建立难民中心的计划举行听证会，就是一个很好的示例。在某些情况下，有组织的闹事者参加了这些活动并引发了暴乱，治安部队只好出动去保护市长、委员和支持接纳难民的同胞。可是在未来的几年里，公共管理者还会不得不安排类似的会议，以确保不同类型的公民都能参与到有争议的问题决策中来。表 6.4 对比了对政府合法性影响不同的两种公民参与设计方案。

表 6.4　设计参与形式以增强合法性：公开型与定制型

	公　　开	定　　制
邀请	开放公告；不进行有针对性或分层的选拔和招聘；参与者自我选择。 例如：最近关于欧洲难民中心的市政听证会，允许所有居民参加。康涅狄格的公民被给予了一个难得的平台，但在某些情况下很难为所有人提供一个安全的环境。	有选择性或随机性选择，允许控制背景和观点的多样性和(或)人群的规模。 例如：加拿大和美国最近的选举改革委员会就是由一些选定的小团体组成，如不列颠哥伦比亚公民大会(British Columbia citizens' assembly)或加利福尼亚公民选区重划委员会(见 Fung，2015)。
准备	参与者根据主题或议程项目参加论坛；组织者对他们事先的数据信息几乎没有掌控。 例如：这些难民中心听证会的参与者，在先前没有收到关于决策方式和缘由(包括政策权衡)等明确信息的情况下，参加了会议。	与会者参加一个或多个(预先安排的)实景和(或)虚拟信息会议，并得到精心组织但态度中立的相关信息。 例如：这些选举改革委员会在专家的协助下，于一年多的时间里定期召开例会，同时向参与者提供详细且可查阅的文件(Thompson，2008)。

	公 开	定 制
决策	参与者倾听、吸收信息，并且表达观点和偏好，但这些行为对决策的确切影响往往不清晰。 例如：大多数情况下，关于难民中心的听证会为公民提供了一个"发泄"、表达关切和分享观点的机会，但是无法得出明确的结果。其中一个案例里，一位市长推迟了一个计划要建立的中心，并对没有让当地公民更早地参与决策进程表示歉意。	参与者事先知道他们意见结果的确切影响和自身能行使的权力；当然，其间的程度或许从小到大不等。 例如：改革委员会被明确授权调查并为选举制度改革提建议；他们提出的公投、议会投票和最高法院裁决等建议，有的成功，也有的失败了（Sonenshein，2013）。

通常，这类参与性论坛是由（当地）政治家来决定其大致构架的。然而，具体负责设计此类论坛，权衡公共安全、可行性、合法性和透明度等竞争价值的，却是公共管理者。他们需要仔细考虑要邀请谁、给予参与者多少实际政策影响力、该如何组织活动前提供的信息，最重要的是利益相关者在规划政策选择、行动和措施上有什么权力。毕竟，一开始参与性论坛给人的印象是公民可以享有发言权，但后来却发现那只是一种幻觉，进而似乎没有什么比这对政府信任和合法性的影响更为不利的了（参阅 Fung，2015）。不过，最近共同生产、共同创造模式的增长以及不同利益相关者阶层参与要求的增加，或许是对这种现象的有益改进。在"管理跨部门协作"一章中，我们对这些问题进行了更广泛的讨论。

6.3.6 回应6：满足强有力且有指导性"危机"的领导的突然要求

在某些情况下，动荡的 VUCA 时代确实需要强有力的领导者，他们说话通俗易懂，会明辨是非，并能提供清晰的自上而下的指令方向。从某种程度上说，公民对公共机构和公职人员信任的削弱本身就是一场悄悄蔓延的制度危机，可能会引起突发环境危机，比如爆发集体性的暴力和抗议事件（参阅't Hart，2014b：130）。乍一看，其他章节概述的协作性、"服务型"领导方法会让公共管理者在突发事件要求强有力且有指导性的领导时，感觉两手空空、力不从心。的确，许多关于危机管理的文献似乎都在强调，突发情景下，公共管理者要立即采取"强硬"行动、明确下

达职责任务、跳出正常程序并在事后寻求合法性认可的领导方式(参阅 Boin et al.,
2009;Brecher,1993;Keeler,1993)。大多数反独裁主义的利益相关者也会在最
初欣赏那些建立主导框架并展现自身实力、掌控力和定力的公共管理者。但是,正
如哈特('t Hart,2014a:141)所说:"压力和兴奋很容易导致领导者的信息被曲解
或扭曲,特别是对那些不把政府视为盟友的听众。先前存在的反对和不信任也不
会仅仅因为危机的到来而消失。"

所以,公众感受的这种前后变化引发了这样一个问题:面对越来越怀疑和审视
政府的公众,公共管理者在多大程度上可以表现出其权威性和"控制力"?这时,一
些其他的胜任素质和回应方式则可以提供解释,如对外宣传、进行设计、提升利益
相关者直觉。最近就有证据表明,精通媒体的公众在针对危机共同形成沟通方案
和解决方案方面大有裨益。

一个有力的例子是在 2015 年 4 月尼泊尔地震后,人们利用推特和脸书去协调
救援工作。政府在最初的时候一直保持沉默,但是社交媒体论坛却在行政能力薄
弱的情况下,爆炸式地向偏远地区难以接触到的灾民提供支持。灾民、志愿者和包
括外国军事救援队在内的各种援助机构自发建立了网络,还设立了应用程序、群聊
和相关网站,按照优先次序将资源引导至最需要的地点。有趣的是,即使是在高度
机动、分散的模式下,行动参与者仍然设法建立了中心权威性的地图站点和余震监
测系统,以供成千上万的相关人员使用和更新。

最后,相关研究告诉我们,有效危机领导行为的内部动力总是比想象的更集中
化和便利化,同时也证实了权力委托和团队合作在训练有素的专业人员分散式网
络中十分重要('t Hart,1993;Boin et al.,2009)。下面我们要讨论的最后两种回
应方式就强调了这种协作方法,特别是在管理 21 世纪专业人员的过程中。

当**对下管理**员工和同僚的时候,以下两种类型的回应方法或许有助于克服权
威的动荡。

6.3.7 回应 7:实行协作性、分布式领导

在一个网络化的世界里处理组织内部的权威动荡,可能需要的是减少领导
行为和增加更频繁、有意义的员工参与。正如管理大师西蒙 · 考尔金(Simon

Caulkin，2015)所言："如果优秀的领导者太过罕见，那么应对方案就是建立不那么需要他们的组织。随着时间的推移，韧性系统的功能会胜过明星个体的集合。"同样，尼达姆和曼根(Needham and Mangan，2014：18)在他们的访谈研究《21世纪的公务员》(The 21st Century Civil Servant)中也强调：

> 在社会面对复杂的适应性问题时，传统的个人领导方法效果不佳。未来领导者的技能组合需要有所不同，其领导方式也需要改变……21世纪的公务员会拒绝英雄式领导，而倾向于分布式和协作性的领导模式。

尼达姆和曼根(Needham and Mangan，2012)在英国虚拟员工学院进行了一项研究，认为协作性、分布式领导必将取代领导者"作为权力和权威唯一来源"的传统形象，这反映了"现代社会的复杂化趋势以及公民顺从性的下降"。无独有偶，迪金森和沙利文(Dickinson and Sullivan，2014：12)也得出结论：

> 英雄领袖不再是一切问题的解决方案。虽然在媒体和文学作品中，人们谈论领导行为时往往把焦点放在英雄个人身上。但是，有证据表明，在跨境域、跨时段的权威领导变得越来越重要的情况下，我们有必要建立一种新型公共部门领导方式以应对不断变化的各种环境。我们将需要考虑分散、分布的领导形式，而不是再关注于个人。

维尔麦特和塞尔(Vielmetter and Sell，2014：166)引入了"非自我中心领导"的概念，用于那种旨在成为头条新闻的以自我为中心的领导方式。尽管不以自我为中心的领导者往往自信而强大，能力出众，散发着迷人的魅力，但他们的典型特征是更多地关注和关心他人而非自己(Vielmetter and Sell，166)，这类似于学者所称的后英雄式、谦逊式或服务型领导(Collins，2011；Greenleaf and Spears，2002)。人们普遍的观点认为，传统的"大人物"男性领导者往往忽视了VUCA问题的复杂化和多面性特征，因而使工作存在重大的绩效风险。而且，个性化、被赋权的公民"更不倾向于容忍强势领导"(Vielmetter and Sell，2014：166)。因而，这种独裁式的领导方式不适合应用于新兴的工作实践中，即在自主分散的环境中，那种有越来越多的流动个人和团队进行远程在线工作的实践。

根据哈特('t Hart，2014a：95)的说法，领导要在协作的环境中促成并维系员工的效忠和追随，需要五个关键策略：

- 通过提醒参与者自身的利害关系及各方的相互依存关系来激励参与者。
- 保持各方对话流畅，并且做到专注倾听。
- 创建有限责任与有限压力的工作"离线"场馆，使参与者能够有"活动"空间和"学习"机会。
- 推动各方达成共识(而不是强制实施自己制定的主导框架)。
- 花时间建立各方关系，同时要认识到协作既不是线性的过程，也不是英雄式的过程。

专栏 6.5 为公共管理者提供了建设和管理高效协作团队的建议。

专栏 6.5　建设和管理团队：公共管理者的经验

1993 年，麦肯锡咨询公司的乔恩·卡岑巴赫(Jon R. Katzenbach)和道格拉斯·史密斯(Douglas K. Smith)发表了一篇题为"团队法则"的经典文章。尽管他们的研究是在前一段时间进行的，并且关注的对象是私营部门，但他们的一些重要见解与公共管理者寻求更具协作性和共享性的领导模式相关联。这里提供了三个贴合实际且最新的经验：

- **"管理者必须弄清楚团队是什么以及为什么存在"**

大多数委员会、焦点小组和咨询委员会都不是团队(Katzenbach and Smith，1993：112)，但是那些具有集体目标、问责制和绩效结构的工作组、单位和项目董事会却是真正的团队。管理者不应该一味地吹嘘团队的标签，而应该提倡和培养团队合作的胜任素质。团队不仅仅是一起做事的小组，他们建立的团队是要有明确的绩效目标，需要个人问责和互相问责(Katzenbach and Smith，1993：112)来防止搭便车并促进协作的。理想情况下，绩效评估包括个人和协作部分，虽然这种评估在现实中很少见。

- **"团队确实需要进行精心的组织和管理；团队不会自己运作"**

一个经常宣传的假设是，团队只有在"无为而治"的情况下才能建立起一个共同的承诺，去有机地、自主地运作(Katzenbach and Smith，1993：113)。尽管有许多企业如此起步，这种假设可能也会被证明是错误的，特别是在公共部门环境中。只有当管理者去定义、更新、维护和激励他们(政治授权)的目标时，团队才能开始成功地执行和真正地"拥有"他们的这种目标。此外，管理者需要仔细评估实现团队公共价值使命所需的互补技能(并向政治领袖提供建议)。团队需要将三种技能组合在一起：技术或职能专长、解决问题和决策的技能，以及人际交往技能(Katzenbach and Smith，1993：115—116)。管理者应该乐于承认自己的技能差距。

● **"团队和良好绩效是相辅相成的"**

没有良好的表现，团队就没有存在的理由(Katzenbach and Smith，1993：4)。但是，公共部门团队受到残酷市场规律的压力要小得多："没有什么比临时政府组织更持久。"保持团队的正常运转，需要公共管理者持续地投入个人关注，需要对激励机制、薪酬和绩效结构进行"巧妙"的设计，还要经常轮换岗位和职责，并清退表现不佳的团队成员。

作者总结了使团队有效运作的四个关键要素(Katzenbach and Smith，1993：111)：

● 共同的组织承诺和宗旨；

● 绩效目标；

● 互补技能；

● 相互问责。

协作的公共管理者不仅要积极接受这些要素，并且还要招募、雇用和发展能够组成有效团队的工作人员和管理者。

资料来源：Katzenbach and Smith，1993。

综上所述，虽然强调命令和控制的"大人物式"领导在公共领域仍然无处不在，而且经常受到现行绩效考核体系的奖励(Needham and Mangan，2014，2016)，但问题是尤其在危机发生的时候，这种领导方式是否真的"经得起21世纪的考验"？并且，政治家和公共管理者试图重获被削弱的合法性与权威的呼声越高，他们在解释后来注定让人失望的绩效时就越困难(Trommel，2009)。"强人式"的回应方法虽然看起来很诱人，但远远落后于我们在许多公共机构都能看到的相互关联、多部门、扁平化的组织文化(Osborne et al.，2013；'t Hart，2014b)。

6.3.8 回应 8：确保从受过教育、有个性和持怀疑态度的专业人士那里获得支持

2007 年,由知识型员工转型为学者的马蒂厄·韦格曼(Matthieu Weggeman)出版了一本名叫《管理专业人士？别这样！》(*Managing Professionals? Don't Do It!*)的书。他的主要论点是,管理(更不用说控制)日益占据公共、半公共部门多数职位的知识型员工,不仅困难(任何公共管理者都会认识到),而且往往会适得其反(Noordegraaf，2015)。事实上,像律师、法官、教授和医生这样的传统专业人士在组织内部通常位高权重,他们高度自治、拥有正式且外部认可的专业知识以及法定决策空间,并且得到专业协会和执照的认定与"维护"(Freidson，1994；Scott，2008)。

可以说,许多新的"专业人士",如社会福利工作者、政策分析师、信息系统管理者,甚至是公共管理者本身(Noordegraaf，2007),在激励和管理权威方面可能面临同样的挑战,尽管他们的专业习惯还没有完全建立起来。当然,本章强调更广泛的个性化和赋权化趋势,让缺乏自信和教育的专业人员很难支持你。但更重要的问题是,公共管理者如何确保从这些同僚那里获得支持,以实现管理目标？他们在对上管理和对下管理时,都能成为"最专业"的人吗？

为了避免陷入徒劳的权威斗争中,韦格曼(Weggeman，2007)建议管理者应该委以专业人员最大的责任,因为他们在广泛的教育(同行)社会化下,有充分的准备和内在动机去做好工作。通过强调"促进"而不是"控制",管理人员和专业人员可以共同追求组织抱负和分担各自责任(另见专栏 6.5)。这样的建议与回应 7 中提倡的协作性领导产生了强烈的共鸣。

与此同时,我们也不应该太天真。公共管理者肩负改革、报告、预算的责任和目标,会使其不可避免地与有主见的知识型员工发生冲突和权力斗争。专栏 6.6 显示了管理专业者的四种不同方法。但要想成功地实现管理,往往需要根据手头的实际情况(和具体专业职位),将这些方法巧妙地结合起来。在未来几年里,于越来越自治、"远程"和虚拟的办公环境中管理新生代员工,将面对更多的挑战和机遇。

专栏 6.6 权威性地管理专业人员：一项不可能完成的任务？

作为一名公共管理者，工作中最困难的部分之一就是要激励个性化的、受过良好教育的专业人士为组织目标和愿景做出贡献。他们会怎样认真对待你的要求？他们会照你说的做吗？你又如何知道呢？你如何才能让他们协调一致地工作，甚至是在必要的时候清退他们，并且不能损害你自身在整个组织中的权威？虽然没有什么方法是解决所有问题的灵丹妙药，但起码以下四件事是公共管理者可以进行的。

● **共同管理，从一开始就这样做**

这说起来容易做起来难，但有证据表明，让专业人士参与到管理过程的各个阶段和各个方面，有利于收买人心和持续激励他们。管理者要花时间让知识型员工相信某些计划和决定是必要且有意义的，同时也是为了让他们高效工作，并要让其明白虽然这需要付出努力和精力，但也许会获得巨大的回报。

● **（在需要时）向他们展示谁才是领导**

出于各种原因，管理者可能会觉得有必要时常提醒那些顽固的、难以控制的专业人员他们自己所处的位置。有些人甚至认为，专业主义最好理解为一场权力斗争（Kirkpatrick，2007；Scott，2008）。向专业人士展示"谁是领导"可能有时是必要的，但要想保持住权威而非失去，你就应该明智地选择斗争方法。

● **授权、信任并（很大程度上）不管他们**

韦格曼有一项吸引力很强的主张，认为管理专业人士的一种方法就是完全放任他们，让他们自主决定组织目标、绩效标准、同行评价、职能分工和报告结构；只有当事情真的失控时，公共管理者才去干预。这样一种"不干涉"的方法可以最大限度地减少双方的烦恼，防止（甚至避免）冲突，尽管在出现问题时管理责任和监督方面存在明显的风险。

● **教会他们（关于）管理的重要性**

最近，诺德格拉夫（Noordegraaf，2015）强调了"组织专业性"的重要性：教会专业人员如何在组织框架和约束内开展协作式工作，并能察觉和管理风险。这是一项长期战略，因为它要求在研究生培训课程和管理发展（MD）课程中纳入全新的量身定制模块与课程。本专栏提及的方法 1 可以是此类学习的后续或"在职学习"的组成部分。

延伸阅读：Barber，2015；Freidson，1994；Noordegraaf，2015；Weggeman，2007。

§下章导览

事实上，伴随着权威的动荡，加之年轻一代员工晋升到管理层，以及新技术打破了工作生活与私人生活之间、国家与文化和时区之间的传统界限，新的工作形式和新型的工作场所应运而生。管理新工作和新劳动力将给公共管理者带来巨大挑战，但同时也为他们提供了前所未有的利用新员工精力、动力、知识和 21 世纪技能的机会。

此外，采用新的工作方式将吸引到更多的劳动力，并且诱使他们在不牺牲工作与生活平衡的前提下，于不同地点以多种方式创造公共价值。而许多管理者目前在对 Y 世代或千禧一代的管理方面遇到困难，到底是福还是祸？那些几年后会开始进入公共部门职工行列的 Z 世代员工的主要特点又是什么？这些问题以及其他的问题将在下一章"管理新工作（劳动力）"中讨论。

7. 管理新工作(劳动力)

被讽刺为"低头族"的千禧一代据说为他们的"点赞"和状态更新而活。但是我认识的年轻人经常以无私的方式利用社交媒体。

——切尔西·克林顿(Chelsea Clinton),克林顿基金董事会成员

7.1 管理云端而不是机构?

试想一下,在一个人口年轻、最近经历了一系列削减和紧缩措施的国家,你作为公共管理者领导着首相的通信部。在接下来的几年里,你最有可能的任务是让你的在很大程度上由中老年公务员构成的团队焕然一新——同时通过使工作流程和雇佣合同更加灵活,从而降低成本。这样做将使你能确保从财政部获得资金,用于实现首相的通信目标所需的系统升级——以让政府与利益相关者接触的方式"经得起未来考验"。你渴望一石二鸟:为即将抓住由最新通信技术和社交媒体平台提供的机会的新生代员工腾出空间,同时跨进一个不远的未来,在其中你可以通过灵活的"云端"而不是僵化的、官僚的做法来管理你的资源和储备——无论是人力上的还是物力上的。

最近,科技巨头已经开始提供像政府云(Gov-Cloud)这样的服务,允许政府 7 天 24 小时全天候地存储、迁移和处理敏感信息。这样的服务可以为你节省诸如硬件和纸张等在你打算雇用的毕业生眼中几乎是已经过时了的工具。然而,你需要做的不仅仅是将云服务用于信息。如果你可以建立一个灵活、兼职、在你需要时——比如关于联邦预算的年度辩论或议会年度开幕之类的繁忙时期——能随叫随到的,在繁忙时间结束后就解散的承包者在线资源库和储备库会怎样? 让你大

部分的劳动力有灵活性可以使你在员工福利开支上获得巨大的节省。在某种程度上，这些节省将有助于你实现紧缩目标，同时能够支付在繁忙期聘用高质量的新媒体专家所需的大量时薪。据称，你需要的用以实现政治领袖雄心壮志的千禧一代工作者重视灵活的、多重的、多变的职业超过稳定和保障。此外，由于藐视权威，他们宁愿自己支配时间而不是听命行事。

然而，当你第一次与首相的幕僚长分享你的工作计划草案"政府通讯 3.0"时，他的回应持怀疑态度。他虽然同意公共部门的工作保障已经成为历史，但认为这并非机遇，而是一件非常令人忧虑的事。他强调首相已承诺提高退休年龄，这表明招聘新毕业生的空间可能有限。他甚至提到，即将进入大学的青少年是如何对自己的未来抱有悲观的看法，并希望毕业后能找到一份稳定的工作。会议给你留下了许多棘手的问题供你深思。

降低工作保障和增加灵活性是否与新生代的愿望相符？由于工作岗位的多样性，你如何确定他们在工作中所寻找的东西？越来越多灵活、远程和兼职的工作是否会导致你团队的投入和凝聚力的降低，而超过了更高的成本效益和适应性的好处呢？在保持现有的更高级员工的专业知识和精神的同时，你如何才能过渡到一个拥有新型工作者的更加流动的工作环境？

诸如此类的问题说明了如何管理新工作（劳动力）已成为关键的管理要求。这一要求是伴随着上一章引出的权威动荡而出现的各种相关发展的结果。特别是三个大趋势正改变着公共部门和员工的工作、新生代看待工作以及公共管理者组织新的工作方法和管理新工作者的方式："完全网络化""远大期望"和"永远年轻"。更间接地，"超城市化"和"经济互联性"也发挥了作用，因为它们影响着劳动力市场的动态。表 7.1 列出了管理全球各地新型劳动力要求的五种主要表现，尽管形式和速度各异，但它还是为公共管理者明确了挑战和机遇。

表 7.1　管理新工作（劳动力）：挑战与机遇

表　　现	挑　　战	机　　遇
1. 新生代的涌入和高级管理者的大规模退休 Bozeman and Feeney, 2007, 2009; Chaudhuri and Ghosh, 2012; Hamidullah, 2016; Lewis and Frank, 2002; Ng et al., 2010; Twenge and Campbell, 2012.	● 保存制度记忆 ● 创造有意义的（逆向）辅导和指导实践 ● 保证组织的社会化以及保护关键价值 ● 满足高期望和新生代员工的要求	● 聘请积极和热心的退休人员作为导师和顾问 ● 改变陈旧的结构和思维方式 ● 使永恒的创新性更加明显 ● 鼓励持续的代际学习和知识交流

表　现	挑　战	机　遇
2. 工作场所多样性的增加 Groeneveld，2015；Guillaume et al.，2014；Pitts and Wise，2010.	● 平衡相互冲突的观点、背景和生活方式 ● 管理工作场所的政治和意识形态极化 ● 确保共享的文化、语言和交流方式的投入	● 建立更广泛的触角和网络，以招聘新的员工类型并接触非传统的利益相关者 ● 在国际舞台上更有自信和技巧地行动
3. 多技能的、不可预测的和无国界的职业 Briscoe and Hall，2006；Gratton and Scott，(2016)；Morgan，2014；Parry et al.，2012.	● 提前规划并建立忠诚和持久的团队 ● 保存制度记忆 ● 建立和实施长期的人力资源管理和总经理战略	● 通过强调非物质奖励和专注于职业发展来招聘和激励 ● 引进私营部门人才
4. 虚拟及远程办公室、团队和承包方 Caillier，2016；Ferrazzi，2012；Gratton，2011；Green and Roberts，2010；Mahler，2012.	● 最大限度地减少劳动力分化和隔离 ● 寻找有效的沟通和参与风格以保持凝聚力和共同领导 ● 重新思考责任和问责结构	● 实现生产力、效率和可持续收益 ● 增加工作满意度并改善工作-生活平衡 ● 解锁新的潜在员工库
5. 传统工作保障的消失 Dickinson and Sullivan，2014；Dill，2015；PSA，2015.	● 日益增长的从事临时性的、兼职的、"多重"的劳动力比例——劳动力的"优步化"（uberization） ● 忠诚和投入的减少	● 机构灵活性和弹性的增加 ● 从"云状"的易于转移的现成资源的结构中管理机构和项目

7.2　工作、工作状态和工作者的演变类型

表7.1反映了近年来涌现的与以下两类问题部分相关的文献。

● 新型和新生代工作者及其对公共部门就业和管理的影响，关键主题包括：千禧一代劳动力和Y世代；未来的Z世代员工；文化和代际多样性；招聘、留用和薪酬政策；以及（逆向）辅导和指导实践（Bozeman and Feeney，2007，2008，2009；Chaudhuri and Ghosh，2012；Dickinson and Sullivan，2014；

Dill, 2015; Ng et al., 2010; Johnson and Ng, 2015; Parry et al., 2012; Twenge and Campbell, 2012)。

● 新的工作方式和工作状态及其对组织和管理的影响,关键主题是:虚拟办公室和团队;远程工作;临时性、非工会和多重工作的公共部门员工的比例日益增长——公共部门劳动力的"优步化";以及以跳槽和部门转换为特征的动态多变的职业(Briscoe and Hall, 2006; Briscoe et al., 2006; Caillier, 2016; Ferrazzi, 2012; Gratton, 2011; Green and Roberts, 2010; Lyons et al., 2015; Mahler, 2012; Watkins, 2013)。

本章将首先识别出新型和新生代工作者的特征以及它们如何影响公共管理和管理者的机制。在讨论这些影响时,我们将关键的一部分内容用于讨论招聘和激励新生代工作者,而另一部分内容用于讨论(逆向)辅导和指导实践以及组织社会化。本章接下来的内容将讨论日益增长的虚拟和远程办公室环境对公共管理者的影响——部分是为了应对新生代不断变化的需求和欲望——以及更根本的发展,例如白领工作的机器人化和自动化,以及对公共部门的劳动力法律保护的降低。

由于本章的重点是工作和劳动力,因此将比其他一些章节更明确地讨论诸如招聘、激励和培训等人力资源管理问题。毕竟,满足这一要求不仅需要管理者提升自己的技能、胜任素质和角色观念。这也要求他们重新思考如何在日益虚拟、远程、分离和不稳定的雇佣环境中招聘、激励、管理新型和新生代的员工,并将其与职能和工作联系起来。此外,随着职业生涯的发展,许多新员工自己也会承担管理责任。

7.2.1 新型和新生代的工作者

"我世代""次世代""Y世代"或"千禧一代"(大致指1980—1995年出生的人)可能是迄今为止被研究、被描写得最多且最刻板的一代了。试图定义新市场和消费者的政府、学者、顾问和企业已经产生了数百本书、报告和研讨会,但这些东西通常没有太多的经验支持(Twenge and Campbell, 2012)。Y世代的人被指责为自负、享受权利、自恋、懒惰、焦躁、"难搞"、"情感匮乏",他们也因从事社交、有好胜心、注重解决方案、"快餐式的"、精通技术而受称赞(Durkin, 2010; Pew, 2010; Twenge, 2006; Twenge and Foster, 2010)。尽管这些特征可能会引起与这代人一起工作的公共管理者的共鸣，但我们应该小心不要夸大其"独特性"，因为群体差异可能源于年龄和代际划分的作用。

的确，一个和其他群体一样具有异质性的群体中存在着共同的且可概括的特点，表明前面提到的这一代人比他们的父母更有权利意识、以自我为中心、服从权威和现状，并且比父母更热衷社会和意识形态参与，仅仅因为他们年轻这一观念也遭到了一些批评（Lyons and Kuron，2014；Twenge and Campbell，2012；Van Doorn，2002）。如果这是真的，那么年长的公共管理者"只需记住年轻时他们的情况就可以理解年轻的工作者"（Twenge and Campbell，2012：2）。尽管如此，大多数公共管理者都会同意消除代沟并不那么容易。虽然"趋势与驱动因素"一章中的一些大趋势可能比特定的出生年份能更好地解释其特征，但这些新来者仍有些"不同"。毕竟，文化的普遍变迁产生的世代变化至少与"9·11"或亚洲金融危机之类的特定事件产生的变化一样多（Twenge et al.，2016）。

确实，西方最显著（在东方也越来越显著）的文化变迁是个人主义（Myers，2000），而它反过来又产生了越来越多的自信、自恋、期望、多样性和价值多元化，在本书中被一起贴上"远大期望"的标签。20 世纪 90 年代开始的技术革命强化了其中的一些特征，塑造了一代人的价值观，他们感觉"在快速发展的网络世界中即时获得信息和持续的社交联络与沟通非常舒适"（Pew，2010；Twenge and Campbell，2012：3）。这些人通常被称为"数字原住民"（Shaw and Fairhurst，2008），尽管新兴的 Z 世代（由于缺乏一个更好的术语）最近已开始使用这一标签，如专栏 7.1 所示。Z 世代似乎也对经济波动更有意识，因为它是随一个以"事半功倍"的大趋势为特征的时代到来的——在世界许多地区，特别是在收集了 Z 世代数据的西方，公共债务不断膨胀，经济增长缓慢。

专栏 7.1 Z 世代："千禧一代加强版"？

从战略角度展望下一波进入公共部门劳动力市场的毕业生的公共管理者，可能会希望将他们的工作焦点从 Y 世代转移到 Z 世代——那些 1995 年及其后出生的人。他们有 20 亿，并且在全球范围内不断增加。在印度、印度尼西亚和伊朗这样的国家，他们占人口的大多数——以及未来劳动力的大多数——但即使在美国和巴西这样的国家，他们也占人口的 25% 左右，超过了千禧一代和婴儿潮一代。对 Z 世代的实证研究很少。然而，来自西方的初步调查和轶事证据指出了一些有趣的特征：

- Z 世代是第一个真正的数码原生代，他们是在互联网腾飞之后诞生的。这为 Z 世代提供了前所未有的能力来掌握 21 世纪的工作环境；一些人甚至认为他们的大脑的神经连接不同，这使他们更适合于多任务处理和数字导航，但也潜在地不那么好交际和善于理解。
- 出于对隐私的考虑，他们不仅仅热衷于拥抱技术；事实上，他们高度自觉、聪明，而且在网络行为上有些保守。Z 世代从小就被现代科技所包围，受到全球经济不确定性和不安全感（VUCA 时代）的影响，与千禧一代相比，他们似乎更保守、具备健康意识，更注重工作保障、教育选择和父母的建议。
- Z 世代充满好奇心且喜好社会参与，但对自己的未来却不如 20 世纪 90 年代经济繁荣时期成长起来的人乐观。因此，有人认为他们更像他们的父母（及其祖辈），而非像 Y 世代。

在工作保障下降的公共部门工作环境中，激励和管理 Z 世代人的期望可能比千禧一代更难。但是这些人将塑造工作的未来，并把无与伦比的创新能力注入公共机构。为了使政府适应瞬息万变的时代，他们将在受到公共管理者领导的同时，同样领导公共管理者。

资料来源：Bauerlein, 2008；Dill, 2015；Turkle, 2012；Williams, 2015。

抛开成见不谈，21 世纪的公共管理者必须预见未来劳动力大军的需求、技能和手段。然而，通常情况下，担忧、问题和挑战主导着讨论。一些人注意到了未来几代公共管理者公共服务精神的衰退倾向（Lyons et al., 2014），以及重视生活质量而不是努力工作的倾向（Twenge and Campbell, 2012）。其他人则强调，由于在持续的全球"人才大战"中公共部门的劳动力迅速老龄化，公共部门可能会面临越来越多的人事问题（Beechler and Ian, 2009；Lent and Wijnen, 2007；Lewis and Frank, 2002）。

然而同时，Y 世代和 Z 世代的员工可能——在默认情况下——满足了某些要求并具有前面各章概述的某些属性。的确，他们据说具有企业家精神和活力，不关心正式的等级制度，很容易建立关系网，并且在所做的每件事中都考虑到技术的影响（Holmes，2012；Ng et al.，2012；Twenge and Campbell，2012；Williams，2015）。当这些特征被视为机遇时，问题就变成了：如何招聘、留用、吸引和激励新世代，以使公共部门能够最大程度地发挥创造公共价值的潜力？

7.3 招聘和激励新员工

关于新生代的职业需求和职业偏好，以及组织和管理者如何满足这些需求并利用这些偏好的真实数据和人力资源管理文献非常丰富。然而，鉴于公共管理者自身的人事需求和组织目标，他们在适应新生代不断增长的需求方面应走多远尚不清楚。"不是我们在面试他们，是他们在面试我们"，这是招聘管理者的普遍看法（Kyle，2009）。这里将讨论两个相互关联的"公共管理难题"：

- 预期和适应增加的部门转换和多变的职业；
- 制定有效的薪酬、激励和人才管理战略。

7.3.1 部门转换和多变的职业

近年来，职业发展的长期转变加速了，因为少数组织内部的传统线性职业已被无界限和自我指导的职业取代，这些职业的特点是工作和组织发生了较大的变化（Lyons et al.，2012，2015；Briscoe and Hall，2006；Parry et al.，2012）。尽管传统的官僚职业比企业和非政府组织的职业更加线性和保守，但这种转变也日益成为公共部门的特征（Hansen，2014）。此外，世界各地的年轻一代显示出日益多变的职业取向，他们渴望有趣而有意义的工作、个人成长、发展新技能、获得高物质回报，而不是特定的行业偏好（Gratton and Scott，2016；Ng et al.，2010；Tschirhart et al.，2008；Twenge and Kasser，2013；Van der Wal，2015b）。的确，强调可迁移技能和跨部门问题解决的管理学位的激增可能会越来越多地产生持"部门不可知论"（sectoragnostic）的毕业生，他们将自己的职业生涯直接导向同他们的需求和价值观相匹配的工作和组织(Ng et al.，2016；Rose，2013；Van der Wal，2015b)。

在提供有竞争力的经济薪酬福利上能力有限的公共管理者必须寻找其他方法来吸引和留住新员工。一些关于不同类型"部门转换者"的新兴研究提供了对他们动机和特质的洞察(Bozeman and Ponomariov，2009；De Graaf and Van der Wal，2008；Hansen，2014；Johnson and Ng.，2015；Su and Bozeman，2009)。如表 7.2 所示，这些经验性见解有助于公共管理者设计吸引、留用和重新雇用人才的措施，此处聚焦于公共部门的转入和转出。

表 7.2　管理部门转换的动机

	阻　力	动　力	管理者可以做什么？
公共部门到私营部门	● 缺乏职业发展	● 更高的薪酬和补贴	● 增大"离职的代价" ● 将薪酬机会的灵活化提升到最高
公共部门到非营利组织	● 缺乏职业发展 ● "进入冲击"（因缺乏实现价值和动机的机会而产生幻灭感）	● 晋升机会 ● 更高的价值契合度	● 为任务密集型的街道级项目提供机会 ● 实现跨部门工作和志愿服务的机会
私营部门到公共部门	● 裁员或外包	● 更多有意义的工作 ● 更多管理责任 ● 更高的价值契合度	● 通过强调使命和社会创新机会，从私营部门进行战略性招聘 ● 创建横向入门之路，并提供有关"公共部门方式"的高级辅导
非营利组织到公共部门	● 因"使命漂移"，价值契合度下降 ● 缺乏自我发展的机会	● 更好的薪酬和补贴 ● 更多工作保障	● 强调如何通过更好的职业机会支持来实现公共使命 ● 说明公共部门在扩大和传播社会创新方面如何至关重要

总的来说，研究证据为公共管理者提供了三个关键要点。

● 他们必须区分高级员工和没有监督责任的初级员工，以及受过大学教育和未受过大学教育的员工。管理者和毕业生都比非管理者和未受过大学教育的人更容易在不同部门之间转换，薪酬是一个越来越重要的因素(Hansen，2014；Johnson and Ng.，2015)。

- 对晋升和获得更多机会抱有不切实际期望的千禧一代被缺乏职业机会和晋升潜力的预期驱之公共部门外(Foster et al.，2003；Ng et al.，2010)。对于高级管理者来说,他们在管理大型政策项目和部门运作时因缺乏信任而产生的失望感可能是他们离开政府的一个关键原因(Su and Bozeman，2009)。然而,我们应该注意到不同国家或地区的高管薪酬差异很大,这也可能影响转换考虑因素(Brans and Peters，2012)。

- 价值和精神是重要的动力,但更重要的是,饱经世故的"价值不适应者"(values misfit),更不用说缺乏激励或缺乏职业道德的环境和上级,会很快把有强烈使命感和公共服务动机的员工赶走(De Graaf and Van der Wal，2008)。

7.3.2 薪酬、动机和人才管理

对价值和动机的这种观察使我们面临公共部门人力资源管理中一个越来越关键的问题。公共管理者如何才能最大限度地发挥公共部门工作内在的、使命导向的特点来吸引和留住有公共服务使命感的人才(Perry et al.，2010；Vandenabeele，2008),同时提供现实的薪酬和晋升机会(Twenge and Kasser，2013；Van der Wal，2013)？如表 7.3 所示,千禧一代和 Z 世代的动机是内在和外在激励因素复杂而动态的混合。公共管理者和人事主管必须提供平衡的一揽子计划和机会以应对这两种激励因素。的确,无论内在激励因素变得如何重要,工资和金钱利益仍然是有竞争性的薪酬待遇的重要组成部分(Andersen et al.，2012；Hamidullah，2016；Pink，2009)。

表 7.3 内在激励因素 vs.外在激励因素

内　　在	外　　在
● 工作内容	● 薪水和其他福利
● 自我发展	● 工作保障
● 自主性	● 职业前景
● 有趣的工作	● 职位和凌驾他人之上的权力
● 学习新东西的机会	● 工作-生活平衡

资料来源:Buelens and Van den Broeck，2007；Houston，2000；Khojasteh，1993。

然而，有关部门转换动力的研究表明，尽管在职业生涯的早期阶段获得快速晋升和承担更重责任的机会很重要，但有竞争性的薪酬在后期更为重要，而在千禧一代的职业生涯中，对培训和发展的投资变得越来越重要（Hamidullah，2016；Lyons et al.，2015；Terjesen et al.，2007）。此外，与私营部门的启示所表明的相反，一些调查显示，"鉴于他们所表现出的成就与回报之间的薄弱联系及其权利意识，新型劳动力更喜欢基本工资而不是绩效工资"（Ng et al.，2010:290）。

然而，公共部门有一个独特的卖点，超越了这些更普遍的选项。新生代想要改变世界和做有意义的工作，而它则为其提供了最好的机会。的确，通过宣传在最复杂的社会问题上工作的机会如何满足更内在的驱动力和价值，政府已越来越多地开始将公共部门标榜为一个令人兴奋的、能启发思维的雇主。

大量的研究通过公共服务动机（public service motivation，PSM）的概念来检验这些驱动力和价值，这是一种"个人对主要或独特公共机构和组织的动机做出反应的倾向"（Perry and Wise，1990:368）。公共服务动机由四个主要维度组成，如专栏 7.2 所示。有证据表明，与私营部门员工相比，公共部门和非营利组织的员工普遍具有较高的公共服务动机水平。反过来，公共服务动机与工作绩效、工作满意度、组织公民身份和公共部门的职业选择成正相关（Perry et al.，2010；Wright and Grant，2010；Kim et al.，2013；Ritz et al.，2016）。其中存在一些地区差异，与西方同行相比，亚洲公务员（包括千禧一代）在某种程度上更受外在动力影响，因为他们强调"对金钱的热爱"以及对成功和（经济上）有所成就的渴望（Chen and Hsieh，2015；Liu and Tang，2011；Perry et al.，2012；Van der Wal，2015a，2015b）。

专栏 7.2　公共服务动机的维度

- 对决策的吸引力
- 公民义务和对公共利益的投入
- 同情
- 自我奉献

资料来源：Perry，1996，2000。

然而，仅仅进行品牌推广活动是不够的，因为当头几年的公共部门工作不如预想的那样有回报和令人兴奋时，公共服务动机水平高的理想主义员工可能会感到失望（Kjeldsen and Jacobsen，2013）。因此，人力资源管理实践需要与公共服务价值和动机相适应，并奖励和提升那些有才干创造公共价值的人。在一定程度上，这是一个员工越来越多地与利益相关者一起构建有意义的绩效衡量标准的问题（De Bruijn，2012；Noordegraaf，2015）。新生代热衷于在团队中共同创造解决方案，但也高度重视工作自主权。事实上，压制型领导被认为是新生代劳动力辞职的主要原因之一，千禧一代更忠于他们的团队和人脉，而不是机构和部门（Adams，2000；Hamidullah，2016）。

然而，除此之外，公共管理者还需要提供机会和自主权，以便新员工能够直接为公共价值创造做出贡献并近距离体验有意义的工作。考虑到千禧一代对自主性的渴望，他们的一个看似不可思议的特性是，他们需要不断的反馈和肯定，在职业生涯的早期需要明确的监督和指导。事实上，不成功有时会导致过度反应、攻击和焦虑（Twenge et al.，2012；Bushman et al.，2009；Silverman，2011）。所以，公共管理者要如何培养有些自恋的员工？他们都想成为领导者，但很少有人能实现这一愿望。

最重要的是，公共管理者必须通过不断提供反馈、培训和学习机会以及个性化的职业前景，确保新员工持续感到受重视。因而，公共管理者比过去更需要调整他们的人力资源管理和人才管理实践。一种方法是任命首席人才官（chief talent officer，CTO）而不是人事主管，这不仅是换个名字而已（见专栏 7.3）。然而，更为结构性的是，公共管理者将需要参与多样的指导实践和项目。这些项目必须：

- 使成功的公共服务事业社会化并为其培养新生代；
- 诚实面对可能无法实现的期望；
- 将新人的公共服务精神和公共服务动机最大化；
- 保持其管理技能的更新。

专栏 7.3　首席人才官

传统上，人力资源管理者和人事主管会参与相当无聊的例行活动，例如工资管理和年度绩效审查。对于公共部门组织尤其如此，其人事政策受到劳动法规、终身制和资历结构的限制。此外，人力资源办公室经常被戏称为"员工版校长室"：一个他们想尽可能避免的地方。

然而，自21世纪初以来，出现了一股所谓战略性人力资源管理实践、咨询和学识的热潮，它们将人力资源管理功能与领导目标、高管决策更明确地联系起来。所谓的首席人才官是战略性人力资源管理思维的产物。

最初，首席人才官遭到怀疑。尽管CTO的头衔前面是C，但最初的CTO似乎缺乏权威和资历，除了旧的人事管理例程外，他们并不是其他任何事务的"首席"（chief）。然而，近年来，由于人员短缺、婴儿潮一代的退休潮，以及国际、跨部门的人才争夺战的推动，首席人才官和人力资源开发的战略的重要性正日益融入更广泛的组织战略。

要最大限度地发挥首席人才官的功能，就需要对需求和不足进行持续的、未来导向的评估，对继任规划和领导力发展有一个长远的观点，或许还需要对人力资源管理实践进行一次根本性的改革，咨询巨头德勤（Deloitte）最近取消绩效评估就是一个示例。德勤聘用了全球最知名的首席人才官之一绝非巧合。

到目前为止，首席人才官完全是私营部门的现象。在21世纪的公共机构中，首席人才官的潜能是什么？公共管理者如何改革一板一眼的人力资源管理体系和实践？一些国家的高级行政官员制度（senior executive services）已将一种更有针对性的领导力培养方法制度化了（见专栏7.4），通常花费不菲，而且取得了各自的成功。然而，即使新生代不属于精英高潜力阶层的一部分，他们也对此有所需求。在各级增加对人才管理的投入和努力，将不得不伴随着灵活性和流动性的增加，以使公共管理者能够在预算限制内激励员工。

资料来源：Fast Company, https://fastcompany.com/3002275/leveraging-power-chief-talentofficer; Forbes, https://forbes.com/sites/jacobmorgan/2016/03/01/the-chief-talent-officer-ofdeloitte-on-the-future-of-talent。

7.4 （逆向）辅导

对新员工的公共管理辅导最近才引起学者和实践者的关注。这对于"逆向辅导"来说更为重要,在这种情况下,不太习惯新工作方式的年长员工由更年轻、精通技术的员工进行辅导。两种类型的辅导至少服务于四种管理目标:

- 它们提高了新人的组织社会化程度和对社会资本的遵从,有助于保存制度记忆和文化,并在新员工中灌输公共服务精神和公共服务动机(Bozeman and Feeney,2008,2009;Paarlberg and Lavigna,2010;Wright and Grant,2010)。
- 它们增加了工作场所的多样性和不同世代及不同背景的员工之间的相互理解,并增强了传统上处于弱势和代表性不足的群体的能力(Barrett and Greene,2008;Ehrich and Hansford,2008;Ragins,1997;Riccucci,2002)。
- 在迅速老龄化的管理阶层中,它们有助于建立职业潜力更强的未来管理者和领导者的通道(Hamidullah,2016;Barrett and Greene,2008;Schall,1997)。
- 它们延长了年长员工的生产力、技能和归属感,这些员工将比以前更晚退休,但可能会经历投入和积极性的下降(Chaudhuri and Ghosh,2011;Harvey et al.,2009;Lancaster and Stillman,2002)。

伯兹曼和菲尼(Bozeman and Feeney,2009)在关于公共管理辅导的研究中,从三个层面展示了公共管理辅导的潜在效果:组织、学员和更广泛的公共服务(如图 7.1 所示)。

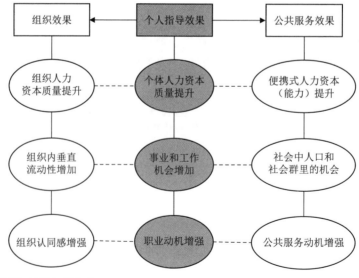

资料来源:经授权翻印自 Bozeman and Feeney,2009:144。

图 7.1 三个层次的公共管理指导效果

7.4.1 管理传统辅导：议题和效益

的确，辅导——如果执行得当——可以帮助公共管理者解决本章中讨论的各种人力资源管理问题。然而，在考虑在其机构中发起或制度化指导实践时，公共管理者需要管理并在以下问题上做出选择：

- 项目应该是正式的还是非正式的？
- 他们应该如何设置期望与目标？
- 他们应如何积极地参与导师和学员的配对？
- 他们是否应该来自同一个组织，且拥有一段正式的工作关系？

表 7.4 解决了这四个关键问题，并概述了公共管理者应考虑的问题（见 Bozeman and Feeney，2008；Godshalk and Sosik，2003），以及管理这些问题的策略。

表 7.4　四个辅导问题及公共管理者的策略

公共管理辅导的关键问题	潜在议题	管理策略
公共管理者应该强调正式项目还是非正式、有机的实践？	● 正式项目倾向于限制选择并且可能不会强调辅导关系的质量 ● 另一方面，非正式实践很难管理且效果可能不可比较或测量	● 为新人、中层管理者和高层领导接班人打造量身定制的正式项目 ● 通过给予导师时间和责任进行辅导，在整个职业生涯中支持并赋能非正式实践
公共管理者应该如何设置并交流目标和期望？	● 目标和期望应该明确地与项目意图相匹配以避免失望或效果的"缺席" ● 同时，为新人的辅导项目可能服务于不同的目的且不应该被过度束缚	● 导师和学徒一起在效果目标中使期望正式化，同时允许学徒在定义需求和期望时有一定的灵活性 ● 必要时组织中间评估以修改和改进过程
公共管理者应该如何为配对导师和学徒设计标准和程序	● 非常受欢迎、有积极性且有人脉的导师和学徒将自行选择他们的关系，结果导致辅导效果参差不齐 ● 然而，太多参与将导致一段"强制"的关系	● 多样化及引导配对以确保性别、经验、性格和背景的融合 ● 匹配已识别的差距和需求而不是个性和"明星"

续表

公共管理辅导的 关键问题	潜在议题	管理策略
公共管理者是否要分配内部或外部导师？	● 内部导师可能会更频繁地与学徒会面，遵守项目目标并确保更好的组织社会化 ● 另一方面，外部导师可能是更自然的（并且是长期的）搭档，提供更广泛的人脉，并且与学徒之间没有正式的权威关系	● 为有具体的社会化和网络目标的新人分配内部导师 ● 允许并支持以前的同僚、老师和教练的非正式外部辅导 ● 创造正式的外部辅导机会，作为领导力项目的一部分

公共管理者及其员工很可能会认识到，他们所经历的许多成功的指导都是通过有机和非正式的而不是正式的项目和实践进行的。关于哪种方法在员工满意度、晋升、社会心理支持、管理目标和成本方面产生了最有效的结果，证据尚有些不确定（Bozeman and Feeney，2008；Chao et al.，1992；Noe，1988；Tepper，1995）。理想情况下，公共管理者应采用非正式和正式两种方法；支持员工间相互学习并跨越世代和层级分享见解、技能和社会资本的组织文化；并针对特定的社会化、继任和赋权目的设计智能的、有针对性的项目。

公共机构已经在多大程度上进行了正式的辅导，目前的项目是否成功？近年来，全球的各种机构都开始了正式的辅导项目（Bozeman and Feeney，2009；Ehrich and Hansford，2008；McKinsey，2013），几十年来一直落后于私营部门（Eby and Allen，2002；Fox and Schuhmann，2001）。专栏7.4从最近一些成功的项目中找出共同点，表明辅导项目的期限从几个月到几年不等，应取决于该项目的主要目的。

专栏 7.4 成功的公共部门辅导项目分享了什么

● **对计划的目的有非常清楚的认识**：公共管理者需要明确计划的目标是(1)将新人融入组织的方式——需要通过三个月时间内的几次会议——或(2)是一项竞争性的继任管理项目，旨在培养未来的领导者，这可能需要花费数年以及各种轮次的培训、任务和辅导。例如，美国国防部（DOD）和国家安全局（NSA）的高级领导力项目，其在选定的员工晋升至高级职位之前就已经对其进行了培养，并将经验的与正式的、学术的领导力培训相结合。

- **持续不断、自我加速的动力**：重视自己所接受的辅导和训练效果的公共管理者和员工常常自己就成了教练和导师。一个示例是最近在英国纽卡斯尔的一个项目，其中 100 名公共管理者在参加高级领导力和绩效培训学位项目之前就接受了培训，这启动并建立了一种永久的内部辅导能力。最终，目标是使公共部门在提供培训方面自给自足，同时为公共管理者提供自我发展的机会和为后辈"回馈"他们的经验和精力的机会。

- **前瞻性方法**：无论成功的指导项目是针对社会化、辅导还是继任，它们都以前瞻性方法为特征。例如，美国国税局（IRS），它每年由管理者进行各种个人评估，并对与新兴领导需求相关的潜在未来领导者进行机构审查。管理者和员工每年坐下来制订一项发展计划。这使得国税局有 3—10 名候选人"随时准备好"担任从一线到高级的各种管理职位。

资料来源：McKinsey Global Institute，2013；Partnership for Public Service，2013；*The Guardian*，2013；*Washington Post*，2013。

7.4.2　管理逆向辅导：议题和效益

大多数指导项目都具有相当经典的结构：一个高级管理者与一个学员共享策略、人脉和"战争故事"，为她在组织中的美好未来做准备。然而，为了满足 21 世纪的要求，高级公共管理者将越来越需要 Y 世代和 Z 世代员工的辅导，后者可以直观地向他们解释技术创新和其他新兴工作场所趋势。1999 年，通用电气（General Electric）著名的首席执行官兼领导大师杰克·韦尔奇（Jack Welch）为这种逆转的辅导关系创造了"逆向辅导"一词（Chaudhuri and Ghosh，2012）。这是一个相当新颖的现象，特别是在公共部门。然而，私营部门的证据为公共管理者提供了四个关键的教训，特别是在使用逆向辅导作为工具保持新生代的投入和年长工作者的参与方面。

第一点，公共管理者必须克服一种引入逆向辅导的勉强感。毕竟，逆向辅导挑战了传统指导的许多规范性期望和观念，这些期望和观念体现在对富有成效的导师-学员关系的年龄契合性方面（Noe，1988）。刚开始，许多年长的员工在被分配给年轻的导师时可能会感到不舒服、甚至感到被冒犯。私营部门的经验表明，此处的关键是通过强调技能，如技术和（社交）媒体能力，来消除年龄和经验的束缚（Kram and Ragins，2007）。

第二点，一旦公共管理者决定启动逆向辅导项目，他们可能会发现年长的员工比预期的更热衷于参与。在某种程度上，这可以用管理科学中被称为组织支持感知（perceived organizational support，POS）的概念来解释（Eisenberger et al.，1986）。不属于管理发展项目的年长员工可能在工作内容、智力挑战和职业机会方面处于停滞状态；中层员工普遍缺乏专业发展项目则加剧了这一过程（Allen et al.，1998；Chaudhuri and Ghosh，2012：62）。的确，他们感觉缺乏组织和管理的支持，并导致投入和满意度下降（Keene，2006；Taylor and Urwin，2001）。

专栏7.5说明了如何解决年长员工的一些刻板印象。参加逆向辅导项目可以减少高级管理者对技能老化及其未来在组织中的不安全感（Armstrong-Stassen and Ursel，2009；Charness and Czaja，2006）。

专栏7.5 "灰发谷歌族"和千禧年胡须

在2015年《时代》杂志的一篇标题为《千禧年胡须：为什么婴儿潮一代需要他们年轻的同行，反之亦然》（The Millennial Beard：Why Boomers Need Their Younger Counterparts，And Vice Versa）的文章中，苏珊娜·施罗伯斯多夫（Susanna Schrobsdorff）描述了中年员工对涉及内容或技术的问题越来越无把握，并热情地接受千禧一代提出的几乎所有想法。她提供的最有说服力的示例是，员工年龄中位数为29岁的谷歌如何为40岁以上的人们建立了一个支持小组，名为"灰发谷歌族"（Greyglers），希望增强"年龄多样性意识"并促进其"年长者"的成功。在年轻人更聪明、更敏捷的观点支持下，许多技术和社会创新导向的机构刻意瞄准了年轻劳动力。下一章将说明，该情况也越来越多地出现在公共部门。

的确，随着新一代员工迅速进入组织并升任管理层，他们的人数可能很快就会超过目前四五十岁的员工。然而，老员工将变得越来越多余、过时和"无用"这样的观念可能是错误的。公共管理者需要认识到，为了使组织成功，他们将必须利用日益相互依赖的几代人的力量。他们还应将世代相依的好处传达给他们有一天也会"老去"的继任者。

年轻的新入职者需要年长、有经验的员工提供辅导和反馈以改进；而年长的员工需要千禧一代和 Z 世代以 21 世纪的方式向多个利益相关者传达自己的想法。此外，那些"见识过""以前尝试过"的年长员工在指导千禧一代的高期望方面也扮演着重要角色，在平衡家庭生活和高要求的职业方面他们也扮演着重要角色——那些都是年轻人非常渴望但几乎不知道如何管理的事情。

资料来源：Biggs，2016；Earle，2011；Schrobsdorff，2015。

第三点，千禧一代和新兴的 Z 世代可能同样热衷于响应公共管理者参加此类辅导项目的号召，尽管部分原因不尽相同。当假设进入的组织是基于长期确立的价值、仪式以及老一辈占据关键职位时（Schein，1992），他们可能难以与人交际（Myers and Sadaghiani，2010）。从一开始就提供分享他们技能的机会并使其感到自己是有用的贡献者，这不仅能提高适应能力，而且会满足本章前面确定的一些新生代的关键工作动机。

第四点也是最后一点，公共管理者如果通过强调与其他世代人的社会联系和嵌入性而将这些项目宣传为互惠互利的，就可能会特别满足这些驱动因素。在某种程度上，为他们分派不在组织中担任非常高职务的年长员工——无论如何，他们可能因此更热衷于参与——将取得规范角色预期的先机，因为年轻的新入职者将不那么害怕，而且年长的学徒在他们的职业生涯中可能更少感到"落后于进度"（Chaudhuri and Ghosh，2012：64；Finkelstein et al.，2003）。然而，对于公共管理者来说，重要的是将年长的学徒作为一个经证实的有价值和经验的人介绍给年轻的导师，以确保相互尊重并防止学员被视为"过时之人"。

7.4.3　通过网络管理新人的社会化

最后，公共管理者需要在现有的内部和外部网络中将他们所采用的各种（逆向）辅导努力放在合适的位置上。的确，有证据表明，有效使用这样的网络对学习、调整和快速整合至关重要，这最终确保了成功的社会化和人与环境的适应（Fang et al.，2011；Hatmaker，2015；Morrison，2002）。社会化还要求新人有积极主动的行为，成功的社交者将很快不再是新人，他们甚至会重塑网络纽带。然而，为了使新人轻松自在地承认缺乏知识并提问（Borgatti and Cross，2003），公共管理者需要明确指出现有的各种网络并阐明其功能。海梅克（Hatmaker，2015：1153）识别了五种重要的网络类型：

1. 为任务执行、决策和解决问题提供建议的**咨询网络**；
2. 为目标、规范、政治、结构和历史提供知识的**组织信息网络**；
3. 提供支持和归属感与认同感的**友谊网络**；
4. 提供讨论敏感事务并在危机中可依靠的**社会支持网络**；
5. 提供事业发展、由个人和开发者组成的**发展网络**。

7.5　管理的灵活化、虚拟化和远程化

7.5.1　管理变化的观点和工作的性质

需要辅导、培训和个人发展以及灵活的工作选择来支持对工作与生活平衡的渴望——这是新生代找工作时的一个决定性因素（Burke and Cooper，2004）——这表明影响公共部门工作场所的还有一个更广泛、更根本的现象，而不仅仅是代际变化。在我们的社会中，工作本身的性质，对工作的作用与重要性的思考，以及工作方式和地点发生了转变。此转变将是本章其余部分的中心内容。

的确，全球各地的组织不仅已经开始主动提供福利，如年轻父亲的育儿假——近几年来人们非常想要的和广泛被利用的一揽子就业计划（Vielmetter and Sell，2014）——而且提供了弹性工作时间、远程工作机会，以及追求额外教育、志愿工作或其他个人与职业发展机会的空间（Johnson and Ng，2015；Ng et al.，2010）。所有这些东西反映出一个世界，其公共生活和私人生活之间的界限越来越模糊。如本章的先导案例所示，在允许个人和团队在任何地方工作、联络和互动的技术革命的帮助下，越来越灵活、远程和虚拟的工作环境正在形成。

　　同样，不同的思想家最近也提出了一些关于工作性质变化的有趣设想——如何、在何地、何时完成工作——以及对工作和事业变化的观点，包括工作和事业的整体重要性和相对于私人生活的地位（例如 Gratton and Scott，2016）。在这种情况下，工作将越来越非常规、自发和具有实验性，政策和项目是"富有经验的"并被利益相关者共同创建（Dickinson and Sullivan，2014；Levy and Murnane，2004）。咨询公司德勤（Deloitte，2010，2016）在这个问题上已经提出了各种各样的报告，引入了"企业莴苣"（corporate lettuce）的概念来取代"企业晋升制度"（corporate ladder），并阐述了一个日益扁平、灵活、远程、直观的和界限模糊的工作世界："工作就是你所做的事情"而不是"工作就是你去的地方"。

　　公共管理者必须顺应并塑造这种发展，同时保持结构感、责任感和稳定感。一个关键方法是提供远程工作的机会（Green and Roberts，2010；Mahler，2012）。公共管理者如何才能有效地做到这一点呢？

7.5.2　管理远程工作团队

　　显然，在经典的办公室环境中管理各世代和背景的员工、团队和领导已经足够困难了。在越来越不集中、分散和"虚拟"的工作场所中进行管理需要额外的沟通、协调和激励技能，以便最大限度地利用此环境提供的机会。事实上，数十年来，远程工作一直以各种形式与我们同在（Cascio，2000；Fiol and O'Connor，2005），而公共部门组织采用的速度比私营部门要慢一些（Overmyer，2011；Mahler，2012）。

　　然而，尽管承诺降低成本、路途时间和生态足迹，提高生产力、效率、员工福利和工作与生活平衡，但各种长期存在的组织和管理问题依然残留（Caillier，2012；Crandall and Gao，2005；Green and Roberts，2010；Johnson，2010）。尽管技术发展和劳动力特征将促使公共部门大幅扩张和这种实践的最大化，但这些关切仍阻碍了远程工作支持实践（remote work-enabling practices）的大规模实施。一个新出现的问题是所谓的"远程工作鸿沟"（telework divide）（Mahler，2012：408），如专栏7.6所述，它强调了缺乏数字技能的管理者和员工如何在这种环境下努力有效地工作。

专栏 7.6　远程工作鸿沟

世界各国的政府在远程工作和电信技术的帮助下，已经采用了各种各样的远程工作实践，被称为"虚拟工作场所"。然而，这些努力几乎没有注意到这样一种潜在的不利因素，那就是它将本已不公平的劳动力进一步划分为"远程工作者"和"非远程工作者"，从而造成了日益扩大的远程工作鸿沟。虽然有些员工和职能部门可能根本不具备远程工作的资格，但其他员工可能由于管理层的抵制或对其能力的不信任而无法从事更有利的工作方式。

来自美国联邦政府内部各种大规模调查的证据表明，远程工作鸿沟存在于：

● 那些不被允许远程工作的人觉得他们没有多少机会提高自己的技能，觉得他们的才能没有得到很好的利用并且被更少赋权，在工作和生活平衡方面得到的监督支持也更少；

● 那些不被允许远程工作的人有更高的离职意愿，可能是因为他们觉得留下的职责较小；

● 那些选择不参加远程工作的人比那些不被允许的人始终表现出更高的满意度；

● 同时，那些经常远程工作的人比那些每周远程工作一天的人显示出更高的公共服务动机水平。

该发现似乎证实了以下观点，即公共部门员工越来越需要来自管理者的自主权、机会和对协作的支持。反过来，公共管理者需要为弹性工作资格制定和传达清晰的标准，一贯且公平地使用这些标准，并仔细解释有关谁有权获得更大的灵活性以及为什么的决策结果。

资料来源：Caillier，2011，2016；Mahler，2012；Government Office of Personnel Management(OPM)，2011；Government Merit Systems Protection Board(MSPB)，2011。

消除远程工作鸿沟以及远程工作的其他风险和缺点的一种方法是，将我们对有效团队合作的了解应用于新兴的虚拟工作空间。管理者需要组成虚拟团队——由不同配置的现场和远程员工组成——而不是简单地外包和隔离单个职能(Green and Roberts，2010)。连接现场、远程和虚拟世界，实践和技能是关键。的确，从团

队成员及其管理者的角度来看,我们可以找出创建此类连接和使虚拟团队正常工作的许多共同关注点和成功因素(Caillier, 2016; Ferrazzi, 2012; Watkins, 2013),如表7.5所示。

表7.5 管理虚拟团队:关注点和成功因素

	成 员	管理者
共同关注点	● 参加远程工作实践的机会不平等("远程工作鸿沟") ● 沟通和会议模式的不清晰且不可预测 ● 疏远和隔离 ● 搭便车行为 ● 缺乏训练和技能 Green and Roberts, 2010; Mahler, 2012; Watkins, 2013.	● 员工监督和问责减少 ● 员工生产率降低 ● 直接人际联系减少 ● 团队建设机会减少 ● 虚拟微管理的风险 Green and Roberts, 2010; McDonald, 2004; Watkins, 2013.
关键成功因素	● 保障沟通和计划章程的保证 ● 关于共享的语言及规范的协议 ● 积极主动的立场和持续不断的投资,以保持团队凝聚力 Cascio, 2000; Ferrazzi, 2012; Mahler, 2012; Watkins, 2013.	● 用于团队建设和信任建设的远程和物理空间(尤其是早期) ● 仔细设计和跟踪任务及承诺(例如通过"可交付成果表") ● 利用最有力及耐用的技术而不是最新或最先进的技术 Ferrazzi, 2012; Mahler, 2012; Offstein et al., 2010; Watkins, 2013.

当我们讨论有效的团队时,这些因素中许多都可以追溯到"管理权威的动荡"一章中所确定的那些。然而,远程和虚拟团队面临的额外挑战扩大了关键特征,如建立信任,沟通的协调性和可预测性,对任务、目标和责任的共同理解,以及招募各种互补的行为属性和技能需要(Green and Roberts, 2010; Katzenbach and Smith, 1993)。同样,科塞克和汤普森(Kossek and Thompsom, 2015:5)认为管理者可以通过把弹性工作作为一种系统的赋权工具,而不仅仅是适应不断变化的员工要求,来避免各种"工作场所灵活性陷阱"。

7.5.3 管理计算机化和机器人化

注意人际交往能力和集体绩效管理将如何减轻虚拟和远程团队合作环境中的

常见问题,将有助于公共管理者使此类环境发挥作用。尽管如此,在未来数十年中,"虚拟"和"远程"将具有新的含义,其中的部分含义目前可能难以想象,因此给意在维持虚拟环境中"人情味"的管理者施加了新的压力。先进的管理方案(将在下一章中进行广泛讨论)已经完全取代了公共服务递送的物理和人的因素。此外,跨时空进行协作的管理者和员工将越来越多地使用高度复杂的云计算联合创作和联合创造工具(如本章的导言中所示),而不仅仅是远程会议和通信设备。此类工具需要更高级的技术能力。

然而,一个更根本的发展是,到 2035 年,软件和机器人预计将占据当前各行各业多达 45% 的工作和职能部门(Elkins,2015;Frey and Osborne,2013)。专栏7.7 概述了计算机化和机器人化对公共部门劳动力和公共管理者的潜在影响。

专栏 7.7 计算机化和机器人化:劳动力影响

自 20 世纪 80 年代以来,大规模的信息技术发展导致了工作自动化程度的提高。然而,在未来的几年中,受自动化影响的将很可能不再局限于"蓝领"工作。各种中等技能到高等技能的工作都有被自动化影响的风险,包括财务分析、律师助理研究、技能培训以及沟通和招聘。某些管理工作本身可能最终会外包给自动化智能。"自动化的持续兴起"和"机器人技术"是 2016 年世界经济论坛的关键主题。

关于工作终结的讨论让人联想到经济学家约翰·梅纳德·凯恩斯(John Maynard Keynes)在 20 世纪 30 年代大萧条时期的著名预测:到 2030 年,技术的进步将允许(人们)每周工作 15 小时且拥有充裕的休闲时间。因此,应该以健康的怀疑态度看待当前的预测。特别是,从事政治管理的高级管理者将不会很快看到他们的领袖或对手被机器和软件取代。

此外,乐观主义者强调创造我们今天所不知道的可能性和工作,正如第一个机器时代是由工业革命促进的,互联网经济创造了很多新的机会。和过去的其他批评者一样,他们认为关于工作终结的争论是一种"勒德谬误"(Luddite fallacy),即19 世纪英国手工织工("勒德派"),他们捣毁纺织机,因为担心机器会抢走他们的工作。此外,在发达国家,创新每年已捣毁了 15% 的工作岗位,而最近关于机器人增加了这些数字的预测可能相当微不足道。

尽管如此，不论"第四次工业革命"或"第二次机器时代"是否将创造与其所消灭的一样多的工作，它至少会对公共管理者产生三个影响。首先，它强调了逆向辅导和技能项目的重要性，以防止适应性较差的工作者掉队。其次，鉴于未充分就业和失业毕业生人数不断上升，在不久的将来，它为公共管理者提供了招聘优势。最后，它可能会越来越使封闭的、论资排辈的任期制（这些制度仍然是许多公共部门的特征）变得不可行，因为它们妨碍公共管理者和政治家以合理的成本去升级和适应。

资料来源：Elkins，2015；Frey and Osborne，2013；WEF，2016；Worstall，2013；*The Atlantic*，https://theatlantic.com/magazine/archive/2015/07/world-without-work/395294/。

7.5.4 管理劳动力优步化

一些新的公共部门员工似乎已经适应了以工作保障较低为特征的工作环境。他们越来越接受兼职、临时、多重工作和非工会化的就业模式，这些模式无法提供公共部门终身职位的传统保护和保障（Dickinson and Sullivan，2014；Kingston，2014）。有人谈及"政府劳动力的优步化"的增加（Kellar，2015），提到了出租车行业的颠覆者优步（Uber），优步允许兼职人员通过基于应用程序的客户网络提供出租车服务而不获得任何员工福利或保护。

然而，作为Z世代的下一代所强调的工作保障和稳定性（基于我们目前掌握的证据），以及他们对自身经济未来伴随的担忧和务实态度，使他们有别于目前在公共部门中努力晋升的Y世代员工。当对稳定及可预测的工作环境的要求远远超过供应时，"工作保障"这一传统的官僚激励因素的复兴可能会给公共管理者带来新的压力和挑战。此外，许多国家正在进行的养老金和劳动力市场改革将迫使个人工作的时间越来越长，可能在几十年后超过70岁。所有这些都促使公共领导人从根本上重新思考公共部门必须提供的职业和保障的类型，如专栏7.8所示。

专栏7.8 工作保障的终结：公共管理者的威胁或机遇？

传统上，公共部门能够提供最稳定和有保障的职业。一个多世纪以来，工作保障、稳定的福利和工作环境一直是官僚机构的主要激励因素，而且在许多国家中仍然存在基于职业而不是基于职位的体制。然而，受紧缩措施和裁员打击的政府越来越多地为各种职能部门提供临时的、有时是兼职的合同，就像企业几乎必须不断裁员和重新招聘一样。那些支持小政府的人赞美甚至承诺会刺激这种劳动力优步化。

乍一看，对于那些重视工作保障的人来说，政府似乎失去了在雇主吸引力方面的关键竞争优势。另一方面，未来并非所有的员工都渴望稳定和保障。各种公共管理者已经正在适应这一新的现实。例如，美国亚利桑那州科科尼诺县的人力资源管理者在不能提供加薪时，选择提供工作分担、分阶段退休选择、远程工作和灵活调度以留住雇员。员工们反应热烈。因此，该县被授予州和地方政府卓越中心（SLGE）2011 年劳动力奖和 2012 年美国心理协会（APA）心理健康工作场所奖。美国其他市县的城市管理者也纷纷效仿。

很难预测未来几代人会对公共管理者和机构提出什么样的要求。然而，21 世纪的公共管理者必须向前看并预测什么最有可能优步化而不是相反。他们必须开始以不同的方式使公共部门就业显得独一无二，通过强调灵活性而不是稳定，在过程中改变官僚心态。他们甚至可能吸引更具活力、更具创业精神的员工。这不正是 21 世纪的公共机构所需要的吗？

资料来源：Governing, http://governing.com/columns/smart-mgmt/col-government-work-forcetemporary-contract-employees-millennials-flexibility.html; Vox, https://vox.com/2016/3/4/11162514/republicans-love-uber。

从某种意义上说，这些发展与公共管理改革趋势相吻合，该趋势始于 21 世纪初的新西兰和瑞典等国，并已渗透到经济合作与发展组织的其他国家。它们的政府已通过正常化进程完全或部分地废除了特殊的、受法律保护的公务员身份，旨在使公务员的权利和义务与私营部门员工的权利和义务相协调（Lavelle，2010；Pollitt and Bouckaert，2011；Van der Meer，Van den Berg，and Dijkstra，2013；Van der Wal，2016）。综上所述，这些发展迫使公共管理者在其工作设计和招聘实践中变得更加灵活、更加有创造力和更加特别，同时为员工提供了足够的机会来保持流动。

公共管理者将需要在这里做出选择。实施一般培训和晋升项目是重要的，但是有证据表明，如果员工的直接管理者根本不在乎其发展，就很容易被排除在此类项目之外（Dickinson and Sullivan，2014：44）。21 世纪的公共管理者可以通过诚实且直接地对待机遇及其局限来表明他们将其职工的最大利益铭记在心。

§下章导览

如果公共管理者能够充分地处理新的工作方式，接纳并为对工作态度迥异的新员工赋能，他们可能会在满足本书中的一些关键要求上做到"一石二鸟"。的确，Y 世代和 Z 世代员工体现了 VUCA 时代所要求的许多技能、胜任素质和价值观。辅导新加入公共部门的劳动力，使他们适应公共部门的方式而不抑制他们的热情和企业家精神是关键。公共管理者意识到他的能力"易受伤害"并以足够的开放性允许年轻者去指导年长者，这很可能是创建 21 世纪公共组织的一个重要组成部分。因此，有效地管理新的工作(劳动力)也可以减弱一些在组织内部引起权威动荡的力量。

随着新型和新一代工作者的涌入，技术发展将增加提供灵活和创新的公共服务的要求和机会。这些要求和机会将迫使公共管理者对日益具有破坏性和激进的创新做出回应，并在政府内部倡导和推动创新实践。下一章"管理创新力量"将介绍公共管理者如何选择应对并在机构内部建立创新和学习文化，同时克服传统的公共部门革新和试验的障碍。

8. 管理创新力量

革新者使所有在原环境表现出色的人都成了敌人,而使那些在新的条件下可能表现出色的人成为不冷不热的拥护者。这种冷淡产生于对对手的恐惧,他们的对手拥有站在他们那一方的法律,另一部分产生于人们的怀疑,他们在对新事物有长期的经验之前不会轻易相信它们。

——马基雅维利,《君主论》(Machiavelli, *Il Principe*),1532

8.1 在间断中工作

试想一下,你作为身在北京的中国商务部的一名公共管理者,负责监管如基于应用程序的滴滴出行等出租车公司,这些企业是迅速发展的"共享经济"的一部分。这种新的经济模式是在一个经济不确定的时代出现的,因为它允许失业或未充分就业的人在一天中的任何时候利用他们的时间、专业知识或个人资产来赚取收入。就像印度的 Ola Cabs 公司一样,滴滴出行受到了旧金山初创企业优步和爱彼迎(Airbnb)的成功启发,并成功地以比它们更快的速度,将其价值增加到数百亿美元。"优步化"现已录入词典,表示高科技中间商仅用应用程序和同级反馈系统就替代了过去的中介过程。显然,改变游戏规则的现象正在这里发生,而你的部门将需要刺激这种经济创新,以使中国新兴企业得以发展并参与全球竞争。

同时,你和你的同僚们努力在规范新兴产业和技术与保护现有产业之间找到适当的平衡。此外,在作为这些新技术的热情采用者和消费者的年轻同僚,以及几乎看不到新技术重要性,甚至害怕它们将影响自己长期以来建立的工作方式的老同僚之间,也存在着某种程度的分歧。

显然,诸如共享经济带来的颠覆性创新给公共管理者带来了不同环境下的监管难题。他们必须在现有的劳动法、消费者保护和质量控制以及新兴的经济机遇和客户要求之间取得平衡,以创造有利而非抑制的创业氛围。此外,他们绝不能就哪些企业的成败做出暗示性决策,因为有些人认为监管会有利于现有企业。

在应对行业和市场混乱时,公共管理者还必须创新他们自己的政策、实践并打破成见,以应对富有主见的利益相关者的要求和诸如网络安全威胁、社交媒体和大数据的技术发展问题。然而,渴望创新的公共管理者必须证明在结果不确定的实验中用纳税人的钱进行投资是合理的。此外,正如马基雅维利在将近 5 个世纪前所观察到的那样,他们必须克服那些限制变化和革新的普遍制度和个人力量。机构及其成员只喜欢以惯常的方式做事,当环境充满不确定性时甚至更是如此。

正如上一章所述的新劳动力被描述为精通技术、具有企业家精神,并且对传统的官僚等级制不屑一顾,因此他们可能成为自下而上的创新力量。然而,我们怎么知道他们确实如此呢?毕竟,沉湎于舒适区和避免工作,而不是适应、自我反省和承担接受犯错的责任,是不同年龄段和不同世代的人的共有行为特征。无论哪种方式,很明显,在 VUCA 时代工作的公共管理者必须更加熟练地及早认识并适应趋势和发展,同时切实地权衡风险、价值、成本和收益。管理创新力量的这种要求给公共管理者提出了严峻的问题。

他们什么时候"干预"?何谓"太早",何谓"太晚",为什么?公共管理者在多大程度上可以使用"试错法",在实验和试点方面突破界限,而又不会冒着浪费大量纳税人的钱并失去利益相关者的合法性?他们如何权衡和评估风险?多少创新是"充分的"?公共管理者如何培养学习、创新和适应的文化;他们如何吸引创新者;以及他们如何保存有良好效果的事物,同时成为创新者?从更根本上说,鉴于创新和企业家行为与长期确立的官僚主义精神相关的关键价值,如稳定性、可预测性、公正性和节俭性之间的紧张关系,公共管理者究竟是否可以进行创新?

8.1.1 管理创新力量

四大趋势尤其迫使公共部门改变其思考、运作、应对、促进和生产的方式

(Tully，2015：4—5)："完全网络化""远大期望""积少成多"和"事半功倍"。的确，日益增长的财政、技术和环境压力将使削减预算和外包公共服务的传统反应变得不足(Hartley et al.，2013；Pollitt，2010a)。此外，正如前几章所讨论的，如果公共政策不能有效地解决严重问题，利益相关者会越来越质疑政治和行政决策的合法性，这是肯定的。在 VUCA 时代，政府越来越多地面临着政策、项目和过程是否随着问题的复杂性而演变，以及他们的存在是否真的那么重要的问题。

为了解决这个问题，公共管理者必须从根本上重新考虑角色和价值，参与不断的组织学习，克服根深蒂固的习惯性防卫和制度障碍，并采用新型的管理和领导方式(Argyris and Schön，1996；Hartley，2015a；Hartley et al.，2013；Osborne and Brown，2011)。此外，当面对创新力量和压力时，他们将必须不断地问自己，采用和实施创新是否将真正为公民创造公共价值(Moore and Hartley，2008)。的确，他们将不得不确定应该为了谁、在哪个阶段以及出于什么原因，改变现有的政策、实践和项目。

本章为公共管理者提供了克服障碍的方法，即通过释放机遇来刺激、实施和延续创新的文化和实践，并通过全球成功和失败的示例加以说明。它利用创新的五个主要阶段来概括这些障碍和机遇：创意产生、创意选择、创意测试、创意扩展和创意传播。

8.1.2　创新的范围和类型

然而，在我们探讨有效地管理创新力量所需的管理实践和风格之前，我们必须澄清"公共部门创新"为何物，以及是否可以区分不同的类型和规模。像许多流行词一样，"创新"这个标签有时用起来太容易了。大多数作者坚持认为，创新不仅涉及创意的产生，还涉及这些创意的践行实现、转化和实施，强调一定的成果，无论成功与否(Bessant，2005；Damanpour，1991；Hartley，2015a；Nasi，2015)。因此，公共部门的创新通常被理解为包括引入新的知识、程序、技能、服务或政策，这些因素会——有时是激进地或从根本上——改变当前的做事方式，与过去决裂(见 De Vries et al.，2016；Moore and Hartley，2008；Wynen et al.，2013；Zhu，2013)。

同时，公共管理者不断以不同程度的破坏性和激进性进行"变革工作"。他们进行小型的、有针对性的,有时是临时的干预和改进,以使政府"更聪明",并使政府保持"最新状态",伴随着更根本的改革和大修。显然,激进的创新最为复杂,因为它们通常涉及管理理念和实践的转变。图 8.1 展示了这些不同的变化和革新的范围,作为一个连续体,范围从渐进式优化到激进的变革性创新(另见 Christensen and Laegreid,2001;Hartley,2011;Lekhi,2007)。

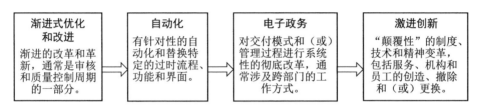

图 8.1　革新的连续体

此外,我们还可以根据服务目标和运作水平来区分不同类型的公共部门创新。专栏 8.1 列出了五种类型,每种类型都有一个示例。公共管理者通常会直接参与前三种创新,无论他们是从"内部"还是通过组织间、部门间或"开放"的创新过程来考量(Hartley et al.,2013)。概念的创新通常涉及外包或接受外部参与者的主动投入,从顾问、设计思考者(design thinkers)的参与到越来越频繁的公民参与,一直到"众包"(crowdsourcing)的过程(Crosby and Bryson,2010;Meijer,2014),而虚夸的创新可能会让公共管理者成为虚假实质性创新和改革的共谋者。

专栏 8.1　五种不同类型的公共部门创新

1. **流程的创新**:旨在提高内部和外部——行政、管理和技术——工作流程的能力和效率。

性质:通常是面向内部的(至少最初是)改革和升级,包括信息技术解决方案和员工培训,以减少"繁文缛节",加快流程并引入新的工作方式。

示例:合并和自动化部门间授权周期,将决策层从 5 个减少到只有 2 个,从而将批准时间减少了 80%。

2. **产品或服务的创新**:旨在发展新公共服务设施、服务和产品。

性质：面向外部的公民和消费者的电子政务解决方案，通常涉及自动化、外包和(或)协作。

示例：使用在线咨询和医疗保健专业人员的移动团队，"在家"和"实时"地提供量身定制的老年人护理解决方案。

3. 治理的创新：聚焦于创造解决特定社会问题的新形式和流程，通常涉及跨部门的积极性。

性质：通常是面向外部的(至少在初期)和跨部门的计划，以通过新型的政策制定或共享的权威和问责，更有效地解决严重问题。

示例：结合公共、私人和公民的能力来管辖不安全的社区，利用当地利益相关者的专业知识，同时提供技术和激励措施。

4. 概念的创新：旨在重置和重构有关问题的特征及其解决方案的理念、框架、参照或范式。

性质：通常在一开始就具有创造力、破坏性和激进性，而在实施阶段则有所"缓和"(如果将理念或框架转变为一项服务、流程或技能)。

示例："智慧城市"的概念已经重塑了关于快速增长的城市化地区如何能利用新技术和大数据来解决甚至避免各种城市问题的争论。

5. 虚夸的创新：旨在说服利益相关者改革正在进行中且政府保持着的最新状态，在某些情况下甚至掩盖削减或缺乏"真正的"进展。

性质：在很大程度上是象征性和语义性的，有时是准革新和改革的公告，这些公告在企业家个人和代理机构跟进时可能会产生实际变化，但通常不会。

示例：将环境事务部更名为"绿色部门"，并伴有新的标志和网站，而核心职能和官僚作风却保持不变。

资料来源：De Vries et al.，2016；Hartley，2005，2015；Newman and Clarke，2009。

8.1.3 创新以创造公共价值

随着时间的推移，许多现实生活中的公共部门创新构成了类型和规模的组合。它们可能从一种激进的服务递送创新开始，同时长期从根本上改变系统和思维方式,如果它们成功,就会导致持续的升级和改进(并最终形成一种新的现状),或者相反。在专栏 8.2 中,肯尼亚的"一站式"胡杜马中心(huduma centres)和全球范围内类似举措的示例说明了基本创新如何能够将目标和结果结合起来。它们可以改善服务提供,减少繁文缛节,同时改变根深蒂固的垄断和腐败的思维倾向。

专栏 8.2　肯尼亚的胡杜马中心:去掉中间人

自 2013 年 4 月上任后,肯尼亚总统乌胡鲁·肯雅塔(Uhuru Kenyatta)对公共服务的低效宣战。例如,丢失身份证的公民要从警察那里获取简要证件样本——如果有的话,还要从酋长和地区官员那里获得证明,采集两套指纹,填写各种表格,拍照,然后无休止地等待。据肯雅塔说:"这种低效率导致了腐败,引发了恶习循环,折磨着许多人并给国家造成数十亿美元的损失。"

2013 年 11 月,内罗毕建立了第一个一站式胡杜马中心,人们可以数字式访问政府服务并为之付费(在斯瓦希里语中,"huduma"翻译为"服务")。肯尼亚是非洲技术最先进的国家之一,以其新兴企业和网上银行创新而闻名,但这些能力尚未转移到公共部门。现在,人们要更新身份证,只需要报告丢失并申请更换即可。该系统与政府数据库的连接使丢失人不必进行重复的指纹提取和照相。

最初的目标是提供来自 10 个政府机构的 18 项服务,包括复制国民身份证、驾照续期、国民健康保险基金登记和索赔、企业名称登记和学生贷款申请。迄今为止,已建立的 50 多个中心每天要接待 1.2 万多人,为数百万肯尼亚人服务。这些中心通过利用中央平台简化政府服务,为公民和政府带来效率和便捷。这些成就使肯尼亚在 2015 年被授予著名的联合国公共服务奖(United Nations Public Service Awards)。

近年来,许多其他国家也引进了类似的服务提供创新。在新加坡,自动化自助服务站(AXS 和 SAM)允许用户向 600 多家公共和私人机构支付账单和罚款,此外还可以购买它们的各种服务。印度推出了安得拉邦(Andhra Pradesh, AP)智能卡计划,以提高银行和金融服务的可及性,减少欺诈性付款,并为社会贫困阶层提供高效的公共服务。哈萨克斯坦有一个电子政府门户网站,将所有政府服务同步到一个地方,以加强机构间的联系,并增加公民的便利。现在,任何人都可以在 15

分钟内在线注册他们的业务。

通过同时改善服务递送、遏制腐败以及促进包容性和企业家精神，这些创新为公民创造了公共价值。他们绕过了没有增加价值的基层官僚，去掉了已经成为发展中国家腐败主要根源的中间人。

资料来源：Africa Review, http://africareview. com；BBC, http://bbc. co. uk；AXS, http://axs.com.sg；E.gov, https://egov.kz；Ministry of Devolution and Planning (Kenya), http://devolutionplanning.go.ke；Jomo Kenyatta University of Agriculture and Technology, http://Jkuat.ac.ke；Government of Andhra Pradesh, Department of Rural Development, http://rd.ap.gov.in；Standard Digital, https://standardmedia.co.ke。

这些示例是公共管理者通过使用技术来增加公共价值和回应利益相关者需求的成功尝试，因为：

● 它们是以公民和用户为中心的创新，仅基于一个目的而设：使普通公民的生活更便捷；

● 它们不是为了"技术"而使用技术，而是为了提升服务递送的过程并消除系统缺陷；

● 它们战略性地模仿了现有的最佳实践——通过知识中介进行所谓的"重组式创新"（Hargadon，2002），而不是试图做重复工作（reinvent the wheel），从而将潜在的成本、风险和延误降到最低。

显然，并非一切利用技术来解决政策问题的做法都是成功的。导致失败的原因多种多样，但是导致公共部门信息技术项目大规模失败的要素存在许多共性（Commission Elias，2015；Gauld and Goldfinch，2010；Goldfinch，2011）。一意孤行的顾问和解决方案提供者，以及焦躁的政治领袖——被迫表现他们正在"做点什么"，而不是利益相关者的愿望，主导着外部创新力量领域。此外，政治和行政精英也可能主要为了声誉和虚名而引入创新（Hartley，2005），甚至去追求个人的、有时是自恋的爱好或愿望（Camm，2014；Kets de Vries，2003）。结果，焦点可能从操作上可行并有用的事务转移到技术上可行的事务，以及"看上去不错"的事务。

专栏8.3中的公共创新失败的示例说明，如果这种外部创新力量压倒了公共管理者，私人行动者捕获了协作过程并出于自己的利益利用它，结果会如何。这突出了寻求公共价值和寻求私人价值的行为之间的对比（Hartley et al.，2013：826）。

关于政府和私营部门合作项目(PPP)和复杂合同的文献(Boyer et al., 2016；Hodge et al., 2010；Teisman and Klijn, 2002)详细记载了这种行为。为了让合作伙伴关系发挥作用,合作伙伴不仅需要具备社交技能,还需要在信息不对称和道德风险的背景下订立分配风险的智能合约。显然,公共管理者应该考虑"在何处、何时以及如何让私营部门最好地利用他们的特殊技能和专业知识"(Cook et al., 2009:1)。

专栏 8.3　美国"虚拟边界围栏":创新灾难?

多年来,非法移民和边境安全一直是美国一个有争议的政策问题。比尔·克林顿(Bill Clinton)总统的策略是沿墨西哥边境的部分修建一堵墙,而这堵墙仅完成了一部分。另一方面,布什总统试图通过技术解决这一问题。2005 年,美国国土安全部(DHS)推出了一项计划,该计划旨在通过高科技的"虚拟围栏"保护 2 000 英里的边界。安全边界倡议网络计划(The Secure Border Initiative Network programme)能够通过 80 英尺高塔上的电子观测站网络对边界进行视觉监测。塔楼将配备摄像头和传感器,用于探测 7 英里外的活动并向边境巡逻站发送警报。

然而,严酷的高温和恶劣的天气破坏了设备:如果风吹动灌木上的叶子,摄像机就会锁定拍摄。用来追踪人类的传感器反而常会追踪动物。此外,设备制造商波音公司(Boeing)做出的许多承诺从未兑现。这个系统的失败部分源于它的复杂性。然而,最大的问题是国土安全部和波音公司的工程师都懒得咨询客户的需求——在本案例中,边境巡逻人员是实际使用监控系统的客户。经常发生的情况是,参与的员工要处理创新导致的麻烦而不是通过参与使创新成功。

鉴于其 10 亿美元的价格,该项目被视为失败的,尽管多年来一些人被逮捕和破产。加州大学的韦恩·科尼利厄斯(Wayne A. Cornelius)教授认为:"这对波音及其分包商来说是一笔大买卖。对纳税人来说是一笔坏买卖。"该项目于 2011 年被奥巴马政府取消。2014 年,亚利桑那州众议院小组批准了在边界南部开发 350 英里虚拟围栏的计划,该项目被重新启用。从过去的经验中,国土安全部采用了流行的技术,而不是以前使用的定制解决方案。2015 年,唐纳德·特朗普(Donald J. Trump)的总统竞选活动再次以"建墙"为特色,各个专家对他提议的可行性表示怀疑。

这个案例表明,创新是不断尝试和犯错的努力,失败提供了重要的学习经验,可以防止未来的失败。该案例还显示出对技术的可行性和最终用户需求的研究、审查和咨询存在欠缺。显然,公共管理者需要设置(财务)风险缓解机制来保护纳税人的钱,并在失败时一起承认、纠正或停止计划。然而,公共领导者很少接受"沉没成本",因为声誉和对"丢脸"的恐惧常常起着重要作用。

资料来源：Kroft，2010；Longmire，2015；Medrano，2014；CNN，http://cnn.com；CBC，http://cbc.ca；Fox News，http://foxnews.com。

这个案例还说明了为什么公共管理者需要尽可能开放创新过程的各部分,以吸纳最终用户和利益相关者。这样做将创新转变为一种协作性、以用户为中心的尝试,而不是一项公共和私营部门管理者的内部活动(Collm and Schedler，2013：141；Hartley et al.，2013),除非情况需要保密。然而,创新过程的不同阶段可能需要不同程度的开放和协作,这将在下一节中讨论。

8.2 有效地管理创新阶段

在获得成功实施创新所带来的好处之前,公共管理者将参与一个反复递增的(而不是减损的)艰苦过程,即产生、采纳、测试、扩展和传播新创意(Meijer，2014)。这一创新过程被概念化并形象化为一个循环(Hartley et al.，2013),一系列分析阶段(Meijer，2014),类似于众所周知的政策周期(Howlett and Ramesh，1995),或由循环、跳跃和迂回组成的过程(Mulgan，2014)。专家们强调创新的复杂性、反复性和混乱性。由于新的想法被规避风险的政客们"忽视"、被选举结果推翻、或因加速发展的技术变得多余,这些阶段被绕过或者重复(Bason，2010；Hartley，2015a)。此外,本章专栏 8.2 和专栏 8.3 显示,创新不仅包括产生原创想法和发明,还包括有效采纳或改编他人的创新(Damanpour and Schneider，2008)。战略模仿也可以实现创新。

这让我们看到了在创新过程中单个公共管理者所扮演的各种角色。如哈特利等人(Hartley et al.，2013)、海菲兹等人(Heifetz et al.，2009)和梅耶尔(Meijer，2014)等作者驳斥了这样的概念，即创新是由才华横溢、富有创造力的天才或"英雄创造者"(Roberts and King，1996)创造的，这些人长时间地工作、敢于冒险，并巧妙而自信地说服政客们实施他们的建议。尽管某些特质与成功的创新者有关，包括自主性、冒险精神、企业家精神、创造力和竞争力，但拥有其他技能的公共管理者在创新过程的后期可能发挥非常大的作用。

的确，概念性、颠覆性的思想家创造大胆的新创意，与需要测试和再测试这些创意的保守而愤世嫉俗的管理者们有着截然不同的品质；而且这些人又与专注于监督和传达新创意的不懈实施者不同(Barber，2015)。团队和组织也是如此：较小的团队可以更好地产生与众不同(out-of-the-box)的创意，而较大的组织则更善于扩大规模和实施创新(Hage and Aiken，1967)。

根据梅耶尔(Meijer，2014：201—203)的工作，图 8.2 识别了与创新过程中 5 个常见阶段相关的 5 种管理角色和类型。这些阶段将构成本章的其余内容。

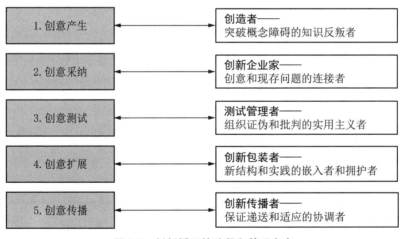

图 8.2　创新循环的阶段和管理角色

8.2.1　管理创意产生和来源

并不是所有的公共管理者都是有创造力、有智慧的天才，且他们没必要非得如此。他们将必须熟练地咨询、采用和定位其可以增加最大价值的创意类型，并通过各种渠道征求意见。"寻觅"具有好创意的创新者与促进组织内部的创新同样重要（Meijer，2014：211）。此外，公共管理者常常主动通过有创造性的（或恼怒的）员工、压力大的政治家、面临类似问题的同行组织和网络，以及提出改进服务和方案提供方式的利益相关者，来获得创新的想法。因此，创新也是公共管理者改善绩效和提高利益相关者合法性的关键方法或工具（Moore and Hartley，2008），这一问题在"管理权威的动荡"一章中已经讨论过了。的确，公共管理者创新的驱动因素来自不同层面：外部工作环境、组织本身以及个体员工。表8.1概述了这三个层面上的各种驱动因素。

表8.1 公共部门创新的驱动因素

层次	驱动因素
环境	● 技术突破 ● 颠覆性产业（例如社交媒体和大数据分析提供者） ● 来自媒体、政客及各种公众的要求和愿望（由于感知到的公共价值创造缺乏或财政压力） ● 承担创新的兼容组织的数量（"同行压力"和"基准压力"） ● 政府和私营部门协作和合作伙伴关系 ● 国际最佳实践及排名
组织	● "闲置资源"，包括人员、时间、资金、技术能力、政治支持和联系方式 ● 创新动机的存在 ● 官僚和组织结构的灵活性和能力 ● 规程修订 ● 机构层面的声誉考虑
个人	● 员工的自主性水平和地位 ● 财务的、有关事业的和其他创新的个人动机 ● 承担风险、解决问题和探索新工作方法的能力 ● 员工能自由表达观点和想法的程度

资料来源：Cankar and Petkovsek，2013；De Vries et al.，2016；Gilad et al.，2013；Leon et al.，2012；Maor et al.，2013；Tully，2015。

为了利用这些驱动因素将其转化为机遇，21世纪的公共管理者将特别需要追求两点。第一，他们将需要建立一种强大的创新文化，这种文化促进新想法的产生，并支持挑战现有的行事方式，同时从各种渠道传递新思想（Hartley，2015b；Kanter，1984；Richards，1996）。与普遍的看法相反，关于公共组织是否比私营部门更不支持这种文化，或者公共管理者是否比私营部门的同行更不愿意接受创新、改革和组织变革,或对风险的规避程度更大,证据不一(Bozeman and Kingsley,1998；Rainey and Chun,2005)。

然而,重要的是,公共管理者引入了激励创新行为的激励结构,即奖励、奖金和其他用以表达认可的方式的巧妙组合(Cankar and Petkovsek,2013)。此外,他们需要创造有利于创新的、去中心化的内部环境,为员工和管理者提供主人翁意识和自主权(Bysted and Jeperson,2013；Wynen et al.,2013)。

第二,在未来的几年中,公共管理者需要将"开放式创新"最大化(Chesbrough,2003；Hartley et al.,2013；Von Hippel,2005)。与外部利益相关者、合作伙伴组织和个体员工共同产生和共同设计创新想法时,就会发生这种情况。然而,就像其他参与过程一样,公共管理者需要对让谁参与创意产生有所选择。一些利益相关者会记得他人的利益,但许多会尽力追求自己的动机和需求(Hartley et al.,2013)。同样的情况也适用于那些可能并不总是从行政上可行和可取的角度看待"大局"的政客。尽管政治意愿和支持对于公共创新成功至关重要,但公共管理者可能还必须就其代理机构和员工所能进行的改革程度及其数量,对他们的政治领袖进行教育。他们需要保护和支持自己的创新者,充当"赞助者""拥护者"或"倡导者"(Meijer,2014；Osborne and Brown,2005,2011)。受哈特利等人(Hartley et al.,2013)及其他人的作品启发,表8.2提供了创新的四个催化剂或来源,并提出了可行的管理策略的建议。

表 8.2　创新的催化剂和可行的管理策略

创新催化剂	可行的管理策略
管理者和员工 (自下而上)	● 创造一个欣赏、奖励和培育创意分享的环境 ● 对哪些创意将被实际选择及实施的程度和速度抱有现实的态度 ● 释放员工和团队的时间来进行创意产生(创造闲置资源) Borins,2012；Newman et al.,2001；Rashman et al.,2005.
网络	● 创造知识分享和转化的体制 ● 通过创建共享和建立信任的激励机制来处理机构、部门和国家之间的竞争 ● 让合作伙伴和同行机构及其管理者在互惠基础上从创新想法中获益 Hartley and Downe,2007；Inkpen and Crossan,1995.

续表

创新催化剂	可行的管理策略
产品和服务使用者	● 支持和刺激众包 ● 帮助建立员工与其外部客户和合作伙伴之间的信任 ● 注意并选择参与的人 ● 强调集体公共价值目标 Hartley et al.，2013；Meijer，2014.
民选政治家 （自上而下）	● 对规划提供现实的组织和专业回应（"向有权力者说真话"） ● 分辨虚夸的创新（的暗示）与经批准和授权的政策和立法创新 Considine et al.，2009；Moore and Hartley，2008.

显然，本书描述的许多趋势创造了一个环境，在这种环境下众包和创意的共同创造将变得习以为常。如专栏 8.4 所示，在许多情况下（如果管理得当），这些过程将带来有意义且有价值、以公民为中心且用户友好型的创新。

专栏 8.4 福利项目

乍一看，加利福尼亚的海滨城市圣莫尼卡似乎拥有一切：绵延的海岸线，人人都可以到达的海滩；如画的山脉和引人注目的建筑；一流的学校、警察和消防队员；以及举世闻名的码头。鉴于这座城市的稳定和成功，我们可以假设这里的社会福利水平很高。然而，为了衡量圣莫尼卡人是否真正拥有高质量的生活，该市启动了"福利项目"。这是彭博慈善组织第一市长挑战（the Bloomberg Philanthropies first Mayor's Challenge）的一部分，该倡议旨在激发应对城市挑战的创新方式。

为了衡量幸福感，该项目使用了一个福利指数（wellbeing index），根据六个类别来衡量生活质量：前景、社区、场所、学习、健康和机会。幸福指数使用了三个信息源：2014 年对 2 200 名圣莫尼卡居民的调查、圣莫尼卡市的行政数据，以及圣莫尼卡人在社交媒体上表达的意见。

该项目界定了在生活、政策和公共服务事项中有哪些能让圣莫尼卡居民或多或少感到满意的方面，因此提供了一种使他们积极参与的手段，以阐明他们的关切和挑战，并识别需要改进的领域。这使得官员和居民能够努力积极增加当地居民的福利。

该项目的目的是利用数据的力量增进对这座城市的强项和需求的共识,并促进城市领导、地方组织和居民之间的协作,以增加该城市的集体福利。理想情况下,数据将被利用来激发讨论和开源解决方案。与往常一样,挑战在于将数据转化为有意义的行动。市政府的公共管理者将使用哪些想法,以及如何向居民证明某些建议被驳回的正当性?

资料来源:The Wellbeing Project,http://wellbeing.smgov.net。

同时,公共管理者将始终面临着采纳哪些想法、否决哪些想法以及如何实际实施建议的选择。此处将迎来创新周期的第二阶段。

8.2.2 管理创意采纳和否决

创造一个有利于产生和分享新想法的环境是一回事。然而,有效的公共管理者一方面可能需要相当无情地驳回不切实际和不可行的想法,另一方面要具有企业家精神并敢于采纳值得试验和试点的想法。的确,根据定义,创新暗示着进入未知领域的冒险,这意味着公共管理者必须在没有"先见之明"的情况下估计未来公共价值的创造(Hartley,2015b:90)。据估计,有30%—45%的私营部门创新失败了,并有一半超过了预算或期限(Tidd and Bessant,2009),而多达90%的新兴企业都没有成功。对于公共部门的创新,失败率估计高达70%(Cucciniello and Nasi,2014)。由于媒体和政治反对派成员总是准备着以公共预算的不当使用为由借题发挥,公开的失败会产生相当大的政治和管理成本。因此,尽早否决糟糕的想法至关重要。

回顾本章专栏8.2和专栏8.3所示的成功和失败,公共管理者必须在他们认为可行的东西——牢记技术将在短短几年内实现更多的创新——和在不久的将来实际改善利益相关者生活的事务之间取得平衡。这涉及一定程度的风险,管理者需要开发归档系统,以便在必要时,在这个过程的后期能够迅速恢复被否决的想法。的确,采纳和否决新创意是为了在新创意提供的解决方案和实际的政策问题之间找到一个契合点(参阅Kingdon,1995;Mintron,1997)。这就是创新系统比线性系统更具周期性和迭代性的地方。

与此同时，公共管理者将需要既表现出企业家精神，又吸引和培养企业家，以确保具有公共价值创造潜力的想法不会在官僚体制的某个角落消亡。对于寻求扩大招聘范围的公共管理者来说，一个关键问题是，什么样的组织特征吸引着有创造力的个体。亨特等人（Hunter et al.，2012：315—316）区分了吸引创新者的六个组织特征，与尼达姆和曼根（Needham and Mangan，2014，2016）以及迪金森和沙利文（Dickinson and Sullivan，2014）提出的特征非常相似。这些均展示在专栏8.5 中。

专栏 8.5　吸引创新者的组织特征

- **自主性**——有创造力的员工对上级的微观管理应对不佳，所以需要高度的自主权来培养创新型劳动力。

- **支持冒险**——有创造力的个体通常喜欢尝试新的和不同的事物。如果觉得他们探索原创想法的能力受到了阻碍，他们将转移到另一个不会扼杀自己创造能力的组织。

- **促进专业知识的多样性**——创新型个体想要新鲜的经验和知识，并为支持（内部地和外部地）广泛协作和共享的组织所吸引。

- **工作激情**——内在动机是创造力的重要预测因素。因此，有创造力的人们希望在一个充满创新热情和激情的环境中工作。

- **认可**——同时强调创新成功和失败的组织表示，创造性思维被视为解决问题的一种手段，而从错误中学习则被认为是有价值的。

- **正确的奖励**——虽然薪酬在招聘方面很重要，但前面讨论的因素对于吸引创造性人才更为重要。实际上，过分强调薪酬等外部动机可能会阻碍创造力，因为从长远来看，雇用受金钱驱动的人会阻碍组织的创造力和创新。

资料来源：Hunter et al.，2012：315—316。

如前几章所述，公共机构以动机、驱动因素和价值的复杂组合吸引个体；这些人中有些像传统官僚，有些像企业家。公共管理者需要既成为二者又招募二者；他们需要能够拥有一定程度的角色模糊(Noordegraaf，2015)。图 8.3 将作为传统官僚的保守精神与创新者的商业精神这两组相互竞争的价值进行了对比(参阅 Jacobs，1992；Van der Wal，2008)。

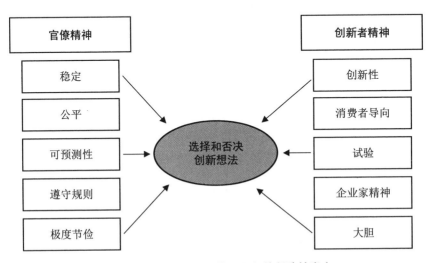

图 8.3　管理两套价值体系之间的创造性张力

请注意，官僚精神并不一定比创新者精神"次要"或"更差"。任何一个都会给创新过程的不同阶段带来利弊。然而，很明显，在测试和否决阶段，它们会产生张力，公共管理者必须确保这种张力是创造性的。

8.2.3　管理创意测试、试点和试验

一旦公共管理者使员工和政治领袖对一个经过挑选的创新理念达成一致之后，这个想法就需要进行试验和试点。不是所有外部利益相关者都可能在这个阶段参与其中；事实上，如果在一定程度上进行保密，一些试点和试验可能获得更好的机会(Hartley，2015b)。试验和试点实践方式多种多样，包括征集竞赛和奖励来展示或鼓励试点和试验；建立创新试验室、特殊的团队和机构；使监管灵活性和"收购"制度化；以及建立拥有更宽容的问责制和更低透明度的特别试验区。专栏 8.6 显示了四种不同的具体创新举措，每种类型都有对应的示例。

专栏 8.6　四种不同的创新举措

1. **奖励和竞赛**［例如大众创新（crowd innovation）］——将奖励作为一种促进创新的工具，越来越多地得到采用。

● 哈佛大学肯尼迪学院创新大赛为实践者提供了一种方式来展示他们的努力，为他们提供大量曝光并给予同龄人学习的机会。

2. **公共部门创新实验室**（public sector innovation-lab，PSI）和试点——提供了实际空间，从而为员工提供了一个不同于政府常规的环境来进行试验，并改变政府在行政、政治程序和实践方面的运作方式。

● 西班牙的巴塞罗那城市试验室将该市作为城市实验室进行测试和试点，目的是使公共空间的使用更加便利。

● 丹麦思维实验室（MindLab Denmark）代表了公共部门创新实验室可以采用的一种形式。它跨越了关键部门，并在州和地方各级运作，是跨政府协作的一种媒介，旨在寻找"新的见解、新的解决方案和新的理解"。

● 南非比勒陀利亚的公共服务创新中心旨在通过一系列机制，在整个公共部门中培养创新的文化和实践。

3. **法律和监管举措**——为试点和实验通常需要承担的审查、透明和问责义务提供一段时间的法律豁免。

● 欧盟委员会专家组提出的"质疑权"机制使组织和欧盟成员国能够在有"概念验证"的情况下，申请豁免适用现有法规，这说明了豁免将如何允许更好的创新。

4. **公共部门范围内的运动**——"整体政府"运动，鼓励新的实践和政策的试点，由年轻的公务员、实习生和政府外的顾问组成和推动。

● 20 世纪 90 年代后期，新加坡政府开启了"公共服务 21"（PS21）运动，作为一项"内部变革运动"，它属于总理办公室的直属机构。目的是促进公务员日常工作的变化和改善，并根据未来的发展不断重新思考公共服务实践。

● 奥巴马的"秘密团队"（见专栏 8.7）是一个由来自科技行业的"神童"组成的

特别工作组,他们可以进入联邦政府机构,目的是从根本上重新思考政府的运作方式。

资料来源:Borins, 2014; Christiansen and Sabroe, 2015:4—5; Droll, 2013:7; Puttick et al., 2014:15; Public Service Division, Singapore, http://psd.gov.sg。

然而,无论是在试验和试点阶段中还是接近尾声时,都需要利益相关者和最终用户的参与。在这里,协作再次出现。这种参与的主要目标应该是提高公共管理者对管制、项目和干预如何符合利益相关者的理解,最终确保它们是与利益相关者一起制定的,而不是为利益相关者制定的(Bason, 2010:2—4)。有证据表明,对公共管理者来说,直接接触创新的潜在接受者通常是一种启发性的经历,因为他们很少使用自己递送或监管的服务(Alford and O'Flynn, 2012)。例如,欧盟委员会官员每年都要在一个私人组织待上整整一周,以便了解他们管理和支持的那些类型的组织的日常生活(Bason, 2010)。

的确,从用户主导的精神健康服务到护理-家庭合作伙伴关系以及公共部门的囚犯委员会等各种案例的证据表明,共同生产可强化创新成果(Alford and O'Flynn, 2012; Damanpour, 1991; Prahalad and Ramaswamy, 2004)。此外,在此阶段,利益相关者也是证伪和批评的宝贵来源(Needham and Mangan, 2014; Hartley et al., 2013; Meijer, 2015)。他们可以帮助管理者在扩大和实施之前,换句话说在为时已晚之前,调整后者提出创新的特点。

对于公共管理者而言,同行机构和同行网络也是这一阶段的关键利益相关者,通过它们可以分享和获取试验经验(Cankar and Petkovsek, 2013)。这些机构和网络包括母机构和姐妹机构、实践社区、专业协会、高级行政服务、从业人员和学术会议,以及政策供应链(Birkinshaw et al., 2015; Hartley and Downe, 2007; Noordegraaf, 2015)。它们为公共管理者提供了分享最佳做法的途径,或许更重要的是,共同失败所提供的经验教训。在这一阶段,公共管理者并不像私营部门的同行那样被激励去对创新机密守口如瓶(Hartley 2015b),尽管他们可能不得不缓和争夺声誉的冲动。表8.3概括了利益相关者的类型并提出了公共管理者在测试和试点阶段让他们参与的方式。

表8.3　测试和试点阶段利益相关者的参与

测试和试点阶段的 关键利益相关者	为什么他们能帮助 公共管理者	公共管理者如何 使他们参与
同行机构和网络	● 他们先前的试点和试验可能会提供可比较的见解	● 保持开放、互惠而非竞争
最终用户和客户（包括公共部门专业人员）	● 他们的第一手经验可能会指出用于改进和完善的缺陷和途径	● 对最终可能发生的事保持诚实并以他们的需求为中心
政治领袖	● 他们可能会指定初始成本预测和风险评估	● 在协商预算空间时，对风险保持策略性，但对政治利益有明确要求
私营部门解决方案提供者	● 他们可以指出（不）可能性并调整最终需求	● 填补技能空白，获得服务和技术需求，同时他们承诺对有可能的事保持谨慎
顾问	● 他们可能提供一组额外的（外部）观察，能够与同行进行比较	● 感谢他们的建议，但不意味着要有开放式的参与

8.2.4　管理创意扩展和初始实施

鉴于大多数政府的财务和人事能力有限，并不是每个试点或实验都可以扩大规模，所以公共管理者希望在这里尽可能安全地行事。创新涉及相当大的财务和政治风险，且个人声誉会受到威胁。有证据表明，现阶段需要一种新的管理类型或角色：创意项目管理者，而非生产者或试验者（Meijer，2014：212）。这样的管理者是由成功管理复杂项目的前景驱动的，而不是由追求创新驱动的。在现阶段表现出色的管理者需要倡导和包装创新，同时"有能力进行官僚式的斗争，以保护创新不受外部威胁的侵害"（Meijer，2014：212）。

最初扩大实验室和试点规模的一种方式是建立在常规官僚机构之外运作的全新机构类型和项目结构，如专栏8.7所示。如果公共管理者想要克服传统障碍，引进适用独特激励结构的新型员工，这些措施可能特别有用。有了足够的政治意愿和经得起证明的绩效，管理者就可以向整个组织和部门推出此类举措，以实施更持久的变革。

专栏 8.7　新机构和"极客团队"

奥巴马的"秘密团队"

在第二任任期中,美国总统贝拉克·奥巴马悄悄地开始从谷歌、亚马逊和葫芦网(Hulu)等首屈一指的企业招募许多高级"技术人员"。在一个炎炎夏日里,来自科技界的各路才俊被召集到华盛顿的一个圆桌会议上,他们惊讶地发现总统本人就在会议室里。在敦促他们推迟职业生涯和削减薪水的同时,奥巴马成功地组建了一支庞大的团队,其使命只有一个:"重启"政府。嵌入式"秘密团队"的任务是从根本上重新思考政府如何工作、行动和思考以使其经得起 21 世纪的考验。该团队除其他成就外,还设法迅速修复了灾难性的医疗保障官网(Healthcare.gov),该网站给奥巴马标志性的医改法案添加了污点。

未来的行政机关可能不会继续进行这项试验。无论如何,这些努力都会对现有的结构和思想产生影响。也许更重要的是,它激励了具有创新技术、有才华的年轻人,让他们将这些技术奉献给公共利益。许多秘密团队成员最初持怀疑态度,但已开始意识到政府工作的性质和复杂性及其更高的目的。

新加坡的"蜂巢"

2015 年 7 月,新加坡政府新成立的政府数字服务部门成为"蜂巢"(hive)的一部分,该团队由 90 名数据科学家、编码员和工程师组成,他们不断监控和更新政府网站和应用程序,以跟上迅速变化的公民愿望和要求。"蜂巢"坐落在一个具有硅谷式新兴企业办公室所有特征的地方:开放空间、高天花板、沙发和乒乓球桌,位于科技和生物技术中心北面。为了保持数字政府服务的最新性、互动性和参与性,它们不仅得到了基于用户反馈和互动的改进,而且公民还定期被邀请去"蜂巢"的设计体验实验室。"蜂巢"的文化在于实现创造力和创新,而不是强调程序、科层和会议。

也有一些在官僚体制之外,尝试建立此类组织但不太成功的示例。2011 年,美国消费者金融保护局(Consumer Financial Protection Bureau,CFPB)成立,成为一个渴求数据、自我创新、类似新兴企业的机构,它雇用精力充沛、富有创造力的千禧一代。但由于开支、繁文缛节、政治攻击和整体决策缓慢等原因，它惨遭重创。在迅速转变为"传统"官僚机构后，员工们感到沮丧并纷纷跳槽到私营部门。

资料来源：Fast Company, https://fastcompany.com; Government Technology Agency of Singapore, https://ida.gov.sg; *Straits Times*, 28 December 2015; Stephen Lurie in the Washington Post, 18 June 2014。

一方面，创建一个真正自主的设施，拥有自己的大楼、技术支持、运营结构及招聘和薪酬政策，是缓解传统障碍和创造"不同"企业文化的一种方式。另一方面，平行的结构或机构几乎不是一个永久的解决方案，甚至可能成为一种制度化的"工作逃避"（Heifetz et al., 2009：84）或者会在后期"扼杀"新的工作方式。最困难的管理和领导工作是创新必须在各机构和分支机构之间扩散和传播，并且必须成为新的工作现状。这里的关键问题是做出创新并使改变"一直持续下去"。

在此阶段，最初的创新者有时可能会成为变革的障碍。刚开始时需要他们叛逆的天性和古灵精怪的心态来推动新的想法。但是，现在项目管理者可能需要将最初的创新者推到一边以便实施。如前所述，管理者需要在不同的角色之间进行转换，以使创新过程顺利完成。并非所有的公共管理者都有能力掌握每个角色。他们甚至想任命一个**思想斗士**（Meijer, 2014：212），以保护实施过程免受保守势力的外部威胁，使他们能聚焦于制度化。

在这里，大型官僚机构可以起到推动和约束的作用。一方面，许多公共机构的规模和复杂性，加上问责压力，会倾向于产生规避风险的孤岛思维（silo mentalities），使其热衷于避免公众批评（Droll, 2013：22；Hartley, 2015b；Meijer, 2015：199）。另一方面，公共管理者完全有能力利用这样一个事实，即大型官僚结构的组织在扩大和利用创新上特别成功，不管它们是公共部门还是私营部门（Hartley, 2015b）。

尽管如此，它们所产生的心态和惯例是出了名的难以改变，特别是考虑到最有意义的公共部门创新涉及服务创新或流程创新，而不是产品创新（Walker et al., 2011）。此外，它们常常要求，不仅公共管理者和机构，外部利益相关者在其公民、客户和最终用户的角色中也要改变行为。因此，管理创意的扩散和传播可能是最困难的阶段。

8.2.5　管理创意的扩散和传播

哈佛大学肯尼迪学院的罗纳德·海菲茨(Ronald Heifetz)是世界上最受欢迎的领导力演讲者和顾问之一,他以对领导者能够(有时不能)做什么的现实观点而闻名。海菲茨及其同事一起开发了一套关于适应型领导实践的工作体系,以指导管理者度过变革、学习和适应的艰难过程。他们从生物学、历史、商业和政治中获得灵感,概述了适应型领导的六个特点,认为这是帮助组织变革的成功实践。专栏8.8将这些内容翻译成公共管理者的工作环境。

专栏 8.8　适应型领导的六大特点

● **适应型领导具体是某种使能力蓬勃发展的变革**

为了让组织在新的环境中蓬勃发展,领导力必须与规范的,有时是痛苦的价值、目标和过程问题做斗争。公共管理者必须调动和协调多个利益相关者的优先事项,但如果适应是必要的,他们就不可能取悦所有人。

● **成功的适应型领导变革建立在过去之上而非与过去决裂**

这里的管理挑战是,使一个组织确定什么是对于保护其遗产来说必不可少的,什么是可以牺牲的。海菲茨等人(Heifetz et al.,2009:15)将成功的适应归为保守的和进步的。在公共部门的背景下,保存制度历史和记忆(包括人)尤其重要,因为如此多激烈的,以及由私营部门启发的改革已经破坏了机构遗产,而这些遗产在后来的阶段被再次证明是有用的。

● **组织适应通过试验发生**

有证据表明,许多公共和私营部门的创新都失败了。一些创新可能过于激进以至于无法实行。特别是当涉及纳税人的钱时,公共管理者需要在开始和扩大规模时仔细权衡,学会在前进中随机应变,为下一波实验和测评争取时间和资源。

● **适应依赖多样性**

为了适应成功,管理者需要建立一种欣赏多样化观点和专业知识的文化,放弃他们"计划一切"的冲动。根据海菲茨等人（Heifetz et al.，2009：16）的观点，克隆和复制可能不太适合为创新的蓬勃发展创造环境。然而，在公共部门的背景下，策略性地复制最佳实践，而不是在所有情况下都成为早期适应者，在风险管理方面可能具有成本效益和现实意义。

● **新的适应显著地替换、重新调节和排列一些旧的"基因"**

学习和损失，包括解雇那些适合过去环境的忠诚员工，这是痛苦的。一个管理者或员工的创新会让其他人感到无能、多余或过时。有技能的公共管理者能够识别什么时候要承担损失，并发现和调节人们在需要改变思维模式和惯常方式时所表现出的可预测的防御和回避模式。

● **适应需要时间**

久而久之，进展在宏观时间尺度上可能是激进的，但在微观时间尺度上又是渐进的，尤其是在公共部门的环境下。重大变化仅作为渐进变化与调整的产物在这样的环境中发生。文化和成见变化是缓慢的，正如阿吉里斯和舍恩（Argyris and Schön，1978，1996）以及圣吉（Senge，1990，1999）开创性的著作所告诉我们的那样。

资料来源：Heifetz et al.，2009：14—17。

将管理层的"创新工作"视为适应型领导解释了为什么许多激进的、颠覆性的创新支持者将所有其他的变化都误认为真正的创新，却忽视了实际公共部门变革是如何发生的。这一推论可以追溯到图8.1，在图中，革新的等级被视为一个连续体，本书中提出的更为普遍的论点是，激进的、破坏性的"大人物"变革在公共部门环境中往往会失败，即使这种变革可能是确保生存所必需的。此外，被理解为逐步适应的传播具有重要的（政治和管理上的）风险管理功能，因为它通过改造和模仿其他组织的做法缓解了实施的不确定性，并允许同行机构这样做（Hartley，2015b；Hartley and Benington，2006）。

尽管如此，改革惯例和成见还是很痛苦的，并且会产生阻力。负责制度化和在组织和团队中分配新的工作方式的公共管理者必须参与阿吉里斯和舍恩（Argyris and Schön，1978：2—3）所描述的著名的"双环学习"。单环学习是一个连续的过程，其中目标、价值和框架被认为是理所当然的，重点是"技术和使技术更有效"

(Usher and Bryant，1989：87)。相反，双环学习涉及质疑构成实际目标和策略基础的框架和学习系统的角色。简而言之，单环学习关注的问题是："我们在正确地行事吗?"而双环学习关注的是回答问题："我们在做正确的事吗?"（Romme and van Witteloostuijn，1999：452）。

单环学习对个人和组织的风险较小，并且可以更好地控制改变过程。双环学习更具创造力和反思性，涉及对无可争议地发展了一段时间的惯例进行思考："面对思想或政策背后的基本假设；假设经过公开检验；过程是不可证实的且不是追求私利的"（Argyris，1982：103—104）。差异如图 8.4 所示。

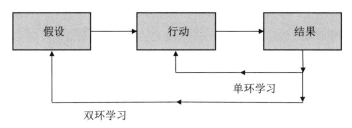

资料来源：经授权翻印自 Hargrove，2008：115。

图 8.4　单环学习与双环学习

在双环学习过程中，组织和团队被迫质疑他们的"共同基本假设"，即组织成员倾向于捍卫最深层的普遍组织文化，因为他们对其进行了大量投入（Schein，1992：22—23）。公共管理者必须策划一个"忘却"共同规则、惯例、隐喻、价值和行为模式的过程（Schein，1992：10），并在必要时将怀疑者一个一个地转变为追随者。这导致了焦虑和愤怒，甚至可能像专栏 8.8 表明的那样，导致长期受重视的员工的流失。

回想一下本章开头的情景——那个中国的公共管理者，他习惯于在一个长期存续的有着合议式和关系型惯例的监管团队中，负责监管友好的、可预测的、知名的行业合作伙伴。新的经济动态和参与者开始挑战这种长期的惯例，即使管理者认识到了经济发展带来的机遇，但要说服他的同僚相信这些机遇是一项困难和艰巨的任务。与大众舆论表明的可能相反，有证据显示，这种学习和适应对公共组织和私营部门组织一样痛苦：后者不必在学习或创新方面"更好"（Hartley et al.，2013；Heifetz et al.，2009；Senge，1990）。

许多学者基于阿吉里斯和舍恩开创性的工作，追求"三环学习"的理念（Flood and Romm，1996；Hargrove，2008；Swiering and Wierdsma，1992；Yuthas et al.，2004），如图8.5所示。这意味着更高层次的学习过程：关于学习本身的学习（Tosey et al.，2012）。在公共管理者的工作环境中，一些激进或破坏性的创新可能确实要求他们质疑其组织及其前任过去选择学习和改革的背景和制度。

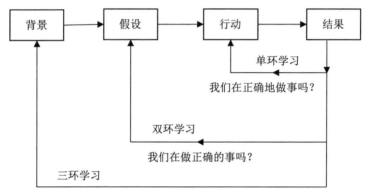

资料来源：经授权翻印自 Hargrove，2008：116。

图 8.5 单环、双环和三环学习

除了迫使其内部工作环境改变行为之外，公共管理者还必须向外部利益相关者扩散和传播新的做事方式。这里的一个关键问题是，他们如何评估利益相关者是否准备和愿意采纳创新，以及他们如何向异质社会群体倡导这些创新。记住在"管理权威的动荡"一章中区分的不同公民类别："热情又自立的人"可能比"焦虑的公民"更倾向于认同和在不同范围内开展协作的创新公共服务理念。例如，前者可能更愿意参与基于应用程序的医疗记录试点，其中患者和医生可以全天候访问这些记录，而后者可能会觉得大型机构现在能更容易访问他们的个人数据的想法令人恐惧。利益相关者不仅可能要求获得不同激进程度的不同创新类型，而且可能会采取非常不同的创新方式。

1962年，市场专家埃弗里特·罗杰斯（Everett Rogers）开发了著名的创新扩散曲线，为公共管理者评估适应和扩散提供了有用的框架。罗杰斯将创新的采用者分为五类,从冒险的"早期采用者"——具有较高社会地位、财务资源和专业知识的非常接近创新来源的个人和团体,到"落后者"——他们厌恶改变、怀疑一切且在更狭窄的社会圈子里活动。他强调了意见领袖在传播新思想中的作用,同时主张管理者应在"管理利益相关者的多元性"一章中描述的同质和异质社会群体之间建立联系,以使创新得以广泛传播。

杰夫·摩尔(Moore,2014)以罗杰斯的工作为基础,提出了"鸿沟"(chasm)的概念——管理者需要进行的转变不仅要吸引有远见的人,还要吸引更务实的利益相关者,如图 8.6 所示。

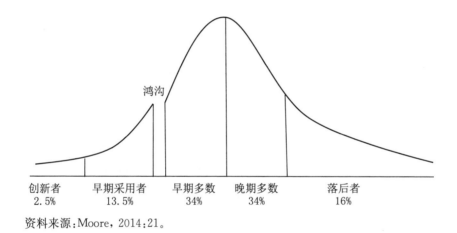

资料来源:Moore,2014:21。

图 8.6　在创新扩散曲线上"跨越鸿沟"

为了"跨越鸿沟",公共管理者将需要向大不相同的外部和内部公众倡导和传播创新,并决定其机构是否能够承担得起在采用最新技术工具和能力方面成为落后者,或者是否需要在涉及所有潜在风险和成本的情况下提前行动。同样,哈佛大学的克莱顿·克里斯坦森(Christensen,1997)在其著名的关于"创新者的窘境"(innovator's dilemma)的文章中提到,管理者倾向于继续为大市场经过检验的技术投资,而不是追逐规模较小、未经试验而成功概率较低的市场。有证据表明,当管理者设法说服特定人口中约 20% 的人接受这项创新时,他们就达到了一个转折点(Moore,2014)。此外,最近的研究表明,如果管理者在过程的早期阶段明确让员工参与,员工更有可能热情地传播组织改革:了解改变的需求至少与同意改变本身一样重要（Van der Voet and Vermeeren，2016；Van der Voet et al.，2016）。

8.3　公共管理者面临的三个持久问题

8.3.1　创新必须是一个协作的过程吗？

从对各个创新阶段的管理角色和行为的考察中可以发现，只有在符合管理目标的情况下，创新才是一个协作过程。最终用户和公民应该优先于其他可能带有模糊议程的参与者。与此同时，创新过程不容易被简单束缚起来：创意和技术机会在公共机构和项目中进进出出。此外，在未来几年，产生越来越多创新力量的大趋势将推动公共管理者之间的协作。

显然，公共管理者需要接受越来越具有协作性的创新过程，但这会对成果有利吗？根据安思尔和托林顿（Ansell and Torfing，2014）的研究，公共价值创造创新几乎就被定义为协作，因为内部创新可能会有意或无意地忽略潜在的受益者。将用户放在首位也是日益流行的"设计思维"方法的核心（Bason，2010），在这种方法中利益相关者直接参与创意的产生以及服务和产品的原型设计。

的确，各种示例表明，协作创新产生了更有效和更合理的成果（Osborne and Brown，2013；Hartley et al.，2013）。例如，在未能通过改革法案后，美国的州长们让不同的利益相关者团体参与为州基础教育的未来制定愿景声明的进程，他们发现长达一年的协作进程取得了成果，尽管提案没有州长们希望的那么激进（Roberts and Bradley，1991）。同样，来自美国和欧洲的城市更新网络和栖息地保护计划的证据表明，与政府"单打独斗"时相比，长期的多样化网络对于创新而言往往具有更高的可行性和合法性（Dente et al.，2005；Steelman，2010）。同时，长期建立的网络可能会捕获创新过程并随着时间的流逝而变得保守，敦促公共管理者经常"更新"此类网络（Hartley et al.，2013）

基于最近的各种研究，表 8.4 识别出创新的协作方法存在的收益和约束，并表明了克服约束和最大化收益的管理行动和角色。

表 8.4　管理协作创新的收益和约束

共同约束	潜在收益	公共管理者需要做的
● 保密和隔离的政治偏好。 ● 意识形态冲突根深蒂固的政策领域。 ● 利益相关者之间巨大的权力不平衡。 ● 私营部门剥削性捕获的机会。 ● 在封闭、稳定的网络中由寻常的怀疑派进行的"团体迷思",这些人可能会进行协作但是仍旧扼杀创新。	● 不同的行动者可以帮助评估收益和风险。 ● 合作伙伴可以在不受公共部门约束负担的环境中进行试验。 ● 公共管理者、专业人士和专家的网络可以识别最具潜力的创新。 ● 协作可以提供解决公共资源缺乏、预算削减以及政策僵局的举措。	● 充当召集人,召集行动者、制定议程,并创建和构建互动平台。 ● 充当调解人,建立或阐明相互依存关系、解决争端和消除障碍,并建立信任。 ● 充当催化剂,鼓励创造性思维,并探索和倡导机会。 ● 重新定义公共、私人和公民行动者之间的传统角色观念。
Ansell and Gash, 2008, 2012; Hartley et al., 2013; Skilton and Dooley, 2010.	Benington and Moore, 2011; Gray, 1989; Moore and Hartley, 2008; Pollitt, 2010; Torfing et al., 2012.	Ansell and Gash, 2008; Crosby and Bryson, 2010; Hartley et al., 2013; Newman, 2011; Page, 2010; Straus, 2002.

8.3.2　可以评估创新绩效吗?

公共管理者如何以及何时知道他们的创新成功了,由谁来决定? 影响评估非常重要,因为它可以使公共管理者及其领袖描绘并庆祝成功,并为未来的创新提供额外的投资。然而,许多公共部门缺乏创新评估的文化(Cucciniello and Nasi,2013:92)。况且,考虑到其本性,创新几乎无法衡量。与私营部门相反,不能使用诸如销售收入之类的通用产出指标,而定量产出指标通常是针对特定部门的——医院的成功创新与学校的成功创新看起来截然不同。

此外,确定既不被个人消费也不为个人提供的集体服务指标是有问题的(Cucciniello and Nasi,2013:92—94)。大多数评估指标侧重于提高效率或减少繁文缛节、等待时间等,而创新的目标往往不仅是节省时间或成本。而其他内部和外部指标则可能关注组织形象、客户满意度、获得的奖励或员工之间强化的动机和投入(Cucciniello and Nasi,2013:91)。

与许多政策干预一样,创新往往会产生间接的、有时是无意的溢出效应,预期与实际变化之间存在显著的时间滞后。失败往往被掩盖起来，使得比较和证实创新所创造的实际公共价值变得困难。此外，正如哈特利（Hartley，2015b：84）所说：

> 服务创新通常具有高度的模糊性和不确定性，因为它们受到服务提供方和服务接收方（在某些情况下，后者是共同生产者）人性特征变化性的影响。创新往往根本不是实体的人工制品，而是服务的改变（这意味着服务提供者和用户之间关系的改变），而且许多特征是无形的，包含高度的隐性知识。

尽管如此，全球各地的政府仍采取措施，以了解创新准备情况，促进创新行为，以及衡量和比较创新影响，如专栏 8.9 所示。这些努力表明，政府尝试了定量和定性方法，有时邀请外部评估人员参与，同时使公务员和最终用户得以不同程度地参与。无论公共管理者选择什么衡量标准，它都必须超越单纯的组织绩效指标，而且必须包括公共价值评估，评估的指标包括公众重视的和为公共领域增加价值的（Benington and Moore，2011；Hartley，2015b）。

专栏 8.9　衡量创新能力及其影响的尝试

经济合作与发展组织公共部门创新观察站：一个详细的数据库，其中包含来自世界各地的数百个成功案例，并通过视频、数据与相关管理者和利益相关者的个人故事进行说明。重点在于帮助有经验的利益相关者进行改进和跨政府学习。

英国国家科学技术与艺术基金会（Nesta）：由前首相托尼·布莱尔（Tony Blair）和戈登·布朗（Gordon Brown）手下的前"战略大师"杰夫·穆尔甘（Geoff Mulgan）领导，国家科学技术与艺术基金会制定创新指数、培训计划及促进创新的跨部门合作伙伴关系。它于 2012 年移出公共部门，现已成为慈善机构。

韩国政府创新指数（GII）：一种在 21 世纪初开发，基于网络的自动评估工具，用于评估组织如何创新。企业可以使用该指数对自己的能力进行评分，识别弱点和障碍，制订行动计划，并以行业平均值作为基准。进行诊断分析时，该指数在克服障碍方面比世界范围内使用的大多数其他指标更具支持性。

加拿大的员工创新项目：与大多数其他项目相比，员工创新计划更加个人化和自下而上，它使个体公务员可以通过在线门户网站提出创新建议，目的是以划算的方式收集新想法。

澳大利亚公共部门创新指标（APSII）：该项目为公共机构提供了八个领域的指标，因此它们可以根据澳大利亚政府制定的国家创新优先事项，每年报告其进展情况。此外，它为机构提供了一个分享经验的在线平台。

美国总统的循证和创新议程：2013 年，管理和预算办公室（OMB），即奥巴马的"西翼"的一部分，向各机构负责人发出了一份备忘录，敦促他们不断改进和创新，而不要期望（太多）额外的预算。它提出了五项策略：利用数据改善机构绩效；高质量、低成本的评估；快速、反复实验；使用创新成果补助金设计；加强机构循证能力。

资料来源：Nasi，2013；OECD，oecd.org；Office of Management and Budget，Executive Office of the President，2013.

英国托尼·布莱尔政府旗下著名执行单位（Delivery Unit）的前负责人迈克尔·巴伯（Michael Barber）提出了"实现学"（deliverology）的概念，强调对实现绩效进行严格实时且数据驱动的监控（Barber et al.，2010）。他认为，公共管理者及其政治领袖只有做到如下几点才能实现其目标：设定少量的优先事项；将这些优先事项转化为可测量的扩展目标；制定数据收集、跟踪绩效并调整优先事项的经常程序（Barber et al.，2015：1—25）。在某种程度上，巴伯对"无聊的"日常工作的关注（用他自己的话说）似乎与破坏常规的创新背道而驰。然而，他书中呈现的轶事证据表明，许多创新未能实现，因为各国政府往往对所承诺的改革的实际实施没有什么兴趣，它们忙着宣布下一个重大改革提案。

巴伯在各地政府内部都设立了执行单位，通常由不到 40 名初级和高级公职人员组成一个多元化团队，辅以一些顾问和分析师，他们唯一的责任是跟踪改革实施的效果。他要求这些单位有充分的权力随时向最高阶层索取数据——事实上，他们经常得到首相本人的支持——而他的执行机构在实现创新的良好结果方面已被证明是非常成功的。

8.3.3 创新总是"好的"吗？

最后一个值得注意的问题是，创新是否总是一件好事。或许公共管理者应该不时问问自己：多少创新才算足够？的确，"创新势在必行"可能无意中暗示着管理者必须效法企业家的冒险行为，以便被认为做得很好，即使这些冒险是无效的或最终被认为是有害的(Jordan, 2013:20)。在某种程度上，公共部门的创新是试验，其中公民扮演着参与者、融资者和潜在受益者的角色。因此，创新给公共管理者带来了相当大的困境：他们必须确保安全并评估风险，但在颠覆性创新的背景下这些是不可能得到保证的。

在肆无忌惮的技术创新和"革命"中也存在着更为根本的危机和风险。2000年，太阳计算机系统公司(Sun Microsystems)前首席科学家比尔·乔伊(Bill Joy)撰写了一篇具有挑衅性的文章，题为《为什么未来不需要我们》。乔伊的关键论点是，21 世纪的技术(如机器人学、基因工程、人工智能和纳米技术)比人类更聪明，但缺乏道德推理能力的技术实体可能会产生"机器人叛乱"。这种推理让人想起詹姆斯·卡梅伦 1985 年的大片《终结者》(The Terminator)，在这部电影中，自学式计算机系统天网(Skynet)向人类发动了一场不可阻挡的幻想中的战争。

2015 年，包括斯蒂芬·霍金和埃隆·马斯克在内的数十位科技巨人和人工智能专家写了一封公开信，在信中他们表达了类似的担忧，这表明我们正处于人工智能的转折点，需要对新项目的陷阱和风险进行强制性研究。微软的埃里克·霍维茨(Eric Horvitz)在信的结尾强调了"控制问题"解决方案的缺乏，他说道：

> 随着不按人类意愿行事的超级智能的出现，我们有一天可能会失去对人工智能系统的控制——而如此强大的系统将威胁到人类。这种反乌托邦的结果可能吗？如果是，这些情况会如何出现？……为了更好地理解和应对危险的超级智能的崛起或"智能爆炸"的可能性，我们应该在研究方面进行什么样的投资？

同样，《卫报》在 2016 年发表了一篇有点令人不寒而栗的文章，内容是关于谷歌旗下人工智能企业深度思维(DeepMind)的创始人戴密斯·哈萨比斯(Demis Hassabis)质疑他最终是否会失去对拥有自学能力的人工智能体的控制,它们在各种游戏和任务中的表现与人类相当。发表在《自然》(*Nature*)杂志上的重大突破表明,哈萨比斯的智能体能够在解决最复杂的谜题和问题时"模仿直觉",而这一功能被大多数专家认为还需要很多年才能开发出来。哈萨比斯将他的使命描述为"解决智能问题,然后利用它解决其他所有问题"。迈尔-舍恩伯格和库克耶(Mayer-Schönberger and Cukier, 2013)以一种更为务实的方式,在其广受赞誉的《大数据》一书中提出了技术转型的各种风险。他们提出了三种策略作为"大数据时代信息的有效和公正治理"的基础:将隐私保护从个人同意转变为数据用户问责制;在(数据和计算机生成的)预测中植入人类的能动性;并发明了一种新的大数据审计等级制度,作者称之为"算法专家"(algorithmists)(Mayer-Schönberger and Cukier,2013:184)。

§下章导览

如之前的部分所示,颠覆性的创新和技术革命可能给公共管理者带来各种道德困境。这种困境加剧了数十年来模棱两可的,有时甚至是危险的管理改革所产生的现有价值冲突。这些改革向公共管理者施加了压力,要求他们更加商业化、网络化和以公民为中心,但仍要遵循传统精神和高标准的合法性。在未来的几年里,本书中所描述的要求将导致富有主见的利益相关者对公共管理者产生一种往往不现实和模糊的道德期望,而且这种期望会不断强化。简而言之,要穿越各种道德雷区以完成工作,21世纪的公共管理者将不得不变得熟谙于管理道德的复杂性。下一章将讨论这些猜想是如何产生的,以及公共管理者如何根据适当的价值、道德和动机来应对它们。

9. 管理道德的复杂性

行动，实际上是表现道德的唯一媒介。

——简·亚当斯(Jane Addams)，社会工作者、

第一位女性诺贝尔奖获得者

9.1 出错易，无误难

试想一下，你是某个大都市警察局的一名高级人力资源官员。最近，你的职员们开始尝试使用推特、脸书和 Ubideo 等社交媒体来征集分享公众信息。这些信息范围既包括邀请公民分享轻微违法行为的图片、视频和直播资料，以便警官能够立即跟进；还包括向公民发送的重罪信息，以便请求援助。到目前为止，这种举措的影响是好坏参半的。一部分警官似乎很喜欢使用这些新工具和应用程序，而另一些人则持抵制态度。对公民来说，他们虽感到自己有机会在安全方面与政府进行协作，但同时也发现自己输入的信息往往会被忽视。然而，更令人担忧的是，最近有一些市民投诉，与警察分享信息后，警察向他们的个人账户发送了不恰当的消息材料。

在这些情况不断发展的同时，你还要处理各种组织内部的道德问题。首先，两名女性低层职员指控一名有背景的高级官员存在性骚扰和歧视的不当行为历史。此外，还有一名新招聘的少数族裔信息技术员工要求单位给予自己独立的祈祷室和卫浴设施，进而被同僚指责享有特权，(事情愈演愈烈时)甚至被说成极端分子。

一想到为建立一个更具民意代表性的多元化部门付出的巨大努力，你便对这

次纰漏感到尤为沮丧;市长在这个问题上也对你的行政长官施加了压力。再者,你马上还要雇用一些少数族裔和两名临近退休人员,这是为配合国家延迟两年退休政策所制定的市政重组计划的一部分任务。因而,你其实也预感到部门内将会产生更多的混乱不当行为。可就在这之后,又有承包商向地区电视台泄露消息,声称你部门忽视了信息技术基础设施过时的问题。据报道,这位承包商事先和你办公室的保密员说明了自己的担忧,但他被恐吓说要保持沉默、以后再议。至少,这是他的说法……

始于 15 年前的部门道德准则,在现今员工中其实是鲜为人知的。由于这些准则十分模糊,在你决定是否要采取阶段性惩戒措施或者追究法律责任时,它们没有任何的依据价值。不过,不久前却出现了一个改善这种情形的机会。你受指派加入一个部门工作组,主要负责更新当前的道德政策以更好地解决这些普遍存在的新生道德问题。这个特别工作组将评估各个部门的道德规范、培训需求、举报条例以及行政和法律程序,以便定义违规行为的发生情况。

你觉得这正是从根本上修正和更新现有政策,并使之成为经得起 21 世纪考验的一个机会。而且,你还认为应该扩大讨论范围,将部门核心价值观、部门愿景,以及其与部门整体任务的关系纳入其中。如果部门能有一个统一的、最新的、富有吸引力的价值主张,这将会有助于你的办公室招聘并留住高道德水平的高素质人才。

然而,工作组成员对部门的核心价值观(长久以来被认为是服务、礼貌、诚信和尊重),部门的主要诚信风险以及部门中是否"存在问题"的看法都存在着差异。许多人不愿对利益相关者日益增长的要求做出回应,当然其中一些利益相关者的要求确实不切实际,甚至是极不可靠的;但你觉得你们其实并没有太多的选择。因为在公众眼里,公共部门必须要超越最高的道德期望。所以,在踏上这条设计全新准则的艰难旅途前(更不用说实施),你要如何为这项道德改革创造足够的支持?

让事情变得更复杂的是,你正面临一项个人困境。一位年轻的官员要求提前几天休假。你知道她一段时间都在努力怀孕,也想要推荐她去一家要排队一年但很受欢迎的生育诊所。可是,你的行政长官已明确表示过,除特殊情况外,本季度不得休假。就在昨天,你决定把她申请文件上所附的原因稍稍修改为"一位近亲病入膏肓"。严格来讲,你并没有撒谎:她的母亲已经住院一段时间了,尽管医生对其病情的严重性意见不一。就此来看，你正在亲身经历职业规范与个人忠诚分离的困境。所有这些事情都让你感到压力和不安，并且不知所措。

此外，随着多样性（压力）的迅速增加（包括道德改革在传统型同僚中造成的阻力），以及技术发展不断将机器人技术、大数据分析和人工智能带入部门的警务实践，你甚至无法想象五年后你的生活会是什么样子。加之，许多同僚还远远没有为这些发展做好准备。那么如果某些事项处理不当，他们可能会使你的部门陷入危机当中。

管理道德的复杂性这一要求给公共管理者带来了各种棘手的问题。哪些价值观应该指导决策行为？它们是谁的价值观？当价值观之间发生冲突时，管理者会怎么做？管理者如何通过展示自身的道德领导力来引导员工和利益相关者？文化背景是否可以当作"借口"来设定最低限度的道德规范，或者抛却某些核心的公共价值观？如何管理利益相关者对公职人员道德水准日益不切实际和不合理的期望？最后，在一个高度透明、技术创新和充斥着富有主见的利益相关者的时代，公共管理者要如何维持其道德准则和法规先进性？

9.1.1　管理者的周期性道德困境与新道德困境

前述的先导案例揭示了公共管理者在日常生活中遇到的各种道德挑战，其强度根据所处角色和环境的多样性而有所不同。在许多方面，前几章讨论的 21 世纪的大趋势和新要求都放大了公共管理者的经典困境。其中包括：要管理内外部利益相关者之间的利益冲突，并保持其忠诚度；在不损害主要原则的情况下完成自我工作（所谓"肮脏之手困境"）；以及要在不造成恐惧文化与报复文化的前提下，惩罚不当行为。

此外，这些趋势还给公共管理者带来了全新的管理困境（其中一部分是未知的）。比如，要在不践踏法律界限和隐私权的情况下，管理员工工作外的（在线）行为；在外包与共同生产的时代，平衡问责的媒体和利益相关者的同时，又要支持他们有时不切实际的问责态度。因此，21 世纪的道德困境变得越来越复杂：它们给公共管理者制造了危险雷区，使其不得不去平衡公众对"高道德标准和高绩效监督"的不真切期望。而管理者们则必须将这些任务做好，并且要做得很好（De

Graaf and Van der Wal，2010)。

本章将探讨以上道德复杂性，并将重点介绍管理它们或至少使它们容易控制的关键价值观、政策和策略。首先，我们会讨论公共管理者要如何遵守各种竞争性的价值观，使自己能够在道德上有效地工作，并履行对不同政治领袖、工作领域和工作原则的义务。随后，我们对那些将在 21 世纪呈现出新形态和种类的传统不道德行为进行分类。本章的核心内容会探讨，抑制和管理这些行为的过程是如何在以下三个主要领域给管理者带来复杂性的：政治-行政关系的管理；人力资源管理和多样性管理；以及社交媒体和大数据的管理。本章还提供了实例，以及来自全球各地的最新道德标准示例。最后，我们会讨论公共管理者如何在不同的环境中有效地管理道德事务。

9.2　竞争性的价值和义务

如前所述，价值在这里被定义为指导行为和决策的品质或标准。公共管理者在制定决策时应受哪些价值观的指导呢？在过去的 20 年中，有关"公共价值"的出版物大量激增。这些书籍很大程度上是对 20 世纪八九十年代的公共管理改革担忧私人(或商业)价值排挤公共价值的回应(Van der Wal et al.，2015)。

但是，越来越多的学者认识到，如何使价值"公共化"以及依谁的价值而定是一个很有争议的问题(Jørgensen and Rutgers，2015；Rutgers，2008，2015)。公共组织、私人组织和非营利组织其实都可以实现公共价值。此外，公共管理者当下工作的组织环境，也是由许多既非完全公共亦非完全私有的组织构成(Bozeman，2004；Moulton and Wise，2010)。再者，公共管理者在哪里工作，他们不都应专注于效率和有效性吗？但是仍有许多人认为，某些传统的法律和制度价值(包括合法性、可预测性、中立性和公正性)对于公共管理者至关重要，因为这能把其主要职责与私营部门的职责区分开来。

克里斯托弗·胡德(Hood，1991)在其开创性文章《全年无休的公共管理?》中概述了公共管理者的三组竞争性核心价值观，其中的每一套体系都有自己的成功和失败标准。表 9.1 详细说明了他提出的 Σ 型价值观、θ 型价值观和 λ 型价值观。胡德的概述之所以影响巨大，是因为它表明了为什么公共管理者的日常生活始终具有价值冲突、优先排序以及权衡政策、行政和管理决策的特征（Koppenjan et al.，2008；Stewart，2006；Tacher and Rein，2004）。那便是因为公共管理者不得不遵守那些主要的法律、道德和宪法价值观；还要保持工作的高效率和有效性；同时也担忧着政策的长期适应性和韧性。

表 9.1　公共管理的三套核心价值

	Σ 型价值观 坚持精益和目的性	θ 型价值观 坚持诚实和公平	λ 型价值观 坚持稳健和韧性
成功的标准	节俭（将资源与既定目标的任务相匹配）	正直（实现公平、互惠、恰当履行职责）	韧性（实现可靠性、适应性和稳健性）
失败的标准	浪费（混乱、困惑、低效）	渎职（不公平、偏见、滥用职权）	彻底失败（风险、崩溃、瓦解）
成功和失败的要素	资金和时间（生产者和消费者的资源成本）	信任和权利（批准同意、合法性、正当程序、政治权利）	安全和生存（信心、生命和肢体）
控制重点	输出	过程	输入或过程
宽松度	低	中	高
目的	固定或单一	不兼容的双重束缚	紧急或多元
信息	有成本的、分割的（商业资本）	结构化的	充足的、可交换的集体财产
相关度	高	中等	低

资料来源：经授权翻印自 Hood，1991：11。

9.2.1　价值冲突、优先排序与权衡取舍

尽管政府机构的核心价值声明（如良好的治理法规）经常列出一些人人都会称赞的品质，但遗憾的是，他们很少提及其间的冲突或权衡，甚至没有优先性排序。因此，它们在某种程度上并不令人满意，在某些情况下甚至让公共管理者觉得烦恼（Van der Wal et al.，2011）。实际上，像先导案例所述的那样，除了极少数有切合实际的指导方针和实例的道德准则外，大多数的价值在解决公共管理实际困境时的作用通常十分有限。不过，在开始讨论准则和指南之前，我们必须分辨出哪些价

值是公共管理者真正看重的,以及他们是如何确定价值的优先次序的。虽然有关这些问题的实证研究很少,但是它们却提供了有力的指向性。

基于一系列比较公共部门与私营部门高管在组织决策中价值排序方式的研究,图9.1得出了一个以共享价值观为核心的公私价值观连续体(Van der Wal,2008)。这个连续体在两类部门中都显示出了相当传统和一致的价值取向。纵然一位总干事称这些价值观经常发生冲突,但是公共管理者还是习惯将 θ 型价值观所述的合法性和公正性置于 Σ 型价值观认为的高效性和有效性之上(Van der Wal,2008:96):

> 我从事规划和住房领域的工作,所以永远不能轻视合法性这种价值观,因为你很有可能在以后的阶段遇到同样的问题。然后你就有了一个大问题,而且还会浪费更多的时间。因此,在价值发生冲突的情况下,合法性总是(嗯,我其实不愿意说它总是)高于效率的。毕竟,当你最终遇到法律问题时,是会以降低你的效率为代价的。

公共部门
合法性
廉洁性
公正性
问责性
专业性
可靠性
有效性
高效性
诚实性
创新性
收益性
私营部门

资料来源:Van der Wal,2008:167。

图9.1 公共部门和私营部门管理者最看重什么价值

问责性是另一个十分关键的价值，因为它具有多种平衡功能（Bovens et al.，2008，2014）。的确，相较于其他价值观，问责性在决策过程中被认为是至关重要的（Koppell，2005；MacCarthaigh，2008）。在其他价值必须要退让或无法完全实现的情况下，公共管理者往往不得不在某些时候向一些利益相关者妥协（Van der Wal，2011：652）。用一位教育部负责人的话说（Van der Wal，2008：97）：

> 我认为问责性是最重要的。我们是否要遵守规则呢？当然。我们想高效地工作吗？当然。我们想要这一切，但是在紧要关头，我们也希望公共部门能够承担相应的责任，即使事情远不如预期的那样透明和高效也没关系。保持诚信和回应力并不冲突。但是我认为最重要的还是问责性。

与此同时，公共管理者还要分级来确定责任：责任的重要程度和实施方式取决于被问询到的对象（受众）、时间（时机）和主题（内容）（Mulgan，2003：22；Van der Wal，2011：651）。这种渐进又现实的问责观点也可以解释，为什么公共管理者不认为诚实那么重要（De Vries，2002）。只要结果对利益相关者有利，公共管理者就可以在决策过程中看到很大的保密和建构的余地。

显然，公共管理者的日常生活就是以管理竞争性价值观为特征的。那么，他们如何才能处理好这个问题呢？科彭简等人（Koppenjan et al.，2008）提出了三种有效的处理方法及示例，如专栏9.1所示。

专栏 9.1　公共管理者如何应对竞争性价值观

- **通用方法**将价值观权衡视为零和博弈。公共管理者负责通过正式的法律、程序和问责机制维护关键价值。

  示例：福利机构通过法律规定，保证委托方可以受到公平公正的待遇。该法允许委托方就其自身案件的处理提出投诉，而且命令机构负责人跟官方取得联系，并在4个星期内向委托方反馈情况。

- **利益相关者的方法**将价值的创造和意义构建视为一个涉及多参与者的动态政治过程。公共管理者必须通过立法、市场和网络的结合来进行可行的价值观权衡。

示例：大都市的市长希望基础设施项目中的市政资金使用能更具创新性、高效性和收益性。许多当地利益相关者似乎都支持这种方法，但是这将不得不减少或废止某些法律规定。因而公共管理者需要设计更有效的利益相关者沟通论坛，通过更新未来听证会的组织方式来引导利益相关者。

- **制度方法**认为制度背景会影响价值的优先顺序及其转化方式。公共管理者必须忠于自己的制度背景和历史惯例，而不能采用一般的方法。

示例：在一个由社区主导改革且有与强大当地政客相互勾结历史的发展中国家里，一家大型公立医院的首席执行官想要彻底改变现有的会计系统和预算制度，以提高政府的透明度。但是，如果没有强势且长期的利益相关者的支持，恐怕改革就无法成功，同时相关者的影响力也可能会下降。所以，首席执行官必须重新定义医院的机构特征，为历史上重要的参与者创造新的空间。

资料来源：Charles et al., 2007:7; De Graaf et al., 2011; Koppenjan et al., 2008。

由于公共管理者无法简单地"选择"其中一种方法，政治家在政策和立法层面上对价值观权衡的影响也逐步深入，因而我们可以很明显地看到，利益相关者的方法将变得越来越重要。坚定自信的利益相关者将不再简单地接受给定的价值体系，这使得管理决策中的价值排序结果逐渐需要各方不断的协商。而且，公共管理者不再仅仅参与管理价值观和机构价值观的权衡和谈判。他们还将不时地为履行自身相冲突的义务，为践行自身为委托方、同僚、朋友、家庭、职业标准、法律、宗教誓言、个人信仰与原则以及整个社会的忠诚而奋斗。

9.2.2 个人、专家和管理者

如先导案例所示，公共管理者不仅要制定且平衡宏观层面的"组织"和"管理"价值观，还必须要权衡一系列个人、专业和组织上的义务与忠诚度（De Graaf，2010；O'Leary，2010）。假设一位公共管理者在其常务秘书的压力下（该秘书受到部长施加的压力）迅速实施了一项激进的改革方案，那么几乎可以肯定的是，这将导致那些重要的职位被外包、委托方产生失望情绪、忽视掉一些重要的公共利益。在这种情况下，公共管理者应该先向谁负责呢？我们又要重视什么样的道德责任呢？公共行政学的奠基人德怀特·沃尔多（Waldo，1988：103）区分出了公务员的12种道德义务，同时强调这些义务间并没有优先性（图9.2）。

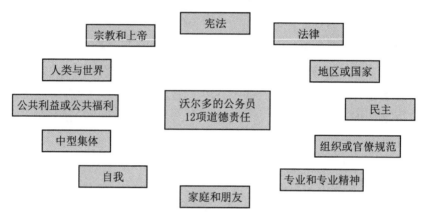

资料来源：经授权翻印自 O'Leary，2010：11。

图 9.2 沃尔多的公务员 12 项道德责任

可见，当两种或两种以上的义务及其配套的忠诚度发生冲突时，就会出现道德困境。这种困境往往超出了我们之前讨论的分析性和政治性的权衡的范畴。哈佛大学教授小约瑟夫·巴达拉克（Badaracco，1997：1）曾称其为著名的"关键时刻"：让管理者因"对与对"或"错与错"的选择夜不能寐。在这种情况下，公共管理者还有什么指望呢？

从形式上看，公共管理者的主要道德义务始终是"服从由选举任命产生的民主政权官员合议制定的法律和政策命令"（Dobel，2005：159）。然而，这种被动的、顺从的、超越道德的"官僚"概念长期以来一直饱受争议（Adams and Balfour，2009；Arendt，1963）。事实上，许多经典文献说明了一线工作者和基层官僚如何在工作中表现出巨大的灵活性和创造性（Kaufman，1960；Lipsky，1980）。一些人认为，宪法或"国内法"应该作为道德的指南针，以防行政命令违背重要的公共利益或普适的道德标准（Cooper，2012；Rohr，1992）。而其他人则认为，如果公共管理机构与缺乏职业道德的政治领袖打交道，那么公共管理者很可能会被迫变得更加激进，而且还容易产生"道德的异议"(O'Leary，2005，2010:8)。

9.2.3 公共管理者作为积极的道德代理人

同样，奥弗林(O'Flynn，2009:2)也认为，公共管理者不仅仅是传统官僚："公共管理者是一个积极的、有动力的代理人，而不是一个被动地执行其政治领袖意志的行动者。"因此，给高级公务员贴上"公共管理者"的标签不仅仅是一个职位或语义上的决定:它具有更重要的道德含义和价值含义。公共管理者不仅仅是忠诚、合法和中立的政策执行者，他们还是公共价值的共同创造者(Moore，1995，2013)。

这样一个公共管理者的概念是不是"完全积极的"，环境又是不是真的允许他们共同创造价值呢? 其实人们的观点截然不同。尽管政治家和公共管理者在跨界协作时可能会越来越多地共享价值观(Demir and Nyhan，2008；Van der Wal，2014)，但我们也会看到，由于角色概念的模糊以及双方的自卫反应，冲突也会出现得更加频繁(Bekker，2009；'t Hart and Wille，2006)。一些人甚至认为，如果公共管理者开始独断地定义政策框架，那么他们的政治中立性便会受到损害(Rhodes and Wanna，2007)。此外，目前公认的政治现实距离横向平等关系的建构还很遥远，忠诚和服从往往都是政治领袖强制要求的。

9.3 体现道德复杂性的三个领域

上述观察引出了本章的第二部分，我们主要讨论 21 世纪中三个关键管理领域的道德复杂性。第一，在政治-行政关系方面，在需要适应能力、协作能力和企业家精神的时代，我们期望公共管理者具有政治敏锐性，但他们的工作环境却迫使他们保持政治中立状态。第二，复杂性会出现在人力资源管理和多样性管理领域，并且包括这种多样性对管理者普遍的忠诚、义务和耐力所施加的压力。第三，社交媒体和大数据催生的新行为让人们产生了各种道德推测，例如在办公时间以外管理(在线)行为,以及在匿名检举和公共部门越来越多使用承包商的时代更新道德和隐私准则。我们在后文中提供了一些示例来说明各国政府是如何应对这些道德复杂性的。

9.3.1 不道德行为的类型

在我们深入探讨这三个道德领域之前,要先了解专栏 9.2 概述的公共部门传统的十种不道德行为类型(Huberts and Lasthuizen, 2014)。本章其余部分也将会沿着这十种不道德行为展开。公共管理者总会以受贿者、裁定者、调解者或犯罪者的身份遇到这些行为。实际上,其中的许多行为已经存在了数百年,并将继续持续下去。不过,对于 21 世纪的公共管理者来说,有趣的是哪种类型的问题会变得重要;对管理者的新要求将如何塑造这种行为的性质和发生频率;是否又会出现全新的问题行为类型;以及我们要如何有效解决它们。随着社会规范的变化,对不道德行为的定义也随之改变。例如,20 年前人们觉得没有恶意的笑话,现在就可能被视为是不道德的。

专栏 9.2　十种不道德行为

1. **腐败：收受贿赂**

   滥用(公共)权力谋取私利：索要、提供、接受贿赂。

2. **腐败：徇私枉法(裙带关系、任人唯亲、赞助)**

   滥用权威或职位为家庭(裙带关系)、朋友(任人唯亲)或政党(赞助)谋取私利。

3. **资源欺诈和偷窃**

   在没有外部人士参与的情况下,从组织或从同僚和公民那里获得不当的私人收益。

4. **"礼物"引起的(私人和公共)利益冲突**

   由于接受了礼物、服务、资产或做出了承诺,进而干扰(或潜在干扰)了个人利益与公共或组织利益。

5. **副业活动带来的(私人和公共)利益冲突**

   管理者在组织外部从事的工作或活动,干扰(或潜在干扰)了个人利益和公共或组织利益。

6. **滥用职权**

   使用非法或不当手段或方法来实现组织目标(有时是出于"高尚的事业")。

7. **滥用和操纵信息**

   有意或无意滥用(访问)信息,例如作弊、违反保密规则、破坏信息保密性或隐藏信息。

8. **对同僚、公民和委托方的不妥待遇**

   难以接受的待遇不仅包括(基于性别、种族、性取向或其他类型的)歧视、恐吓和性骚扰等,还包括一些其他不当行为,例如霸凌、纠缠、说闲话。

9. **浪费和滥用组织资源**

   不当操作、内部行为失常或不遵守组织准则。

10. **私人时间的不当行为**

    在私人时间进行的行为会损害人们对(公共)组织的信任。

资料来源:Huberts and Lasthuizen,2014:120。

我们还应该注意到一个因素,那就是公共管理者所在的国家和部门环境。处于发展中国家的公共管理者更有可能优先处理系统性和普遍性的腐败、裙带关系、庇护和欺诈行为,而相对富裕、廉洁的国家则可以用更多时间来了解性恐吓、歧视、职场欺凌以及公职人员在(虚拟)私人时间的不当行为(Graycar and Prenzler,2013;Van den Heuvel et al.,2010)。根据环境的不同,公共管理者进行诚信管理的关注元素也不同——例如,要更多地关注服从性和压制性,而不是教育和意识(Karssing and Spoor,2010;Maesschalck,2004;Paine,2000)。

9.3.2 道德领域1:政治-行政关系

韦伯式的公共管理一向主张要使公共服务趋于稳定、专业、基于证据且有效率,那么就必须做到去政治化和专业化。传统上,政治中立是公共部门道德价值的核心内容(Witesman and Walters,2016)。不过,在现实生活中,尽管许多公共管理者可能会尝试不站政治立场,但是他们也知道如果自己不参与到政治中,就什么也做不了(Moore,2013;'t Hart,2014a)。的确,公共管理者的工作无疑是政治性的:"了解情况,剖析问题,给出论据,进行谈判,战略部署和施加影响等一系列过程"是他们必不可少的工作内容(Alford et al.,2012:3)。

公共管理工作需要在政治上具备敏锐性——也就是说,"要能够在涉及不同的、有时相互竞争的利益和相关者的情况中,运用政治技能来达成紧密的利益联盟和(或)一致同意,从而实现目标"(Hartley et al.,2013:17;Hartley et al.,2015)。政治敏锐性并不一定意味着公共管理者会采取轻率行为或会为了个人获利。实际上,保持敏锐政治头脑的要点在于管理者能够确定政治-行政的边界,并且能辨别自身可以在多大程度上跨越这种界限且不会违反道德框架或危害职业生涯(Hartley et al.,2013:73;Hartley et al.,2015:195)。

专栏9.3展示了公共管理者为公众利益服务时,在政治问题交涉和管理上所遇到的一些困难。

专栏 9.3　英国对行政咨询的政治干预

Keeping Kids Company(前身为 Kids Company)是一家英国慈善机构,为大约3.6万名弱势城市青少年提供救助支持。该机构的运行一直十分依赖公共资金。2015年6月,尽管当局担心慈善组织可能出现管理不善的问题,但仍给予了该机构300万英镑的资助。白厅的官员其实并不建议支付这笔款项,但这些意见却遭到了议政大臣的回绝。可是,该慈善机构还是在数月后倒闭了。

此后,公共管理委员会批评了慈善机构的过度政治化。据委员会声称,议政大臣们不仅在提供补助金时无视公务员的建议,而且本来也不应该参与这些决定。据称,该慈善机构的负责人获得了包括首相在内的各种知名政客的支持。因而,他们在这件事情上没有做出公正的裁决。委员会的结论是:"议政大臣不应该允许慈善机构的代表以一种不道德的方式利用他们进入政府。"尽管他们受到警告,说这些补助金发放是不可靠且无效的,可这家慈善机构收到的捐赠款还是远远超过了其他慈善机构。大臣们在未经充分审查的情况下,在13年的时间内竟给出了

4 000 多万英镑。

这个案例展示了公共管理者在协调与政治家的关系时所面临的困难。政治敏锐性如何能帮助管理者更好地与非中立的政治人物建立关系？行为守则是否充分划定了公共管理者在参与政治中不得逾越的界限？公共管理者需要精通哪些技能才能具备敏锐性？人力资源管理的含义是什么？在什么情况下应该采用政治敏锐性？

资料来源：BBC，http://bbc.co.uk；ITV，http://itv.com；*The Guardian*，https://the-guardian.com；*The Telegraph*，http://telegraph.co.uk。

事实上，公共管理者需要具备政治敏锐性，以防止自身卷入第二类（任人唯亲）和第四类（因接受礼物或做出承诺而导致的公共和私人利益冲突）不道德行为中。在对澳大利亚、英国和新西兰高层公共管理者的采访研究中，如专栏 9.3 所述，参与者表示他们总是被要求抵制政治家施加的压力。一个经常被其提到的示例是，政府总会以公众或内部审计无法接受的方式批准支出（Hartley et al.，2013）。这些管理者讲述了他们的"个人焦虑和自身智慧"，包括他们管理政治压力的丰富经验知识（Manzie and Hartley，2013：35—39）。

同样，鲍曼等人（Bowman et al.，2016）也强调，现在的公共管理者比以往任何时候都更需要具备政治技能，使其自身能够恰当地、创造性地度过各种变革。新的公职人员指导方针和培训方案必须要关注这些技能，以及在决策过程中多种利益相关者带来的紧张局势。专栏 9.4 提供了有关这种道德准则的两个示例。

专栏 9.4 英国和挪威的政治压力管理指南

在英国，最近颁布的法规为缓解利益冲突提供了指导方针。例如，公共管理者被建议不要与个别政治家建立高度的个人关系。他们还被建议不要试图出个人动机对政治家施加影响，并要向有关当局报告政客采用违反政策程序试图对他们施加压力的任何行为。

挪威政府的《行政领导指南》同样为管理政治冲突提供了一些指导。其中规定，公共管理者必须确保决策是基于专业和法律的合理论点之上，并考虑到了公众当前和未来的需要。此外，在管理政治家的短期政治收益和长期政策目标时，公共管理者有义务向政治家强调这两者间可能出现的潜在冲突。此外，管理者还需要采取批判性分析，提出建设性的反驳意见，审查替代性的解决方案并进行影响评估。

资料来源：Local Government Staff Commission for Northern Ireland, http://lgsc.org.uk；Regjeringen, https://regjeringen.no。

显然，在利益相关者日益多元性和跨部门协作不断增加的时代，公共管理者必须与他们的政治领袖在双方适当边界的问题上，共同建立一个新的理解基线。

9.3.3 道德领域 2：人力资源管理和多样性管理

世界经济合作与发展组织 2015 年的一项调查凸显了公共部门多样化增加的现实。例如，在许多欧盟国家，女性的政治参与程度远远超过男性，虽然这种参与主要集中在某些职业群体当中。在未来的几年里，劳动力在年龄、性别、民族血统、宗教、残疾状态和性取向方面多样性将逐步强化。理想情况下，如果管理得当，那么每位员工都会为组织带来各自的背景、知识、技能和胜任素质，从而使公共服务增值(OECD, 2015：8, 10)。

然而，要做到良好管理绝非易事，更不用说促进多样性的发展。这是因为新面孔、新文化和新习惯给员工关系和道德义务增加了额外的负担。因此，公共管理者现在需要面对一个更复杂的人事环境(Lewis and Gilman, 2005：238—239)。而且，多样性是一回事，但(对价值观、焦虑、观点和声音的)包容性又是另一回事。

不受管理的多样性问题分散了员工对绩效的关注，从而导致生产力的下降和离职的发生。如果通过提高职场公平性、经济机会和社会平等性来扩大劳动力的多样性，或许会带来道德收益(Riccucci, 2002, 2009；Wilkins, 2006, 2008)。不过与此同时，公共管理者也可能难以维持清晰的道德准则和专业标准，因为新员工群体的忠诚度是模棱两可且多层次的(Caiden, 2001；De Graaf, 2010)。所以，应对这一挑战需要额外的管理技能(Lewis and Gilman, 2005：2403；Rabin, 2003；

347)。下面,让我们更仔细地看看各种多样性带来的挑战及其造成的困境。

9.3.3.1 代际的多样性

纳克等人(Ng et al., 2012)在一项关于管理新工作的研究中,探寻到了千禧一代的某些人格特质和行为方式。这包括更高程度的个人主义、自恋、权利意识、抵触批评、缺乏团队合作能力以及轻视职业道德。"老一代人适应职场,但千禧一代却希望职场能适应他们"(Cushman and Wakefield, 2014:5)。而且,这其中的一些性格特征还似乎与公共服务精神中长期具有的利他性和内在性特征背道而驰(Van der Wal, 2015b)。实际上,一些学者甚至认为新一代公务员的公共服务精神正在"减弱"(Lyons et al., 2006:9)。

管理这些新员工的道德问题会给公共管理者带来很多问题:

- 虽然千禧一代或许会致力于改善社会福利,但他们的个性特征是否削弱了其在公共服务领域中这样做的能力呢?
- 公共服务的传统价值观是否与千禧一代公务员的个人主义相冲突呢?
- 公共管理者如何在不损害公共部门精神实质的前提下,重塑公共服务品牌以吸引千禧一代?

9.3.3.2 性别和性取向的多样性

在大多数国家,公共部门历来都是男性主导的;因此,随着时间的推移,公共部门在管理方面形成了"传统男性标准"和期望(Porfon, 2013:21)。许多人认为,官僚机构天生就具有性别特征或男性化特征,女性在职业发展中总处于劣势地位(Britton, 2000:430; Kelly and Newman, 2001:20; Williams et al., 2014:53; Acker, 1990)。

组织内的性别问题既包括人们对其理解的有限,还包括基于性别的不同程度的不当对待。这种情况有时会导致第八类不道德行为的发生,如专栏9.2所述,即"对同僚、公民和委托方的不妥对待"。最近,基于性别认同和性取向的歧视已经成为公共管理者面临的一个问题,即使是在看似宽容和自由的环境中也是如此(Lambda and Deloitte, 2006; Legal Transgender Law Center, 2009)。这些歧视包括拒绝给予相关人士就业或晋升机会、解雇他们、对其进行语言和身体骚扰(Burns et al., 2012:6—8)。公共管理者必须努力地促进社会形成一种新的组织文化,使其能为所有人提供有利的工作环境,并克服公共组织中对性别或性取向的结构性偏见。专栏 9.5 阐明印度变性人获得公务员服务岗位方面最新的法律转变。

专栏 9.5　印度的性少数群体(LGBTQ)公务员

2013 年 12 月,23 岁的印度变性妇女斯瓦普娜(Swapna)获得了参加泰米尔纳德邦(Tamil Nadu)公务员考试的资格,法院下令允许她可以在考试申请中选择自己更改的性别。这是一项史无前例的壮举,因为她花了两年的时间并动用了抗议手段和法律手段,才被承认为女性而不是第三性别。此后,她将目光投向了要加入中央政府的期望上,希望能够在负责公务员考试的机构中申请到一份公共服务工作。

资料来源:Al Jazeera, http://aljazeera.com; *The Guardian*, https://theguardian.com。

9.3.3.3　宗教的多样性

宗教歧视也已成为一个新的道德管理问题,其增长速度甚至快于性别和种族歧视。2011 年,美国平等就业机会委员会(Equal Employment Opportunity Commission)披露,2001 年以来的宗教偏见投诉每年都会翻一番。欧洲国家也有类似的发展趋势(Amnesty International,2012)。而其他地区的许多国家甚至还没有开始充分记录这类问题。宗教歧视到底是公开的还是隐蔽的,又或者到底是不是"真的",这其实都不重要;对公共管理者而言,重要的是员工对歧视的感知如何。因为这些看法会对人事招聘、组织文化、薪酬待遇、工作承诺和员工关系产生负面影响(Messara,2014:64,Ensher et al.,2001:56—57;Triana et al.,2010)。

此外,公共部门工作人员越来越丰富的宗教多样性可能会给公共管理者带来额外的挑战,即他们要确保工作人员首先会根据机构的使命履行道德义务,而不是以"上帝"、家庭、宗族或个人信念为先(回想一下沃尔多所述的 12 项道德责任)。

事实上,宗教信仰很可能跟随员工一起进入工作环境当中,并且可能与传统中立、公正的公共服务价值观相冲突。一个范例便是那些有着正统基督教或伊斯兰教背景的公务员即使在法律允许的情况下,也会拒绝和同性进入婚姻。很多时候,公共管理者可能会找到内部管理此问题的方法(Menzel，2012)。然而，独断的个人也越来越有可能在办公室里推行个人的宗教信仰，从而给公共管理者制造困境(Messara，2014:61)。专栏 9.6 描述了纽约市长比尔·德布拉西奥(Bill de Blasio)是如何解决批准非传统宗教假期这样一个难题的。

专栏 9.6　公职人员的宗教假期？

鉴于伊斯兰教是纽约市发展最快的宗教这一事实，市长比尔·德布拉西奥将开斋节(Eid al-Fitr)和宰牲节(Eid al-Adha)这两个主要的穆斯林圣日纳入学校日历，这是处理拥有众多穆斯林人口的西方国家的热点问题的方式之一。德布拉西奥在一篇推文上解释说，这是城市多样性增强所导致的变化。

这一举措受到了牙买加穆斯林中心等机构的欢迎，其中一名办公室协调员声称，正如基督教和犹太的节日一样，"他们正在休假，我们也应该休假——每个人都应该休假"。

然而，承认这种非传统宗教节日并将其扩大到职场是具有挑战性的。许多国家的公共管理者和政治家都在为这个问题而努力。那么公共管理者到底应该在多大程度上适应宗教需要及其价值观呢？

如何在不影响工作流程和人员配备的情况下确保对其他信仰的公平对待？选择了最具包容性方案的国家之一便是具有多元文化的新加坡，该国宣布基督教、印度教和伊斯兰教所有主要的节日都是人们的公共假日，对公务员也是如此。

资料来源：*The Guardian*，https://theguardian.com；*The Humanist*，https://thehumanist.com。

从道德上管理劳动力多样性呈现着道德复杂性的所有特征，因为我们不可能取悦(从强硬的精英主义者、世俗论者，到极端自由主义者、进步主义者的)所有利益相关者和相关受众。在许多国家特有的两极分化氛围中，任何失误都可能会产生残酷的影响。专栏 9.7 讨论了新西兰和澳大利亚管理劳动力多样性的两个指导性示例，它们至少在纸面上采取了相当宽容的国家立场。

专栏 9.7　新西兰和澳大利亚多样性管理指南

新西兰人权委员会制定了一项管理宗教多样性的准则，在各个领域实施了良好举措：节假日——允许员工申请休假；着装规范和外观——按照宗教信仰着装的要求应得到合理的满足；祈祷时间和设施——应认真考虑设施的提供；以及宗教禁忌行为——应由雇主和雇员共同设法解决，并在谈判雇佣条款时达成协议。

在澳大利亚，许多公共机构现在都有一名职场多样性协调员，主要负责了解员工的多样性要求，推动职场多样性问题纳入人力资源政策和实践，并促进员工对多样性问题的认识。西澳大利亚州的公共部门委员会甚至开发了一个劳动力多样性规划工具箱，其中包括一个样本多样性问卷（以便公共管理人员收集数据，为政策提供信息）、一个劳动力和多样性行动计划模板（以确保在计划中含纳关键要素），以及劳动力规划和多样性评估工具（用于评估优势和需要改进的领域）。

资料来源：Commonwealth of Australia，2001；Morris，2011；Public Sector Commission (Western Australia)，https://publicsector.wa.gov.au。

9.3.4　道德领域 3：社交媒体与大数据

技术革命给公共管理者带来了各种新的道德问题：社交媒体背景下公共和私人领域的模糊化，与大数据相关的隐私问题，匿名检举的出现以及人们对透明度越来越高的要求。

9.3.4.1　数字媒体与公私领域的模糊性

新媒体已经"彻底改变了公共和私人领域"（Bratton and Candy，2013：177；Lewis and Gilman，2005：91）。它们让公务员越来越"知名"，也越来越脆弱，这不仅是由于公务员本身在社交媒体上就很活跃，还因为公民扮演着记者的角色，他们会记录和发布政府官员不当行为的信息（Hoekstra and Van Dijk，2016：5）。与所有非道德行为一样，即使在被指控是错误的情况下，这种 21 世纪的公民行动主义也有着深远的影响。因为信息一旦上线,就可能会永久保留在系统中,全球的观众永远都可以进行访问(Hoekstra and Van Dijk,2016:5)。

公私领域的界限模糊导致了公务员隐私权和公众知情权之间不可避免的冲突(Lewis and Gilman,2005:91)。随着言论自由权与"受约束"之间的冲突日益增加(Hoekstra and Van Dijk,2016:6),公共管理者需要始终如一地、谨慎地约束自己私人时间的行为,并向公众进行解释。专栏9.8就讨论了最近两次公务员在公共服务精神隐含的职业限制范围内,努力行使其公民自由权的案例。

专栏 9.8　巴基斯坦和澳大利亚的数字疏漏

近年来,在许多国家和地区,我们目睹了数十起因为公务员的网上行为而引发的法律案件。

2015 年的巴基斯坦,当时刚被任命为石油和天然气监管局长官的努鲁尔·哈克(Noorul Haq),由于在社交媒体上发表言论而对自己的工作产生了负面影响。在一系列职位的任命问题上,哈克批评了政党和军队。于是,伊斯兰堡高等法院因他在推特和脸书上发表的言论违反了其非政治地位,而提出了一项不当行为的指控。

2013 年,澳大利亚一家法院批准解雇一名公务员,原因是她在推特上发表了对澳大利亚移民拘留政策的批评言论。她没有透露自己的姓名或工作范围,只是用了昵称@LaLegale。她平时还经常在推特上发表针对有关部门的批评意见,并由此在推特上获得了 700 名粉丝。在法庭上,法律专业毕业的班纳吉(Banerji)女士陈述了自己的观点,并辩称:"很明显,这些观点只是我在工作之余发表的一种简单政治评论。此外,抱有这种'公职人员没有遵从主流政见'的看法,本身就侵犯了宪法规定的政治传播自由。"但最终,班纳吉输掉了官司,理由是这些言论权利在公务员合同中并非没有限制,因而不允许她违反雇佣合同的规定。这一结果表明,公务员即使在私人时间里也不享有与其他公民相同的权利。

这些案例表明,社交媒体的确对公务员保持政治中立和公平公正的能力提出了新的挑战。社交媒体的广泛性、即时性和持久性,意味着在其上夸夸其谈会让公务员陷入困境。而且,推特等社交媒体网站授予用户的匿名性,也没能给予公务员随意发言的自由，同样不能免除他们的公正责任和无党派责任。

资料来源：*Dawn*，https：//dawn.com；Public Service Commission of Canada，http：//psc-cfp.gc.ca；*Sydney Morning Herald*，http：//smh.com.au。

当然，不同司法管辖区的违法后果不同。不过，不论是在哪个国家，公务员因数字疏漏而受到纪律处分、解雇或迫害的现象比比皆是。这再次表明，公共管理者在强调和实施其职业约束的过程中，包括其在上下层协作制定指导方案、分析现实生活案例以提高对员工的认识方面，都表现得不够细心谨慎（Kaptein，2011，2013）。

如今，各个国家已经着手在为公务员制定社交媒体指南，其中有些方案确实详尽实用。例如，荷兰国家廉政办公室最近制定了一份题为《天堂与地狱的结合：公共部门中的诚信和社交媒体（2016）》[*The Marriage of Heaven and Hell. Integrity and Social Media in the Public Sector（2016）*]的详细政策文件。此外，英国公务员系统也为公职人员提供了社交媒体指南。据内阁办公厅前部长弗朗西斯·莫德（Francis Maude）称，数字空间为利益相关者的参与提供了益处，也给公务员带来了更大的管理责任。因为来自公众愈发严格的监督，要求公务员在数字领域的道德操守水平与在"现实世界"中保持一致（Cabinet Office，2014）。专栏9.9给我们展示了不同国家的示例。

专栏 9.9 公务员的社交媒体指南

2010年，澳大利亚政府将网络媒体的参与指南纳入其行为准则当中。其中重申，管理其他形式公众评论的原则同样适用于在线公众评论。并且强调了一些其他因素，比如在线交流的速度、范围、持续性、可复制性、未预期的接收者的问题以及误解的可能性。

指南中的一些要求包括：

● 礼貌和尊重的行为；

● 适当处理信息，并认识到某些信息需要保密；

● 适当利用政府资源；

● 采取措施以减少利益冲突；

- 以公平、有效、公正和礼貌的方式提供服务；

- 遵守公共服务价值观，维护公共服务的诚信和良好声誉；

- 停止可能引起对公务员非政治性、公正性和专业性的关注的一切行为。

英国在 2014 年推出了社交媒体指南。该指南承认数字媒体工具在加强公务员工作及保持诚信方面的价值，其内容包括：

- 未经必需的授权不得披露任何信息；

- 在没有必需授权的情况下，谨慎地就政府政策和做法发表意见；

- 不要对政治上有争议的事项发表评论；

- 不要进行人身攻击或发表有攻击性的评论。

南非、马耳他和孟加拉国分别在 2011 年、2015 年和 2016 年推出了社交媒体指南。孟加拉国对公务员开设个人账户的建议如下：在网上展示出负责任的行为，在选择和公布材料的内容时要谨慎，避免不必要的标记和引用。

资料来源：*Prothom Alo*，http://prothom-alo.com；UK Government，https://gov.uk；Australian Public Service Commission，http://www.apsc.gov.au；*The Independent*，https://independent.co.uk。

9.3.4.2 大数据和隐私侵犯

公共部门推动的创新举措越来越受到社交媒体和大数据的推崇，它们往往被看作一种革命性的、颠覆性的现象（Gordon，2015：6；Mayer Schönberger and Cukier，2013）。大数据"以惊人的速度和几乎可以忽略的成本，提高了对从前难以想象的大体量数据的收集、存储和分析能力"，为公共管理者在价值创造方面提供了重大机会（Tene and Polonestky，2013）。例如，大数据有助于在教育和健康领域进行有针对性的干预，有利于为低收入和得不到服务的社会阶层提供就业机会（Ramirez et al.，2016：5—6）。管理者越来越多地使用大数据分析来高效地使用财政，在向公众提供数据的同时也揭发欺骗行为（Gordon，2015）。

然而，对于公共管理者来说，为了公共利益利用这些技术存在哪些道德复杂性呢？如果这些创新的做法导致个人隐私权遭到侵犯该怎么办？事实上，真正的挑战在于我们要在透明、可追责、安全、可及性和隐私等关键价值之间找到平衡。"开放政府"的要求增加了政府的信息披露程度，同时也增加了人们对公民个人信息的大量访问途径(Mulgan，2014)。采取可重复使用的数据公布形式似乎没有暴露个人信息或已经将其匿名化，但这也会引发严重的隐私问题。

将这些数据集与其他数据结合使用，便会产生严重的隐私风险。这是因为高级算法可匹配各种数据集并识别出特定的个人；重新识别技术使数据匿名化所提供的隐私设置变得没有意义(Ohm，2010:1704；Scassa，2014:398)。通过企业开发的数字工具进行数据访问的普遍现实也让问题变得更加复杂化(MacKinnon，2012)。对于公共管理者来说，真正的难题在于如何在使用政府和企业均易获得的信息时保持克制。专栏 9.10 强调了其中的一些隐私问题。

专栏 9.10　窥探私密的澳大利亚和美国公务员

公务员因窥探公民的私人数据而被抓获的事件，展现了政府汇编大数据可能导致的一些潜在的隐私泄露问题。美国广播公司(ABC)2010 年的一篇文章披露，澳大利亚有超过 1 000 名医疗保险雇员因未经授权就访问了客户的个人数据而受到调查(尽管事实上，其实 30％的人一直在看自己的档案)。此后澳大利亚隐私基金会(Australian Privacy Foundation)一直感叹，政府需要采取更多措施来确保人们的隐私得到保护，并指出这样做的法律和道德原因。

同样，2008 年，美国一位无聊的前国务院分析师在弗吉尼亚州面临牢狱之灾，因为他窥探了大约 200 份护照记录，其中包括贝拉克·奥巴马、约翰·麦凯恩(John McCain)以及许多名人、运动员和商人的记录信息。他是通过国务院的护照信息电子记录系统访问的这些数据，该系统包含数百万美国护照持有者的信息。

该案例说明，在一个可供大约 2 万名员工使用但却没有指导行为的政策、程序、准则或培训的系统中，存在着滥用公民个人信息的巨大可能性。基于此类事件的发生，对于公共管理者应采取什么样的措施以更好地保护个人数据、有效发现员工此类不当行为，人们提出了相关疑问。此外，鉴于政治家往往缺乏制定措施和进行立法的技术技能(有时还缺乏耐心和兴趣)，公共管理者在评估系统脆弱性以及向其政治领袖、立法者指出这些漏洞的事项上，将面临越来越大的责任。

资料来源：ABC News, http://ABC.net.au/News/；The Register, http://The Register.co.uk。

　　另一方面,公共管理者可能会卷入不得不以损害个人隐私的代价来保护公众安全的情况,例如有恐怖主义分子的时候,再比如美国科技企业和政府官员在访问加密通信设备和技术方面的各种法律冲突。公共管理者如何平衡透明度、可追责性、安全性、隐私权等相互竞争的利益问题? 目前,大数据和大数据分析协议的使用指南仍处于早期阶段。但公共管理者已经面临的一个主要问题是,如何抢先有效地理解和使用丰富的数据源。

9.3.4.3　提高透明度和匿名检举

　　"透明的新时代"与公众对政府机构的信任度下降现象相互冲突(Brown et al.,2014:31)。对公共管理者来说,一个特别复杂的发展现状是匿名揭发者和"黑客"的出现。检举是指"(以前或现在的)组织成员向可能采取行动的人士或组织披露其雇主的不道德或非法行为"(Anakin et al.,2008:8)。

　　检举(包括对不道德行为的普遍举报行为)长期以来给公共管理者造成了困境,使得他们必须在同事关系、组织士气和组织声誉、决策审慎性与透明度、问责制以及不道德行为举报需要之间寻找平衡(Brewer and Selden,2000;De Graaf,2010,2016;Miceli et al.,2008)。有一些人认为,检举行为本身可能就是不道德的(Davis,1996;Hoffman and Schwartz,2015;Lowry et al.,2013)。另一些人则认为,这是揭露公共领域不法行为最重要的机制。

　　近年来,技术的发展降低了信息披露的成本和复杂性,同时显著提高了其匿名性(Reitman,2011)。此前,举报人必须要先确认对接的新闻机构或记者能够保护自己的身份,才能进行揭发。而且,就算信息被匿名披露成功,也未必能实现广泛的传播(Joyce et al.,2010)。但是现在,维基解密(WikiLeaks)、美国地方解密(LocalLeaks)、俄罗斯罗斯皮尔(Rospil)、半岛电视台(Al-Jazeera)透明度部门以及一系列"无国界的新闻组织"(Lang,2010)都认可了匿名检举行为,这让检举者不再需要小心翼翼地寻找记者或担心传播的广泛性。

　　上述这一切都对公共管理者在处理与媒体工作人员的关系和获取信息方面产生了重大影响(Brown et al.,2014)。如果这些员工是(临时)承包人或兼职员工,并且每个人都属于不同的法律雇佣制度下,那么问题就会更加严峻。专栏9.11 介绍的著名的斯诺登案,就描述了公共管理者因匿名检举而面临的一些价值冲突。

专栏 9.11　美国头号通缉检举者

爱德华·斯诺登是美国历史上最著名的检举者之一，其知名度仅次于丹尼尔·埃尔斯伯格(Daniel Ellsberg，五角大楼文件)和布拉德利·曼宁(Bradley Manning，维基解密)。斯诺登经常被称为"美国头号通缉犯"，他曾供职于博思艾伦公司(Booz Allen Hamilton)，是与美国国家安全局(NSA)签订合同的基础设施分析师。2013年6月，他向《卫报》记者披露了美国国家安全局监视活动的机密信息——用斯诺登的话说，这是"人类历史上最大的无嫌疑监视计划"，其程度甚至超过了"最极权主义的国家"。斯诺登担心，如果他把这些信息提交给国会，自己就会被判入狱。

有的国会议员称他是一个叛徒，应该受到法律的全面制裁；而他的支持者则认为，他的揭露行为让一场有关安全与隐私平衡的全球性对话拉开帷幕。与此同时，在2015年的一项象征分水岭的判决中，美国上诉法院将大规模汇编电话元数据的行为裁定成非法性质。此举为针对国安局的法律行动打开了大门。

哈佛道德中心(Harvard Center for Ethics)的芭芭拉·雷德曼(Barbara Redman，2014)强调了本案例的两个道德问题。首先，既然公务员的职责是为公众服务，维护公众的自由、利益和整体性公共利益，那么其首先应该忠于公众。其次，斯诺登的"非暴力反抗行为"可能被一些人认为是一种受约束的道德权利。斯诺登本人认为："当法律不再反映其所统治的社会道德时，人们就有道德义务采取行动。"因而，如果公务员组织的行为无法反映社会的道德结构，公职人员是否就应该进行揭发呢？

同时，本案例也说明了公共管理者越来越多地使用承包商的问题。美国全国广播公司(NBC)的一篇新闻报道称，斯诺登的安全级别过高，使得"他的行为基本上未经审查"。这里面便有几个问题和困境存在。公共管理者如何加强内部检举机制，使组织避免外部检举带来的尴尬和丧失颜面？公共管理者又应如何在保密和透明之间取得平衡？斯诺登案对未来工作人员的招募和管理有何影响？

资料来源：*The Guardian*，https://theguardian.com；Business Insider，https://businessinsider.com；*The Telegraph*，http://telegraph.co.uk；ZDNet，https://zdnet.com；Harvard University Center for Ethics，https://ethics.harvard.edu；*Stanford Daily*，https://stanforddaily.com；Whistleblowing Today，https://whistleblowingtoday.org。

大多数政府都制定了检举政策和相应规定,包括检举程序、检举网站以及负责的保密官员(通常是独立的和外部的),并在纪律和刑事调查中向举报人提供法律保护(Tak,2013)。但是,除了极少数例外,这些政策基本都是"纸老虎",无法完全保护举报人免受各种形式的报复。或许美国的《萨班斯-奥克斯利法案》(Sarbanes-Oxley Act)是例外情况之一(Miceli et al.,2008)。

21世纪的管理者面临的各种挑战以及政府最初的监管措施和行为对策表明,公共管理者在道德引导和确保员工、利益相关者行为适当等方面遇到的困难越来越大。本章的最后一部分将讨论公共管理者应如何管理和减弱道德复杂性、如何鼓励产生道德行为的问题。

9.4　有效的道德管理

如本章前几节所示,为道德管理量身定制有效的解决方案绝非易事。不过,我们已有充分的依据表明什么是有效的方案、什么是有害的规定。事实上,关于腐败控制、廉洁管理、道德领导、道德风气和道德表现已有大量的文献(Bowman and West,2015;Cooper,2012;Huberts,2014;Kaptein and Wempe,2002;Klit-gaard,1998;Lawton et al.,2013;Menzel,2012;Paine,2000;Treviño et al.,2000)。在此,我们将根据本章详细介绍的紧迫性道德问题,重点关注与公共管理者相关的内容。

9.4.1　有效管理道德：硬控制与软控制相结合

道德管理和诚信管理的研究对比了管理者可以寻求的两种可行策略:"基于顺从的方法"与"基于诚信的方法"(Maeschalc,2004,Paine,1994)。基于顺从的方法强调(自上而下)实施那些旨在防止不顺从行为、促进合规行为的规范和条例,例如内部监督、控制和制裁。这种"硬"策略往往假设员工是不可相信的,并认为他们的行为需要监管和强制。相关规则文件包括申报资产、活动和利益的规定,对员工的筛选规则，针对腐败的刑法典，以及广泛的纪律制裁程序（Van der Wal et al.，2016：3）。

基于诚信的方法强调（自下而上）联合制定规则、内化组织愿望和价值观，并通过加强员工道德上的胜任素质和道德理性来促进道德行为。这一战略是建立在更为积极的员工形象基础上的。这是一种"软"方法，其特点是共同制定道德规范、道德教育、意识训练以及"价值观大讨论"（Van der Wal et al.，2016：5）。

如前所述，许多政府正在修订现有的准则、守则或者制定新的方案，以应对新出现的道德挑战。然而，我们从已获证据中得知，这些准则、规则和指导方针其实只能起到有限的作用（Huberts，2014；Kaptein，2011），特别是在普遍存在的系统性不道德行为环境中。根据本章所讨论的新兴道德困境和违规行为以及对道德行为的全新期望，可见道德意识、"可讨论性"、培训和领导力对于加强员工的道德上的胜任素质至关重要。

来自澳大利亚、新西兰、新加坡、中国香港和荷兰等国家和地区成功机构的经验表明，合并这两种策略是最有效的（Hubts，2014；Lawton et al.，2013；Quah，2015）。在此基础上，卡辛和索尔（Kassing and Soor，2010）提出，公共管理者应在道德管理中采用沉积观点的方法，即让其中一种方法为另一种方法提供基础，如图9.3所示。管理者需要确保诚信1.0（激励顺从性的基础结构）已到位的情况下，才

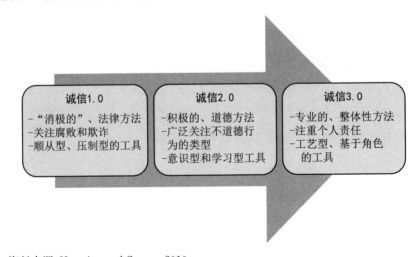

资料来源：Karssing and Spoor，2010。

图9.3 诚信 1.0、诚信 2.0 与诚信 3.0

能继续掌握诚信 2.0(道德自觉性及意识)。最终,他们的目标应该是达到诚信 3.0 的终极状态,让诚信作为一种不言而喻的职业责任贯穿于整个组织中(Van der Wal et al.,2016:1)。

9.4.2 管理问题和执行阶段

在腐败问题十分猖獗的发展中国家,公共管理者首先应该通过实行诚信1.0来整顿自己的机构,然后才能期望道德培训和员工意识的改变能够带来高回报。在高度非道德性的环境中,惩罚一些哗众取宠人物可以有效获得所需的支持;因为人们结构性思维的改变不仅与违法行为的频率有关,还与这些行为的社会接受度有关(Huberts,2014)。而在具有不同类型道德问题的发达地区,公共管理者则应优先考虑人们在价值观、困境和灰色地带等方面的持续对话。事实上,廉洁国家的成功案例表明,所处环境和阶段划分非常重要(Demmke,2002;Heywood,2012;Lawton et al.,2013;Quah,2015)。

然而,在从 1.0 转移到 3.0 的过程中,公共管理者应牢记"职业道德"提供的各类培训方案的效果是有限的,除非它们是有针对性的、可重复的并且属于大范围措施的一部分(Menzel,1997;Van Montfort et al.,2013)。此外,妄想众多机构的管理者不再需要给诚信政策和官员贴上标签,是十分幼稚的想法。在全球十多年的道德教育研讨会上,我从未见过一位管理者可以证明其机构达到了 3.0 的水平。因此,想让所有员工都能将诚信作为一种不言而喻的职业标准且人人都能做到,或许只是一种理想状态,而不是一种可达到的情况。

显然,在转化和实现政治与社会希望政府在"道德领域有所作为"的广泛要求时,公共管理者发挥了重要作用。在此过程中,他们必须规避四个关键性的实施问题(Hoekstra,2016;Van der Wal et al.,2016):

- 针对具体丑闻和主要参与者之间缺乏协作的现象而制定的孤立性、非综合性政策,导致了碎片化问题(Heywood,2012)。同时,各国强有力的中央反腐机构(通常被认为是"最佳"方法)在管理经验上也存在较大的差距(Quah,2011,2015)。

- 因为道德方案没有受到与其他方案政策相同程度的严控、评估或后续跟进,于是导致了执行力度不足的问题(Demmke and Moilanen, 2012; Huberts, 2014; Transparency International, 2012)。

● 随着时间的推移,战略纳入和战略淘汰之间存在失衡现象(Hoekstra and Kaptein, 2014)。发达国家的问题是,由于管理重点转向了诚信 2.0 方法, 因而会越来越少地使用风险分析和强制执行的策略。

● 财政紧缩措施会导致更多的诚信风险(Transparency International, 2012)。 人们对诚信的关注会产生波动。例如,备受瞩目的英国标准委员会(UK Standards Boards)由各种利益相关者组成,主要负责审查地方政府官员行 为(Cowell et al., 2011; Lawton and Macaulay, 2014)。在财政紧缩的浪潮 中,新政府一上台就把它废除了。所以一般来说,随着预算削减和改革带来 焦虑、怨怼和工作不安全感,诚信风险会同等增加(Hoekstra, 2016)。

9.4.3　制度化管理：非正式方法与正式方法

公共管理者将如何促进道德与诚信行为的结构和文化制度化并加以实施呢? 实质上,他们可以选择两种途径的组合:非正式或正式的制度化(Brenner, 1992; Van der Wal et al., 2016)。更隐晦和间接的非正式方法包括创建共同价值观念以 及通过评估来奖励"良好"的行为。这种方法的提倡者认为,正式的政策一般只是 象征性的空壳(Sims and Brinkmann, 2003)。此外,许多组织对正式方案的关注 和资源投入往往有限,这一现实也让一些人觉得必须更注重文化导向性的非正式 做法(Vitell and Singhapakdi, 2008; Weaver et al., 1999)。一些研究甚至在自上 而下的"强制"道德培训和不道德行为的数量增加之间建立了关系,认为员工一旦 接受了培训并被告知自身已具有较高的道德水平,便会感到自己获得了"道德许 可",反而会做出不道德的行为(Roberts, 2009; Yam et al., 2014)。

正式方法往往是明确的、直接的和显而易见的,并且旨在鼓励道德行为 (Heres, 2014; Hoekstra, 2016; Tenbrunsel et al., 2003)。这种方法强调制定支 持并内嵌道德行为的可持续结构与标准(Sims, 2003)。据伯曼等人(Berman et al., 1994)所说,正式策略的优点在于更容易被员工认识和理解。其他学者也强 调,包括定期衡量工具的有效性、对违规行为和调查进行登记等形式化措施,提高了诚信政策的效果(Van den Heuvel et al.，2002，2012)。

事实上,正如硬控制和软控制一样,公共管理者必须寻求正式和非正式制度的巧妙结合,而不是采用有偏向性的方法。表 9.2 列出了非正式方法和正式方法的优劣势分析,并提出了最大化发挥二者优势的行为策略。

表 9.2 道德的管理与制度化:非正式方法与正式方法的比较

方法	优势	劣势	管理者行为与策略
非正式	● 倾向于增强参与、认同和承诺。	● 可能会在管理层对待不道德行为和阐述期望的方式上,造成随机性、模糊性和偏袒现象。	● 管理者不应制止重复性沟通和非正式的实施标准。
	● 强调道德领导力、氛围和胜任素质,但不认为员工有不道德行为倾向。	● 可能在组织内形成相互冲突的道德亚文化。	● 管理者应始终如一地管理组织各部分的期望。
	● 提升"可讨论性",以及对困境和灰色地带的分享。	● 由于会有人认为指导方案和制裁是不必要的,而可能产生自满情绪。	● 管理者应让各类员工参与道德准则和价值观的起草与讨论。
正式	● 可能带来清晰性并引起员工的注意。	● 为了成为优秀专业人士,可能会产生道德上胜任素质发展的障碍。	● 管理者应明确阐述新政策的"原因"。
	● 有助于确保透明度、一致性和公平性。	● 可能会有意想不到的、适得其反的自满行为和"博弈"行为。	● 管理者应每隔几年进行一次严格的评估,如果发现方案有效性不足,则应进行更新。
	● 有助于内部(学科)和外部(司法)制裁。	● 可能产生恐惧性和报复性文化。	● 管理者应将外部监督制度化,以防止高级领导层有机会利用规则产生机会主义行为。

9.5　有效的道德领导

在对硬软策略进行动态结合时,公共管理者有时必须用到"一个唱白脸,一个唱红脸"的方法：在明确一致的道德原则后，如果有些行为有助于实现政策目标且没有违反这些基本原则，那么就需要灵活处置。不过这样一来，管理者也有可能面临被视为虚伪型或"中立"型道德领导的风险（Heres and Lasthuizen，2012；Treviño et al.，2000：137；Treviño et al.，2003）。事实上，公共管理者自身的行为方式（即"高层基调"）会极大地影响组织的道德风气。由于这会被视为领导在传递价值观、处事方式和期望（Ciulla，2004；Heres，2016；Schwartz et al.，2005），因而他们的行为往往比任何正式的指导方案或政策都更为重要（Downe et al.，2016）。

研究表明，道德领导至少限制了员工违反预期的行为，而且塑造了一种组织道德氛围（Avey et al.，2012；De Hoogh and den Hartog，2008；Lasthuizen，2008）。不同的道德领导方式会影响不同的行为方式：如道德角色塑造能够有效地减少不当的人际交往行为（见专栏9.2中的第8类）；又如通过奖惩更有效地防止与组织资源相关的违规现象，如第3类和第9类行为——欺骗、浪费、滥用和不当表现（Huberts et al.，2007，2008）。那么，公共管理者要如何开发他们自己的道德领导方式并让员工和利益相关者接受，甚至被视为楷模呢？

在一篇开创性的文章中，特雷维尼奥及其同事（Treviño，2000）认为，管理者要想被视为道德领导人，那他们不仅仅需要成为有道德者，更需要成为道德管理者。实际上，除了公平、诚实、细心和公正之外，管理者还需要在经常性沟通、强调和加强组织标准与规范的过程中，保持强硬、一致和清晰的姿态。在实践中，道德管理有三个关键要素：通过明显的行动进行角色塑造，奖励和训诫，有关道德和价值观的交流（Brown et al.，2005；Lawton et al.，2013）。公共管理者必须意识到这样一个事实，即他们发出信号的效果可能与预期的效果有很大的不同——坏榜样一旦树立，便几乎是不可能消除的。正如劳顿等人（Lawton et al.，2013：161）所言："不管有意还是无意，如果不道德的行为没有得到惩罚，或者是得到推动，甚至是奖励，则可能就会被看作可接受的行为而在未来重蹈覆辙。"

这听起来或许有些琐碎，但是公共领导者似乎确实总以为，正是因为他们献身于公共服务并相信自己展示了崇高的道德价值，他们的利益相关者和下属才自动将他们视为道德领导者。当然，在某些情况下，情况可能确实如此。例如想想那些有着传奇色彩的人物，圣雄甘地（Mahatma Gandhi）、马丁·路德·金（Martin Luther King Jr.)或纳尔逊·曼德拉(Nelson Mandela)。虽然公共管理者不像这些政治领袖和公民领袖那样在聚光灯下工作,但他们也会在机构内外被视为榜样。此外,由于管理者还承受着本书描述的那些要求,他们也将更多地受到公众的审视。

公共管理者如果不提高个人道德标准,充其量只能被看作道德中立的领导者。相反地,如果他们强硬地推行道德标准但自己却没有"言行一致",那么追随者便会认为他们是伪善的,并且可能会觉得自己也有权做出不道德的行为(Lawton et al.,2013:161;Treviño et al.,2000:134)。

图 9.4 从道德管理者和有道德者两个维度出发,将其强弱行为互动产生的四种对领导者的感知形象化。公共管理者要想一直成为道德领导,就必须在执行政策和传播价值观、规范与标准的同时,建构出本章所讨论的关键价值和特质;而且最重要的是,在执行这些政策时要注意一致性和均衡性。

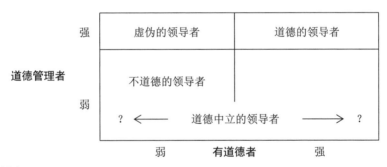

资料来源:Treviño et al.,2000:137。

图 9.4　道德领导:道德管理者和有道德者

§ **下章导览**

在讨论了 21 世纪发展带来的各种道德复杂性及其管理解决的策略与行为之后,"管理短期与长期视野"一章将讨论 21 世纪的另一项要求:管理短期与长期视野。公共管理者不得不愈发在永无休止的选举周期及其产生的短期主义,和缓解老龄化、气候变化、城市化等大趋势政策规划所需的长期前景之间保持平衡。为此,他们将必须调和各种相互竞争的思想和行为,以确保自身政治回应能力和体制韧性。我们在下一章将阐明,公共管理者如何在扮演即兴创造者和危机管理者的同时,有效地运用预见性方法。

10. 管理短期与长期视野

两阵交锋,任何作战计划都不管用。

——德国陆军元帅,老毛奇(Helmuth von Moltke the Elder)

10.1　谁在关注长期利益?

试想一下,你现在是布鲁塞尔的一名高级公共管理者,肩负着协调一项联合行动的任务,以应对有史以来规模最大的难民潮流入欧盟(EU)的问题。在叙利亚内战以及德国总理安杰拉·默克尔(Angela Merkel)"开放性难民政策"的刺激和推动下,仅在2015年就有100多万难民涌入德国。数量之多让欧盟成员国政府和欧盟机构感到意外,这远远超出政府各方面的行政能力:难民们挤在摇摇欲坠的船只上,作为其主要目的地的希腊面临南部和东部边境的安检程序问题;各个成员国的应对方式以及成员国之间难民的(重新)分配也存在问题。此外,政治协作也受到前所未有的考验,各国决定"单打独斗",无视条约和政治道德。这是在政治关系本已严重紧张,希腊面临主权债务危机并几乎被逐出欧元区的背景下发生的。

在整个欧盟,你已经目睹了声势浩大的反难民运动,其中有些是暴力的,一些难民参与犯罪和颠覆活动的事件更是火上加油。传统媒体和新媒体都在不惜笔墨地报道这种行为及其引发的强烈反响。显然,公众不满和行政能力崩溃可能与寻求庇护的难民人数骤增有关。

然而,这次难民激增真的那么"突然"或"出乎意料"吗?近年来发生在中东和其他地区的事件已有预兆。你们的机构配备了受过高等教育、收入颇丰的公共管理者和政策专家,难道没有准备好应对未来几年可能的情况和"作战计划"吗?这些长期的方案是否有助于缓解来自短期的突发事件以及媒体和民粹主义势力的哗众取宠的压力?当然,这样一个以善治而闻名的发达大洲发生这样的事情如此令人吃惊,同时也让全球许多专家咋舌。

欧盟难民危机说明了在应对短期压力、危机和期望的同时保持"眼光长远"、设法提前计划并将危机转化为长期机遇等方面存在的各种困境和要求。这种诉求和困境出现在高影响力事件的不同阶段。在准备阶段,从事预测活动和制定情景规划的公共管理者在向他们的领导"说明情况"时必须表现敏锐。此外,他们必须有力地说明自己的预案将如何在近期或在未来能够帮助那些领导。同时他们也非常清楚,自己实际上对5年后会发生什么并不感兴趣。2013年,当欧盟经济几乎没有复苏迹象,而消费者信心处于历史低谷的时候,传达关于数百万中东难民的末日预言是政治上的权宜之计吗?政治折衷是必需的,利益相关者处理危机的数量一次只有这么多。讽刺的是,同年欧盟委员会(European Commission)通过了一项"易受危机影响的国家复原力行动计划"(Action Plan for Resilience in Crisis Prone Countries)。

在紧急响应阶段,公共管理者必须处理政治逻辑、媒体逻辑和突发事件逻辑。"推诿扯皮"、问责压力、专门的谈判和中期解决方案在议程中占据主导地位。没有人关心先前预设的情境,除非它们有助于抵御来自利益相关者和哗众取宠的媒体的攻击。但这是不可能的,因为决策者根据预设情况采取实际行动的可能性很小。

在评估和学习阶段,委员会、利益相关者和媒体想知道为什么没有人看到这一点,并提出报告和实施建议。最有可能的是,在顾问来来去去的时候,机构及其管理者将完善前景探察(horizon-scanning)、情景规划和信息共享的程序。此外,在紧急响应阶段的短期痛苦可能开始被视为长期收益,从而从另一个角度检示政治和行政队伍面对危机事件的某些特征反应是否过激或不够有力。从这种情况来看,年轻劳动力的涌入可能不仅为欧洲国家带来经济成本,还会带来未来收益。毕竟,很多国家正在迅速老龄化,医疗和教育等行业面临严重的用工短缺,因为当地人越来越不愿意在这些行业工作。然而,试图用这些术语来描述难民问题的话,很难在两极分化的危机话语中引起共鸣。

显然,管理短期与长期视野的要求为公共管理者带来了各种棘手的问题。如果你的行政长官要求你为下一次难民危机建立一套可行的情景规划,该危机可能在 3 年后发生,也可能在 10 年后发生,也可能永远不会发生,你会从何处着手? 你需要什么技能? 谁是你的目标受众? 对于某一主题、情境和时间段,你将使用什么方法? 你会寻找哪些信号、事件、证据和线索? 你会回顾过去吗? 你将如何利用制度记忆? 你将如何确保资金以及充分论证冗余和储备的合理性? 最重要的是,为了实实在在的成果和很快得到回报,你如何传播和递送你的发现,以确保行政和政治领袖的关注、支持和委托? 更为根本的是,你将如何创建更稳健、更有适应性、更能迅速恢复的流程和方案,从而在未来危机来袭时不会那么不知所措?

10.2 对比时间范围

此案例凸显出,公共管理者在应对短期压力的同时,还要考虑超越选举周期的长期政策目标,他将会遇到许多问题。因此,管理短期和长期目标之间的紧张关系并不新鲜。早在 1532 年,马基雅维利就在他的经典著作《君主论》中提出了自己的观点(Machiavelli, 1532:11):

> 罗马人只是做了所有明智的统治者必须做的事:不是将精力集中于应对当前的威胁,而是采取一切手段来预测未来的问题并做到有备无患。如果能够事先预料到,问题就很容易解决;等到它压在你身上,应急响应就太迟了,这种不适已经不可逆转。

"立刻行动"和"预测未来"之间的紧张关系在今天变得更为严重,原因在于短期主义的加剧。而在寻找独家新闻的多元化媒体环境中,无休止的新闻更是加剧了这种紧张关系("全天候媒体"在这里似乎已经过时了)。与此同时,富有主见的利益相关者在网上做出自己的判断,为审查公共部门活动创造了多元化且竞争日益激烈的平台(Bertot et al., 2012:78)。这种审查加大了政府立刻行动或至少给人留下持续作为印象的压力。

短期主义是"正确的战略思维的敌人"(Bilgin, 2004:177),其驱动因素是身陷于选举周期的政客们被强加的政绩需要,以及利益相关者要求立即采取行动的诉求。满足这样的需要和诉求并不能简单地用机会主义来解释;这同样是一个时机选择的问题。加拿大总理的落选者、哈佛大学著名教授迈克尔·伊格纳季耶夫(Michael Ignatieff)在回忆录中很好地对比了正确的观点和正确的时机(2013:43):

> 一个知识分子可能会为了自己的利益而对观点和政策感兴趣,但一个政治家的兴趣只在于一个思想的时机是否已经成熟。当政客们将自己的命运归咎于运气不佳时,他们实际上是在责怪自己的时机选择。我认为内容很重要,我认为选举纲领上的数字应该是合理的。我们如何如何,他们没有如何如何。但这些都不重要。

不管喜欢与否,应对短期压力和要求将是 21 世纪公共管理者及其领袖职业生涯的一个关键特征。与此同时,这本书中讨论的大趋势,如"事半功倍""永远年轻""超城市化"以及"积少成多",都要求公共管理者提前计划,有时甚至是提前几十年进行计划,以减轻日益凸显的财政、人口和环境压力。

本章将首先讨论公共管理者在平衡短期和长期目标时面临的各种竞争压力和逻辑。他们必须利用个人经验、根据知识所做的推测、标准工作程序(SO)、媒体建构的叙事,在"回顾过去"的同时,"展望未来"(Brändström and Kuipers, 2003)。接下来,本章将讨论公共管理者如何建立更有韧性的机构和政策。这样的话,他们将不得不处理官僚主义和标准化之间,以及适应性和灵活性之间的各种紧张关系和矛盾。公共管理者可能不得不扮演"修补匠"(Freeman, 2007;Van de Walle, 2014)的角色,在制度记忆和知识网络的基础上临时发挥和尝试。

本章最后一部分的笔墨集中于管理预测的实践和方法,讨论各种类型和形式的预测及其利弊,并探讨公共管理者如何克服其障碍,尤其是来自焦躁且处于压力之下的政治领袖的障碍。

10.2.1　现在的暴政

公共管理者过去常常抱怨政客们不愿把目光放在四年的选举周期之外。然而，四年越来越像一生那样漫长。即使在传统上稳定、可预测的民主国家，政府也越来越无法完成任期，结果是每两到三年举行一次选举。与此同时，有关公共事务、声誉管理和媒体培训的新兴行业也应运而生。政治幕僚和公关专家在政府部门出现的频率越来越高，重要性也越来越大，经常对公共管理者的传统地位和权威构成威胁（Noordegraaf et al.，2013；Rhodes，2011）。

然而，与此同时，欧盟难民危机等严重问题促使公共部门领导者向前看，并做出长期投资和承诺。这些投资和承诺往往跨越国界，需要跨国界的危机管理能力和规划（见 Boin and Lodge，2016）。就这方面而言，近年来出现了《2030 年战略》和《2050 年战略》文件激增的现象。这些文件通常是政府与热心的顾问和智囊团共同编写的。的确，公共管理者将不断地回顾过去，利用总结性评价、历史类比、制度遗产、规范、记忆和法律承诺；同时展望未来，进行情景规划、计划和形成性评价（Brändström，2016；Brändström and Kuipers，2003）。

简而言之，在管理压力、利益相关者以及短期和长期工具时，公共管理者必须平衡各种竞争逻辑。图 10.1 列出了对当前或长期要求做出合理和必要反应的一些逻辑。

乍一看，应对这些不同的逻辑似乎只需要不同类型的公共管理者具备相应能力。例如，在处理媒体驱动的"哗众取宠"逻辑时，公共管理者需要良好的沟通技

图 10.1　当前逻辑和长期逻辑

能和知晓"明天情况"能力,以预测公众舆论的变化。另一方面,为了解决政客驱动的"政绩"逻辑,公共管理者需要注意从选民那里获得支持反应的迹象和机遇,并将这些机遇转化为政治领袖的"得分点",让他们在政治舞台上大放异彩。

然而,随着政策和管理工作越来越具有关联性,解决方案也越来越有争议,所有公共管理者都需要尽量具备沟通、政治管理的技能以及预测能力。热衷于审查的公众不会区分机构边界、区域和项目,也缺乏等待"合适"的部门或公关主管做出回应的耐心。此外,我们不应过分强调政客的短期主义与公共管理者的长期主义,更别说对其添油加醋。实际上,范德斯滕和范特威斯特(Van der Steen and Van Twist,2012:484)认为,政治家们"主要不是忽视未来,而是发现他们的日常工作'难以'应用于未来"。与此同时,紧迫的截止日期给了公共管理者一种"实现目标的感觉",这是更遥远的目标所不能提供的,在某种程度上造成了"当前和未来利益之间的不平衡"(Moshe,2010:320)。

一方面,负责制定这种远景目标的公共管理者有无限的机会来收集、传递和建构信息,并使用日益复杂但可以进行计划、预测和情景规划的方法。另一方面,媒体和利益相关者给公共管理者带来前所未有的压力。正如"管理权威的动荡"一章所讨论的那样,他们越来越多地以串联方式进行相互竞争,以获取"正确"的信息。这些压力可能会促使公共管理者谨慎行事,而非实施从长期角度看有意义的改革(van Wart,2013:558)。此外,他们需要投入于持续的虚夸的改革和领导:他们必须看起来"掌控一切"。

表10.1对比了关键的压力、利益相关者以及与管理短期和长期相关的管理优势和技能。

的确,公共管理者自身应该注意机会主义,而非将短期主义行为增多的责任推卸给"他人"。他们同样倾向于对过短时间内的政绩进行评价,而缺乏对长期的考量和组织因素的投入,导致组织信任、制度记忆以及专业知识的减少(Laverty,1996,2004)。近年来,在经济不确定性和公共债务的背景下,许多发达国家几乎都盲目地聚焦于削减和紧缩政策,又加剧了这一进程。

欧盟的难民危机就是一个示例。在经历了各种经济危机之后,一些国家实施了紧缩政策,但缺乏一切应对突然激增的难民的能力。此外,在20世纪90年代初的难民危机中,那些较为发达的欧盟成员国即便积累了大量的政策专业知识和工

表 10.1　管理短期与长期视野

	压力	关键的利益相关者	需要的管理优势和技能
管理短期	● "掌握一切" ● 提出解决方案和报告 ● 缓解紧张局势和化解危机 ● 对问责论坛进行回应	● 全天候媒体 ● 网民 ● 政治和行政领导 ● 反对派 ● 选民	● 沟通与媒体策略 ● 斡旋和建构 ● 危机管理 ● 政治敏锐性 ● 快速获得利益最大化的能力
管理长期	● 知道事情的走向 ● 制订最佳的设计方案、规划和模型 ● 为未来的危机做好准备 	● 投资者 ● 在工业、学术界和跨国治理网络中的合作伙伴 ● 后代 ● 地球	● 预测方法与工具 ● 计划和情景规划 ● 制度记忆 ● 反周期性的预算 ● 修补韧性和冗余资源

作可信度，也在这两次重大危机之间相对平静的几年里丧失了专业知识和能力。危机蔓延及其引发公众强烈抗议的方式，是公共管理者呼吁提升额外能力以保存制度记忆的好案例。制度记忆缺失严重威胁组织的长期发展，因为它削弱了管理者积累经验和避免在未来犯同样错误的能力（Coffey and Hoffman，2003；Covington，1985；Pollitt，2009）。专栏 10.1 列出了保存制度记忆的六种方法。

专栏 10.1　保存制度记忆的方法

● 知识获取方法：从现有员工那里收集信息；

● 对离职员工进行离职面谈（并在第一时间避免高流动率）；

● 使用归档系统和方法；

● 知识建模和知识启发：分析专家开展的任务、访谈以及熟悉的专家任务中试验或半试验操作；

● 通过导师制和辅导新人来开展和激励组织学习活动；

● 保持内部知识管理系统的更新；强化记录规定。

资料来源：Coffey and Hoffman，2003；Covington，1985；Pollitt，2000，2009。

10.3 管理韧性

保存制度记忆和惯例只是 21 世纪管理挑战的一个方面,以建立"具有韧性"的机构和制度。韧性这一概念最早见于战后心理学研究中,被用来探究个体如何设法承受冲击和压力(de Bruijne et al.,2010),后来被用于评估工程结构和生态系统(Holling,1973;Hollnagel et al.,2006)。2008 年全球金融危机过后,韧性在公共管理领域和关于减缓和适应气候变化的讨论中变得更为突出,现在已经成为危机管理研究中一个既定的概念(如 OECD,2015;Boin and Lodge,2016)。考虑到公共管理者现在面临不稳定的工作环境以及很可能出现的危机、冲击、出人意料的高影响事件,学者和实践者努力解决公共管理者如何使他们的机构、流程和人员更具适应性、灵活性和稳健性的问题。

乍一看,创建和管理韧性机构和系统似乎与本书前面讨论的一些传统的韦伯式的品质和价值观产生冲突,如可预测性,反复强调紧缩和效率以产生"更为精益、苛刻"的公共机构(Duit,2016;Van de Walle,2014)。实际上,韧性思维传播系统不仅能够在快速或出人意料的变化环境中高效地"反弹",而且能够不断适应动态的工作环境(Gundersen,2003)。正如我们在"管理创新力量"一章中所讨论的,官僚结构已被证明在未真正允许根本性变革或改革的情况下,非常成功地减少了动荡(Ansell et al.,2010;Comfort et al.,2010)。这种适应能力是韧性的一个关键特征(Stark,2014)。在某种程度上,这并不是什么新鲜事。著名组织科学家詹姆斯·马奇(James March,1991)强调,超过 1/4 个世纪以前,组织总是面临由创新或危机驱动的紧急需求和在开发新策略、方法和行业需要的刺激下产生的未来要求之间的选择。

然而,很明显,近几十年来全球范围内对效率、削减和外包的持续关注使公共管理系统变得不那么稳健,适应性也不强。与直觉恰恰相反,一些人认为,正是因为韧性概念使建立一个"没有再分配和少有监管要求"的更稳健机构成为可能,因而对经济不景气时期的政客和公共管理者而言是一个非常有吸引力的概念(Duit,

2016：3)。就像创新一样，出现"虚夸的韧性"的风险几乎是自然而然的。

同时，在必须提供给公共管理者的时候，韧性和创新这两个炙手可热的概念就如一枚硬币的两面：如果公共管理者设法创建了一种具有适应性和一定灵活性的结构和文化，它就更能适应不断变化的环境，而不会追求激进式改革（Davidson，2010）。专栏10.2识别了韧性公共管理系统的关键特征。

专栏 10.2 韧性公共管理系统的特征

- 它们由非层级网络中的多个组织单元组成，具有相互重叠的权限、功能和专业知识。
- 它们在管理者、专业人员及其预警系统和常规工作之间建立、保持和促进跨范围、跨部门的联系。
- 在资金、专业知识、基础设施和人力方面，它们倡导留出额外或"富余"资源，并将其编入预算，以用于救急。
- 它们积极地组织和激活多元化且仔细地对比知识和信息来源（基于科学、经验和利益相关者）。
- 它们设计了鼓励利益相关者参与的机制，其中包括对立的利益相关者的参与。
- 它们重视反复试验和社会学习。
- 它们定期组织针对突发事件、灾难的模拟以及系统稳健性检验。

资料来源：Boin et al.，2010；Duit，2016；Van de Walle，2014。

现在让我们回到欧盟难民危机中来。处理大量难民流入的国家和超国家两级公共管理系统是否缺乏足够的韧性？答案可能取决于审查过程的阶段。事实上，在先导案例中所区分的三个不同的阶段——准备阶段、紧急响应阶段、评估和学习阶段——要求公共管理者具备不同类型的韧性（Boin et al.，2008；Boin and van Eeten，2013；Duit，2016）。

表10.2说明了与这三个阶段相关的三种不同类型的韧性，杜益特（Duit，

表 10.2　应对危机阶段中的韧性管理

阶　段	韧性类型	管理技能
准备阶段	先兆——准备和处理 Boin and van Eeten，2013； Duit，2016.	准备、测试、情景规划 大胆"设想无法想象的事" 让对立的利益相关者和专家参与进来
紧急响应阶段	恢复——协调和迅速恢复活力 Aldrich，2012；Boin et al.，2008； Duit，2016.	危机与应急领导力、协调与协作、沟通 引领前行——抚平创伤和实现恢复
评估和学习阶段	适应性——学习和改变 Berkes et al.，2003；Duit，2016.	推动双环学习和改革的进程，重新思考标准化的工作程序 视错误为机遇

2015：4)将其描述为"韧性阶梯"，并为每个阶段所需的管理技能提出了建议。然而，考虑到危机和突发事件的混乱性和模糊性，不夸大这三个阶段之间的分析差异是很重要的：在评估和学习阶段的准备和协调工作可能具有持续性，而这又会反馈到未来的准备工作中(见 Boin，et al.，2008)。

10.3.1　公共管理者就像修补匠

那么在这些不同的阶段，公共管理者如何才能使他们的机构、规划和流程更具韧性呢？一些人认为，他们应该允许一定数量的冗余和浪费，而不是无情地努力消灭它(Van de Wallem，2014：12)。当今许多公共部门的组织结构过于精简、标准化和精益。在环境发生变化之前，这种结构能够非常有效地发挥作用(Thompson，1965)；在这一点上，当复杂性和不确定性增加时，他们可能会让公共管理者一败涂地(Aldrich，1999；Hood，2000)。简而言之，公共管理者需要倡导并创造"松散"(Cyert and March，1963：36)、冗余和重叠(Chrisholm，1992；Landau and Chrisholm，1995)；而不是强调"精益"，这是一种私营部门的生产理念，与公共服务递送的一些需求格格不入(Radnor and Osborne，2013：267)。最终，对"精益"的片面关注甚至可能导致机构变得"瘦削"(Radnor and Boaden，2004)。

然而，标准工作程序(SOP)和规范化对公共管理者起到保障和约束作用，并帮助他们应对问责压力(Kassel，2008；Schillemans，2015)。它们还有助于管理员

工的期望，并促进以公平和透明的方式奖励员工的绩效。此外，在谈到组织失忆和
"组织遗忘"时，著名公共管理学者克里斯托弗·波利特（Pollitt，2000，2009）认
为，正式的官僚型组织有更好的记忆力、定义明确的常规工作和诸如长期雇员这样
的信息储备。他认为，随着时间的推移，到处都是去技能化、外包和对专业知识的
贬值，公共机构及其管理者已经丧失了适应能力。显然，公共管理者在平衡标准化
和可靠性的优势，以及为创造更大韧性的预期和临场发挥的优势之时，面临许多悖
论和困境。

在这方面，范德瓦利（Van de Walle，2014：10）提出了具有煽动性的观点，认为
公共管理者应该扮演"修补匠"的角色。"修补"是威克（Weick，1993）引入管理领
域的一个概念，指的是非线性的、非计划的、非直接的思维方式：从手头现有材料中
获取资源，以解决未预料到的问题（Pina e Cunha，2005：6）。"修补匠"与理性的规
划者和传统的官僚们不同，他们利用现有材料临场发挥，而不是等待最佳条件的到
来（Van de Walle，2014：10）。这并不意味着公共管理者就像"修补匠"一样什么都
做。有效的临场发挥需要（隐性的）专业知识，积极参与知识网络，积极投入和培养
个人和组织记忆。

因此，与创新相比，修补需要不太一样的技能和思维方式。临场发挥并不等同
于创造力和新颖性，而是在未经试验的情况下，重组或尝试旧知识和传统做法
（Weick，2005）。修补思维再次强调了在欧盟难民危机等事件中制度和管理记忆
的重要性。事实上，当管理者及其机构面临需要备份系统支持的（Hood，1991：
14）"新挑战或外部威胁"（Van de Walle，2014：13）时，看似不相关或过时的单位、
做法和知识可能会突然变得高度相关。

因此，21 世纪的公共管理者必须倡导这样一种观念：临场发挥是一种"有助
于维护和保存系统"的行为（Brans and Rossbach，1997：420）而不是对韦伯观点
的偏离，以便鼓励、实践和控制修补的过程。这里经常提到的一个示例就是高可
靠性组织（HRO），例如空中交通管制中心，它们关注性能可靠，故而出于对意外
的预期而拒绝接受简化（Noordegraaf，2015；'t Hart，2014；Weick and Sutcliffe，
2001）。

尽管如此，在公共管理者看来，韧性可能很有说服力，但"事半功倍"的大趋势
可能会使组织松弛的理由变得不切实际，甚至政治领袖和选民会将其视为障碍。

因此,公共管理者需要善于预测 VUCA 事件和调整计划、预测和情景规划,以便宣传他们为什么需要储备未来的人员、技能和预算。此外,他们越擅长预测,当 VUCA 事件实际发生时,他们就越不需要临场发挥。

10.3.2 战略计划、预测和情景规划

三套相关但不同的工具、规章和程序可以帮助公共管理者预测和管理长期挑战,并确保对日常公共部门活动的"反馈":战略规划、预测和情景规划(例如 Bryson,2010;Coates,2010;Hartmann and Stillings,2014)。战略规划虽然将"过去一年的短期计划"与当前绩效以及短期内可能需要改变的情况进行对比,但不一定是面向未来的(Coates,2010:1429)。

另一方面,预测和情景规划分析了未来可能出现的情况及其对行动和决策的可能影响。其中情景规划通常被视为预测工具箱中的一种方法(Solem,2011;Varum and Melo,2010;Van der Steen and Van Twist,2012;Wilkinson and Kupers,2013)。图 10.2 对这三个概念进行了比较。学者们将战略眼光和预测交织在一起;我们在这里只是使用预测。

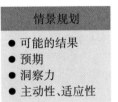

战略规划	预测	情景规划
● 面向过去	● 面向未来	● 可能的结果
● 短期	● 未来可能出现的情况	● 预期
● 快照	● 富有洞察力	● 洞察力
● 被动	● 系统性	● 主动性、适应性

图 10.2 战略规划、预测和情景规划

本章的其余部分重点讨论预测及各种工具和技术如何帮助公共管理者保持长远眼光,以及公共管理者如何制定符合决策者议程的预测(Van der Steen and Van Twist,2012)。公共管理者可能需要越来越善于评估、选择、应用、战略沟通和利用预测方法,而不是仅仅雇用咨询公司来模拟一些情境。精通预测或许不仅能让公共管理者在获取政策知识和事先提升行政能力储备方面获得比较优势(欧盟难民案例惨痛地表明,如果情况并非如此,又会发生什么)。当他们面临多重问责压

力和组织时，无论是在危机事件期间还是之后，这都可能为他们提供"防身武器"（Koppell，2003；Schillemans，2015）。

的确，公共管理者可能出于多种原因使用预测方法和工具。例如，因为日益网络化的环境需要更强的适应能力，或者因为他们希望提升韧性并确保组织的长期发展。表10.3说明预测如何促进这些驱动因素。

表 10.3　五个主要的预测驱动因素及其功能

关键驱动因素	预测如何帮助管理者
劣构领域、严重的问题	● 提供灵活而富有洞察力的响应 ● 制定政策方案，进行试验，找到证据，并缓解路径依赖问题 Amankwah-Amoah and Zhang，2015：530；Solem，2011：22；UNDP，2014：10；Van der Steen and Van Twist，2012：484.
网络化治理、利益相关者的多元性	● 促进"网络思维"、灵活性和适应性 UNDP，2014：10—11.
根深蒂固的短期主义	● 促进对长期目标的广泛关注，帮助利益相关者和公众参与"更广泛的民主进程" Dreyer and Stang，2013：25.
政策制定的政治维度	● 提供支持政策议程和诉求的证据，制定政治问题的解决方案，预测未来可能出现的新问题以及识别风险 ● 促进组织间学习——政策网络交流思想的能力和避免"习惯性政策失败"的最佳方法 Ferlie，et al. 2011：309；Van der Steen and Van Twist，2012：483.
非常快（"剧烈"）的变化	● 帮助处理意料之外的、不确定的事件，并促进快速响应和挽救败局 ● 改变破坏成功的现有成见和根深蒂固的理念，从而拓宽选择 ● 激发创造性思维和创新 Amankwah-Amoah and Zhang，2015：530；Coates，2010：1435；UNDP，2014：11.

在这里强调规划（planning）和计划（plans）之间的区别很重要。只有当公共管理者具有适应性、灵活性并受到持续的监督时，详细的规划实践才对他们有所帮助。治理的发展历程为我们提供了大量的示例，说明坚持僵化、过时的计划如何导致政策失败和成本超支。

10.4 做好预测工作

公共管理者一旦确定了驱动因素和目标,就必须决定他们需要使用哪种预测类型来实现他们的特定目标。大量的方法、工具、技术和途径在蓬勃发展的预测行业和支持该行业的文献中占据重要位置。首先,公共管理者需要特别考虑三个问题(Goulden and Dingwall, 2012:20—22):

- 需要怎样的专业知识水平? 根据所需的专业知识水平,公共管理者可能会选择传统的德尔菲法(专家调查法),或者严重依赖公共参与、"众包"和"公民审判"的方法,这也在"管理权威的动荡"一章中讨论过。

- 已知和未知的分别有多少? 这里的两个关键方法是预测和追溯。预测是将当前的趋势外推到未来,而追溯则设计一个期望的未来,然后为此追根溯源,识别所需的关键事件和行动。

- 他们需要如何将结果传达给利益相关者? 在这里,协调,与方法和策划密切相关。定量方法主张"由经验产生的合法性"(Goulden and Dingwall, 2012:21),由此公共管理者可以很方便地与媒体和学术界沟通。定性方法不那么精确,但可以为不同的利益相关者提供更容易达到的未来。策划既包括对话和协作的方式(如果期望利益相关者可靠且效忠),又包括自上而下的安排(当团体迷思、捕获和缺乏可靠性成为关注点时)(Weigand et al., 2014)。

专栏 10.3 说明,即使是谨慎的预测实践,效果也可能适得其反。在这种情况下,公共管理者及其政治领袖似乎低估了公众在咨询利益相关者后的特定反应。

专栏 10.3　批判性公民与谨慎的规划者:新加坡人口白皮书

许多新加坡公共管理者都会记得,2013 年 1 月 1 日,国家人口与人才署(National Population and Talent Division)发布了《可持续人口,朝气蓬勃的新加坡:人口白皮书》(*Sustainable Population for A Dynamic Singapore：Population White Paper*)，此后被称为《人口白皮书》(*Population White Paper*)。白皮书令人难忘的地方在于，它预测 2030 年完成人口达到 690 万人的目标，这意味着从 2013 年起每年将增加 10 万人。这份报告是各个相关政府机构和利益相关者之间全方位磋商的产物。报告认为，为了保持健康的人口增长和持续的经济增长，每年需要多达 3 万名新永久居民和 2.5 万名归化公民。

在近期移民涌入造成明显的紧张局势之际（这些移民因造成生活成本提高、工资停滞、公共交通拥挤而受到指责），许多新加坡人认为白皮书的计划一成不变，并没有起到预测作用。这份报告遭到了广泛的公众抗议，包括一场罕见的有组织的抗议活动，招致数千名恼怒的参与者、众多社交媒体帖子以及专家领域的批评。

政府很快做出回应，重申 690 万只是"最坏的打算"，只是众多预测之一，而不是政策计划，更不用说是期望的结果了。然而，破坏已经形成，这并没有意义，政府已经为 2030 年的住房和交通扩建制定了预算。最终，议会在 2013 年 2 月 8 日通过了该文件，并通过了一项明确的修正案，声称 690 万人不是人口增长目标。

然而，在未来的许多年里，这个数字将继续主导政策和规划的讨论以及公共管理者必须进行的预测。该示例表明，21 世纪的公共管理者及其政治领袖在解释远景的客观性、价值和相对真实性时必须非常谨慎。在这种情况下，广泛咨询利益相关者，即使普通公众将关于最终方案的沟通视为最终计划，考虑到国家治理环境的历史发展，这或许是可以理解的。

资料来源：National Population and Talent Division, http://nptd.gov.sg/portals/0/news/population-white-paper. pdf；Yahoo! News, https://sg. news. yahoo. com/fury-over-6-9-million-population-target-for-singapore-103503070.html。

显然，对于公共管理者而言，各种预测类型和方法都有各自的情境优势和缺陷。他们选择使用的方法取决于环境、时间进度和目标。表 10.4 列出了公共管理者可以采用的七种关键预测方法及其优点和缺点，以及它们最可能获得成功的条件。

表 10.4　七种关键的预测方法

方法	前提和准备	优势	潜在缺陷	最佳运用场景
1. **预测、趋势分析** Solem，2011； Samet，2012	基于趋势和误差范围内的量化预测	● 利用统计和建模工具	● 忽略了"间断点" ● 聚焦定量	当有一个模型和足够的数据进行推断时
2. **情景规划** Coates，2010； Jackson，2013	提供一系列未来可能出现的情况	● 拓展思维方式 ● 纳入间断点 ● 快速、可延伸和有针对性	● 需要便利、专业知识以及广泛的利益相关者参与 ● 不明确，且为现实所束缚	在不确定性、模糊性和可能性的多样化且结果不同的情况下
3. **德尔菲法** Coates，2010； Dreyer and Stang，2013	由专家组成的座谈小组在几轮会议中给出的预测通常是经过排序的一致答案	● 尽可能不"追随领导"的想法 ● 透明的 ● 灵活可靠	● 耗时 ● 强化"中庸"的共识 ● 成本高 ● 只有措辞准确才行	在一个明确的问题上结合专家的见解；一开始倡导预测时有效
4. **环境扫描与水平扫描** Dreyer and Stang，2013	系统地检查潜在的威胁和机遇	● 滤除变与不变的部分 ● 提供了现实检验 ● 观点多元	● 可能会产生虚假的希望，并强化变化的线性观 ● 可能最终成为目的本身 ● 成本高 ● 可能为既有的规范所支配	在前端和涉及几种方法的全面预测途径中不可或缺的一个要素
5. **路径图** Smith and Saritas，2011	未来行动的详细蓝图（包含叙事和技术元素）	● 获得"从这里到那里"的具体计划 ● 建立专家网络	● 成本高且耗时长 ● 对未来的发展而言，该计划可能并不稳健 ● 倾向于制定更保险的评估	当结果似乎很明显，但变化不确定时；还需要其他方法
6. **众包** Masum et al.， 2010	新类型的产出和参与；"群体智慧"	● 前景很好的原型 ● 改进现有工具 ● 成本低 ● 可延伸	● 很难改变根深蒂固的社会习惯 ● 需要隐性知识和专家的输入 ● 可能变成"战场"	当需要利用协作时；良好的开端是寻求更广泛的响应

续表

方法	前提和准备	优势	潜在缺陷	最佳运用场景
7. 追测 Goulden and Dingwall, 2012	定义期望的未来，然后向后回溯，以确定抵达这个未来的主要事件和决策	● 调整步骤以适应变化速度和时间轴的机遇 ● 参与者可以直观地联想到他们自身的经历	● 强烈依赖于良好的情景和预测 ● 复杂是因为有很多变量 ● 需要制度化的纪律	进行规划和资源管理；几乎不单独使用，现实检验时最有效

10.4.1 克服预测过程中的障碍

然而，任何公共管理者都将认识到，无论是相当简单的预测，还是十分先进的预测，只有当行政和政治领袖们认可了他们所感知到的价值并将预测效果和结论实际应用于日常政策实践时，它们才能发挥作用。公共管理者需要策略性地利用并兜售预测，以克服一系列障碍：组织条块分割、不切实际的期望、缺乏支持以及对变革的全面抵制。学者们强调清晰的宣传渠道和通俗易懂的语言（Solem，2011；Waehrens and Riis，2010）。显然，预测"不仅仅是一种管理追求……它还涉及员工之间的相互作用，他们的实践、技术和组织的背景"（Waehrens and Riis，2010；336）。欧盟的示例再一次证明了这一点。在危机爆发前的几年里，欧盟各机构的预测能力已经有了实质性的提升（Kuosa，2011；May，2009），关键问题不是缺乏能力和规划，而是这些规划如何进入决策者的视野并影响程序改革。

与"管理创新力量"一章中描述的协作创新概念类似，其中一种方法是尽早让决策者和关键的利益相关者参与进来。然而，对于公共管理者来说，在创新过程中出现了同样的困境：早期参与能确保支持和合法性，但要求谨慎管理利益相关者的参与，以防止混乱和犹豫不决。此外，正如专栏 10.3 中的《人口白皮书》的示例，早期让利益相关者参与进来并不是成功的保证；同样重要的是，政府如何传达预测，留意过去的期望和固定程序，及其对利益相关者预期的影响。

公共管理者面临的一个常见难题在这里再次出现。为了确保预测不为政治利益所左右，它可能必须"与日常政治和行政的干预保持一定的距离"（Solem，2011；

28）。这种思维模式让人想起长期以来关于将咨询系统与政府机构核心工作"分开"的争论（Owens，2015；Peters and Barker，1993）。事实上，新加坡前公务员首长何学渊（Ho，2010：4）倡议，让一小部分人专注于思考未来，因为长期规划所需的技能不同于应对"更直接的动荡和危机"所需的技能。何学渊建议为那些负责思考未来的人创造空间……让他们免于陷入日常的例行公事中（Ho，2010：4）。与此同时，只有当预测直接作用于政策制定和调整，才会产生公共价值；如果离实践太遥远的话就比较困难。

图 10.3 从个人、制度和文化方面概述了成功预测的障碍，并提出了克服这些障碍的方法。

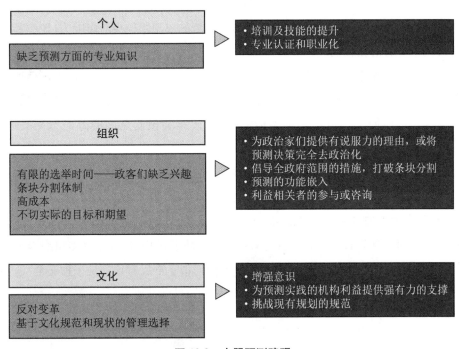

图 10.3　克服预测障碍

预测实践的个人障碍包括缺乏培训设施，管理实践导致目标冲突和缺乏对机构使命的共识，以及开展预测实践的成本高昂。科茨（Coates，2010：1429）认为培训是提高预测的胜任素质和运用预测的主要手段。尽管没有一种世界公认的方法，但许多经济合作与发展组织成员已经开始为政府官员提供有关预测和情景规划的模块(OECD，2015)。

有限的当政时间形成制度方面的挑战,因为大多数政客受到的驱动力来自短期利益和需要完成的目标,较少关注遥远的未来,导致一些政客坚持借助预制的外部框架实践预测(Coates，2010:1435)。按照同样的思路,范德斯滕和范特威斯特(Van der Steen and Van Twist，2012:482)指出:"迅速行动往往比长期导向的策略重要得多,尽管这些策略可能更机动、更稳健。"他们认为,组织的"游戏规则"和政治因素对不确定性几乎是零容忍的,从而产生"将预测视为扰乱制度秩序的活动"的情况(Van der Steen and Van Twist，2012:482)。

文化障碍包括反对变革或缺乏引入变革的动力——一种"肥胖与快乐并存的文化"(Jackson，2013:21)。管理者拥有自身的文化规范和价值观,这也可能意味着他们很少重视预测,或者他们可能担心选择新的规划路径会对影响力、地位和信任度的下降有潜在影响。

范德斯滕和范德威斯特(Van der Steen and Van Twist，2012)提出一个评估框架,根据预测对政治和组织因素的适应性来衡量预测的潜在影响,总结如图10.4 所示。他们声称自己的框架能够弥合"政策和预测之间的差距"(Van der Steen and Van Twist，2012:485)。

他们认为,鉴于预测结果会影响公共管理者(手持大量其他类型的研究报告和伏案写成的建议)的注意力分配,预测的实践如果对组织和政客们敏感的因素做出反应,就有较大的可能影响日常实践(Arnold et al.，2005)。如图 10.4 所示,许多政治因素和本章前面定义的短期主义逻辑和政绩逻辑相对应,而许多组织因素则与韧性和适应性相一致。在这两种情况下,他们似乎都反对预测是一种完全"遥不可及"的专业活动。

政治因素	组织因素
• 赢得政治斗争 • 解决当今政治问题 • 把问题提上议程 • 指向紧急的政治问题 • 识别潜在的政治风险	• 证伪或修订现行的政策理论 • 为现存或新兴的问题提供新的政策理论 • 为政客们提供证据和建议,说明预测如何服务于他们的政策目标 • 允许对当前组织路径进行反思和重构

资料来源:Van der Steen and Van Twist，2012:483—485。

图 10.4　适应政治和组织因素的预测

专栏 10.4 提供了包容性预测方案影响创新和技术政策的两个示例。这种影响是间接和非线性的,并且具有相当长的时间延迟性。专栏展示了预测如何为公共管理实践和政策规划提供信息、建议和便利(Havas et al.,2010)。

专栏 10.4　在匈牙利和瑞典两国具有影响力的预测项目

匈牙利技术预测项目(TEP)于 1997—2001 年运行。TEP 的主要目标是教会决策者和政治家如何长远且灵活地思考经济转型的经济前景,以摆脱僵化而集中的规划模式。这是一项全国性的预测项目,通过建立包括许多利益相关者在内的专题小组,涵盖所有经济部门。多年后,TEP 的成果仍然在各部委的各种战略性文件和政策建议中起重要作用。"知识库"(Georghiou et al.,2004:5)需要一段时间才能具体化并出现在决策圈中,而个人的社交网络在其中扮演了重要角色。此外,人们现在认为,这种做法对改变决策者的整体经济心态产生了很大影响。最后,TEP 的路径和成果启发了随后的科学、技术和创新(STI)政策战略。

瑞典的第二次技术预测项目(TF2)于 2002—2004 年运行。2005 年,一个国际小组对该项目进行了评估。几年后,该项目对政策的直接影响似乎已经微乎其微。预测结果的主要使用者和受益者是研究机构、咨询顾问和非营利组织,而非公共机构(Arnold et al.,2005)。然而,在 TF2 接近尾声时,出台的各项政策措施和法案显示出相当多重叠之处。因此,该项目的影响可能不那么直接,但在促进政策改革方面却相当可观。公共管理者将该方案作为在相关领域推行计划的工具,足够的相互配合和相互参照确保了政治关注。

显然,预测方案和实践可以以各种方式影响决策和公共管理。哈瓦斯等人(Havas et al.,2010)区分了预测影响的三种类型或作用:政策了解功能、政策促进功能和政策咨询功能。显然,就匈牙利而言,预测在政策咨询方面似乎有更直接的影响。然而,就瑞典而言,预测对公共政策的影响可能更为间接,表现出更多的滞后性。直接影响和间接影响都很重要,但在重要文件中,让预测结果对指导决策产生直接影响仍将是衡量公共管理者成功与否的最直接标准。

资料来源:Arnold et al.,2005;Georghiou, et al. 2004;Havas,2003;Havas et al.,2010。

10.4.2 公共管理者的预测能力

那么，是否所有的公共管理者都有时间和兴趣变得善于预测呢？很可能不是。的确，一些人认为，正规化和专业化是必要的，以确保预测工作不会落入业余人士之手，而导致失败、怀疑和缺乏可信度（Van der Steen and van der Duin，2012：493；Coates，2010：1435）。近日，专家们甚至主张对预测专员进行专业认证，以确保他们没有雇用期货研究专业的毕业生，或要求现有员工参加预测方面的研究生课程，专家们强调在职培训能够提升公共管理者的灵活性和适应性（Gary and von der Gracht，2015：143；Rhisiart et al.，2015：89）。

德雷尔和史唐（Dreyer and Stang，2013）已经观察到，预测从一个外部专家所追求的活动转变为政府各预测部门的实践，如同"战略"起初作为一个独立而外部的活动，而后被专业的内部部门积极践行一样（Lusk，2014；Bircks，2013）。笔者整理了一个保证预测有效实践的检查表，见专栏10.5。

专栏 10.5　预测有效实践的检查表

☑ 非常明确的目标受众

☑ 将目标受众的意见纳入议程设置和其他阶段

☑ 用通俗易懂的语言与受众进行清楚的沟通

☑ 与高层决策者和政策制定者保持密切联系

☑ 明确预见与当前政策议程之间的联系

☑ 内部及外部的合作

☑ 持续而长期的资金来源

☑ 反馈回路

☑ 有计划的而非一次性的项目

☑ 基于反馈和试验的新情境

资料来源：Dreyer and Stang，2013：28。

基于本章所讨论的示例和研究,专栏10.6概述了一个有实际经验的公共管理者的预测指南,其结构围绕三个关键问题:为决策者提供预测案例,避免常见的陷阱以及培养有效地进行预测活动所需的技能和特质。

专栏 10.6　公共管理者的预测指南

你如何向政治决策者说明情况?

- 根据政治家的需要找到兜售要点
- 展示成功的、被证实的示例、国家或政府("基于政策的证据",而不是"基于证据的政策")
- 使用清晰、基于情感、雄心勃勃的语言,提供一个有吸引力的愿景
- 遵循"预见—洞察—行动"的论述过程
- 保证连续性

常见的陷阱是什么?

- 缺乏递送和宣传
- 没有反馈或咨询
- 太多未经证实的知识和太少的专业知识
- 由政策分歧和条块分割造成的碎片化
- 没有建立知识库
- 缺乏支持的盟友

你需要什么技能和特性来有效地进行预测

- 政策创新
- 好奇心
- 能够管理社交网络并将不同背景和技能的人聚集在一起
- 接受反馈、批评和不同的观点
- 政治敏锐性和对微弱信号的直觉

10.4.3 准备变革的国家及其预测实践

这里要讨论的最后一个问题是，公共管理者可以从那些成功地使预测公共部门的工作制度化的国家学到什么，以帮助他们向政治领袖提供最佳实践。近年来，不同类型、层级和文化的政府都采用了大量的预测性方案和单位。其中许多国家在国际创新、政策有效性和"应变"方面排名靠前，这绝非巧合（Everest-Philips，2015；KPMG，2015；Van der Wal，2016）。事实上，一些被认为在预测实践中处于领先地位的公共部门都是一小部分在全球排名中占据主导地位的成功小国和地区：丹麦、爱沙尼亚、中国香港、爱尔兰、荷兰、新西兰、新加坡和瑞士，等等。专家们将这些国家和地区"遇强则强"的能力归功于强大的灵活性、适应性和韧性（Skilling，2012；Van der Steen et al.，2016；Van der Wal，2016）。与希腊和葡萄牙等国相比，爱尔兰和爱沙尼亚在全球金融危机后的快速复苏就是范例。然而，一些较大的国家也在建立预测性方案方面取得了巨大的进展。

人们经常提到的两个成功的预测示例是英国和新加坡，专栏 10.7 说明了它们的预测结构和实践。

专栏 10.7　不同政治背景下的预测：英国和新加坡

英国的预测项目始于 2004 年 12 月，进行三种类型的实践：前景探察、未来项目和公共宣传计划：

- 两个每年轮流进行的前景探察是德尔塔探察（Delta Scan）和西格玛探察（Sigma Scan），提供支持所有预测活动的跨部门数据。这些正在进行的探察活动面向未来的 50 年，以确定模糊之处和趋势。他们最后发表论文，为后续阶段进行更详细的分析提供基础。

- 未来项目通常在任何特定的时间都有三到四个运行着，提供深入的问题概述，并形成了应对未来挑战的愿景。在变化迅速和趋势不确定的地区，预测至少需要覆盖到 10 年。最终目标是编制全面且通俗易懂的报告，以影响政策和资金分配决策；这些报告发布之后，部委级倡议者必须通过公开可行的行动计划。公共管理者在结果公布一年后与主要的利益相关者举行后续会议，以评估项目结果的用途和影响。

● 广泛的公众宣传旨在建立前景研究者和实践者的跨部门网络。前景探察中心（Horizon Scanning Centre，HSC）建立了"前景分析师"社交网络（粉丝俱乐部），作为交流想法和分享最佳实践的平台。

HSC 是该项目制度上的关键部分。此外，不同的政府部门有自己的项目。

在新加坡，预测也是在 21 世纪初出现的，以应对恐怖分子和非典（SARS）等严重的国家安全挑战。政府建立了风险评估和前景探察（RAHS）项目办公室，它是总理公署下属部门，即国家安全协调秘书处的一部分。它负责三项业务，包括：

● 对新出现的风险和机遇进行前景探察、研究和分析（RAHS 智囊中心）；

● 政策执行者的预测能力建设及技能提升（RAHS 解决方案中心）；

● 支持预测的新工具和技术（RAHS 实验中心）。

该系统提供端到端的能力，以收集和分类数据，分析和理解关系，以及预测和发现可能对新加坡产生战略性影响的新问题。该实验中心在工作中试验新概念和技术，并与政府机构一起开展案例研究活动。RAHS 项目办公室还将预测扩展到政府以外的机构，组织了一个两年一度的预测会议。该会议备受推崇，吸引了大批国际观众。此外，公务员学院（Civil Service College）为所有 6 万名公务员提供至少一次某种形式的预测和情景培训。

资料来源：Habegger，2010：49—58；UK Government-Foresight Projects，https://gov.uk/government/collections/foresight-projects；RAHS，http://nscs.gov.sg/public/content.aspx?sid=191。

这两个国家都成功地实施了预测项目，因为预测不仅是一种用于试验哪些技术和数据可以为其提供实际信息的创新工具，在某些情况下，还可以作为政策设计和执行的基础（Habegger，2010：56）。此外，预测过程是正规化的，并与预算、反馈和影响评估有明显的联系（尽管正如《人口白皮书》所示，这些实践并不是明确的成功秘诀）。虽然这两个国家都有威斯敏斯特的传统，新加坡的公务员制度还是模仿英国的，但在新加坡，政治话语、选举动态和制度记忆比英国更稳定。可以说，预测可以在不同的环境下为公共管理者带来类似的成功结果。

基南和波珀在欧洲、美国和亚洲进行了研究，以检验预测风格的差异受到"周边环境"影响的假设，包括经济条件、政治议程和传统（Keenan and Popper，2008：17）。他们发现，这些情况的多样性影响预测的不同维度，如区域覆盖率、时间范围和方法等，但与非国家行动者的参与和筹资渠道的关系不大（Keenan and Popper，2008：33）。他们证实，预测的使用与国家的应变能力呈正相关。

§下章导览

由于各种大趋势及其引发的不太可能甚至不可预测的高影响事件，如欧盟难民危机或"趋势与驱动因素"一章讨论的日本"3·11"灾难，管理短期与长期视野将成为一个越来越重要的要求。至少在一定程度上，预测方法和弹性系统将成为公共管理者处理此类事件的后盾，但说服持怀疑态度的政客和公众投身于此类做法仍然存在困难。公共管理者可以论述，那些被认为是成功的、有竞争力的和创新的国家的公共部门越来越多地将预测能力纳入决策和扩大服务范围，以此增强合理性。

第七项也是最后一项管理要求，即下一章"管理跨部门协作"，在许多方面汇集了前六项要求及其不断强化的趋势。事实上，到目前为止，在各个章节都有讨论到，公共管理者需要越来越多地参与协作实践，并将协作行为贯穿于整个项目和活动过程中。

然而，"协作"说起来容易做起来难。潜在的合作伙伴和共同生产者具有不同的能力、议题和风格。此外，归责原则指出，当出现问题时，利益相关者会将矛头指向公共部门合作伙伴，而不是非营利或私营部门的合作伙伴。下一章将讨论存在哪些类型的合作伙伴关系，在何种情况下这些类型的协作可以发挥作用，以及公共管理者必须采取何种类型的行为和技能来应对各种合作伙伴和压力。

11. 管理跨部门协作

我认为协作是应当的,但是要由我控制。

——伊莱亚·卡赞(Elia Kazan),
美国著名电影导演

11.1 共同生产、共同创造以及共同控诉?

试想一下,你作为一位公共管理者,在一个曾经问题重重的社区管理运营一个大型的旧城改造项目,其中涉及住房、医疗保健和社区服务一体化的问题。该社区有许多民间社会组织和当地的小型企业,还有姿态高调的市民,他们热切地表达自己对该地区的期待,并对地方政府机构提出要求。多年来,旧城改造一直是当地的诸多议题之一,所有的利益相关者都在最近由你的项目组织举办的一系列听证会上表达了他们对这个议题的看法和偏好。显然,只有在实现组织和执行协作性的情况下,这种对所有受影响和参与的人都利害攸关的规模性项目才能成功。根据当前的趋势,你的主管已经表达了他的期望,即你与利益相关者要"共同创造"和"共同生产"项目。

你从何处着手,涉及哪些人?公正对待每个关键利益相关者的利益和议题是不可能的,这些利益相关者通常是中等收入的老年和残障租户、小商店老板和企业家、长期居民及其家庭,以及负责将社会保障房升级改造和货币化的房地产企业。你必须分清轻重缓急,然而这样的选择不能像过去那样是政府主导的。此外,一些关键的利益相关者拥有能使项目受益的专业知识、联系和本土正当性。你想充分发挥他们的作用。但是，如何设计一个适当包容的协作结构，既不鼓励对某些合作伙伴的优待，同时又避免不可行的、混乱的过程呢？

你还要努力协调来自其他城市相关部门的不同高级官员的观点。一些人提倡谨慎行事，似乎更关心保护自身利益和管理声誉，而不是有效地整合流程、时间表和工作流，以确保为利益相关者提供完整的服务方案。你怎么能把他们带进来，让他们参与其中呢？到目前为止，你与外部行动者取得了更大的成功。你们与当地一家宗教慈善机构和一家颇受尊敬的非营利组织达成合作伙伴关系，为老年人提供各种福利服务，资金主要来自市政基金，还有来自潜在服务用户的小额自付。你们还设法与两家大型建筑企业签署了一份合同，建立政府和私营部门合作，共同资助、开发、维护和服务两家全新的学校设施。初步建设将很快启动，假设你的新合作伙伴设法获得了在合同中约定的一大笔贷款。现在你正在考虑这件事，但是他们有一段时间没有回来找你了……

你对他们长期志愿的热情和动力印象尤深，你觉得他们需要变得更加熟练、稳定和专业，以达到市政当局愿意认证和资助的服务水平。此外，他们将需要雇用更多的工作人员，以确保服务的连续性。如果供不应求，服务供应链中断，这一特别脆弱的群体会本能地将矛头指向地方政府，而不是实际的服务提供商。谈判和协商进展顺利，但你怀疑你或同僚是否有沟通和促进技能，从而热情和可持续地管理那些背景和工作方式与你有很大不同的合作伙伴。

显然，管理跨部门协作为公共管理者带来了另一组独特的问题和挑战。应以何种理由、在何种阶段、何种类型的合伙人能参与进来？信任和自愿协作应如何与合同和激励措施相平衡？公共管理者如何才能确保合作伙伴关系保持高效并充满活力，以及它们到底应该有多"明确"？公共管理者如何成为熟练的网络管理者？如何建立明确的责任界限？最重要的是，公共管理者如何与其他协作者共享职责和权力，同时仍然"掌控"自己的议题和目标？

11.1.1 协作的需要

这个先导案例说明了一段时间以来在公共管理者的工作环境中出现的一系列发展动态。的确，核心政府职能的外包和私有化、福利的削减、通过各种合作伙伴关系的服务递送,以及随之而来的关于网络、治理、参与和协作的论述,都显示一个政府不再"单打独斗"的世界(Agranoff,2006;Alford and O'Flynn,2012;Ansell and Gash,2008;Bryson et al.,2015)。

越来越多的权威和决策权限不会只依赖一个人、一个办公室或一个部门,或只基于一个组织的高层(Andrews et al.,2016:3)。在 VUCA 时代,公共管理者被迫与由政府和非政府行动者,即公民、非政府组织、企业、慈善机构和社会企业组成的不同网络密切协作。显然,本书强调的各种趋势和要求将协作置于 21 世纪公共管理的前沿和中心地带。

这并不是说公共管理者及其政治领袖要全心全意地接受更多的水平化治理。事实上,将严重问题简化、减少、垄断和官僚化的冲动仍然无处不在。然而,在VUCA 时代,这样的冲动会适得其反。相反,推动协作关系允许管理者将可用的资源与其他参与者共享。显然,这本书中所概述的 21 世纪的大多数要求需要公共管理者参与、汇集和利用尽可能广泛的资源。

11.1.2　协作性公共管理:驱动因素与特征

本章讨论有效管理这种跨部门协作所需的管理角色、价值观和胜任素质。它解决了一些涉及的共同挑战,如选择合作伙伴和合作伙伴关系的类型,确保信任、相互问责和一致的激励措施。我们首先讨论协作性公共管理的驱动因素和特征、不同类型的合作伙伴和合作伙伴关系,以及它们如何以及何时满足公共管理者的需要。其次,我们探讨与协作相关的管理活动,包括共同设计、共同创造和共同生产,以及成功协作者的技能和看法。最后,我们概述在实现共同责任的文化和结构方面所面临的挑战,并提出克服这些挑战的管理战略。

表 11.1 列出了公共管理者寻求协作的七个关键驱动因素,以及每个驱动因素所带来的挑战和机遇。这份从各种研究中得出的驱动因素清单还远不够详尽,但它涵盖了从获取额外的财政资源到为公民赋权的各种参与协作者的动机。该示例展示了不同的驱动因素如何同时促使公共管理者与协作者进行接触。

事实上,协作意味着可以获得更多不同类型的资源,因为与公共部门相比,外部参与者,即私营部门的合作伙伴、当地宗教慈善机构、非政府组织和公民个人可

表 11.1 协作的七个管理驱动因素

驱动因素	挑战	机遇
1. 利用外部的专家意见和想法	● 商业和知识产权的保护 ● 期望值不切实际 ● 对专家意见的诠释和斟酌 ● 确保专家监督的可持续性 Alford and O'Flynn, 2012:83.	● 接触到其他无法获得的知识资源、技术、想法和规程 ● 互相学习 Koppenjan and Klijn, 2004:108.
2. 利用广泛的财政资源	● 风险转移 ● 低信任度 ● 隐藏的"交易"成本 ● 高度依赖于谈判和签约技能 Brown et al., 2006:326.	● 节省成本和灵活性 ● 追加投资 ● 效率 ● 更有吸引力的利率和时间表 Brown et al., 2006:323—324.
3. 外包（或共担）责任	● 责任界限模糊 ● 透明度和沟通的较量 ● 中立的公众看法 Agranoff, 2006:61.	● 对棘手而不受欢迎项目的责任转移 ● 提升高技术性、复杂项目的可信度 Alford and O'Flynn, 2012:83—110.
4. 赋权于公民	● 缺乏专业意见 ● 期望值不切实际和压力 Brandsen and Honingh, 2016:429.	● 提升公民的责任感 ● 知识递送 ● 精准响应 Brandsen and Honingh, 2016:433.
5. 获得利益相关者的信任	● 缺乏专业意识 ● 众多的利益和议题往往难以调和 Koppenjan and Klijn, 2004:147.	● 融入和参与 ● 更高的透明度 ● 共同的愿景 Bryson et al., 2015:656.
6. 调和不同利益	● 冲突的动机和议题 ● 需要解决冲突的技能 Koppenjan and Klijn, 2004:147.	● 稳定权力关系 ● 利用未来的支持 ● 承认权威转移 Agranoff, 2006:61.
7. 根据专业知识和资源分配活动	● 任务管理的分散 ● 为了更好的监督和控制，需要雇用更多的员工 Alford and O'Flynn, 2012:110.	● 更容易确保内行领导 ● 降低成本 ● 协作文化 Alford and O'Flynn, 2012:83—110.

能拥有更先进的技能、知识和技术，以及更多的金融资源（Kelman and Hong, 2016:147）。与此同时，有效的协作需要管理者将其他部门合作伙伴的不同议题、规范、工作方式、世界观和机会主义动机广泛结合在一起。

因此，对公共管理者而言，通过协作来分担风险和责任是把双刃剑。模糊的责任界限可能会导致公民陷入政府与合作伙伴之间的僵局,最终得不到承诺的东西(Forrer et al.,2010:478)。当这种情况发生时,正如先导案例所强调的那样,利益相关者通常会条件反射式地将矛头指向政府。然而,对公共管理者来说,公开将责任转移到非政府行动者身上是不可能的:这样做会给他们贴上逃避责任和义务的无能标签。

在这种不稳定的情况下,公共管理者可能也不愿与公众接触,因为他们担心自己的(有时是业余的)贡献可能会降低服务质量(Alford and O'Flynn,2012:132—133)。然而,选择走协作道路的公共管理者表示,共享的政策愿景、有效的多层次规划和文化变革是非政府行动者(尤其是公民)平等参与的附加价值(Brandsen and Honingh,2016;Howes et al.,2013)。这种附加价值的实现取决于公共管理者选择符合其目标和管理风格的合作伙伴和合作伙伴关系。我们可以区分哪些不同的类型,它们要求哪些行为?

11.2　合作伙伴关系和合作伙伴的类型

要回答这个问题,我们首先必须组织广泛的类似概念,如网络、合作伙伴关系、协作、外部化、合作和契约。图 11.1 构建了这一系列协作安排,作为公共管理者解决以下四个关键问题的"阶梯":

- 合作伙伴之间的参与强度和连接程度如何?
- 谁生产产品或提供服务?
- 决策权在哪里?
- 需要什么样的管理行为和活动?

协调(coordination)、合作(cooperation)和协作(collaboration)的"3C"概念描述了治理网络成员之间不同程度的联系和相互依赖的程度(Mischen,2015:381)。在这一框架下,协调的特点是联系和强度最低,协作的特点则是联系和强度最高。

如图 11.1 所示,各种管理技能、胜任素质和行为与不同类型的协作相关。这

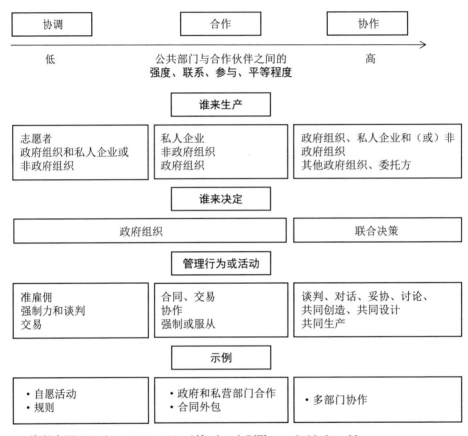

资料来源：Mischen，2015：381；Alford and O'Flynn，2012：20—22.

图 11.1　协作安排的途径

是由于参与这种安排的相关合作伙伴相互依赖程度和决策权限不同。公共管理者需要运用控制、强制和协商来管理合作伙伴之间平等性较低的互动；如果合作伙伴的自主权更高，角色和责任分配得更平均，他们就需要建立共识，创造有利于对话和妥协的氛围（Agranoff，2006；McGuire and Agranoff，2011）。

在关于协作管理的大量文献中，有一个重要的问题时而被忽略，在这里值得一提：公共管理者首先要努力使协作在政府内部运行。实际上，当我向高级公共管理者的听众讲授有关利益相关者协作和网络的高管课程时，很多讨论都围绕着与其他公共机构的同僚协作所面临的巨大困难和挑战展开，这多少有些令人吃惊和反常识。

由于公共管理者认为非政府合作伙伴的利益和议题与自己不同,他们对这些合作伙伴的期望可能较低,但也更容易超越。然而,正如先导案例所示,许多人似乎在努力克服来自政府同僚的极度孤立的心态、脱节的议题和机会主义行为。尽管"整体政府"和"协同政府"的理念多年来一直在被谈论(Christensen and Laegreid,2006;Christensen et al.,2007),但还没有成为现实,在超国家、多层次、跨国家的协作环境中,如联合国或欧盟,更是如此。因此,本章讨论的许多挑战和胜任素质同样适用于实现政府内部和政府间的协作,这是成功的多部门合作伙伴关系的关键前提(另见 Howes et al.,2014)。

本章的其余部分主要关注最具协作性的合作伙伴关系类型,因为这些类型的合作伙伴关系将变得越来越重要,并为解决非常严重的问题带来最大的潜在收益,但也对公共管理者提出了相当大的挑战,值得进一步研究。志愿活动、自我认证和行业自律都是非政府行动者追求公共目标的重要形式,但在其他地方已得到广泛研究(Groenleer et al.,2010;Lodge and Wegrich,2012)。

我们将简要讨论合同外包以及政府和私营部门合作这两种比较传统的非政府服务提供形式,然后更详细地讨论多部门协作。在公共部门与外部合作伙伴之间的"强度、关联性、参与性和平等程度"方面,这两种协作形式处于中等程度,根据合同推动合作是关键的互动模式。

11.2.1 合同外包

这种服务递送的外部化形式涉及政府与私营或非政府组织签订合同;合作伙伴执行外部化活动,但政府保留责任。支持这些形式的论据是,它们解决了官僚机构臭名昭著的低效资源分配问题,并可能有助于降低成本和提高质量(Alford and O'Flynn,2012:86)。塞尔西和帕克(Selsky and Parker,2005:862)认为,这种合同框架适用于通过"特定的组织特征和(或)独特的贡献……来实现预定的目标和手段"从而将服务外部化的管理者。简而言之,当公共管理者的目标是实现降低成本、提高效率和回应利益相关者诉求以及提高服务质量时,他们就可能会寻求签订外包合同。

11.2.2　政府和私营部门合作

这种外包事务的模糊性在于使用了"合作伙伴关系"一词，这通常意味着某种程度的协作。然而，在大多数政府和私营部门合作项目中，服务的生产或其他活动通常不是由政府和外部参与者共担的。虽然存在不同程度的合作强度和相互依赖性，但公共管理者的常见作用是确定任务范围、确定优先事项和绩效目标、监督和控制合同安排，只有在出现问题时才进行干预（Alford and O'Flynn, 2012：89；Hodge et al., 2010；Reynaers, 2014）。

政府和私营部门合作项目的倡导者指出了这种安排的两个主要优势：对私人合作伙伴的结构化激励，以及重点集中性和风险转移（Alford and O'Flynn, 2012：91）。然而，许多全球性的成功和失败案例表明，只有当合同具有可执行性和灵活性，参与的公共管理者是话题专家和熟练的谈判者，并且在合作伙伴关系生效前对实事求是的选择性退出达成一致时，政府和私营部门合作才能实现其承诺过的公共服务递送（Boyer et al., 2015；Eversdijk, 2013；Hodge et al., 2010；Klijn and Teisman, 2003）。

对于这两种类型的公共管理者来说，一个关键问题是，相较于在政府内部实施的项目，私营部门合作伙伴的加入能够确保更好的服务递送。然而，他们如何事先对利弊进行有意义的评估呢？一个可能有用的工具的示例是专栏11.1中描述的公私比较手册，它的目的是帮助公共管理者比较公共、私有或混合型的项目实施情景。

专栏 11.1　公私比较（public-private comparator, PPC）手册

2013年，荷兰财政部发布了一本题为《公私比较手册》的75页英文手册，其涵盖了从启动到评估共四个模块的服务递送实施的多个维度，旨在为荷兰政府的公共管理者提供支持。该手册关注大量与项目管理、财务和人力资源管理相关的主题。它的主要目的是协助在初始阶段和准备阶段之间的评估工作。对于价值超过2 500万（住房）和6 000万（基础设施）的大型项目必须进行公私比较，旨在改善小

型项目的评估也可适用。

该手册非常具体地提出了用于比较内部、混合或外包等各种实现情景(包括历史分析、敏感性分析、基本资料的收集和国际基准)的方法。建议公共管理者将现实的通货膨胀预期和转型成本包括在内,以防将来实施情况可能改变。有趣的是,该手册还要求公共管理者进行非财务方面的考虑,如合作伙伴关系对组织身份的影响,从而确保文化和管理层面不被忽视。

公共管理者是否认为公私比较手册有用?正如访谈研究所示,经验告诉我们,结果在很大程度上是乐观的。管理者借助公私比较手册起草在他们部门内共享的报告。显然,如果调查结果建议实施外包,那么设备管理和支持性岗位的同事的反应并不总是积极的:"我们做得不好吗?这意味着我们中的一些人将不得不开始为私人财团工作。"此外,相较于公私比较手册,一些在大型项目方面具有丰富内部专业知识的部门更喜欢自己独特的措施和方法。

该手册具备全面性和创新性。尽管如此,公共管理者仍然面临着各种各样的关键问题。在信息不对称和可能缺乏内部专家的情况下,他们如何获得评估所需的所有必要信息?如果他们让外部行动者参与一些核算和评估,公共管理者如何能确保这些参与者提供的建议是中立的?公共管理者如何才能将未来创新纳入考虑范围,从而降低技术和材料的成本?或者预见到政治不稳定和企业破产会如何导致项目的耽搁、推迟或取消?他们同僚的职业前景是否应该包括在外包建议中?

资料来源:Government of the Netherlands, https://government. nl/documents/directives/2013/03/01/public-private-comparatormanual-2013;Reynaers,2014。

由 20 年或 30 年合同所约束的相当稳定的合作伙伴关系,在基础设施和住房等领域可能运转得非常好。事实上,正如乐于参与这种长期合作伙伴关系的各种公共管理者在一项针对政府和私营部门合作项目的大规模访谈研究中承认,政治干预或修改职权范围的空间是有限的(Reynaers,2015:9)。

> 这项基础设施持续了大约 100 年:你不应该希望每 5 年就改变我们的决定。通常每个人都想有自己的发言权,但是我们在 2003 年就已经决定要坚持到 2033 年。我认为连续 30 年没有什么政治干预对项目的延续性是有好处的。

然而,这样的架构可能根本无法解决诸如减缓气候变化、打击全球恐怖主义或公平分配大量难民等非常严重的问题。当处理这些需要通过对话来确保合法结果的争议性问题时(Agranoff,2006),公共管理者需要利用传统的合作伙伴关系,结合或完全取代这种合作伙伴关系,采用有机的、自下而上的协作类型,并且具有更多差异化的外部参与。这种合作关系需要相互信任、共同愿景和动机,以及对合作伙伴参与的附加价值有坚定的信念,而非依赖于合同和合同动机。因此,它们需要一种不同类型的风险评估和与公共管理者不同的行为范围。

11.2.3 多部门协作

来自两个或两个以上部门的行动者之间的多方面、动态的合作伙伴关系被称为多部门或跨部门的协作与合作伙伴关系,而涉及政府、企业和社会行动者的"三部门"类型越来越受到重视(Brandsen and Pestoff,2006;Easter,2016;Eggers and Macmillan,2013;Selsky and Parker,2005)。事实上,公共管理者的目标是有效地解决非常严重的问题,或者在富有主见且精通技术的利益相关者在场的场景中完成所有的事情。尤其是在欠发达的情况下,他们可能会受益于公民、私营部门参与者和非政府组织的参与。

专栏11.2阐明了在发展的情境下,由地方和国际捐助者与地方政府共同推动的多部门运动中管理者所经历的利益和斗争,而地方政府反过来又积极参与当地社区和专业人员的活动。

专栏 11.2　非洲和亚洲的跨国和多部门协作

由政府资助的大型发展机构,如美国国际开发署(USAID),每天都在复杂的环境中开展协作。一个广为流传的示例是美国国际开发署长期参与改善马拉维(Malawi)教育质量的活动,旨在资助社会动员运动的当地捐助者邀请美国国际开发署项目工作人员采访教师、家长和教育官员,了解他们对教育质量的看法。项目工作人员还询问了当地的利益相关者,以便了解他们如何才能最好地协助制订行动计划,并向教师和培训师提供培训服务,以支持教育质量的改进。

来自美国国际开发署和马拉维教育部的管理者密切协作,为当地利益相关者在决定项目的形式和范围方面拥有真正的发言权创造了环境。虽然这些努力没有建立全面或平等的合作伙伴关系,但它们提供了将基层的想法和关注传达给决策者的机制。这就加强了地方对该项目的支持,改善了人们对国家教育效果的看法,并通过识别出公共管理者未察觉到的问题而提高了效率。各种评价报告了教育方面的长期进步。

同时,针对柬埔寨战后和印度尼西亚海啸之后的生物多样性及恢复的其他协作项目评估发现了管理者面临的各种问题;国际和非政府组织投入的努力被东道国的官员视为喧宾夺主且无关紧要,那里缺乏(一些)协作目标的基本数据及对这些数据的分析,而且努力明确共同利益和收益的过程发生得太迟了。正如一位参与其中的项目管理者所指出的那样:"不要假设别人的看法;在初次见面时,你要做好大吃一惊的心理准备,不要指望能学到所有的东西。"不过,所有参与者都强调,要想有所作为,协作结构是必不可少的,而非可有可无的。

公共管理者能从这些示例中学到什么?有用的协作知识包括:

- 在发展机构关系的同时,最大限度地发展强大的人际关系,以确保在员工流动或"人际关系恶化"的情况下得以延续。
- 认识到权力的不平衡,并进行解决而不是试图纠正。
- 不要把建构强加给当地的利益相关者,而是把他们当作完全的协作者;在这种情况下,公平可能而且可以说应该胜过效率。
- 从一起确定共同的目标和利益着手,同时识别一些不可避免的冲突。

资料来源:USAID, https://pdf.usaid.gov/pdf_docs/Pnadg024.pdf; Fauna & Flora International,http://www.fauna-flora.org。

显然,让非营利组织和社区参与进来,可以建立起一个充满激情、联系日益紧密、相互支持的员工网络,这些员工密切关注着当地的情况,并与当地选民有着深厚的联系。然而,与此同时,公共管理者不应天真地认为,充满激情和发愤图强的社会合作伙伴必然会有效地共同实现其目标。最大的潜在风险是所谓的"使命黏性",即非政府组织不顾一切地坚持最初的使命和赞助基础,即使不断变化的工作环境使它们成为明日黄花,而有意义的协作要求其有所改变(Moore,2000:192)。同样,公共管理者需要注意相反的"使命偏离"或"使命漂移",即在连续性受到威胁时,非政府组织迅

速且机会主义地放弃关键使命，以获得新的财政资助（Oster，1995：28）。

专栏 11.2 所示的多部门合作伙伴关系几乎不包括私营部门行动者。然而，正如上文所提到的，人们认为包含政府、企业和社会领域的行动者参与的三部门协作是解决严重问题的有效模式，至少对于大型的全球跨国企业和私立学术机构来说的确如此（Lovegrove and Thomas，2013；Porter and Kramer，2006；Rodriguez et al.，2015）。这种协作扩展了现有的关于企业社会责任和社会企业的论述（Ridley-Duff and Bull，2015；Smith et al.，2013；Skagerlind et al.，2015）。专栏 11.3 提供示例，阐述一个跨国企业如何建立慈善机构，与当地非政府组织和政府密切协作，开展大规模的企业社会责任活动，创造公共价值，或者补偿在创造私人价值的过程中产生的负外部性。

专栏 11.3　印度的企业社会责任（corporate social responsibility，CSR）

苏司兰能源公司（Suzlon Energy）是一家活跃于世界舞台的大型风力发电公司。尽管该公司的愿景是对社会产生积极影响，但靠近其风电场和设施的社区却因征地以及当地基础设施和环境的破坏而遭受了负面影响。这导致了对公司的不信任，以及当地社区和苏司兰能源公司员工之间的冲突。

为了更有效地运作业务并与所有利益相关者建立持久的关系，苏司兰能源公司于 2007 年成立了苏司兰基金会。该基金会作为一个独立的组织，领导企业社会责任行动，在结构上独立于公司的业务部门，反映了跨国企业建立独立的基金会来处理企业社会责任和慈善项目的趋势。项目在公司风力发电场周围的社区得到实施：到 2010 年，苏司兰基金会与 32 个非政府组织和 13 个政府部门密切协作，实施了 125 个不同的项目。

公共管理者特别感兴趣的是，通过三部门合作伙伴关系执行的项目如何有助于提升往往不稳定和落后的非政府组织能力。非政府组织与苏司兰建立了灵活的合作伙伴关系，并且以知识交流和学习为特点。同样，参与的公共管理者认为，在加强企业社会责任方面的三部门协作大大提升了当地社区生活质量的附加价值以及资源利用和能力建设。

资料来源：Skagerlind et al.，2015：245—275。

　　显然,让私营部门的行动参与进来既会带来收益,也会带来风险。特别是如果企业发起了三部门协作,就像企业社会责任的示例一样,公共管理者通过参与其中可能会无意中使企业活动合法化,而这些活动的最终目的充其量可能极其模糊、难以分辨。事实上,公共管理者将不得不防止角色和责任变得模糊,导致私营部门利用协作,通过娴熟的游说和谈判,在立法议程中实现"规制俘获"(Laffont and Tirole, 1991; Stigler, 1971);或使公共管理者"漂白"不良的私营部门活动或为其"装点门面"。

　　尽管如此,私营部门的加入在帮助解决上述非常严重的问题方面,仍有巨大的潜力。就商业领域而言,私营部门在扩大规模、融资、创新和提高工作效率方面的能力可能是无与伦比的。显然,让私营部门和社会的行动者参与可能会创造巨大的附加价值,同时也会带来共同的风险。

　　按照这种思路,图 11.2 显示了一个三部门的三角结构(Pestoff, 1995; Van de Donk, 2001),指出了公共管理者在与包括政府在内的三个部门潜在的合作伙伴接触时应该考虑的关键附加价值和风险。有效的协作管理者专注于了解其他部门的

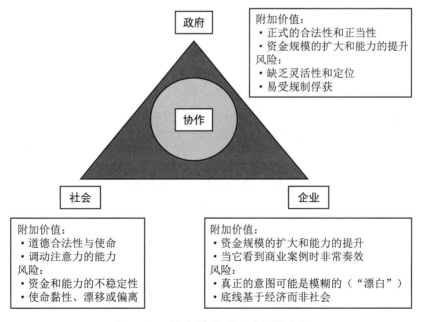

图 11.2　跨部门协作:管理方面的考虑

文化、习俗和工作方式，这样他们就可以将其他部门合作伙伴提供的潜在收益最大化，同时将一些常见的风险最小化。

专栏11.4介绍了澳大利亚一个多部门协作的示例。在这里，与前三个示例不同的是，相较于私营公司率先与州政府和学术机构协作，创造公共和私人价值的例子，这一次没有明确追求企业社会责任的目标。该示例说明了一个合作伙伴递送互惠互利服务的利益相关者参与框架（Alford and O'Flynn，2012）。在这种情况下，参与的公共管理者"运筹帷幄"，同时提供指导、保证长期稳定和协助消除法律和程序障碍，而非"主动接管"。为了提供一个完整的图景，示例通过阐述澳大利亚更广泛的协作环境和协作性公共管理进程，说明了有多少公共管理者仍然在倾尽全力变得越来越具有协作性。

专栏11.4　澳大利亚的多部门协作

澳大利亚波音飞机部件公司（BAA）是波音民用和军用飞机的国际制造商，2010年，它将其新南威尔士州的业务迁至维多利亚州，并着手准备大幅提高产量以满足全球要求。该公司使用的复杂制造过程所需的技能和胜任素质要求超出了传统制造公司。由于现有的制造证书已经不能满足其需求，波音公司与维多利亚州的教育和儿童早期发展部门（DEECD）接洽，共同设计了一个新的航空制造（复合材料）证书。

该公司通过建立一个协作项目来设计新的制造体系认证，其中还包括澳大利亚最大的职业教育机构技术与继续教育学院（TAFE）的博士山学院（Box Hill Institute）。协作项目定期举办会议，并设立一个跨部门工作小组，由该部门协助简化程序。通过联合设计航空制造（复合材料）证书，该公司和其他部门现在获得了一个完全定制的资格，以确保未来的劳动力发展。2012年，波音公司开始对300名新员工和现有员工进行技能培训。在随后的几年里，波音公司大幅增加了在澳大利亚各地的研发支出和制造业务。双方都看到了一个商业模式，并选择去进行探索。

有趣的是，根据前创新、工业、科学和研究部长（Minister for Innovation，Industry，Science and Research）金·卡尔（Kim Carr）的说法，在经济合作与发展组

织(OECD)中,澳大利亚在公共部门(资助的)研究人员和私营企业之间的协作方面长期排名最差。关键问题之一是与国内工业的协作。各种税收抵免计划和创新支持项目已经得以实施,用以启动更多的"国内"多部门协作。未来的几年将会见证它们是否会产生长期的影响。

然而,尽管一段时间以来,协作在澳大利亚公共部门一直是一个流行词,一些人甚至谈到了一种"协作崇拜"(O'Flynn, 2009:112),正如最近的研讨会和圆桌会议所表明的那样,公共管理者还是经历着许多制约因素。除了文化、不确定性和程序性问题外,他们还强调地方主义和"守住你的小块土地"是主要障碍。这些问题包括以自我为中心、担心协作可能会把功劳归于他人,以及对潜在合作伙伴正在做什么和有能力做什么缺乏了解。作为支持因素,管理者证实了本章所强调的问题,如共同目标和角色的明确,同时增加了用于协作的共同"新"资源池作为激励,以及获取信息、足够的时间和修整。

资料来源:Victoria State Government, http://education. vic. gov. au/Documents/about/programs/partnerships/stakeholderengagement11.pdf; Australian Government, https://innovation. govspace. gov. au/2014/08/11/collaboration-whats-the-magic-ingredient-for-working-across-agencies/; O'Flynn, 2009。

11.2.4　不同的协作关系:参与动机和空间的多样化

综上所述,虽然合同外包以及政府和私营部门合作中有私营部门合作伙伴的高度参与,但外包过程的性质,特别是专门设计的职权范围(terms of reference, ToR)以及合同安排给创新留下的空间很小。此外,私营部门合作伙伴通常是受经济利益而非创造公共价值驱动。相反,在多部门协作中,行动者共同设计和共同生产服务的特点是最高程度的外部合作伙伴参与。因此,它们为创新与进取精神提供了更大的空间。公共管理者以共享的公共价值创造为出发点,有机会将外部合作伙伴的动机引导至为共同的支持者创造价值,而不是为私人创造价值或由捐助者主导财富创造。

作为本节的总结,图 11.3 的"协作立方体",为公共管理者表现了各种类型的协作。鉴于自主创新空间决定于问题中的项目、合作伙伴协作动机的假设以及公

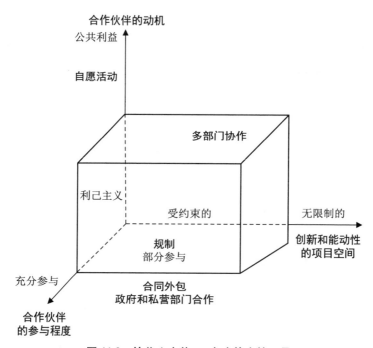

图 11.3 协作立方体：一个决策支持工具

共管理者所期望的参与程度，立方体为公共管理者决定哪种类型的非政府行动参与提供了最为合适的决策支持工具。

11.3 协作活动、技能和心态

当公共管理者决定建立并开展合作伙伴关系，权衡利弊，评估机遇时，协作的实际"管理工作"就开始了。协作可出现在政策制定、执行和服务递送的各个阶段。涉及多部门协作管理的许多活动的三个越来越广泛使用的概念是共同设计、共同创造和共同生产（见图 11.1）。

11.3.1　共同设计、共同创造及共同生产

这些概念是最近才出现的,与公共部门新出现的创新角色、预算紧缩时代和社会企业家的兴起齐头并进(Frow et al.,2015:464;Voorberg et al.,2015:1334)。事实上,弗莱雷和圣乔治在医疗改革的背景下研究共同设计、共同创造和共同生产,将它们的出现归因于一种普遍的趋势,即"从价值创造的集中化和顺序化模式,转向更分散、更开放的模式,公民也因此被视为自身福祉的共同创造者"(Freire and Sangiorgi,2010:2—3)。

表11.2对这三种协作性管理活动进行定义,并列出了与每种活动相关的关键工作、角色和行为。与以往一样,协作性决策和管理的现实区别并不像这种分析所显示的那样清晰,设计、创造和生产的活动与行为将会相互重叠。

表 11.2　协作活动:共同设计、共同创造、共同生产

	共同设计	共同创造	共同生产
1. 结构 Brandsen and Honingh, 2016:428;Freire and Sangiorgi,2010:3.	不同的合作伙伴在产生想法和开发设计的过程中一起工作,最终的解决方案由专业人员实施和领导。	在这种安排中,使用者的活动不仅包括设计服务,而且对他们的内容进行生成以及塑造他们的持续发展。	利用社区能力为公共服务的专业人员与客户提供平等互惠关系。
2. 聚焦点和工作内容 Frow et al.,2015:464;Torfing et al.,2012;Voorberg et al.,2015:1334.	设计和创意产生——共同发起、众包、焦点小组、讨论、头脑风暴。	首创精神和学习——持续监督、学习和发展的平台与网络。	执行和递送——资源获取、自助服务、(半)外包、自己动手(DIY)。
3. 管理角色与行为 Hartley et al.,2013;Meijer,2014;Voorberg et al.,2015:1345.	● 指导 ● 便利化 ● 促进	● 对话 ● 谈判 ● 优先排列 ● 劝说	● 调停 ● 妥协 ● 监测 ● 监督 ● 干预

参与共同生产服务的公共管理者将必须设法解决可能并非服务最终受众的公民的积极投入问题(Brandsen and Honingh,2016:428)。专栏11.5苏格兰公民共同生产的示例展现出公共管理者如何让社区团体在当地重建工作中发挥带头作

用，并接触那些不太愿意参与的公民，从而尽可能广泛地吸纳公民参与。

专栏 11.5　苏格兰公民的共同生产

2012 年，洛赫赛德(Lochside)地区的当地居民认为有必要采取一种更协调、更有意义的方式，让当地人参与到改善社区的工作中来。与此同时，南埃尔郡议会(South Ayrshire Council)致力于与当地居民和第三部门组织一起设计服务。合作伙伴关系在其发展中采用了社区发展原则。在一个由社区领导的小组中，当地居民确定了兴趣、关注点以及社区拥有的技能、知识和优势。

基于那些优先处理的事项，该小组确定了若干小型项目和举措。他们和最初不太愿意参与的公民共同开展了更广泛的社区参与活动，而后根据当地人认为与切身利益相关的事情制订社区行动计划。通过一系列的工作坊，该小组与当地的儿童和家庭共同设计了一个新的游乐场地，得到了广泛的积极回应。此外，建筑师咨询当地人之后，对新的房地产开发计划进行修改，改善了住宅的外观设计。

自 2012 年以来，得益于积极的转移注意力活动，与青少年有关的反社会行为减少了 35%，社区安全得到改善。社区安全官员推动建立了洛赫赛德女子团体(Lochside Girls Group)，其成员已经和她们的父母一起学习了酒精的危害。洛赫赛德教堂(Lochside Church)还通过每周一次的儿童俱乐部为来自 100 多个家庭的儿童和青少年提供活动。通过电子邮件、口口相传、会议、一对一访谈、焦点小组讨论、脸书更新，以及包括 210 名当地儿童在内的 1 000 多户家庭参与的活动，社区参与程度不断提高。

资料来源：Scottish Co-production Network，http://coproductionscotland.org.uk/files/7513/8728/4017/Lochside_case_study.pdf。

与苏格兰的公共管理者最近采用共同生产方式实施的许多项目一样(Connolly，2016)，该案例说明，让社区参与进来，并与第三方组织建立合作伙伴关系，如何推动设计和递送服务以更好地满足公民需求。在这些项目中，公共管理者作为协调者监督整个工作流程；作为调停者，协助向此想法的执行者获取和说明社区的需要；以及作为共同的创造者，投入时间和创意。

11.3.2　管理技能和思维

协作的管理工作需要特定的技能和思维,其中一些已经在本章中列出。的确,应对严重问题的文献强调,他们需要的协作策略和技能是"有限的"(Christie et al., 2009;Head and Alford, 2015)。协作很容易以失望告终,对话可能演变成冲突、固执己见和僵局。因此,成功的协作要求所有合作伙伴将相关的技能和个人品质摆到台面上。公共管理者必须超越自己的技能和心态进行思考。一旦他们建立了合作伙伴关系,他们就成为更大事业的一部分;提升合作伙伴的技能和影响其思维变得同等重要。在这里,咨询和参与的胜任素质显得至关重要。

此外,潜在的不同行动者网络之间的有效协作也需要公共管理者的沟通和冲突管理技能,因为他们需要"说服和引导"最初持怀疑态度的利益相关者。图11.4综合了各种单一和多部门合作伙伴关系中有效协作所需的特定态度、价值观和技能。鉴于公共管理者的工作方式、非政府合作伙伴的参与程度以及公共管理者和合作伙伴共同追求的目标,这些不同类型的协作需要公共管理者具备一些不同的态度和技能。

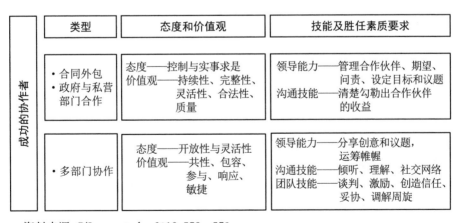

资料来源:O'Leary et al., 2012:572—573。

图 11.4　协作性公共管理者的思维和技能

11.3.3　公共管理者作为边界管理者

公共管理者的一项特定技能或角色将变得越来越重要，那就是边界管理者——参与网络的规划专家已高度意识到跨越部门和机构边界进行协作的必要性（Noorde-graaf，2015；Stamper and Johlke，2003；Williams，2002，2010，2013）。政府部门虽然进度缓慢，但是坚定地朝着创建此类职位技能描述的方向而努力，以适应于全程参与跨界合作（Beck Jørgensen and Rutgers，2014；Guarneros-Meza and Martin，2016）。

跨界协作的前提是 21 世纪的要求和挑战"超越了传统程序、专业和组织的界限"（Guarneros-Meza and Martin，2016：239），因此它需要一种新型的公共管理者，他们可以跨越部门、组织、领域、文化和使命而工作。在一项开创性的研究中，保罗·威廉姆斯（Paul Williams，2002）识别了定义有效跨界合作的四个关键因素，每个因素都涉及不同的角色、胜任素质和个人特征。他在后来的研究中，重新强调和完善了其中一些角色和胜任素质（Williams，2010，2013）；而其他学者基于

---

1. 建立可持续的关系
➤ 沟通和倾听——避免使用专业术语，以吸引来自其他领域的合作伙伴。
➤ 理解、共情和解决冲突——在失败以后要继续前进。
➤ 品格——表现出个人魅力和摆脱包袱的能力。
➤ 信任——需要相互承担风险，在 1—2 天内建立初始信任。
2. 通过影响和谈判进行管理
➤ 斡旋解决方案——需要专业知识和公认的合法性才能发挥作用。
➤ 交流——在正式结构之外，与关键节点的参与者进行最为有效。
3. 管理复杂性和相互依赖性
➤ 组织间的经验——产生了宝贵的内部知识和理解。
➤ 跨学科的技术知识——为合作伙伴提供了"合法性的通行证"。
➤ 认知能力——能够调动新的资源和寻求机会之窗。
4. 管理角色、问责和动机
➤ 精确判断——为其他合作伙伴的行动赋权，同时尊重制度授权。
➤ 霸权、资源机会和授权——承认协作是解决严重问题的唯一可行途径，也是获得新资源和政策选择的机会。

资料来源：Williams，2002：115—121。

图 11.5　作为边界管理者的公共管理者

他的研究,使用了稍微不同的概念(例如 Guarneros-Meza and Martin,2016)。通过对公共管理者的一系列研究得出的四个关键因素及其角色和胜任素质见图 11.5。

为了说明边界管理者的形象,专栏 11.6 展示了一个"三部门行动者"的成功故事(Lovegrove and Thomas,2013:1)——一个拥有从两个或两个以上不同部门且具有一系列强大技能的管理者,能够创造性地运用这些技能来递送协作成果。由于实际的多部门经验,三部门行动者非常了解是什么在推动着各部门的机构和管理者,以及如何说服他们的不同选民参与协作伙伴关系。然而,他们从专业经验中获得大部分技能这一事实,引发了一些耐人寻味的问题:我们这个领域目前的学位课程在多大程度上能够成功地教会未来的公共管理者具备跨部门素质,以及哪些胜任素质和价值观值得更多关注。

专栏 11.6 三部门行动者:个性和特征

2013 年,《哈佛商业评论》(*Harvard Business Review*)中一篇文章指出,尼克·洛夫格罗夫(Nick Lovegrove)和马修·托马斯(Matthew Thomas)通过描述以前公共管理者杰夫·西布赖特(Jeff Seabright)在改进可口可乐(Coca-Cola)的水资源可持续发展计划中所扮演的角色,概述了跨部门行动者的个性和特征。可口可乐企业通过用 2 升多的水生产 1 升产品,为创造可持续的淡水资源做出贡献。

过去缺乏协作导致了南印度当地的抗议和生产禁令。可口可乐聘请了杰夫·西布赖特帮助设计切实可行的应对方案,并与各部门的合作伙伴进行交流。西布赖特是一位局外人,相较而言是私营部门的新手,并且曾任职于美国驻外事务处(the US Foreign Service)、参议院(the Senate)、美国国际开发署(USAID)和白宫气候变化工作小组(the White House Task Force on Climate Change)。

他首先将缺水问题转换成商业用语,以提供给同事们。西布赖特发现,生产利润率的扩大同时发生在水资源最为紧张的地区。可口可乐的经理们对他的分析能力感到印象深刻,给了他一笔预算用于资助几项水资源可持续发展计划。他与政府和非政府组织建立了有效的合作伙伴关系,借助他在美国国际开发署的经验,与世界野生动物基金会建立了 2 000 万美元的合作伙伴关系。因此,可口可乐得以实现其 2020 年水中和的目标，并被视为该领域的行业领导者。

根据作者所说，三部门行动者有六个共性：

- **平衡动机**——无论在哪里工作，都要创造公共价值的愿望，将他们（通常在政府）施加影响、（通常在非营利组织）产生社会影响和（通常在商业领域）创造财富的动机结合起来；

- **可转移的技能**——一组用于跨部门评估的独特技能：定量分析、战略规划和利益相关者管理；

- **情境智商**——对部门内部和部门之间的差异有深刻的理解，尤其是他们的语言、文化和绩效指标方面；

- **整合人脉**——在发展事业、组建团队或将决策者集聚一堂时可以利用一套跨部门的关系网络；

- **有备而来**——随时准备着去追求一份在不同行业间摇摆不定的非传统职业，随时准备着接受可能的减薪；

- **智识的串联**——通过从各个部门的角度来理解一个特定的三部门问题，从而获得关于该问题的整体学科知识。

资料来源：Lovegrove and Thomas，2013。

11.4　管理共同的问责制和绩效

早在 1993 年，卡岑巴赫和史密斯就在他们有关高效团队的著作中指出，共同的责任和问责制是合作伙伴关系成功的关键先决条件。他们还认为这是管理者最难实现的目标之一。在协作中，问责是一个特别复杂和棘手的问题。因为通常责任的界限、主体和客体可能不清楚，从而使合规、控制和质量保证的管理职责复杂化。参与的管理者可能对目标、结果和实施阶段的观点各异（Clarke and Fuller，2010:86；Williams，2002:120），特别是如果合伙关系不是受严格、可执行的合同驱动的话（但即使是这样，也不影响这一结论）。

此外,不同类型的协作对于不同的合作伙伴来说,其集体合法性是不同的,并且各合作者在论证和创建协作时使用的说辞也会有所不同(Koschmann et al.,2012:343)。所有这些问题都是公共管理者在应对来自各种论坛的法定质询时所面临的众多问责压力和挑战中的首要问题,甚至在非协作环境中也是如此(Bovens et al.,2008;Bovens et al.,2014;Koppell,2005;Schillemans,2015;Sinclair,1995)。他们不仅需要管理多重责任,还必须跨部门、跨机构地进行管理,而合作伙伴则要承担各自的多重责任。

在这里,对公共管理者而言的关键问题是:

- 谁负责,何时负责,由谁来决定?
- 如果出了问题,该对谁进行问责?或者更确切地说,我们如何防止问责演化的主导并可能破坏有关真正责任分担的对话?
- 此外,从人力资源管理的角度来看,如何设计绩效评估结构,使(跨部门)团队合作真正成为管理者和员工的关键绩效指标(KPI)、奖励和晋升的一部分?

事实上,大多数关于团队合作的管理文献都表明,共同的目标和动机所激发的集体能量和激情最有可能产生相互承担失败责任的意愿。对于公共管理者而言,微观层面的激励措施可能比改变和设计机构协调机制的长期努力要有效得多,这在涉及正式沟通网络的丑闻发生之后经常出现。举一个突出的示例,美国卡特里娜飓风调查(Hurricane Katrina inquiry)就是如此(Boin and Nieuwenburg,2013;Helsloot et al.,2012;Koliba et al.,2011)。

帕格等人提供了一个有意义的示例,他们回顾了一系列旨在缓解交通拥堵的协作项目。他们强调,公共管理者应该在与各个合作伙伴沟通后,通过界定有形和无形的成果,以围绕实际的公共价值创造组织协作问责。通过考察纵向问责制——是否合法并回应了各种政治和财政方面的"授权人",以及横向问责制——是否回应了各种协作伙伴并具有建设意义,作者识别出个别利益相关者的偏好与整个协作目标相冲突的情况。在这种情况下,解决方案在于设计一个流程,在这个流程中,精英利益相关者的授权在大多数阶段都是存在的,而公民、立法者或特殊利益集团的认可和支持只在早期和接近尾声时被需要(Page et al.,2015:723)。

虽然协作环境强化了公共管理者的现有价值观权衡——例如,在实现最有绩效、程序公平或民主问责制之间的取舍(Provan and Kenis，2008)——但它们也提供了让利益相关者直接参与讨论这种权衡的机会。然而，如果在早期阶段就设定广泛、集体认可的公共价值目标，公共管理者在随后的过程中就有更大的余地牺牲单个利益相关者的价值偏好，只要他们确保这些牺牲会平均分配到合作伙伴之间(Page et al.，2015:729)。

然而，即使在公共价值的创造受到明确界定和广泛支持的背景下，问题仍然是，为什么合作伙伴关系中的行动者会有动力承担集体行动的责任和接受问责，而非消极地面对制裁，以及公共管理者应如何实现这些目标。事实上，布赖森等人(Bryson et al.，2015:663)在他们的协作检查表中把责任作为协作成功的关键标准之一，强调协作需要建立在个人和组织的自身利益之上。专栏11.7提供了关于管理者如何推动和奖励协作行为的见解。

专栏11.7 管理者如何有效奖励协作行为

几十年来，人们一直强调团队协作对于实现管理目标的重要性。有趣的是，公共管理者使用的大多数绩效评估系统仍然是高度个人主义的。这也是咨询巨头德勤在2015年决定将它们全部废除的原因之一，此举引发了关于组织如何执行片面行为的广泛争论。在协作的情况下，实现共同的问责和责任要求以支持管理行为作为后盾的明智激励。

然而，有一些有意义的工作展现出哪些激励和行为是有效的，例如安科纳和布雷曼(Ancona and Bresman，2007)基于实践的著作《X型团队》(*X-Teams*)和布伦科等人(Blenko et al.，2010)的《判断与递送》(*Decide and Deliver*)，以及斯科特和蒂森(Scott and Tiessen，1999)以及史蒂文斯和坎皮恩(Stevens and Campion，1994)撰写的学术文章。这些多样化的研究解释了，为何由合作伙伴自己(在评估个人绩效时占有相当大的权重)制定的集体绩效目标能够实现更好的协作绩效。来自中国的证据表明，有针对性的个人奖励也可以提高团队绩效，但只有当管理者的奖励公平、透明时才奏效，而对团队绩效起核心作用的成员(非正式的领导者)才是奖励的对象(Li et al.，2016)。

在一篇综述文章中，艾米·加洛(Gallo，2013)识别了管理和奖励集体绩效的

六种有效方法。对于本书的读者来说,他们建议公共管理者:

- 在协作开始之前,将协作伙伴齐聚一堂,**设定明确的目标**,共同定义成功是什么。这在创造价值目标的同时,也具有激励作用。

- 通过定期评估集体目标是否实现来**检查进展情况**,面对面的或匿名的方式均可。团队成员可以通过调查对进展进行评级,允许管理者设置可执行项。

- **充分利用各种奖励**,将金钱奖励改为实质性包含集体绩效的奖励。如果他们没有那种影响力,公共管理者可以使用非金钱奖励,如颁奖、公众认可和接触高层领导。

- 通过将时间投入于和个别成员及整个团队相处来**了解他们的团队**,目的是找出他们所重视的驱动因素。线上与线下相结合,共同发力。

- 通过集体处理团队及其成功与缺陷,将**重点放在协作工作**上。公共管理者应该奖励协作行为,比如帮助他人完成任务。

- 除了个人绩效考核外,还应通过实施团队评审,例如每六个月进行一次,以**评估团队绩效**。在这样的实践中,公共管理者应该只关注团队努力。

资料来源:Ancona and Bresman, 2007;Blenko et al., 2010;Gallo, 2013;Li et al., 2016;Stevens and Campion, 1994。

根据本章概述的观察结果,公共管理者应当至少采纳以下三条建议,以便在合作伙伴之间实现责任共享。

- 第一,定义责任的主客体很重要——谁负责什么。这应该根据每个行动者所拥有的可供他们使用的资源、专业知识、权力和网络来界定。制度和法律框架以及授权对公共管理者有所助益,但不应占主导地位。建立一种追求卓越和成功的集体驱动力要强有力得多。

- 第二,如果要实现共同的问责制,就必须一起持续地制定和确立目标、结果和成果。公共管理者在这里扮演着重要的角色,无论时期好坏,他们都是集体精神、持续精力、公平和频繁互动的驱动力。

- 第三,时机是关键。公共管理者必须确保在流程开始之前,就将条件、角色和职责确定好并达成一致,以避免混淆以及合作伙伴可能打退堂鼓的情况。为了让合作伙伴尊重这一安排,这种安排必须制定妥帖并得到公认。然而,这并不意味着公共管理者应该敲定一成不变的安排；情况可能要求经常重新评估目标和成果。

正如本章所讨论的，为了成为有效的协作者，公共管理者需要拥有和发展各种技能和价值观，并展示不一定能在学位课程中学到的行为，更不用说在他们社会化的组织环境中受到的激励。谈判、调解、协商和沟通是协调不同观点、用语和利益的关键技能。公共管理者的职责是在协作安排中充当合作伙伴之间的桥梁。这就是为什么三部门协作的理由如此充分。21 世纪的公共管理者必须借鉴这三个部门的经验，发挥它们的优势，并付出真诚和协调一致的努力，让用语完全不同、在历史上追求各自竞争目标的各方坐到谈判桌前。

§下章导览

在这一章，我们结束了对 21 世纪公共管理者特定要求的讨论。在详细讨论了七个关键要求及其所应具备的角色、价值观和胜任素质之后，本书的下一章（也就是最后一章）综合了它的主要观点，勾勒出了 21 世纪公共管理者的形象。此外，它还为雄心勃勃的 21 世纪公共管理者提供了获得这一形象的路径图，也为寻求招聘、发展和培养这类管理者的人力资源官员提供了途径。在世界不同地区治理制度的关键特征中，下一章对这种形象的普遍性进行了批判性评估。最后，下一章概述了公共机构和组织环境如何使 21 世纪的公共管理者蓬勃发展。毕竟，管理者只有在环境允许的情况下才会变得强大。

12. 21 世纪的公共管理者

作为结束章节,本章概述了 21 世纪公共管理者的形象,他有能力将新兴的复杂挑战转化为创造公共价值的机遇。尽管这本书的范围和雄心面向全球,且 21 世纪的许多趋势和要求实质上都是全球性的,但重要的是要认识到这样的概括永远不可能是完全通用的。

在某些情况下,公共管理者的传统、保守和科层的特征可能比在其他情况下更受欣赏,也更难改变。重大事件可能会暂时将人们的期望转向公共管理者并重新强调那些似乎已经过时的品质。

尽管如此,本书详述的总体趋势都表明,公共管理者需要变得更具适应性、网络化、沟通性、有企业家精神、创新性、聪明和机敏。这些特征越来越适用于公共管理者的所有职能和角色。然而,一些管理者会比其他人更具有这些特质,或者有更多的能力或天赋快速学习并适应他们不断变化的环境。

有鉴于此,智能化的招聘、培训和管理发展实践将变得比以往更重要。在全球范围内,公共部门的目标是进行更具战略性的人力资源管理实践,同时证明其领导方案和胜任素质框架经得起未来的考验(例如 ABD, 2016;PSD, 2016)。这些方案和框架强调了过去几十年的实践和想法的合理性将如何以新的方式得到证明,而不至于全部贬值和替代(参阅 Dickinson and Sullivan, 2014:54;Rhodes, 2016)。

本章围绕三个中心问题组织:

● 21 世纪的公共管理者是什么样的?

● 一个人要如何成为以及如何发展和培训 21 世纪的公共管理者?

● 为这些公共管理者营造的有利组织环境是什么样的?

在给出这些问题的答案时,出现了各种各样的新问题。毕竟,概述、塑造和培养21世纪公共管理者的旅程是从这本书的最后几页开始而不是结束的。让这段旅程变成有意义且成功的一件重要事情是：来自不同国家的研究表明，迄今为止（有抱负的）公共管理者尚未参与到这种对话之中，因此，在塑造自己和公共部门劳动力的未来时，公共管理者需要一个严肃的声音作为"代理者"（Dickinson and Sullivan，2014；Needham and Mangan，2014）。现在，就让我们开始最后的对话，并努力使之成为一个包容各方的对话。

12.1 21世纪的公共管理者的五个特征

在本书的各个章节中都对21世纪的公共管理者的许多角色、技能、胜任素质和价值观进行了讨论、情境化和对比。我将在此聚焦于准备面对一个VUCA时代的21世纪公共管理者的五个关键特征，如图12.1所示。在概述这些特征时，我意识到它们受制于紧张、困境和问题。我将在每部分末尾列出其中一些问题。

图 12.1 21世纪的公共管理者的五个关键特征

我还从 21 世纪公共服务和未来公共部门劳动力的其他近期工作中获得了灵感,其中一些工作识别了相当相似或重叠的领域(Dickinson and Sullivan,2014;Hamidullah,2016;KPMG,2013;Needham and Mangan,2014,2016;Noordegraaf,2015;'t Hart,2014b)。

为了更好地融入 VUCA 时代,21 世纪的公共管理者必须具备以下所有特质。

1. 聪明、精明且敏锐

21 世纪的公共管理者不会因为资历高,或者因为他们在过去被任命为重要或有权势的人而在 VUCA 时代里春风得意。他们不能简单地从其环境中获得尊重和权威。能让他们获得这种尊重和权威的,只有:聪明——至少和他们的各个对手一样聪明;精明——利用机会和技术超越竞争对手并说服领袖;敏锐——从各种授权环境中战略性地获得支持和资金。

这些公共管理者意识到,他们只有在环境允许的情况下才能做到最好,所以他们必须尽可能地"塑造"和"利用"所处的环境。正如约瑟夫·奈(Nye,2010:147)所建议的那样,他们需要使用"巧实力"(smart power),而不是使用硬实力或软实力技能,结合智商(intelligence quotient,IQ)、情商(emotional intelligence quotient,EQ)和情境智商(contextual intelligence quotient,CQ)(Nye,2010:85)。聪明、精明、敏锐的公共管理者在他们不同的工作环境中,在知识网络、同行机构和利益相关者网络(包括对抗性网络)中,以及在所处行业中建立和维护着直觉。

然而,如果政治领袖不接受公共管理者这种积极主动的立场,或者他们自己更聪明、更精明、更敏锐,那么公共管理者如何扩展他们的授权环境而不仅仅是低眉顺眼地为他们的领袖服务呢?积极怠工(active sabotage)几乎不会被赞扬。公共管理者是否应该冒着日后陷入"圈外人"的风险而暂时降低其他网络的优先级?或者他们是否应该投入相当多的精力来挑战他们的政治领袖,以要求足够的空间来共同创造公共价值?

2. 具有企业家精神的同时保持强烈的公共服务精神

21 世纪的公共管理者也必须具有企业家精神,从某种角度,甚至是从商业角度,在各个部门寻找机会并冒险一试,从而提高解决问题的能力。在这样做的过程中,公共管理者必须谨慎行事。他们必须具有企业家精神,但不能成为纯粹的企业家，后者追求有利可图或"容易满足"的有限客户群体。相反，他们必须在新项目、试点和创意产生的早期阶段机敏地瞄准特定的部分利益相关者，即早期适应者，而不忽视后期社会所有群体的可及性。公共管理者要有能力区分不同的利益相关者，从而以最佳方式实现各种目标，并且能够模仿私营部门同行成熟的营销、调查和兜售技术。

通过展示企业家行为，21世纪的公共管理者还可以利用跨部门协作提供的机会。他们不断地从政府内部和外部寻找、招募和吸引潜在的合作伙伴，这些合作伙伴可能为解决问题的过程添砖加瓦。在这样做的过程中，他们诚实、批判性地识别潜在合作伙伴可以突破的技能瓶颈，为更多样化和有效的团队做出贡献。

公共管理者如何平衡长期以来被推崇的行政美德和价值（中立、稳定、公正及合法）与企业美德和价值（创新、盈利、勇气和冒险），而不跨越道德底线或不损害特定利益相关者群体？哪些类型的私营部门行为可以或应该效仿，它们应该如何转化这些行为以适应自己的环境？鉴于迄今为止许多国家的混合经验，公共机构是否应该增加从私营部门招聘人才的比例，特别是高级职位方面？

3. 协作且相联系，但内容和风格上具有权威性

21世纪的公共管理者意识到，关于界定问题和构思解决方案，他们通过等级、孤立、保护主义和垄断不能完成任何事情。他们必须能够"放手"：邀请、支持和允许他人参与公共问题解决过程，越来越多地吸纳普通公民（"外行"）。同时，只要我们有正式的政府结构和选举，解决社会问题的正式权威、责任和问责在很大程度上仍将由公共管理者及其政治领袖承担。公共管理者只有在其不同的合作伙伴授予他们非正式权威和合法性的情况下，才能成功地掌握正式权威并履行这种权威所带来的义务和要求。只有通过出色的绩效、赋权和活跃领导力，以及充分展现专业知识和学科知识，才能不断获得非正式权威和合法性。

在放手的同时保持一定程度的控制绝非易事。利益相关者对公共管理者的期望也将是模糊和不一致的。有说服力且真诚的协作行为可能比日趋严格的合同和制度问责更有力。为了发展这种行为，21世纪的公共管理者通过交换、培训、实习和职业转换方面的投入，了解其他部门的结构、文化和世界观。

公共管理者如何同时保持"管"和"放"？他们如何从因自身明显缺乏技能和专业知识而聘用的合作伙伴那里获得尊重？哪些管理风格最有效，以及公共管理者

需要花多少时间区分有用与无用?

4. 现在及未来重要事务的积极预言者

每天,21 世纪的公共管理者必须在一个无休止的新闻周期的时代同时管理"政绩逻辑"并构建多个长期情景和分析模型,预见 VUCA 事件和非常严重的问题。他们必须令人信服地在各种舞台上运作,无论是在聚光灯下还是在幕后。为了保持政治领袖、媒体和利益相关者的尊重和合法性,他们在当下果断地行动并向外部世界展示他们"掌控一切"。与此同时,他们还在不断地准备和预见未来的多种可能性——通过情景、模拟和试验,及通过倡导对储备能力(reservoir capabilities)的需求来提高韧性。

21 世纪的公共管理者将找到连接逻辑和时间轴的方法。他们通过向政治领袖和其他关键利益相关者展示投资长期规划和预期将如何帮助他们在"现在"做得更好,来处理和解释危机与丑闻。此外,他们还使进行预见的过程变得容易、有意义和兼收并蓄,并利用了技术和众包提供的机会。他们认可并欣赏业余人士和专家贡献之间的差异,并就这些差异与不同的利益相关者进行透明的沟通。

公共管理者应该为"现在"和"未来"投入的最佳人力和财力是多少?他们如何平衡专家和业余人士的建议,如何为焦躁和压力重重的公众解释高度技术化、抽象和"陌生"的情境?

5. 不断学习的通才专家

21 世纪的公共管理者兼具通用和专业的技能和胜任素质,能够快速、频繁地在角色、部门、项目、网络和问题之间切换。他们在必要时会深入研究、掌握动态技能,例如开发社交媒体平台和活动,设计用于提供服务的应用程序以改善用户体验,以及与一系列利益相关者设计和协商复杂的合伙合同。掌握如此广泛而动态的技能需要适应终身学习的思维方式。这一学习可以通过频繁的(管理和技术方面的)高管课程、实习、交换和跨部门工作轮换来开展。

"通才专家"意识到,他们最初的培训只会部分地决定他们将在哪里结束,以及他们的职业生涯将如何展开。21 世纪的公共管理者可以从专家身份开始,同时通过职业生涯中的高管培训获得管理和领导技能;或者可以从一个通才学位开始,为他们担任各种角色做好准备,然后任职经历获得技术技能。尽管近年来人力资源专家和公私部门领导之间展开了激烈的辩论,但对于什么是更有成效或更具战略意义的途径，各方并没有达成共识。有了正确的心态，两者都将是可行的。

公共管理者如何为学习和成长让渡大量的空间和预算，同时为他人创造有利的学习环境？他们如何才能在压力重重、以绩效为导向的工作环境中允许员工犯错并从中吸取教训？

12.1.1 21世纪公共管理者的特征是普适的吗？

在西方、中东、亚洲、非洲、拉丁美洲或太平洋地区工作的公共管理者，是否都能获得并出现这些特征？这个问题很难回答，因为没人知道单个国家和地区将如何继续发展，其公共部门将如何应对大趋势及其应对方式是否会趋于一致。

自由民主环境下的公共管理者可能更有能力为协作、开放式创新、真正的利益相关者参与和众包创造空间。同时，在传统权威和尊重（或害怕）资深人士的背景下，以及在一般的政府背景下，公共管理者可能有更大的余地可以迅速实施亟需的改革，扩大规模并推出大规模创新。无论具体的政治体制如何，这种大规模的执行和改革在中央集权的单一制度中也将比在分散的联邦制度中更为直截了当（Pollitt and Bouckaert，2011）。

尽管如此，鉴于各国和政权在相互联系的全球化世界中的发展速度，很难想象它们将能够和被允许完全脱离于本书概述的趋势和要求。即使他们这样做，也可能最终导致政府绩效不佳。始终如一的良好绩效最终会为任何类型的制度和体制下的公共管理者提供合法性。

12.2 塑造、发展、培训

一个人如何成为21世纪的公共管理者？有些人是否比其他人更有才华或天资？公共部门组织如何招募、培训和发展21世纪的公共管理者？这些问题对寻求自我提升的雄心勃勃的（有抱负的）公共管理者，需要提升团队或从战略上考虑自己的继任者和其组织人事的公共管理者，以及想要引入并继续发展21世纪公共管理者的人力资源管理者至关重要。

培训和管理发展(management development，MD)项目的设计需要考虑到今后十年的情况，典型的公共服务职业看起来将与今天有很大的不同(Dickinson and Sullivan，2014:17)。部门转换和工作转换将增加，一个组织中的五年被视为年轻一代的一生(Lyons et al.，2015)。在保留和激励高潜力员工("高潜力者")的同时，组织将需要持续投入同样多的，甚至可能更多的资金，用于那些必须在 60 多岁时继续工作，同时对走完额外的 1 英里保持积极性的年长员工。

因此，为了产生最大的投资回报，培训和发展项目需要明智地针对初级和年长的高潜力者。这一点尤为重要，因为新世代认为投资于他们的未来准备和职业发展的培训项目，已成为越来越重要的激励，促使他们表现良好并向雇主做出承诺——事实上，是激励其留下(Hamidullah，2016)。培训生项目和"候选人培训"很重要(Wart et al.，2015:18)，但组织还必须在留住高潜力者方面更具创造力。各个国家的经验表明，其中许多人在工作的最初几年就离开了，或是为了在其他地方寻求更好的机会，或是因为对这个系统不像其自身标榜的那样"新"和"酷"而感到失望。

在对全球高级公务员培训的比较研究中，范沃特等人(Wart et al.，2015)指出，近年来对高级行政人员的期望有所上升。公共部门越来越关注塑造关键胜任素质和设计各种类型的培训。如今，要进入更高的管理层，没有研究生学位或多或少是不可能的，而从精英机构获得的学位也不再像一二十年前那样足以让人从基层晋升到高层。要成为 21 世纪的公共管理者，更不用说"三部门行动者"(Lovegrove and Thomas，2013)，员工需要追求与其他组织、部门和网络的交流，并根据经常性、关键性的评估来提高通用和专业的技能及胜任素质。为了满足这种动态的终身学习要求，公共管理教育必须如专栏 12.1 所述的那样发展。

专栏 12.1　公共管理教育的未来

我们是否需要对公共管理者的研究生和高管教育课程进行彻底改革，或者这些课程目前形成的方式是否足以培养 21 世纪的技能、胜任素质和价值观？在我看来，正如整本书中所讨论的，随着时代进步，我们的目标应该是进一步更新和升级现有的框架、工具和假设，并使我们提供的学习更具经验性和试验性。

例如，我们使用的阅读材料和框架都在宣传"协作"——但我们是否真的教了未来的管理者如何协作，除了大多数学生所害怕的强制性小组工作之外？同样，我们是否通过提供令人兴奋的综合模块、项目和实习机会，以及工商管理、法律、社会工作、经济学、计算机科学、市场营销和工程等课程，让学生最好地利用与来自其他部门的未来同行相融合的机会？

我们是否对一般"技能"给予了足够的关注——有时在学术环境中受到轻视——更不用说特定的新技能，如设计社交媒体活动、视频编辑、通过开放式创新获得的元政策和服务，以及大数据分析？没有一所学校或计划可以做到一切，但鉴于公共管理者和高等教育本身迅速变化的环境，公共管理教育也需要经得起21世纪的考验。

的确，尽管培训为重，但经验为王。受到区分了提升经验的五个关键因素的范沃特等人（Wart et al.，2015：17）的启发，我建议有抱负的21世纪公共管理者应考虑以下因素：

- 在某一领域或某一特定机构所花费的时间仍然关键（在同一职能、角色或机构所花费的平均时间可能会不断减少）。
- 虽然经验本身可能是一个好老师，但在功能失调的系统中情况并非如此，这给此类系统中的人力资源管理者带来了严重的问题（见专栏12.2）。

专栏12.2　有抱负的管理者能够从"糟糕"环境中获得"有益"经验吗？

当你雄心勃勃，但你的上级和下属无能、懒惰，甚至可能不道德时，你会怎么做？或者当你和你的团队成员热衷于创造价值，并且相信你有能力这么做，但你们却在一个功能失调的制度和政治环境中工作，你又会怎么做？你是向下调整你的雄心和动机，"一走了之"（如果你有现实的选择去追求更好的事务），还是干脆放弃？你是否试图引进外部顾问——世界银行或经济合作与发展组织——或发展援助机构？或者你会为了培训、支持和建议而游说吗？

这些问题并没有简单的答案,但当我为发展环境中的公共机构里有才华、有激情的新员工讲授高管课程、研究生课程或进行上岗培训时,这些问题常常会出现。对一些人来说,获得一周的关注、保证,及接触新的思维方式和一些实用工具可能会为他们继续进行这场艰苦的战斗提供必要的营养。此外,提供一个对比鲜明的环境和"事情可能是怎样的"这样一个形象可能会加强他们持续解决国内功能失调的决心。

同时,这些想法可能非常天真且有些自鸣得意。改变功能失调的系统和机构需要几十年的时间,且需要大量的公共管理者、政治领导者和利益相关者。尽管如此,还是必须从某个地方开始。播下改变和未来可能性的种子有助于改变心态,一次一个。在这种情况下,人力资源管理者和人事主管尤其重要。最有可能的是,他们的回旋余地将受到很久以前建立的不可渗透的终身雇佣制的限制。因此,除了培养高潜力者之外,将精力投入到那些仍然有动力挑战和提升自己的年长员工身上可能会尤其有效。

- （逆向）辅导提供了身临其境的机会,用于体验系统如何运作并识别技能缺口以及个人和团队的培训和发展需求的机会。
- 机会和经验轮换——包括（海外）学习之旅,"借调"到政治、私营部门或非营利领域,以及参加同辈网络和长期经验培训项目——所有这些都开阔了（有抱负的）公共管理者的视野,挑战了当前的成见,并向其他部门和国家的潜在协作者、竞争者或对手敞开怀抱。
- 关键、透明和高质量的反馈和评估系统,将定性和定量评估相结合,并包括个人和集体的训练和指标,从而产生了更有能力和意识清晰的管理者。

显然,在功能失调、混乱和腐败的环境中很难提供有意义的激励性经验来发展更好的公共管理者。在这种环境下,个人的培训和发展往往不如改善机构特征那么优先。尽管如此,这种环境下的管理者仍然可以从对其高潜力者的投资中获得很多收益,因为长期的变化将来自个体员工及其思维方式的改变,这种变化虽然是渐进式的,也至少不输于来自外部强制的和根据过度泛化的结构和模板所制造的变化。

12.3   支持性组织

这些观察带我们进入本书的最后一个问题。管理者不是在孤立于雇用、赋能和指导他们的组织和协作的环境下工作的，所以21世纪公共管理者的支持环境是什么样的呢？高绩效且"经得起21世纪考验"的公共组织有哪些特征？逻辑上，这些特征将反映出管理者需要具备的许多特征：创造卓越的公共服务需要人员和机构都是卓越的。

在一篇文章中，哈特（'t Hart，2014b：33—34）概述了21世纪公共组织的"十大黄金特征"，如专栏12.3所示。这些特征与本书所分析的21世纪公共管理者的形象非常吻合。由于每个公共组织都受到其自身独特性的约束和条件的制约，因此应将它们视为令人向往的，而不是容易获得的特征。要求和期望将继续增加，而没有一个组织是静态的，更不用说是稳定不变的和完美的了。

专栏12.3   21世纪公共组织的十大黄金特征

1. **价值驱动**：它阐明了自己的立场并确保其公共价值主张得到政治-行政负责人、公共问责论坛和社会利益相关者的支持。

2. **注重过程、结果导向**：它系统地以实现其社会目标为目标，同时遵守司法程序规范和廉正原则。当这两套价值观（value clusters）竞争时，它会通过与负责人和论坛进行磋商得出透明的选择。

3. **注重成本**：它意识到使用公共财政工作的事实，并不断建立有效且透明的流程，同时保持合适的控制功能——以使命为中心，并监控和缓解内部的官僚主义。

4. **自觉服务**：它服务于民主合法的行动者，且服务提供可以满足委托方的需求、环境和互动偏好。同时，它也意识到自己在保护公共利益和治理质量方面的责任。

5. **时间敏感性**：它与委托方、社会进行"实时"沟通，并在委托人需要时"及时"

提供服务。同时,它确保了"回顾"和"展望"——以及中长期考虑——在政策协商中始终如一。

6. **智能**:它具有适当的知识管理结构,具有学科知识和技术知识,并在任何可用的地方获取和共享知识。

7. **学习**:它具有一种以评估和(自我)反思为中心的文化,不断关注改进,并且将错误视为数据和讨论重点。管理层激发并保护这种文化,尤其是当该机构面临外部(问责制)压力时。

8. **扁平**:其工作结构尽可能扁平,旨在为其专业成员提供最大的活动范围。管理结构尽可能服务于工作流程并确保决策权与相关专业知识共存。

9. **渗透性**:它在"内部"和"外部"之间尽可能少建"墙",它积极地跨越边界,且是公共部门内外其他组织的理想和可靠的合作伙伴。它是透明的、可及的和互动式的。

10. **能够将"批量"任务与"定制"任务分开**:它具有一个经深思熟虑的框架来将"简单"与"复杂"的任务和活动分开,并使用高级信息技术功能在简单的活动中产生最佳的委托方体验,同时优先考虑复杂活动中的专业判断和有效性。管理层每年会对框架及其影响进行解释。

资料来源:'t Hart,2014b:33—34。

12.4 展望未来

多年前,休·康普斯顿(Hugh Compston)出版了一本名为《王者趋势与公共政策的未来》(*King Trends and the Future of Public Policy*)的书。康普斯顿(Compston,2006)概述了一些重大的全球趋势,并描绘了这些趋势将如何影响未来几年欧洲的公共政策实践。康普斯顿谈到的一些趋势类似于本书核心的大趋势:信息和通信技术、日益增加的流动性、人口老龄化、气候变化和教育水平的提高。康普斯顿研究的其他更具体的趋势在本书中有更含蓄的描述,而其他的趋势——生物技术、军事技术、性解放——与我打算接触的公共管理者的广大受众没有直接关系。

与许多渴望展望未来的书一样，康普斯顿的某些预测比当今的其他预测更为准确和合理。当然，没有人确切知道未来会怎样。此外，过去两个世纪的经验告诉我们，未来学家和情景规划者有时在预测关键趋势方面非常准确，而在详述个体和组织的回应和行为时往往不够准确。鉴于这些警告，公共管理者在5年或10年后将会如何看待这本书？最有可能的是，这里详细描述的趋势与驱动因素——以及它们对公共管理者提出的要求——确实会在他们的职业生涯中发挥作用。他们会扮演最重要的角色吗？也许不总是这样，也许对每个人都是这样。

不过最重要的是，我希望本书中所包含的大量案例和示例，以及对角色、胜任素质和价值观的批判性、有时甚至是非正统性的观点将对试图理解VUCA时代的公共管理者有所帮助，并将协助有抱负的公共管理者为未知的未来做准备。在我尝试传达的过程中，我不相信简单的答案或现成的"千篇一律的"解决方案。公共管理者能够从本书中汲取他们觉得最有用的东西，并经历以不同方式看待现有问题或面对全新问题和视角时的兴奋和不安。我已经尽力了。其余的取决于你。旅程从这里开始。

参考文献

ABD. (2016). *Nieuw Publiek Leiderschap*. Den Haag: Algemene Bestuursdienst.

Aberbach, J. D., Putnam, R. D. & Rockman, B. A. (1981). *Bureaucrats and Politicians in Western Democracies*. Cambridge: Harvard University Press.

Acker, J. (1990). "Hierarchies, Jobs, Bodies: A Theory of Gendered Organizations". *Gender & Society*, 4(2):139—158.

Adams, G. B. & Balfour, D. L. (2009). *Unmasking Administrative Evil*. London: SAGE.

Adams, S. J. (2000). "Generation X: How Understanding This Population Leads to Better Safety Programs". *Professional Safety*, 45:26—29.

Adams, S. J. (2011). "Asian Development Outlook—2011 Update: Preparing for Demographic Transition". Available at: http://www.adb.org/publications/asiandevelopment-outlook-2011-update-preparing-demographic-transition.

ADB. (2013). "Asian Development Outlook—2013: Asia's Energy Challenge". Available at: http://adb.org/sites/default/files/pub/2013/ado2013.pdf.

Agranoff, R. (2006). "Inside Collaborative Networks: Ten Lessons for Public Managers". *Public Administration Review*, 66(s1):56—65.

Alford, J. & Janine, O'Flynn. (2012). *Rethinking Public Service Delivery: Managing with External Providers*. New York: Palgrave Macmillan.

Allen, T. D., Poteet, M. L. & Russell, J. E. (1998). "Attitudes of Managers Who Are More or Less Career Plateaued". *The Career Development Quarterly*, 47(2):159—172.

Anakin, L., Brown, A. J. & Cassematis, P. (2008). *Whistleblowing in the Australian Public Sector：Enhancing the Theory and Practice of Internal Witness Management in Public Sector Organisations*. Canberra：The Australian National University E Press.

Ancona, D. G. & Bresman, H. (2007). *X-Teams：How to Build Teams that Lead, Innovate, and Succeed*. Boston, MA：Harvard Business School Press.

Andersen, L. B., Eriksson, T., Kristensen, N. & Pedersen, L. H. (2012). "Attracting Public Service Motivated Employees：How to Design Compensation Packages". *International Review of Administrative Sciences*, 78(4)：615—641.

Andrews, M. (2013). *The Limits of Institutional Reform*. Cambridge：Harvard University Press.

Andrews, R. (2013). "'Performance Feedback and Incremental Organizational Learning：Does Social Capital Make a Difference?' in Academy of Management Proceedings". *Academy of Management*, 2013(1)：16191.

Angira, Z. (2013). "Kenya Launches E-center to Cut Red Tape on Services", see：http://www. africareview. com/News/Kenya-launches--e-centre-to-cut-redtape/-/979180/2065020/-/q9hofuz/-/index.html.

Ansell, C., Boin, A. & Keller, A. (2010). "Managing Transboundary Crises：Identifying the Building Blocks of an Effective Response System". *Journal of Contingencies & Crisis Management*, 18(4)：195—207.

Ansell, C. & Gash, A. (2007). "Collaborative Governance in Theory and Practice". *Journal of Public Administration Research and Theory*, 18：534—571.

Ansell, C. & Jacob, T. (Eds.). (2014). *Public Innovation through Collaboration and Design*. London：Routledge.

Arendt, H. (1963). *Eichmann in Jerusalem：A Report on the Banality of Evil*. New York：Penguin.

Arestis, P. (2012). "Fiscal Policy：A Strong Macroeconomic Role". *Review of Keynesian Economics*, 1(1):93—108.

Arestis, P., Georgios C., Evangelia D. & Theodore P. (2012). *Cambridge Journal of Economics*, 36:481—493.

Argyris, C. (1982). *Reasoning, Learning, and Action: Individual and Organizational*. San Francisco: Jossey-Bass.

Argyris, C. & Schön, D. A. (1978). *Organizational Learning: A Theory of Action Perspective*. Reading, Mass.: Addison-Wesley.

Argyris, C. & Schön, D. A. (1996). *Organizational Learning II: Theory, Method and Practice*. Reading, Mass.: Addison-Wesley.

Armstrong-Stassen, M. & Ursel, N. D. (2009). "Perceived Organizational Support, Career Satisfaction, and the Retention of Older Workers". *Journal of Occupational and Organizational Psychology*, 82(1):201—220.

Asad M. (2015). "Facebook Posts Land Civi Servant in Trouble". DAWN see: http://www.dawn.com/news/1198494.

Australian Government. (2015). "Australian Public Service Better Practice Guide for Big Data". Commonwealth of Australia.

Australian Public Service Commission. (2012). "Guidance on Making Public Comment and Participating Online". Australian Government see: http://www.apsc.gov.au/publications-and-media/circulars-and-advices/2012/circular-20121.

Avey, J. B., Palanski, M. E. & Walumbwa, F. O. (2011). "When Leadership Goes Unnoticed: The Moderating Role of Follower Self-esteem on the Relationship Between Ethical Leadership and Follower Behavior". *Journal of Business Ethics*, 98(4):573—582.

Avey, J. B., Wernsing, T. S. & Palanski, M. E. (2012). "Exploring the Process of Ethical Leadership: the Mediating Role of Employee Voice and Psychological Ownership". *Journal of Business Ethics*, 107:21—34.

AXS. (2016). "AXS Station", see: http://www.axs.com.sg/help_axsStation-FAQ.php.

Badaracco, J. L. (1997). *Defining Moments: When Managers must Choose between Right and Right*. Cambridge：Harvard Business School Press.

Baetens, T. (2013). "De mbtenaar als 'frontlijnwerker' [The Civil Servant as Frontline Worker]". *Academie voor overheidscommunicatie*, April：1—4.

Baldissin, N., Bettiol, S., Magrin, S. & Nonino, F. (2013). "Business Game Based Learning in Management Education". Lulu.com.

Balia, B., Bertok, J., Turkama, A., Van Delden, S. J. & Lewis, C. W. (2007). "Reality Check：Practitioners' Take on Institutionalising Public Service Ethics". *Public Integrity*, 10(1)：53—64.

Bangcheng, L. & Thomas Li-Ping, T. (2011). "Does the Love of Money Moderate the Relationship Between Public Service Motivation and Job Satisfaction? The Case of Chinese Professionals in the Public Sector". *Public Administration Review*, 71(5)：718—727.

Banks, A., Bayliss, J., Hipkiss, S. & Jones, S. (2014). "Government Whistleblowing Policies". *National Audit Office*.

Barber, B. R. (2013). *If Mayors Ruled the World：Dysfunctional Nations, Rising Cities*. New Haven：Yale University Press.

Barber, M. (2015). *How to Run a Government：So that Citizens Benefit and Taxpayers don't Go Crazy*. London：Penguin.

Barber, M., Lvey, A. & Mendonca, L. (2007). "Global Trends Affecting the Public Sector". Deloitte.

Barber, M., Moffit, A. & Kihn, P. (2010). *Deliverology 101：A Field Guide for Educational Leaders*. Thousand Oaks, CA：Corwin Press.

Barrett, K. & Greene, R. (2008). "Grading the States：The Mandate to Measure". *Governing*, 21(6)：24—95.

Barry, D. (2015). "Government to Issue New Guidelines on Social Media Use by Civil Servants, PN Reacts". The Malta Independent see：http://www.independent. com. mt/articles/2015-12-10/local-news/Government-to-issuenew-guidelines-on-social-media-use-by-civil-servants-6736150219.

Bason, C. (2010). *Leading Public Sector Innovation：Co-creating for a Bet-*

ter Society. Bristol: Policy Press, pp.1—17.

Batey, M. (2008). *Brand Meaning*. London: Routledge.

Bauerlein, M. (2008). *The Dumbest Generation: How the Digital Age Stupefies Young Americans and Jeopardizes Our Future (Or, Don't Trust Anyone Under 30)*. New York: Penguin Group.

BBC. (2013). "Kenya Launches Huduma E-Center to Cut Bureaucracy". See: http://www.bbc.com/news/world-africa-24855993

BBC News. (2016). "Kids Company Closure: What Went Wrong". See: BBC http://www.bbc.com/news/uk-33788415

Beechler, S. & Ian, C. W. (2009). "The Global 'War for Talent'". *Journal of International Management*, 15(3):273—285.

Behn, R. D. (2008). "Measurement is Rarely Enough". *Behn's Public Management Report*, 5(9).

Behn, R. D. (2014). "What Performance Management is and is not". *Behn's Public Management Report*, 12(1).

Bekkers, V. (2009). "Flexible Information Infrastructures in Dutch E-government Collaboration Arrangements: Experiences and Policy Implications". *Government Information Quarterly*, 26(1):60—68.

Benington, J. & Moore, M. H. (2011). *Public Value: Theory and Practice*. Basingstoke: Palgrave.

Bennett, N. & Lemoine, J. (2014). "What VUCA Really Means for You". *Harvard Business Review*, 92(1/2).

Berman, E., West, J. & Cava, A. (1994). "Ethics Management in Municipal Governments and Large Firms". *Administration & Society*, 26(2):185—203.

Bertot, J. C., Jaeger, P. T. & Grimes, J. M. (2012). "Promoting Transparency and Accountability through ICTs, Social Media, and Collaborative E-government". *Transforming Government: People, Process and Policy*, 6(1):78—91.

Beser, S. G. (2011). "Pocket Primer of Comparative and Combined Foresight Methods". *Foresight*, 13(2):79—96.

Bessant, T. J. & Pavitt, K. (2005). *Managing Innovation*. London: Wiley and Sons. 3rd edition.

Biggs. (2016). web source: https://www.gpstrategies.com/blog/reverse-mentoring.

Bilgin, P. (2004). "From 'Rogue' to 'Failed' States? The Fallacy of Short-termism". *Politics*, 24(3):169—180.

Blenko, M. W., Mankins, M. C. & Rogers, P. (2010). *Decide & Deliver:5 Steps to Breakthrough Performance in Your Organization*. Boston: Harvard Business School Press.

Bode, I. & Brandsen, T. (2014). "State-third Sector Partnerships: A Short Overview of Key Issues in the Debate". *Public Management Review*, 16(8): 1055—1066.

Boin, A. & Lodge, M. (2016). "Designing Resilient Institutions for Trans-boundary Crisis Management: a Time for Public Administration". *Public Administration*, 94(2):289—298.

Boin, A., McConnell, A. & 't Hart, P. (2008). *Governing after Crises: the Politics of Investigation, Accountability, and Learning*. Cambridge: Cambridge University Press.

Boin, A., McConnell, A. & 't Hart, P. (2008). *Governing after Crisis: The Politics of Investigation, Accountability and Learning*. Cambridge: Cambridge University Press.

Boin, A. & 't Hart, P. (2000). "'*Institutional Crises and Reforms in Policy Sectors' in Government Institutions: Effects, Changes and Normative Foundations*". Netherlands: Springer, pp.9—31.

Boin, A., 't Hart, P. & McConnell, A. (2009). "Crisis Exploitation: Political and Policy Impacts of Framing Contests". *Journal of European Public Policy*, 16(1):81—106.

Boin, A., 't Hart, P., McConnell, A. & Preston, T. (2010). "Leadership

Style，Crisis Response and Blame Management：The Case of Hurricane Katrina". *Public Administration*，88(3)：706—723.

Boin，A. & Van Eeten，M. J. G. (2013). "The Resilient Organization". *Public Management Review*，15(3)：429—445.

Borgatti，S. P. & Cross，R. (2003). "A Relational View of Information Seeking and Learning in Social Networks". *Management Science*，49(4)：432—445.

Borins，S. (2006). "The Challenge of Innovating in Government". IBM Center for the Business of Government.

Borins，S. F. (2014). *The Persistence of Innovation in Government*. Washington，D. C.：Brookings Institute Press.

Bouckaert，G. & Halligan，J. (2008). *Managing Performance：International Comparisons*. London：Routledge.

Bourgon，J. (2011). *A New Synthesis of Public Administration：Serving in the 21st Century*. Montréal：McGill-Queen's Press-MQUP，81.

Boutellier，H. (2004). *The Safety Utopia*. Netherlands：Springer.

Bovens，M. (1996). "The Integrity of the Managerial State". *Journal of Contingencies and Crisis Management*，4(3)：125—132.

Bovens，M.，Goodin，R. & Schillemans，T. (2014). *Oxford Handbook of Public Accountability*. Oxford：Oxford University Press.

Bovens，M.，Schillemans，T. & 't Hart，P. (2008). "Does Public Accountability Work? An Assessment Tool". *Public Administration*，86(1)：225—242.

Bovens，M. & Wille，A. (2010). "The Education Gap in Participation and Its Political Consequences". *Acta Politica*，45(4)：393—422.

Bowman，J. S. & West，J. P. (2015). *Ethics Management and Training*. In N. M. Ricucci（Ed.）*Public Personnel Management*. London and New York：Routledge，pp.213—227.

Bowman，J. S.，West，J. P.，Berman，M. & Van Wart，M. (2016). *The Professional Edge：Competencies in Public Service*. London：Routledge.

Boyer，E.，David，M. V. S. & Juan R. (2016). "An Empirical Examination of Public Involvement in Public-private Partnerships: Qualifying the Benefits of Public Involvement in PPPs". *Journal of Public Administration*, *Research and Theory*, 26(1):45—61.

Bozeman, B. (2004). *All Organizations Are Public*: *Bridging Public and Private Organizational Theories*. 2nd ed. Frederick: Beard Books.

Bozeman, B. & Feeney, M. K. (2007). "Toward a Useful Theory of Mentoring a Conceptual Analysis and Critique". *Administration & Society*, 39(6): 719—739.

Bozeman, B. & Feeney, M. K. (2008). "Mentor Matching: A 'goodness of fit' Model". *Administration & Society*, 40(5):465—482.

Bozeman, B. & Feeney, M. K. (2009). "Public Management Mentoring: What Affects Outcomes?" *Journal of Public Administration Research and Theory*, 19(2):427—452.

Bozeman, B. & Kingsley, G. (1998). "Risk Culture in Public and Private Organizations". *Public Administration Review*, 58:393—407.

Bozeman, B. & Ponomariov, B. (2009). "Sector Switching from a Business to a Government Job: Fast-Track Career or Fast Track to Nowhere?" *Public Administration Review*, 69(1):77—91.

Brandsen, T., Boogers, M. & Tops, P. (2006). "Soft Governance, Hard Consequences: The Ambiguous Status of Unofficial Guidelines". *Public Administration Review*, 66(4):546—553.

Brandsen, T. & Honingh, M. (2016). "Distinguishing Different Types of Coproduction: A Conceptual Analysis Based on the Classical Definitions". *Public Administration Review*, 76(3):427—435.

Brandsen, T. & Pestoff, V. (2006). "Co-Production, the Third Sector and the Delivery of Public Services: An Introduction". *Public Management Review*, 8(4):493—501.

Brandsen, T., Van de Donk, W. & Putters, K. (2007). "Griffins or Chameleons? Hybridity as a Permanent and Inevitable Characteristic of the Third Sector". *International Journal of Public Administration*, 28(9—10):749—765.

Brans, M. & Peters, B. G. (Eds.)(2012). *Rewards for High Public Office in Europe and North America*. London: Routledge.

Bratton, D. & Candy, V. (2013). "Federal Government Ethics: Social Media". *International Journal of Management & Information Systems* (Online), 17(3):175.

Braun, L. (2012). "Social Media and Public Opinion". Master's Thesis. Universitat de València, Valencia.

Brecher, J. (1993). "Global Village or Global Pillage". *The Nation*, 257: 685—688.

Brenner, S. N. (1992). "Ethics Programs and Their Dimensions". *Journal of Business Ethics*, 11(5):391—399.

Breslauer, G. W. (2002). *Gorbachev and Yeltsin as Leaders*. Cambridge: Cambridge University Press.

Brewer, G. A. & Selden, S. C. (2000). "Why Elephants Gallop: Assessing and Predicting Organizational Performance in Federal Agencies". *Journal of Public Administration Research and Theory*, 10(4):685—712.

Briscoe, J. P. & Hall, D. T. (2006). "The Interplay of Boundaryless and Protean Careers: Combinations and Implications". *Journal of Vocational Behavior*, 69(1):4—18.

Briscoe, J. P., Hall, D. T. & DeMuth, R. L. F. (2006). "Protean and Boundaryless Careers: An Empirical Exploration". *Journal of Vocational Behavior*, 69(1):30—47.

Britton, D. M. (2000). "The Epistemology of the Gendered Organization". *Gender and Society*, 14(3):418—434.

Brändström, A. (2016). *Crisis, Accountability and Blame Management Strategies and Survival of Political Office-Holders*. Utrecht: USBO.

Brändström, A. & Kuipers, S. (2003). "From 'Normal Incidents' to Political Crisis: Understanding the Selective Politicization of Policy Failures". *Govern-

ment and Opposition, 38(3):279—305.

Brooks, J. (2014). "Uber, Lyft Fallout: Taxi Rides Plunge in San Francisco". KQED News see: http://ww2.kqed.org/news/09/17/2014/taxi_rides_san_Francisco.

Brown, A. J., Vandekerckhove, W. & Dreyfus, S. (2014). "The Relationship between Transparency, Whistleblowing, and Public Trust". In *Research Handbook on Transparency*. United Kingdom: Edward Elgar, pp.30—58.

Brownlow, L., Merriam, C. E. & Gulick, L. (1937). *Report of the President's Committee on Administrative Management*. In Hyde, A. C., Parkers, S. J. & Shafritz, J. M. & Russell(Eds.). *Classics of Public Administration*. Boston: Cengage Learning, pp.99—103.

Brown, M. (2014). "Edward Snowden—the True Story Behind the NSA Leaks". The Telegraph see: http://www.telegraph.co.uk/culture/film/11185627/Edward-Snowden-the-true-story-behind-his-NSA-leaks.html.

Brown, M. E., Treviño, L. K. & Harrison, D. A. (2005). "Ethical Leadership: A Social Learning Perspective for Construct Development and Testing". *Organizational Behavior and Human Decision Processes*, 97(2):117—134.

Brown, T. L., Matthew, P. & David, M. V. S. (2006). "Managing Public Service Contracts: Aligning Values, Institutions, and Markets". *Public Administration Review*, 66(3):323—331.

Brown, T. L., Matthew, P. & David, M. V. S. (2016). "Managing Complex Contracts: A Theoretical Approach". *Journal of Public Administration, Research and Theory*, 26(2):294—308.

Bruijn, H. D. & Dicke, W. (2006). "Strategies for Safeguarding Public Values in Liberalized Utility Sectors". *Public Administration*, 84(3):717—735.

Bryson, J. M. (2004). "What to do When Stakeholders Matter: Stakeholder Identification and Analysis Techniques". *Public Management Review*, 6(1):21—53.

Bryson, J. M. (2010). "The Future of Public and Non-profit Strategic Planning in the United States". *Public Administration Review*, 70(1):255—267.

Bryson, J. M., Crosby, B. C. & Stone, M. M. (2015). "Designing and Implementing Cross-sector Collaborations: Needed and Challenging". *Public Administration Review*, 75(5):647—663.

Bryson, J. M., Crosby, B. C. & Stone, M. M. (2015). "Designing and Implementing Cross-sector Collaborations: Needed and Challenging". *Public Administration Review*, 75(5):647—663.

Buelens, M. & Van den Broeck, H. (2007). "An Analysis of Differences in Work Motivation Between Public and Private Sector Organizations". *Public Administration Review*, 67(1):65—74.

Burke, R. (2006). "Why Leaders Fail: Exploring the Dark Side". *International Journal of Manpower*, 27(1):91—100.

Burke, R. J. & Cooper, C. L. (2006). *The Human Resources Revolution.* Oxford: Elsevier.

Burmeister, K. (2008). "Megatrends. Köln: Z_Punkt GmbH". The Foresight Company.

Burns, C., Barton, K. & Kerby, S. (2012). *The State of Diversity in Today's Workforce: As Our Nation Becomes More Diverse So Too Does Our Workforce.* Washington, D. C.: Center for American Progress.

Bushman, B. J., Baumeister, R. F., Thomaes, S., Ryu, E., Begeer, S. & West, S. G. (2009). "Looking Again, and Harder, for a Link Between Low Self-esteemand Aggression". *Journal of Personality*, 77(2):427—446.

Bysted, R. & Jesperson, K. R. (2013). "Exploring Managerial Mechanisms That Influence Innovative Work Behaviour: Comparing Private and Public Employees". *Public Management Review*, 16(2):217—241.

Cabinet Office. (2014). https://www.gov.uk/government/publications/socialmedia-guidance-for-civil-servants/social-media-guidance-for-civil-servants.

Cabinet Office and Civil service. (2014). "Social Media Guidance for Civil Servants: October 2014". See: https://www.gov.uk/government/publications/

social-media-guidance-for-civil-servants/social-media-guidance-forcivil-servants.

Caiden, G. E. (2001). "Administrative Reform". *Public Administration and Public Policy*, 94:655—668.

Caillier, J. G. (2011). "Are Teleworkers Less Likely to Report Leave Intentionsin the United States Federal Government than Non-teleworkers Are?" *American Review of Public Administration*. Published online ahead of print.

Caillier, J. G. (2012). "Impact of Telework on Work Motivation in a U. S. Federal Government Agency". *American Review of Public Administration*, 42(4):461—480.

Caillier, J. G. (2016). "Do Teleworkers Possess Higher Levels of Public Service Motivation?" *Public Organization Review*, 1—16:461—476.

Caluwe, C. D. & Van Dooren, W. (2013). "Do Organizations Matter? A Multilevel Analysis Explaining Perceptions of Organizational Performance". In 11th Public Management Conference, Madison, Wisconsin, pp.1—22.

Cameron, K. S. & Quinn, R. E. (1989). *Diagnosing and Changing Organizational Culture: Based on the Competing Values Framework*. San Francisco: Jossey Bass.

Camm, T. W. (2014). "The Dark Side of Leadership: Dealing with a Narcissistic Boss". *Mining Engineering*, Paper 2. http://digitalcommons. mtech. edu/mine_engr/2.

Campbell, D. A., Lambright, K. T. & Wells, C. J. (2014). "Looking for Friends, Fans, and Followers? Social Media Use in Public and Nonprofit Human Services". *Public Administration Review*, 74(5):655—663.

Cankar, S. S. & Petkovsek, V. (2013). "Private and Public Sector Innovation and the Importance of Cross-sector Collaboration". *The Journal of Applied Business Research*, 29(6):1597—1606.

Carlin, B. (2009). "Civil Servants to Get Own Facebook Site So They Can Gossip Without Fear of Public Exposure and Ridicule". MailOnline: http://www. dailymail. co. uk/news/article-1199089/Civil-servants-1m-Facebooksite-gossip-fear-public-exposure-ridicule.html.

Cascio, W. F. (2000). "Managing a Virtual Workplace". *The Academy of Management Executive*, 14(3):81—90.

Castells, M. & Cardoso, G. (Eds.)(2006). *The Network Society: From Knowledge to Policy*. Center for Transatlantic Relations, Paul H. Nitze School of Advanced International Studies, Johns Hopkins University, pp.3—23.

Caulkin, S. (2015). "Have We Created an Unachievable Myth of Leadership?" *Financial Times*, 7 December 2015.

CBC News. (2015). "Donald Trump Emphasizes Plans to Build 'Real' Wall at Mexico Border". See: http://www.cbc.ca/news/world/donald-trump-emphasizes-plans-to-build-real-wall-at-mexico-border-1.3196807.

Cels, S. & Arensman, J. (2007). *Dat hoort u mij niet zeggen: Hoe politici u de waarheid voorspiegelen* [*That's not What You Heard Me Say: How Politicians Offer You the Truth*]. Amsterdam: Bert Bakker.

Century Governance. Available at: http://www.undp.org/content/undp/en/home/librarypage/capacity-building/Stewardship.html.

Chao, G. T., Walz, P. & Gardner, P. D. (1992). "Formal and Informal Mentorships: A Comparison on Mentoring Functions and Contrast with Non-mentored Counterparts". *Personnel Psychology*, 45(3):619—636.

Charles, M. B., Dicke, W., Koppenjan, J. & Ryan, N. F. (2007). "Public Values and Safeguarding Mechanisms in Infrastructure Policies: A Conceptual and Theoretical Exploration". Annual Conference of the International Research Society for Public Management. Potsdam.

Charness, N. & Czaja, S. J. (2006). "Older Worker Training: What We Know and Don't Know". # 2006-22. AARP.

Chaudhuri, S. & Ghosh, R. (2012). "Reverse Mentoring a Social Exchange Tool for Keeping the Boomers Engaged and Millennials Committed". *Human Resource Development Review*, 11(1):55—76.

Cherry, M. A. (2012). "'Virtual Whistleblowing', 54 South Texas Law Review". *Saint Louis University School of Law Legal Studies Paper*, 2013—2019.

Chesbrough, H. (2003). *Open Innovation: The New Imperative for Creating and Profiting from Technology*. Boston: Harvard Business School Press.

Chong, D. & Druckman, J. N. (2007). "A Theory of Framing and Opinion Formation in Competitive Elite Environments". *Journal of Communication*, 57(1):99—118.

Christensen, C. M. (1997). *The Innovator's Dilemma When New Technologies Cause Great Firms to Fail*. Cambridge, MA: Harvard Business School Press.

Christensen, T. (2012). "Post-NPM and Changing Public Governance". *Meiji Journal of Political Science and Economics*, 1(1):1—11.

Christensen, T. & Lægreid, P. (2001). *New Public Management: The Transformation of Ideas and Practice*. Aldershot: Ashgate.

Christensen, T. & Lægreid, P. (2007). "The Whole-of-Government Approach to Public Sector Reform". *Public Administration Review*, 67(6):1059—1066.

Christiansen, J. & Sabroe, R. (2015). "Innovation Labs as Public Change Agents". *Public Sector Digest*.

Chung-An, C. & Chih-Wei, H. (2015). "Does Pursuing External Incentives Compromise Public Service Motivation? Comparing the Effects of Job Security and High Pay". *Public Management Review*, 17(8):1190—1213.

Chun, Y. H. & Rainey, H. G. (2005). "Goal Ambiguity and Organizational Performance in US Federal Agencies". *Journal of Public Administration Research and Theory*, 15(4):529—557.

Cities Alliance. (2014). *Managing Systems of Secondary Cities: Policy Responses in International Development*. London: Bookworx.

Ciulla, J. B. (2004). *The Relationship of Ethics to Effectiveness in Leadership*. In Sternberg, R. J., Antonakis, J. & Cianciolo, A. T. (Eds.)(2012) *The Nature of Leadership*. Thousand Oaks, CA, London and New Dehli: Sage Publications，pp.302—327.

CNN. (2011). "Homeland Security Chief Cancels Costly Virtual Border Fence". see：with "Long Radar and High Resolution Cameras". Available at：http：//edition.cnn.com/2011/US/01/14/border.virtual.fence/.

CNN. (2015). "5 Things to Know about China's 'Inconvenient Truth". Available at：http：//edition.cnn.com/2015/03/02/asia/china-smog-documentary/.

Coates，J. F. (2010). "The Future of Foresight—A US Perspective". *Technological Forecasting and Social Change*，77(9)：1428—1437.

Coffey，J. W. & Hoffman，R. R. (2003). "Knowledge Modelling for the Preservation of Institutional Memory". *Journal of Knowledge Management*，7(3)：38—52.

Collins，D. (2011). *Business Ethics：How to Design and Manage Ethical Organizations*. Hoboken：John Wiley & Sons.

Collm，A. & Schedler，K. (2013). "Strategies for Introducing Organizational Innovations to Public Service Organizations". *Public Management Review*，16(1)：140—161.

Comfort，L. K.，Boin，A. & Demchack，C. C. (2010). *Designing Resilience：Preparing for Extreme Events*. Pittsburgh，PA：Pittsburgh University Press.

Commissie Elias(Commission Elias). (2015). "Grip op ICT. The Hague：The Netherlands Parliament. Competence in Foresight Work". Available at：http：//foresightcanada.com/wp-content/uploads/2015/07/A-Glossary-of-Core-Terms-for-Strategic-Foresight-v2.0.pdf.

Commissioner for Public Sector Employment. (2009). "Code of Ethics for the South Australian Public Sector". Government of South Australia.

Committee on Standards in Public Life. (2014). "Ethical Standards for Providers of Public Services".

Compston，H. W. (2006). *King Trends in Public Policy*. Basingstoke：Palgrave Macmillan.

Connolly, J. (2016). "Contribution Analysis as an Approach to Enable Public Managers to Demonstrate Public Value: The Scottish Context". *International Journal of Public Sector Management*, 29(7):690—707.

Cook, G., Mathews, M. & Irwin, S. (2009). "Innovation in the Public Sector: Enabling Better Performance, Driving New Direction". Australian National Audit Office see: http://www.anao.gov.au/bpg-innovation/1_introduction.html.

Coombs, R., P. Narandren, A. R. (1996). "A Literature-based Innovation Output Indicator". *Research Policy*, 25(3):403—413.

Cooper, T. L. (2012). *The Responsible Administrator: An Approach to Ethics for the Administrative Role*(6th Ed). San Francisco: John Wiley & Sons.

Cooper, T. L. & Menzel, D. C. (2013). *Achieving Ethical Competence for Public Service Leadership*. Armonk: M. E. Sharpe.

Courtney, H. (2001). *20/20 Foresight: Crafting Strategy in an Uncertain World*. Boston, MA: Harvard Business School Press.

Covington, C. R. (1985). "The Development of Organizational Memory in Presidential Agencies". *Administration and Society*, 17:171—196.

Cowell, R., Downe, J. & Morgan, K. (2011). "The Ethical Framework for Local Government in England: Is It Having any Effect and Why?" *Public Management Review*, 13(3):433—457.

Crandall, W. & Gao, L. (2005). "An Update on Telecommuting: Review and Prospects for Emerging Issues". *SAM Advanced Management Journal*, 70(3):30.

Crosby, B. C. & John, M. B. (2010). "Integrative Leadership and the Creation and Maintenance of Cross Sector Collaborations". *Leadership Quarterly*, 21(2):211—230.

Crosby, B., Graham, K. C. & Menefee-Libey, S. (2012). "Gay and Transgender Discrimination in the Public Sector". Center for American Progress and AFSCME.

CSIRO. (2013). "CSIRO Annual Report". Retrieved from http://www.

csiro.au/en/About/Our-impact/Reporting-our-impact/Annual-reports/13-14-annual-report.

Cucciniello, M. & Nasi, G. (2014). "Evaluation of the Impacts of Innovation in the Health Care Sector: A Comparative Analysis". *Public Management Review*, 16(1):90—116.

Cummings, T. G. & Worley, C. G. (2001). *Essentials of Organization Development and Change*. Cincinnati: South-Western College Publishing.

Curry, D. (2014). "Trends for Future Public Sector Reform: A Critical Review of Future-looking Research in Public Administration". *COCOPS*.

Cushman & Wakefield. (2014). *Facing the Millennial Wave*. A Cushman and Wakefield Global Business Consulting Publication.

Dalton, R. J. (2004). *Democratic Challenges, Democratic Choices: The Erosion of Political Support in Advanced Industrial Democracies*. Oxford: Oxford University Press.

Damanpour, F. (1991). Organizational Innovation: A Meta-analysis of Effects of Determinants and Moderators. *Academy of Management*, 34(3): 555—590.

Damanpour, F. & Schneider, M. (2009). "Characteristics of Innovation and Innovation Adoption in Public Organizations: Assessing the Role of Managers". *Journal of Public Administration Research and Theory*, 19(3):495—522.

Danah, B. (2011). "Dear Voyeur, Meet Flâneur ... Sincerely, Social Media". *Surveillance and Society*, 8(4):505—507.

Davidson, D. J. (2010). "The Applicability of the Concept of Resilience to Social Systems: Some Sources of Optimism and Nagging Doubts". *Society & Natural Resources*, 23, 12:1135—1149.

Dean. (2014). "He is a Business Correspondent". Reference is URL: http://raconteur.net/technology/4g-vs-5g-mobile-technology.

De Bruijne, M., Boin, A. & Van Eeten, M. (2010). *Resilience: Exploring the Concept and Its Meanings*. In Comfort, L. K., Boin, A. & Demchack, C. C.

(Eds.), *Designing Resilience: Preparing for Extreme Events*. Pittsburgh, PA: Pittsburgh University Press, pp.13—32.

De Bruijn, J. A. (2012). 2nd Ed. *Managing Performance in the Public Sector*. London: Routledge.

De Graaf, G. (2010). "A Report on Reporting: Why Peers Report Integrity and Law Violations in Public Organizations". *Public Administration Review*, 70(5):767—779.

De Graaf, G. & Van der Wal, Z. (2008). "On Value Differences Experienced by Sector Switchers". *Administration & Society*, 40(1):79—103.

De Graaf, G. & Van der Wal, Z. (2010). "Managing Conflicting Public Values: Governing with Integrity and Effectiveness". *The American Review of Public Administration*, 40(6):623—630.

De Graaf, G., Van Doeveren, V., Reynaers, A. M. & Van der Wal, Z. (2011). "Goed Bestuurals Management Van Spanning Tussen Verschillende Publieke Warden". *Bestuurskunde*, 20(2):5—11.

De Hoogh, A. H. & Den Hartog, D. N. (2008). "Ethical and Despotic Leadership, Relationships with Leader's Social Responsibility, Top Management Team Effectiveness and Subordinates' Optimism: A Multi-method Study". *The Leadership Quarterly*, 19(3):297—311.

Deiser, R. & Newton, S. (2013). "Six Social-media Skills Every Leader Needs". *McKinsey Quarterly*, 1:62—67.

De Jong, M., Marston, N. & Roth, E. (2015). "The Eight Essentials of Innovation". McKinsey & Company see: http://www.mckinsey.com/insights/innovation/the_eight_essentials_of_innovation? cid = other-eml-ttn-mipmck-oth-1512.

Delmas, M. A. & Burbano, V. C. (2011). "The Drivers of Greenwashing". *California Management Review*, 54(1):64—87.

Deloitte. (2010). "Unlocking Government: How Data Transforms Democracy". Retrieved from http://www2.deloitte.com/content/dam/Deloitte/nl/Documents/public-sector/deloitte-nl-ps-govlab-unlocking-government.pdf.

Deloitte. (2016). *Global Human Capital Trends 2016: The New Organization: Different by Design*. Deloitte University Press.

Demir, T. & Nyhan, R. C. (2008). "The Politics—Administration Dichotomy: An Empirical Search for Correspondence between Theory and Practice". *Public Administration Review*, 69(1):81—96.

Demmke, C. (2002). "Undefined Boundaries and Grey Areas: The Evolving Interaction Between the EU and National Public Services". *Eipascope*, 2002(2): 1—8.

Demmke, C. & Moilanen, T. (2012). *Effectiveness of Public-Service Ethics and Good Governance in the Central Administration of the EU-27*. Berlin, Germany: Peter Lang Verlag.

Denmark, A. M. & Kaplan, R. D. (2010). *Contested Commons: The Future of American Power in a Multipolar World*. Washington, D. C.: Center for a New American Security.

Dente, B., Bobbio, L. & Spada, A. (2005), "Government o governance per l'innovazione metropolitana? Milano e Torino a confront". *Studi Organizzativi*, 2:29—47.

De Vries, H. D., Bekkers, V. & Tummers, L. (2016). "Innovations in the Public Sector: A Systematic Review and Future Research Agenda". *Public Administration*, 94(1):146—166.

De Vries, M. (2002). "Can You Afford Honesty?" *Administration & Society*, 34(3):309—334.

Dickinson, H. & Needham, C. (2012). "Twenty-first Century Public Servant: Summary of Roundtable Discussion". University of Birmingham Public Service Academy Roundtable. Available at: http://www.birmingham.ac.uk/Documents/college-social-sciences/public-serviceacademy/21c-ps-paper.pdf.

Dickinson, H. & Sullivan, H. (2014). *Imagining the 21st Century Public Service Workforce*. Melbourne School of Government: University of Melbourne.

Dill，K. (2015). "7 Things Employers Should Know about the Gen Z Workforce". Forbes. Retrieved from http://www.forbes.com/sites/kathryndill/2015/11/06/7-things-employers-should-know-about-the-genz-workforce/-23b24db32188.

Dobbs，R. & J. Manyika en J. Woetzel. (2015). *No Ordinary Disruption：The Four Forces Breaking All the Trends*. New York：Public Affairs.

Dobel，P. J. (2005). *Public Integrity*. Baltimore：Johns Hopkins University Press.

DOE. (2014). "Draft Revised Code of Conduct for Local Government Employees". Local Government Reform Joint Forum.

Doorn，J. A. A. V. (2002). *Gevangen in de tijd：Over Generaties en hun Geschiedenis*. Amsterdam：Boom.

Downe，J.，Cowell，R. & Morgan，K. (2016). "What Determines Ethical Behavior in Public Organizations：Is It Rules and/or Leadership?" *Public Administration Review*，76(6)：898—909.

Doz，Y. & Kosonen，M. (2014). "Governments for the Future：Building the Strategic and Agile State". *Sitra Studies*，80.

Dreyer，I. & Stang，G. (2013). "Foresight in Governments—Practices and Trends around the World". Yearbook of European Security. Available at：http://www.iss.europa.eu/fileadmin/euiss/documents/Books/Yearbook/2.1_Foresight_in_governments.pdf.

Dreyfus，S. (2012). "Whistleblowers：Gagged by Those in Power，Admired by the Public". The Guardian：http://www.theguardian.com/media-network/media-network-blog/2012/oct/19/whistleblowing-survey.

Droll，P. (2013). "Powering European Public Sector Innovation：Towards a New Architecture". European Commission.

Duit，A. (2016). "Resilience Thinking：Lessons for Public Administration". *Public Administration*，94(2)：364—380.

Duit，A. & Galaz，V. (2008). "Governance and Complexity—Emerging Issues for Governance Theory". *Governance：An International Journal of Policy*，

Administration, and Institutions, 21(3):311—335.

Duit, A., Galaz, V., Eckerberg, K., Ebbesson, J. (2010). "Governance, Complexity and Resilience". *Global Environmental Change*, 20:363—368.

Dunleavy, P., Margetts, H., Bastow, S. & Tinkler, J. (2006). "New Public Management is Dead—Long Live Digital-era Governance". *Journal of Public Administration Research and Theory*, 16(3):467—494.

Durkin, D. (2010). "Managing Generational Diversity". *Baseline*, (105), 14.

Durose, C., Mangan, C., Needham, C. & Rees, J. (2013). *Transforming Local Public Services through Co-production*.

Earle(2011), web source: http://blogs.cisco.com/diversity/how-we-plantouse-cisco%E2%80%99s-reverse-mentoring-programme-to-encourageinclusion-and-diversity.

Easter, S. & Brannen, M. Y. (2016). "Merging Institutional Logics and Negotiated Culture Perspectives to Help Cross-Sector Partnerships Solve the World's Most Wicked Problems". *Anthro Source*, 1(1):36—56.

Eby, L. T. & Allen, T. D. (2002). "Further Investigation of Protégés' Negative Mentoring Experiences Patterns and Outcomes". *Group & Organization Management*, 27(4):456—479.

Eddy, S. W. N., Charles, W. G., Samuel, C. & Isaac, O. (2016). "Public vs Private Sector Employment: An Exploratory Study of Career Choice among Graduate Management Students in Botswana". *Personnel Review*, 45(6):1367—1385.

Eggers, W., Baker, L., Gonzalez, R. & Vaughn, A. (2012). "Public Sector Disrupted, How Innovation Can Help Government Achieve More for Less".

Eggers, W. D. & Macmillan, P. (2013). "Five Cross-sector Partnerships Innovating to Solve Social Problems". The Guardian. Retrieved from http://www.theguardian.com/public-leaders-network/2013/oct/03/fiveways-develop-solution-economy.

Eggers, W. D. & Singh, S. K. (2009). "The Public Innovator's Playbook: Nurturing Bold Ideas in Government". Deloitte.

Ehrich, L. C. & Hansford, B. C. (2008). "Mentoring in the Public Sector". *Practical Experiences in Professional Education*, 11(1):1—16.

Eisenberger, R., Huntington, R., Hutchinson, S. & Sowa, D. (1986). "Perceived Organizational Support". *Journal of Applied Psychology*, 71:31.

Elkins. (2015). web source: http://www. businessinsider. sg/experts-predict-that-one-third-of-jobs-will-be-replaced-by-robots-2015-5/? r = US&IR = T # ohUidYtBJKjIzRXM.97.

Emerson, K., Nabatchi, T. & Balogh, S. (2012). "An Integrative Framework for Collaborative Governance". *Journal of Public Administration Research and Theory*, 22(1):1—29.

Ensher, E. A., Grant-Vallone, E. J. & Donaldson, S. I. (2001). "Effects of Perceived Discrimination on Job Satisfaction, Organizational Commitment, Organizational Citizenship Behavior, and Grievances". *Human Resource Development Quarterly*, 12(1):53—72.

Erickson, D. (2015). "Top US Cities by Smart Phone Penetration". E-Strategy Marketing Trends see: http://trends.e-strategyblog.com/2015/05/01/topus-cities-by-smart-phone-penetration/24887.

Eshuis, J. & Edelenbos, J. (2009). "Branding in Urban Regeneration". *Journal of Urban Regeneration & Renewal*, 2(3):272—282.

Eshuis, J. & Klijn, E. H. (2012). *Branding in Governance and Public Management*. Rotterdam: Routledge.

Etzioni, A. (2010). "Is Transparency the Best Disinfectant?" *The Journal of Political Philosophy*, 18(4):389—404.

Evans, G. (2003). "Hard-branding the Cultural City—from Prado to Prada". *International Journal of Urban and Regional Research*, 27(2):417—440.

Eversdijk, A. (2013). *Choosing Public-Private Partnerships in Dutch Infrastructure Projects*. Rotterdam: Erasmus University.

Fang, R., Duffy, M. K. & Shaw, J. D. (2011). "The Organizational Sociali-zation Process: Review and Development of a Social Capital Model". *Journal of Management*, 37(1):127—152.

Fauna & Flora International. (2010). "Relationship in Crisis: Lessons from Cross Sectoral Collaboration to Conserve Biodiversity and Rebuild Livelihoods Following Natural Disaster and Human Conflict". Retrieved from http://pover-tyandconservation.info/sites/default/files/20100428-Poster_Abstracts.pdf.

Feeney, M. K. & Bozeman, B. (2008). "Mentoring and Network Ties". *Human Relations*, 61(12):1651—1676.

Ferlie, E., Fitzgerald, L., McGivern, G., Dopson, S. & Bennett, C. (2011). "Public Policy Networks and 'Wicked Problems': A Nascent Solution?" *Public Administration*, 89(2):307—324.

Ferrazzi, K. (2012). "How to Build Trust in a Virtual Workplace". *Harvard Business Review*. Retrieved from https://hbr.org/2012/10/how-to-buildtrust-in-virtual/.

Ferrera, M. & Hemerijck, A. (2003). "Recalibrating Europe's Welfare Re-gimes". In Zeitlin, J. & Trubeck, D. (Eds.). *Governing Work and Welfare in a New Economy: European and American Experiments*. Oxford: Oxford Univer-sity Press, pp.88—128.

Ferris, G. R., Treadway, D. C., Kolodinsky, R. W., Hochwarter, W. A., Kacmar, C. J., Douglas, C. & Frink, D. D. (2005). "Development and Valida-tion of the Political Skill Inventory". *Journal of Management*, 31(1):126—152.

Finkelstein, L. M., Allen, T. D. & Rhoton, L. A. (2003). "An Examina-tion of the Role of Age in Mentoring Relationships". *Group & Organization Management*, 28(2):249—281.

Fiol, C. M. & O'Connor, E. J. (2005). "Identification in Face-to-face, Hy-brid, and Pure Virtual Teams: Untangling the Contradictions". *Organization Science*, 16(1):19—32.

Flood, R. L. & Romm, N. R. A. (1996). "Plurality Revisited: Diversity

Management and Triple Loop Learning". *Systems Practice*, 9(6):587—603.

Florida, R. (2012). 10th Ed. *The Rise of the Creative Class*. New York: Basic Books.

Foresight Canada. (2015). *A Glossary of Core Terms for Strategic Foresight and Three Levels of Competence in Foresight Work*. Canada: Foresight Canada, pp.1—7.

Foroohar, R. (2015). "Here's the Secret Truth about Economic Inequality in America". TIME. Retrieved from http://time.com/3855971/useconomic-inequality/.

Foroohar, R. (2016). *Makers and Takers: The Rise of Finance and the Fall of American Business*. New York: Crown Business.

Forrer, J., Kee, J., Newcomer, K. & Boyer, E. (2010). "Public-private Partnerships and the Public Accountability Question". *Public Administration Review*, 70(3):475—484.

Foster, J. D., Campbell, W. K. & Twenge, J. M. (2003). "Individual Differences in Narcissism: Inflated Self-views across the Lifespan and around the World". *Journal of Research in Personality*, 37(6):469—486.

Fox News. (2014). "Arizona Lawmakers Advance $30 M 'Virtual Fence' Proposal For US-Mexico Border". Retrieved from: http://www.foxnews.com/politics/2014/02/18/arizona-lawmakers-advance-30m-virtual-fenceproposal-for-us-mexico-border.html.

Fox, R. L. & Schuhmann, R. A. (2001). "Mentoring Experiences of Women City Managers Are Women Disadvantaged?" *The American Review of Public Administration*, 31(4):381—392.

Francois, J., Manchin, M., Norberg, H., Pindyuk, O. & Tomberger, P. (2013). *Reducing Transatlantic Barriers to Trade and Investment: An Economic Assessment(No.20130401)*. Rotterdam: Institute for International and Development Economics.

Frederickson, D. G. & Frederickson, H. G. (2006). *Measuring the Performance of the Hollow State*. Washington, D. C.: Georgetown University

Press.

Frederickson, H. G. (2005). "Public Ethics and the New Managerialism: An Axiomatic Theory". In Frederickson H. G. & Ghere R. K.(Eds.). *Ethics in Public Management*. New York & London: M. E. Sharpe, pp.165—183.

Frederickson, H. G. & Matkin, D. S. (2007). *Public Leadership as Gardening*. In Morse S. R., Buss T. F. & Kinghorn C. M.(Eds.), *Transforming Public Leadership for the 21st Century*. Armonk: M. E. Sharpe, Inc., pp.34—46.

Freeman, R. (2007). "Epistemological Bricolage: How Practitioners Make Sense of Learning". *Administration and Society*, 39(4):476—496.

Freeman, R. (2007). "Epistemological Bricolage: How Practitioners Make Sense of Learning". *Administration and Society*, 39(4):476—496.

Freidson, E. (1994). *Professionalism Reborn: Theory, Prophecy, and Policy*. Chicago: University of Chicago Press.

Freire, K., Sangiorgi, D. (2010). "Service Design and Healthcare Innovation: From Consumption to Co-production and Co-creation". Nordic Service Design Conference Paper. Available at: file:///C:/Users/E0001110/Desktop/servdes2010_freiresangiorgi.pdf.

Frey, C. B. & Osborne, M. A. (2013). "The Future of Employment: How Susceptible Are Jobs to Computerization". Retrieved September, 7:2013.

Friess, S. (2015). "Revealed: Clinton's Office Was Warned Over Private Email Use". Aljazeera America see: http://america.aljazeera.com/articles/2015/3/3/govt-cybersecurity-source-clintons-office-warned-privateemail-use.html.

Frow, P., Nenonen, S., Payne, A. & Storbacka, K. (2015). "Managing Co-creation Design: A Strategic Approach to Innovation". *British Journal of Management*, 26(3):463—483.

Fry, B. R. & Raadschelders, J. C. (2013). *Mastering Public Administration: From Max Weber to Dwight Waldo*. Washington, D. C.: CQ Press.

FS-UNEP. (2016). *Global Trends in Renewable Energy Investment 2016*. Frankfurt: Frankfurt School of Finance & Management.

Fukuyama, F. (2013). "What Is Governance?" *Governance*, 26(3):347—368.

Fuller, R. B. (1982). *Critical Path*. Basingstoke: Palgrave Macmillan.

Fung, A. (2006). "Varieties of Participation in Complex Governance". *Public Administration Review*, 66(s1):66—75.

Fung, A. (2015). "Putting the Public Back into Governance: The Challenges of Citizen Participation and Its Future". *Public Administration Review*, 75(4): 513—522.

Gaiman, N. & Pratchett, T. (2006). *Good Omens: The Nice and Accurate Prophecies of Agnes Nutter, Witch*. New York: Harper Collins.

Gallo, A. (2013). "How to Reward Your Stellar Team. Harvard Business Review". Retrieved from https://hbr.org/2013/08/how-to-reward-your-stellartea/.

Gandz, J. & Murray, V. V. (1980). "The Experience of Workplace Politics". *Academy of Management Journal*, 23(2):237—251.

Gary, J. E. & von der Gracht, H. A. (2015). "The Future of Foresight Professionals: Results from a Global Delphi Study". *Futures*, 71:132—145.

Gauld, R., Goldfinch, S. & Horsburgh, S. (2010). "Do They Want It? Do They Use It? The 'Demand-Side' of E-Government in Australia and New Zealand". *Government Information Quarterly*, 27:177—186.

Gentile, B., Twenge, J. M. & Campbell, W. K. (2010). "Birth Cohort Differences in Self-esteem, 1988—2008: A Cross-temporal Meta-analysis". *Review of General Psychology*, 14(3):261.

Gillard, J. (2012). "Australia in the Asian Century: White Paper". Australian Government.

Godshalk, V. M. & Sosik, J. J. (2003). "Aiming for Career Success: The Role of Learning Goal Orientation in Mentoring Relationships". *Journal of Vocational Behavior*, 63(3):417—437.

Goldfinch, S. Gauld, R. & Baldwin, N. (2011). "Information and Communications Technology Use, E-Government, Pain and Stress Amongst Public Servants". *New Technology, Work and Employment*, 26(1):39—53.

Goli, S., Doshi, R. & Perianayagam, A. (2013). "Pathways of Economic Inequalities in Maternal and Child Health in Urban India: A Decomposition Analysis". *PLoS One*, 8(3), e58573.

Gordon, J. (2015). "The Dawn of Marketing's New Golden Age". *McKinsey Quarterly*, February 2015. http://www.mckinsey.com/business-functions/marketing-and-sales/our-insights/the-dawn-of-marketings-new-goldenage.

Goulden, M. & Dingwall, R. (2012). *Chapter 2 Managing the Future: Models, Scenarios and the Control of Uncertainty*. In Tim, R. & Lee, C. (Eds.). *Transport and Climate Change*. Emerald Group Publishing. Available at: http://www.emeraldinsight.com/doi/abs/10.1108/S2044-9941% 282012% 290000002005.

Government Merit Systems Protection Board(MSPB)(2011). *Telework: Weighing the Information, Determining an Appropriate Approach*. Washington, D. C.

Government of Canada; Canada Public Service Agency; Canada Public Service Commission(2007). "Key Leadership Competencies".

Government Office of Personnel Management(2011). *Guide to Telework in the Federal Government*. Washington, D. C.

Graaf, G. D. (2016). "What Works: The Role of Confidential Integrity Advisors and Effective Whistleblowing". *International Public Management Journal*.

Graham H. M. (2009). "Foresight and Futures in Europe: An Overview". *Foresight*, 11(5):57—67, (EU Commission website).

Gratton, L. (2011). *The Shift. The Future of Work Is Already Here*. London: HarperCollins.

Gratton, L. & Scott, A. (2016). *The 100-year Life. Living and Working in an Age of Longevity*. London: Bloomsbury.

Graycar, A. & Prenzler, T. (2013). *Understanding and Preventing Corruption*. Basingstoke: Palgrave Macmillan.

Green, D. D. & Roberts, G. E. (2010). "Personnel Implications of Public Sector Virtual Organizations". *Public Personnel Management*, 39(1):47—57.

Greenleaf, R. K. & Spears, L. C. (2002). *Servant Leadership: A Journey into the Nature of Legitimate Power and Greatness*. New York: Paulist Press.

Greenwald, G., MacAskill, E. & Poitras, L. (2013). "Edward Snowden: the Whistleblower behind the NSA Surveillance Revelations". The Guardian see: http://www. theguardian. com/world/2013/jun/09/edward-snowdennsa-whistle-blower-surveillance.

Grimmelikhuijsen, S. G. & Meijer, A. J. (2015). "Does Twitter Increase Perceived Police Legitimacy?" *Public Administration Review*, 75(4):598—607.

Groenleer, M., Kaeding, M. & Versluis, E. (2010). "Regulatory Governance through EU Agencies? The Implementation of Transport Directives". *Journal of European Public Policy*. 17(8):1212—1230.

Gronn, P. (2002). "Distributed Leadership as a Unit of Analysis". *The Leadership Quarterly*, 13(4):423—451.

Guardian Public Leaders Network. (2014). "Civil Service Global Round up: India Transgender Woman Fights for Right to Apply for the Civil Service". The Guardian see: http://www. theguardian. com/public-leadersnetwork/2014/mar/08/israel-discrimination-women-workplace-civil service.

Guarneros-Meza, V. & Martin, S. (2016). "Boundary-spanning in Local Public Service Partnerships: Coaches, Advocates or Enforcers?" *Public Management Review*, 18(2):238—257.

Gunderson, L. H. (2003). "Adaptive Dancing: Interactions between Social Resilience and Ecological Crises". In Berkes, F., Colding, J. & Folke, C. (Eds.). *Navigating Social-Ecological Systems: Building Resilience for Complexity*. Cambridge: Cambridge University Press, pp.33—52.

Habegger, B. (2010). "Strategic Foresight in Public Policy: Reviewing the Experiences of the UK, Singapore, and the Netherlands". *Futures*, 42:49—58.

Hage, J. & Aiken, A. (1967). "The Relationship of Centralization to Other

Structural Properties". *Administrative Science Quarterly*, 12:72—92.

Haldenby, A. (2015). "After the Kids Company Scandal, Ministers Must Realize They Can Turn off the Spending Tap". See: The Telegraph http://www.telegraph.co.uk/news/politics/11970089/After-the-Kids-Companyscandal-ministers-must-realise-they-can-turn-off-the-spending-tap.html.

Hall, D. (2014). "Why Public-private Partnerships don't Work? The Many Advantages of the Public Alternative". Public Services International Research Unit(PSIRU) University of Greenwich. Available at: http://www.world-psi.org/en/publication-why-public-private-partnershipsdont-work.

Hamidullah, M. F. (2016). "Managing the Next Generation of Public Workers". *A Public Solutions Handbook*. London: Routledge.

Han, K. (2013). "Singapore's Population Debate Grows Heated". *The Diplomat*. Available at: http://thediplomat.com/2013/02/singapores-population-debate-grows-heated.

Hansen, J. R. (2014). "From Public to Private Sector: Motives and Explanations for Sector Switching". *Public Management Review*, 16(4):590—607.

Haq, S. (2011). "Ethics and Leadership in the Public Service". *Procedia Social and Behavioural Sciences*, 15:2792—2796.

Hargadon, A. B. (2002). "Knowledge Brokering: A Network Perspective on Learning and Innovation". In Staw, B. & Kramer, R.(Eds.). *Research in Organizational Behavior*. Cambridge: JAI Press, 21, pp.41—85.

Hargittai, E. (2002). "Beyond Logs and Surveys: In-depth Measures of People's Web Use Skills". *Journal of the American Society for Information Science and Technology*, 53(14):1239—1244.

Hargrove, R. (2008). "Creating Creativity in the Design Studio: Assessing the Impact of Metacognitive Skill Development on Creative Abilities". Doctoral dissertation. North Carolina: North Carolina State University, College of Design.

Hartley, J. (2005). "Innovation in Governance and Public Services: Past and Present". *Public Money & Management*, 25(1):27—34.

Hartley, J. (2015). "The Creation of Public Value through Step-Change Innovation in Public Organizations". In Bryson, J. M., Crosby, B. C. & Bloomberg, L. (Eds.). *Public Value and Public Administration*. Washington, DC: Georgetown University Press, pp.82—94.

Hartley, J., Alford, J. & Hughes, O. (2012). "Political Astuteness as an Aid to Discerning and Creating Public Value". Paper for Conference on Creating Public Value in a Shared-Power, Multi-Sector World, Center for Integrative Leadership, University of Minnesota.

Hartley, J., Alford, J., Hughes, O. & Yates, S. (2013). "Leading with Political Astuteness: A Study of Public Managers in Australia, New Zealand and the United Kingdom". Australia and New Zealand School of Government and the Chartered Management Institute.

Hartley, J., Alford, J., Hughes, O. & Yates, S. (2015). "Public Value and Political Astuteness in the Work of Public Managers: The Art of the Possible". *Public Administration*, 93(1):195—211.

Hartley, J. & Benington, J. (2006). "Copy and Paste, or Graft and Transplant? Knowledge Sharing through Inter-organizational Networks". *Public Money and Management*, 26(2):101—108.

Hartley, J. & Downe, J. (2007). "The Shining Lights? Public Service Awards as an Approach to Service Improvement". *Public Administration*, 85(2):329—353.

Hartley, J. & Fletcher, C. (2008). "Leading with Political Awareness: Leadership across Diverse Interests Inside and Outside the Organisation". In *Leadership Perspectives*. UK: Palgrave Macmillan, pp.163—176.

Hartley, J., Sørensen, E. & Torfing, J. (2013). "Collaborative Innovation: A Viable Alternative to Market Competition and Organizational Entrepreneurship". *Public Administration Review*, 73(6):821—830.

Hartmann, D. & Stillings, C. (2015). "Using Scenarios in Multinational Companies across Geographic Distances—A Case from the Chemical Industry".

Foresight, 17(5):475—488.

Harvey, M., McIntyre, N., Heames, J. T. & Moeller, M. (2009). "Mentoring Global Female Managers in the Global Marketplace: Traditional, Reverse, and Reciprocal Mentoring". *International Journal of Human Resource Management*, 20:1344—1361.

Hatmaker, D. M. (2015). "Bringing Networks in: A Model of Organizational Socialization in the Public Sector". *Public Management Review*, 17(8):1146—1164.

Havas, A. (2003). "Evolving Foresight in a Small Transition Economy: The Design, Use and Relevance of Foresight Methods in Hungary". *Journal of Forecasting*, 22(2—3):179—201.

Havas, A., Schartinger, D. & Weber, M. (2010). "The Impact of Foresight on Innovation Policy-making: Recent Experiences and Future Perspectives". *Research Evaluation*, 19(2):91—104.

Hazell, R. & Worthy, B. (2010). "Assessing the Performance of Freedom of Information". *Government Information Quarterly*, 27:352—359.

Head, B. W. & Alford, J. (2015). "Wicked Problems: Implications for Public Policy and Management". *Administration and Society*, 47(6):711—739.

Heifetz, R. A. (1994). *Leadership without Easy Answers*. Boston: Harvard University Press.

Heifetz, R. A., Grashow, M. Linsky en A. (2009). *The Practice of Adaptive Leadership*. Boston: Harvard Business Press.

Helsloot, I., Boin, A., Jacobs, B. & Comfort, L. C. (Eds.)(2012). *Mega-Crises: Understanding the Prospects, Nature, Characteristics and Effects of Cataclysmic Events*. Charles, C., Thomas, Springfield, IL.

Heres, L. (2014). *One Style Fits All? The Content, Origins, and Effect of Follower Expectations of Ethical Leadership*. Enschede: Ipskamp.

Heres, L. (2016). *Tonen Van de Top. De Rol Van Topambtenaren in Het Integriteitsbeleid*. Utrecht: USBO.

Heres, L. & Lasthuizen, K. (2012). "What's the Difference? Ethical Leadership in Public, Hybrid and Private Sector Organizations". *Journal of Change Management*, 12(4):441—466.

Heywood, P. M. (2012). "Integrity Management and the Public Service Ethos in the UK: Patchwork Quilt or Threadbare Blanket?" *International Review of Administrative Sciences*, 78(3):474—493.

Hodge, G. & Greve, C. (2011). "Theorizing Public-private Partnership Success: A Market-based Alternative to Government". In Paper for the Public Management Research Conference at Syracuse University, pp.2—4.

Hodge, G., Greve, C. & Boardman, A. (2010). *International Handbook on Public-Private Partnership*. Northampton, MA: Edward Elgar.

Hoekstra, A. (2016). "Institutionalizing Integrity Management: Challenges and Solutions in Times of Financial Crises and Austerity Measures". The Routledge Companion to Ethics and Public Service Organizations.

Hoekstra, A. & Kaptein, M. (2014). "Understanding Integrity Policy Formation Processes: A Case Study in the Netherlands of the Conditions for Change". *Public Integrity*, 16(3):243—264.

Hoekstra, A. & Van Dijk, M. (2016). "The Marriage of Heaven and Hell Integrity and Social Media in the Public Sector". Dutch National Integrity Office.

Hoffman, W. M. & Schwartz, M. S. (2015). "The Morality of Whistleblowing: A Commentary on Richard T. De George". *Journal of Business Ethics*, 127(4):771.

Holling, C. S. (1973). "Resilience and Stability of Ecological Systems". *Annual Review of Ecology and Systematics*, 4, 1:1—23.

Hollnagel, E., Woods, D. D. & Leveson, N. (Eds.)(2006). *Resilience Engineering: Concepts and Precepts*. Aldershot: Ashgate Publishing.

Holmes, L. (2012). "Researching Gen Y ... Do You Know How to Speak to Them".

Hood, C. (1991). "A Public Management for All Seasons?" *Public Admin-*

istration, 69(1):3—19.

Ho, P. (2008). "Governance at the Leading Edge: Black Swans, Wild Cards, and Wicked Problems". Retrieved from https://www.cscollege.gov.sg/ Knowledge/Ethos/Issue％204％20Apr％202008/Documents/HCS％20Peter％ 20Ho--Speech％20at％20the％204th％20Strategic％20Perspectives％ 20Conference.pdf.

Ho, P. (2010). "Thinking about the Future: What the Public Service Can Do". Ethos 7. Available at: https://www.cscollege.gov.sg/Knowledge/Ethos/Is- sue％207％20Jan％202010/Pages/Thinking-About-the-Future-Whatthe-Public- Service-Can-Do.aspx.

Ho, P. (2014). "The Butterfly Effect: Speech at the Opening of the NTU Complexity Institute". Available at: https://www.cscollege.gov.sg/Knowledge/ Pages/Speech-The-Butterfly-Effect.aspx.

Horton, S. (2008). "History and Persistence of an Idea and an Ideal". In James, L. P. & Annie, H. (Eds.). *Motivation in Public Management: The Call of Public Service*. Oxford: Oxford University Press, pp.17—32.

Houston, D. J. (2000). "Public-service Motivation: A Multivariate Test". *Journal of Public Administration Research and Theory*, 10(4):713—728.

Houston, D. J. (2014). "Public Service Motivation in the Post-communist State". *Public Administration*, 92(4):843—860.

Howes, M., Tangney, P., Reis, K., Grant, S., Deanna, H., Michael, B., Karyn, B. & Paul, B. (2014). "Towards Networked Governance: Improving In- teragency Communication and Collaboration for Disaster Risk Management and Climate Change Adaptation in Australia". *Journal of Environmental Planning and Management*.

Howlett, M. P. & Ramesh, M. (1995). *Studying Public Policy: Policy Cycles and Policy Subsystems*. Toronto: Oxford University Press. http://edi- tion.cnn.com/2012/01/26/opinion/mackinnon-sopa-government-surveillance/.

HSBC. (2015). *Trade Winds: Shaping the Future of International Busi- ness*. London: HSBC Commercial Banking.

Huberts, L. & Lasthuizen, K. (2014). *The Integrity of Governance: What It Is, What We Know, and Where to Go.* Basingstoke: Palgrave Macmillan.

Huberts, L. W. J. C. (2014). *The Integrity of Governance.* Basingstoke: Palgrave Macmillan.

Huberts, L. W. J. C., Van Den Heuvel, H. & Punch, M. (2000). "Public and Business Ethics: Similar or Different?" International Institute for Public Ethics Conference.

Huberts, L. W., Kaptein, M. & Lasthuizen, K. (2007). "A Study of the Impact of Three Leadership Styles on Integrity Violations Committed by Police Officers". *Policing: An International Journal of Police Strategies & Management*, 30(4):587—607.

Hunter, S. T., Cushenbery, L. & Friedrich, T. (2012). "Hiring an Innovative Workforce: A Necessary yet Uniquely Challenging Endeavour". *Human Resource Management Review*, 22(4):303—322.

IBM. (2013). "Bringing Big Data to the Enterprise". Retrieved from https://www-01.ibm.com/software/data/bigdata/what-is-big-data.html.

ILO. (2013). "Global Employment Trends for Youth 2013". Retrieved from http://www.ilo.org/wcmsp5/groups/public/---dgreports/---dcomm/documents/publication/wcms_212423.pdf.

IMF. (2013). "Global Trends in Public Pension Spending and Outlook". Available at: https://www.imf.org/external/np/seminars/eng/2013/oapfad/pdf/clements.pdf.

IMF. (2014). "April 2014 Fiscal Monitor 'Public Expenditure Reform—Making Difficult Choices'". Available at: https://www.google.com.sg/url?sa=t&rct=j&q=&esrc=s&source=web&cd=1&cad=rja&uact=8&ve d=0ahUKEwjej92BqeHOAhVoCcAKHe_FBhQQFggaMAA&url=https%3A%2F%2Fwww.imf.org%2Fexternal%2Fpubs%2Fft%2Ffm%2F2014%2F01%2Fdata%2Ffmdata.xlsx&usg=AFQjCNGi4_V_vJC0tUFg7Aww4VvQOsVpZg&sig2=rCyFdbNbqw6MSzra9rycgg&bvm=bv.131286987, d.bGg.

INIA(International Institute on Ageing). (2013). *World Population Ageing 2013*. Malta: United Nations.

ITV Report. (2013). "Kids Company: Scathing Report Attacks Ministers for Treating Charity as a £46m 'Special Case'". ITV see: http://www.itv.com/news/2015-11-13/kids-company-scathing-report-attacks-ministers-fortreating-charity-as-a-46m-special-case/.

Jackson, M. (2013). "Practical Foresight Guide". Available at: http://www.shapingtomorrow.com/media-centre/pf-complete.pdf.

Jacobs, J. (1992). *Systems of Survival: A Dialogue on the Moral Foundations of Commerce and Politics*. New York: Random House Inc.

Jacobs, K., & Cuganesan, S. (2014). "Interdisciplinary Accounting Research in the Public Sector: Dissolving Boundaries to Tackle Wicked Problems". *Accounting, Auditing & Accountability Journal*, 27(8):1250—1256.

Jacoby, W. G. (2000). "Issue Framing and Public Opinion on Government Spending". *American Journal of Political Science*, 44:750—767.

Jacques, M. (2009). *When China Rules the World: The End of the Western World and the Birth of a New Global Order*. New York: Penguin.

Johansen, B. (2007). *Get There Early: Sensing the Future to Compete in the Present*. San Francisco: Berrett-Koehler Publishers.

Johnson, J. M. & Ng, E. S. (2015). "Money Talks or Millennials Walk: The Effect of Compensation on Nonprofit Millennial Workers Sector-switching Intentions". *Review of Public Personnel Administration*, 36(3):283—305.

Johnson, M. (2010). "Telework Boosts Productivity, Decreases Carbon Footprint". *Federal Times*. Retrieved from http://www.federaltimes.com/article/20101031/ADOP06/10310307/.

Jomo Kenyatta University of Agriculture and Technology. (2015). "Huduma Center Services". See: http://www.jkuat.ac.ke/directorates/iceod/hudumacentre-services/.

Jones, S. E. (2013). *Against Technology: From the Luddites to Neo-Ludd-*

ism. Chicago: Routledge.

Jordan, S. R. (2013). "The Innovation Imperative: An Analysis of the Ethics of the Imperative to Innovate in Public Service Delivery". *Public Management Review*, 16(1):67—89.

Joseph, A. A. & Hongxu, Z. (2015). "Tales from the Grave: What Can We Learn from Failed International Companies?" *Foresight*, 17(5):528—541.

Joshua, P. M. (2014). *The Importance of the Internet and Transatlantic Data Flows for U. S. and EU Trade and Investment*. Washington, D. C.: Global Economy and Development Program at Brookings.

Jørgensen, T. B. & Rutgers, M. R. (2015). "Public Values Core or Confusion? Introduction to the Centrality and Puzzlement of Public Values Research". *The American Review of Public Administration*, 45(1):3—12.

Kanter, R. M. (1984). *The Change Masters: Innovation for Productivity in the American Corporation*. New York: Simon & Schuster.

Kaptein, M. (2006). *De Integere Manager* [*Managing with Integrity*]. Assen: Koninklijke Van Gorcum.

Kaptein, M. & Wempe, J. F. D. B. (2002). *The Balanced Company: A Theory of Corporate Integrity*. Oxford; New York: Oxford University Press.

Kaptein, S. P. (2011). "Towards Effective Codes: Testing the Relationship with Unethical Behavior". *Journal of Business Ethics*, 99(2):233—251.

Kaptein, S. P. (2013). *Dienaren van het Volk: Over de Macht Van Integriteit*. Internet: Free E-book.

Karens, R., Eshuis, J., Klijn, E. H. & Voets, J. (2015). *The Impact of Public Branding: An Experimental Study on the Effects of Branding Policy on Citizen Trust. Public Administration Review*, 76(3):486—494.

Karssing, E. & Spoor, S. (2010). *Integriteit 3.0. Jaarboek Integriteit*. BIOS: The Hague.

Kassel, D. S. (2008). "Performance, Accountability and the Debate over Rules". *Public Administration Review*, (March/April):241—252.

Katzenbach, J. R. & Smith, D. K. (1993). "The Discipline of Teams". *Harvard Business Review*, 71(2):111—120.

Kaufman, H. (1960). "The Forest Ranger: A Study in Administrative Behavior". *Resources for the Future*.

Keeler, J. T. (1993). "Opening the Window for Reform Mandates, Crises, and Extraordinary Policy-making". *Comparative Political Studies*, 25(4):433—486.

Keenan, M. & Popper, R. (2008). "Comparing Foresight 'Style' in Six World Regions". *Foresight*, 10(6):16—38.

Keene, J. (2006). *Age Discrimination*. In Greenhaus, J. H. & Callanan, G. A. (Eds.). *Encyclopedia of Career Development*, *Vol.1*. Thousand Oaks, CA: SAGE, pp.10—14.

Kellar, E. (2015). "The Uberizing of the Government Workforce". Retrieved from http://www.governing.com/columns/smart-mgmt/col-government-workforce-temporary-contract-employees-millennials-flexibility.html.

Kelly, R. M. & Newman, M. (2001). "The Gendered Bureaucracy". *Women and Politics*, *Taylor and Francis Online*, 22(3):1—33.

Kelman, S., & Sounman, H. (2016). "'Hard', 'Soft', or 'Tough Love' Management: What Promotes Successful Performance in a Cross-Organizational Collaboration?" *International Public Management Journal*, 19(2):141—170.

Kets de Vries, M. F. R. (2003). *Leaders, Fools and Imposters: Essays on the Psychology of Leadership*. New York: iUniverse.

Kharas, H. & Geoffrey, G. (2010). *The New Global Middle Class: A Cross-Over from West to East*, In Li, C. (Ed.). *China's Emerging Middle Class: Beyond Economic Transformation*. Washington, D. C.: Brookings Institution Press.

Khojasteh, M. (1993). "Motivating the Private vs. Public Sector Managers". *Public Personnel Management*, 22(3):391—401.

Kim, S., Vandenabeele, W., Wright, B. E., Andersen, L. B., Cerase, F.

P., Christensen, R. K., ... & Palidauskaite, J. (2013). "Investigating the Structure and Meaning of Public Service Motivation across Populations: Developing an International Instrument and Addressing Issues of Measurement Invariance". *Journal of Public Administration Research and Theory*, 23(1):79—102.

Kingdon, J. W. (1995). *Agenda, Alternatives, and Public Policies (2nd ed.)*. New York: HarperCollins.

Kingston. (2014). Web source: http://www.macleans.ca/society/life/get-readyfor-generation-z/.

Kirkpatrick, L. O. (2007). "The Two 'Logics' of Community Development: Neighborhoods, Markets, and Community Development Corporations". *Politics & Society*, 35(2):329—359.

Kjeldsen, A. M. & Jacobsen, C. B. (2013). "Public Service Motivation and Employment Sector: Attraction or Socialization?" *Journal of Public Administration Research and Theory*, 23(4):899—926.

Klijn, E. H., Steijn, B. & Edelenbos, J. (2010). "The Impact of Network Management on Outcomes in Governance Networks". *Public Administration*, 88(4):1063—1082.

Klijn, E. H. & Teisman, en G. R. (2003). "Institutional and Strategic Barriers to Public-Private Partnership: An Analysis of Dutch Cases". *Public Money and Management*, 23(3):137—146.

Klitgaard, R. (1998). *Controlling Corruption*. California: University of California Press.

Koliba, C., Meek, J. W. & Zia, A. (2011). *Governance Networks in Public Administration and Public Policy*. Boca Raton, FL: CRC Press.

Koppell, J. G. S. (2005). "Pathologies of Accountability: ICANN and the Challenge of Multiple Accountabilities Disorder". *Public Administration Review*, 65(1):94—108.

Koppenjan, J. (2008). "Creating a Playing Field for Assessing the Effectiveness of Network Collaboration by Performance Measures". *Public Management*

Review，10(6):699—714.

Koppenjan, J., Charles, M. B. & Ryan, N. (2008). "Editorial: Managing Competing Public Values in Public Infrastructure Projects". Public Money & Management，28(3):131—134.

Koppenjan, J. & Klijn, E. -H. (2004). *Managing Uncertainty in Networks: A Network Approach to Problem Solving and Decision Making.* New York: Routledge.

Koschmann, M. A., Kuhn, T. R. & Pfarrer, M. D. (2012). "A Communicative Framework of Value in Cross-sector Partnerships". *Academy of Management Review*，37:332—354.

Kossek, E. E. & Thompson, R. (2015). *Workplace Flexibility: Integrating Employer and Employee Perspectives to Close the Research to Practice Implementation Gap.* In Allen, T. D. & Eby, L. T. (Eds.). *The Oxford Handbook of Work and Family.* Oxford: Oxford university Press.

KPMG. (2013). "Future State 2030". Retrieved from https://www.kpmg.com/ID/en/IssuesAndInsights/ArticlesPublications/Documents/Future-State-2030.pdf.

Kramer, M. R. (2011). "Creating Shared Value". *Harvard Business Review*，89(1/2):62—77.

Kroft, S. (2010). "Watching the Border: the Virtual Fence". CBS News see: http://www.cbsnews.com/news/watching-the-border-the-virtual-fence/2/.

Kuah, A. W. J. (2013). "Foresight and Policy: Thinking about Singapore's Future(s)". *Social Space*，104—109.

Kuah, A. W. J. (2015). "Stories Matter in How We Think about the Future". *Straits Times*，29.

Kurbjuweit, D. (2010). "Der Wutbürger". *Der Spiegel* 11 October 2010.

Kyle. (2009). Web source: http://www.canada.com/Business/Millennials+know+what+they+want/1494997/story.html.

Laffont, J. J. & Tirole, J. (1991). "The Politics of Government Decision-making: A Theory of Regulatory Capture". *The Quarterly Journal of Economics*，106(4):

1089—1127.

Lambda, L. & Deloitte Financial Advisory Services LLP. (2006). *2005 Workplace Fairness Survey*. New York, NY: Lambda Legal.

Lancaster, L. C. & Stillman, D. (2002). *When Generations Collide? Who They Are? Why They Clash? How to Solve the Generational Puzzle at Work?* New York City: HarperCollins Publishers.

Landau, M. & Chisholm, D. (1995). "The Arrogance of Optimism: Notes on Failure-Avoidance Management". *Journal of Contingencies and Crisis Management*, 3(2):67—80.

Lang, O. (2010). "Welcome to a New Age of Whistleblowing". BBC News see: http://www.bbc.com/news/world-us-canada-10774473.

Lasthuizen, K. (2008). *Leading to Integrity. Empirical Research into the Effects of Leadership on Ethics and Integrity*. Amsterdam: Vrije Universiteit Amsterdam.

Laufer, W. S. (2003). "Social Accountability and Corporate Greenwashing". *Journal of Business Ethics*, 43(3):253—261.

Lavelle, J. (2010). *Trends & Challenges for HR Management in the Broader Public Sector in the International Arena*. Durban: UNPAN.

Laverty, K. J. (1996). "Economic 'Short-termism': The Debate, the Unresolved Issues, and the Implications for Management Practice and Research". *Academy of Management Review*, 21(3):825—860.

Laverty, K. J. (2004). "Managerial Myopia or Systemic Short-termism? The Importance of Managerial Systems in Valuing the Long Term". *Management Decision*, 42(8):949—962.

Laville, S., Butler, P. & Mason, R. (2016). "Kids Company: Ministers Must Explain Why They Overrode Civil Service". *The Guardian* see: http://www.theguardian.com/uk-news/2016/feb/01/kids-company-ministers-overrode-civil-service-bernard-jenkin.

Lawton, A. (2004). "Public Service Ethics in a Changing World". *Futures*,

37:231—243.

Lawton, A. & Macaulay, M. (2014). "Localism in Practice: Investigating Citizen Participation and Good Governance in Local Government Standards of Conduct". *Public Administration Review*, 74(1):75—83.

Lawton, A., Rayner, J. & Lasthuizen, K. (2013). *Ethics and Management in the Public Sector*. London: Routledge.

Lazarus, R. J. (2010). "Super Wicked Problems and Climate Change: Restraining the Present to Liberate the Future". *Land Use Environment Law Review*, 41:229.

Lee, J. A. & Tomer, A. (2015). "Building and Advancing Digital Skills to Support Seattle's Economic Future". The Brookings Institution see: http://www.brookings.edu/research/reports/2015/10/23-seattle-digital-skills-lee-tomer.

Lekhi, R. (2007). "Public Service Innovation". The Work Foundation.

Lent, D. & Wijnen, P. W. (2007). "War for Talent". Alleen bij het grote geld.

Leon, L. R., Simmonds, P. & Roman, L. (2012). "Trends and Challenges in Public Sector Innovation in Europe". Technopolis Group.

Levy, F. & Murnane, R. J. (2004). "Education and the Changing Job Market". *Educational Leadership*, 62(2):80.

Lewis, C. W. & Gilman, S. C. (2005). *The Ethics Challenge in Public Service: A Problem-Solving Guide*. Hoboken: John Wiley & Sons.

Lewis, C. W. & Gilman, S. C. (2005). *The Ethics Challenge in Public Service a Problem Solving Guide*. San Francisco: Jossey-Bass(A Wiley Imprint).

Lewis, D., Brown, A. J. & Moberly, R. (2014). *International Handbook on Whistleblowing Research*. Cheltenham; Northampton: Edward Elgar Publishing.

Lewis, G. B. & Frank, S. A. (2002). "Who Wants to Work for the Government?" *Public Administration Review*, 62(4):395—404.

Lewis, L. (2014). "Snowden Awarded Alternative Nobel Price". Whistleblowing Today see: http://whistleblowingtoday.org/2014/09/snowden-awardedalternative-nobel-prize/.

Leyden, J. (2008). "Passport Snooping Public Servant Faces Year in the Can". The Register see: http://www.theregister.co.uk/2008/09/23/passport_snooping_plea/.

Lipsky, M. (1980). *Street Level Bureaucrats*. New York: Russell Sage Foundation.

Lodge, M. & Wegrich, K. (2012). *Managing Regulation: Regulatory Analysis, Politics, and Policy*. Basingstoke: Palgrave Macmillan.

LoGuirato, B. (2013). "Why a 29 Year Old Contractor Had Access to Government Secrets". Business Insider see: http://www.businessinsider.com/edwardsnowden-nsa-leak-booz-allen-hamilton-2013-6?IR=T&r=US&IR=T.

Longmire, S. (2015). "DHS Installs Seven Camera Towers on Border in Fourth Virtual Fence Attempt". Breitbart see: http://www.breitbart.com/texas/2015/03/02/dhs-installs-seven-camera-towers-on-border-in-fourthvirtual- fence-attempt/.

Lorenz, E. N. (1969). "The Predictability of a Flow Which Possesses Many Scales of Motion". *Tellus*, 21(3):1—19.

Lovegrove, N. & Thomas, M. (2013). "Why the World Needs Tri-sector Leaders". *Harvard Business Review*.

Low, D. & Vakadeth, S. T. (2014). *Hard Choices: Challenging the Singapore Consensus*. Singapore: NUS Press.

Lowry, P. B., Zhang, D., Zhou, L. & Fu, X. (2010). "Effects of Culture, Social Presence, and Group Composition on Trust in Technology-supported Decision-making Groups". *Information Systems Journal*, 20(3):297—315.

Lozano, E., Joyce, A., Schiemann, R., Ting, A. & Yahyavi, D. (2010). "Wikileaks and Whistleblowing: Digital Information Leakage and Its Impact on Society". See: http://cs.stanford.edu/people/eroberts/cs201/projects/2010-11/WikiLeaks/online.html.

Luk, S. C. Y. (2012). "Questions of Ethics in Public Sector Management:

The Case Study of Hong Kong". *Public Personnel Management*, 41(2):361—378.

Lusk, S. & Bircks, N. (2014). *Rethinking Public Strategy*. Basingstoke: Palgrave Macmillan.

Luxembourgish Ministry of Civil Service and Administrative Reform and OECD. (2015). "Managing a Diverse Public Administration or Effectively Responding to the Needs of a More Diverse Workforce". *European Public Administration Network Survey*.

Lynn Jr, L. E. (2006). *Public Management: Old and New*. London: Routledge.

Lyons, S. & Kuron, L. (2014). "Generational Differences in the Workplace: A Review of the Evidence and Directions for Future Research". *Journal of Organizational Behavior*, 35(S1):139—157.

Lyons, S., Ng, E. S. & Schweitzer, L. (2014). "Changing Demographics and the Shifting Nature of Careers: Implications for Research and Human Resource Development". *Human Resource Development Review*, 13(2):180—205.

Lyons, S. T., Duxbury, L. E. & Higgins, C. A. (2006). "A Comparison of the Values and Commitment of Private Sector, Public Sector, and Parapublic Sector Employees". *Public Administration Review*, 66(4):605—618.

Lyons, S. T., Ng, E. S. W. & Schweitzer, L. (2012). *Generational Career Shift: Millennials and the Changing Nature of Careers in Canada*. In Ng, E. S. W., Lyons, S. T. & Schweitzer, L. *Managing the New Workforce: International Perspectives on the Millennial Generation*. Northampton, MA: Edward Elgar.

Lyons, S. T., Schweitzer, L. & Ng, E. S. (2015). "How Have Careers Changed? An Investigation of Changing Career Patterns across Four Generations". *Journal of Managerial Psychology*, 30(1).

Lyons, S., Urick, M., Kuron, L. & Schweitzer, L. (2015). "Generational Differences in the Workplace: There is Complexity beyond the Stereotypes". *Industrial and Organizational Psychology: Perspectives on Science and Practice*,

8(3):346—356.

MacAskil, E. (2013). "Edward Snowden: How the Spy Story of the Age Leaked Out". The Guardian see: http://www.theguardian.com/world/2013/jun/11/edward-snowden-nsa-whistleblower-profile.

MacCarthaigh, M. (2008). *Public Service Values*. Dublin: Institute of Public Administration.

Machiavelli, N. (1469—1527) translated by Parks, T. (ed.) *The Prince: A New Translation by Tim Parks* (London, Penguin Classics: 2009). Available at: http://gateway.proquest.com.libproxy1.nus.edu.sg/openurl?ctx_ver＝Z39.88-2003&xri:pqil:res_ver＝0.2&res_id＝xri:lion&rft_id＝xri:lion:ft:pr:Z001579950:0.

Machiavelli, N. (1532) Translated by Parks, T. *Il Principe*. New York: Penguin Classics, 2009.

MacKinnon, R. (2012). "The Netizen". *Development*, 55(2):201—204.

Mackinnon, R. (2012). "We're Losing Control of Our Digital Privacy". CNN see: http://edition.cnn.com/2012/01/26/opinion/mackinnon-sopa-government-surveillance/.

Macnamara, J., Sakinofsky, P. & Beattie, J. (2012). *Electoral Engagement: Maintaining and Enhancing Democratic Paritcipation through Social Media*. A Report for Australian Electoral Commission.

Maesschalck, J. (2004). "Approaches to Ethics Management in the Public Sector: A Proposed Extension of the Compliance-integrity Continuum". *Public Integrity*, 7(1):20—41.

Mahbubani, K. (2008). *The New Asian Hemisphere: The Irresistible Shift of Global Power to the East*. New York: Public Affairs.

Mahbubani, K. (2013). *The Great Convergence and the Logic of One World*. New York: Public Affairs.

Mahbubani, K. (2015). *Can Singapore Survive?* Singapore: Straits Times Press Pte Ltd.

Mahler, J. (2012). "The Telework Divide Managerial and Personnel Challenges of Telework". *Review of Public Personnel Administration*, 32(4):407—418.

Mair, P. (2013). *Ruling the Void: The Hollowing Out of Western Democracy*. New York: Verso Books.

Malatesta, D. & Van Slyke, D. (2015). "Complex Contracting. Government Purchasing in the Wake of the US Coast Guard's Deepwater Program." *Journal of Public Administration Research and Theory*(2015):655—658.

Mannhelm, M. (2013). "Public Servant Loses Fight Over Twitter Attack on Government". The Sydney Morning Herald see: http://www.smh.com.au/national/public-servant-loses-fight-over-twitter-attack-on-government-20130812-2rsgn.html.

Manuel, C. & Gustavo, C. (Eds.)(2005). *The Network Society: From Knowledge to Policy*. Washington, D. C.: Johns Hopkins Center for Transatlantic Relations.

Manyika, J., Chui, M., Bughin, J., Dobbs, R., Bisson, P. & Marrs, A. (2013). "Disruptive Technologies: Advances That Will Transform Life, Business, and the Global Economy". *New York: McKinsey Global Institute*, 12.

Manzie, S. & Hartley, J. (2013). *Dancing on Ice: Leadership with Political Astuteness by Senior Public Servants in the UK*. The Open University Business School, Milton Keynes, UK.

March, J. (1991). "Exploration and Exploitation in Organizational Learning". *Organization Science*, 2(1):71—87.

March, J. G. & Olsen, J. P. (1983). "The New Institutionalism: Organizational Factors in Political Life". *American Political Science Review*, 78(3): 734—749.

March, J. G. & Olsen, J. P. (1989). *Rediscovering Institutions*. New York: Maxwell Macmillan International.

Margetts, H. Z. (2011). "Experiments for Public Management Research". *Public Management Review*, 13(2):189—208.

Masum，H.，Ranck，J. & Singer，P. A. (2010). "Five Promising Methods for Health Foresight". *Foresight*，12(1):54—66.

Matmiller，M. (2016). "Digital Equity". Seattle. Gov. See: http://www.seattle.gov/tech/initiatives/digital-equity.

Matt，A.，Lant，P. & Michael，W. (2016). "'Managing Your Authorizing Environment in a PDIA Process' Centre for International Development at Harvard University Working Papers". Available at: http://bsc.cid.harvard.edu/files/bsc/files/authorizing_environ_cid_wp_312.pdf.

Mayer-Schöberger，V. & Cukier，K. (2013). *Big Data: A Revolution That Will Transform How We Live*，*Work*，*and Think*. Houghton: Mifflin Harcourt.

Mazuccato，M. (2013). *The Entrepreneurial State: Debunking Public vs. Private Sector Myths*. London: Anthem Press.

McCann，J. E. & Selsky，J. (1984). "Hyperturbulence and the Emergence of Type 5 Environments". *Academy of Management Review*，9(3):460—470.

McCarthy，T. (2015). "New York City Adds Two Muslim to Public School Calendar". *The Guardian* see: http://www. theguardian. com/us-news/2015/mar/04/new-york-city-muslim-holidays-public-schools.

McCreary，L. (2014). "How to Handle Your First Meeting with a New Boss". Retrieved from https://hbr. org/2014/12/how-to-handle-your-first-meetingwith-a-new-boss.

McGregor，S. (2016). "Apple Isn't Protecting a Shooter's iPhone Data—They're Defending Digital Privacy". *The Guardian* see: http://www. theguardian.com/commentisfree/2016/feb/18/san-bernardino-shooter-iphone-appletim-cook-fbi-decrypt-unlock.

McGuire，M. (2006). "Collaborative Public Management: Assessing What We Know and How We Know It". *Public Administration Review*，66(s1):33—43.

McGuire，M. & Agranoff，R. (2011). "The Limitations of Public Management Networks". *Public Administration*，98(2):265—284.

McKinsey Global Institute. (2012). *Urban World: Cities and the Rise of the Consuming Class*. New York: McKinsey Global Institute.

McKinsey Global Institute. (2013). *Disruptive Technologies: Advances that Will Transform Life, Business, and the Global Economy*. Washington, D. C.: McKinsey Global Institute.

McLuhan, M. (1967). *The Medium is the Message*. New York: Penguin Books.

McLuhan, M. & Fiore, Q. (1967). *The Medium Is the Message (Vol. 123)*. New York: Random House, pp.126—128.

Medrano, L. (2014). "Virtual Birder Fence Idea Revived Another Billion Dollar Boondoggle?" *The Christian Science Monitor* see: http://www.csmonitor. com/USA/2014/0319/Virtual-border-fence-idea-revived.-Another-billion-dollar-boondoggle-video.

Meijer, A. (2015). "E-governance Innovation: Barriers and Strategies". *Government Information Quarterly*, 32(2):198—206.

Meijer, A. J. (2014). "From Hero-Innovators to Distributed Heroism: An In-depth Analysis of the Role of Individuals in Public Sector Innovation". *Public Management Review*, 16(2):199—216.

Meijer, A. J. & Torenvlied, R. (2014). "Social Media and the New Organization of Government Communications: An Empirical Analysis of Twitter Usage by the Dutch Police". *The American Review of Public Administration*, 46(2): 143—161.

Meijer, A., t'Hart, P. & Worthy, B. (2015). *Assessing Government Transparency: An Interpretive Framework*. Administration & Society.

Melbourne School of Government. (2013). The 21st Century Civil Servant: A Discussion Paper. Melbourne: Melbourne School of Government and the Victorian Department of Premier and Cabinet.

Menyah, D. (2010). *Ethical Dilemmas and the Public Service*. CAPAM Report.

Menzel, D. C. (1997). "Teaching Ethics and Values in Public Administration: Are We Making a Difference?" *Public Administration Review*, 57(3): 224—230.

Menzel, D. C. (2012). *Ethics Management for Public Administrators: Leading and Building Organizations of Integrity*. Armonk: M. E. Sharpe.

Mergel, I. (2010). *Government 2.0 Revisited: Social Media Strategies in the Public Sector*. Washington, D. C.: IBM Center for the Business of Government.

Mergel, I. (2011). "Crowdsourced Ideas Make Participating in Government Cool Again". *PA Times*, 34(4):4—6.

Mergel, I. (2012). *Social Media in the Public Sector: A Guide to Participation, Collaboration and Transparency in the Networked World*. John Wiley & Sons.

Mergel, I. (2014). "Social Media Adoption: Toward a Representative, Responsive or Interactive Government? In Proceedings of the 15th Annual International Conference on Digital Government Research". ACM, pp.163—170.

Messara, L. C. (2014). "Religious Diversity at Work: The Perceptual Effects of Religious Discrimination on Employee Engagement and Commitment". *Contemporary Management Research*, 10(1):59—80.

Michael, D. (1996). "Some Paradoxes of Whistleblowing". *Business & Professional Ethics Journal*, 15(1):3—19.

Miles, R. E. (1978). "The Origin and Meaning of Miles' Law". *Public Administration Review*, 38(5):399—403.

Ministry of Devolution and Planning. (2015). "Huduma Center Wins Public Service Forum Award in Medellin, Columbia". See: http://www.devolutionplanning.go.ke/?post_type=news&p=995 Ministry of Finance. (2013). *Public-private Comparator Manual*. The Netherlands: The Hague.

Mintrom, M. (1997). "Policy Entrepreneurs and the Diffusion of Innovation". *American Journal of Political Science*, 41:738—770.

Mischen, P. (2015). "Collaborative Network Capacity". *Public Management*

Review, 17(3):380—403.

Mitchell, R. K., Agle, B. R. & Wood, D. J. (1997). "Toward a Theory of Stakeholder Identification and Salience: Defining the Principle of Who and What Really Counts". *Academy of Management Review*, 22(4):853—886.

Montanaro, D. (2015). "Fact Check: Hilary Clinton, Those Emails and the Law". NPR see: http://www.npr.org/sections/itsallpolitics/2015/04/02/3968-23014/fact-check-hillary-clinton-those-emails-and the-law.

Monteiro, L. F., Mol, M. J. & Birkinshaw, J. (2017). "Ready to be Open? Explaining the Firm Level Barriers to Benefiting from Openness to External Knowledge". *Long Range Planning*, 50(2), 282—295.

Moore, G. (2014). *Crossing the Chasm*. 3rd Ed. New York: Harper Business.

Moore, M. (2000). "Managing for Value: Organizational Strategy in For-Profit, Nonprofit, and Governmental Organizations". *Nonprofit and Voluntary Sector Quarterly*, 29:183—204.

Moore, M. H. (1995). *Creating Public Value: Strategic Management in Government*. Cambridge, MA: Harvard University Press.

Moore, M. H. (2013). *Recognizing Public Value*. Cambridge, MA: Harvard University Press.

Moore, M. H. & Jean, H. (2008). "Innovations in Governance". *Public Management Review*, 10(1):3—20.

Morrison, E. W. (2002). "Newcomers' Relationships: The Role of Social Network Ties During Socialization". *Academy of Management Journal*, 45(6): 1149—1160.

Morris, P. (2011). *Religious Diversity in the Workplace: Questions and Concerns'*, *Auckland*. New Zealand: Human Rights Commission.

Morse, R. S. (2008). *Developing Public Leaders in an Age of Collaborative Governance*. In Morse, R. S. & Buss, T. F. (Eds.)(2008). "Innovations in Public Leadership Development". *Armonk*, *NY: M. E. Sharpe*, pp.79—100.

Moshe, M. (2010). "It's about Time: Policy Time". *Policy Studies*, 31(3):

319—330.

Motivaction. (2013). *Mentaliteitstrends 2013* [*Mentality Trends 2013*]. Amsterdam: Motivaction.

Moulton, S. & Wise, C. (2010). "Shifting Boundaries Between the Public and Private Sectors: Implications from the Economic Crisis". *Public Administration Review*, 70(3):349—360.

Moynihan, D. P. & Pandey, S. K. (2010). "The Big Question for Performance Management: Why do Managers Use Performance Information?" *Journal of Public Management Research and Theory*, 20(4):849—866.

Mulgan, G. (2014). *Innovation in the Public Sector: How Can Organizations Better Create, Improve and Adapt?* London: Nesta.

Mulgan, R. (2003). *Holding Power to Account: Accountability in Modern Democracies*. Basingstoke: Palgrave Macmillan.

Mulgan, R. (2014). *Making Open Government Work*. Basingtoke: Palgrave Macmillan.

Murphy, M., Arenas, D. & Batista, J. M. (2015). "Value Creation in Cross-Sector Collaborations: The Roles of Experience and Alignment". *Journal of Business Ethics*, 130(1):145—162.

Mutuku, D. (2015). "How Huduma is Transforming Public Service". Standard Digital see: http://www.standardmedia.co.ke/article/2000169141/howhuduma-is-transforming-public-service.

Myers, D. (2000). *American Paradox*. New Haven: Yale University Press.

Myers, K. K. & Sadaghiani, K. (2010). "Millennials in the Workplace: A Communication Perspective on Millennials' Organizational Relationships and Performance". *Journal of Business and Psychology*, 25(2):225—238.

Nabatchi, T. (2012). *Democracy in Motion: Evaluating the Practice and Impact of Deliberative Civic Engagement*. Oxford: Oxford University Press.

Nabatchi, T. (2014). "Deliberative Civic Engagement in Public Administration and Policy". *Journal of Public Deliberation*, 10(1):1—4.

Nabatchi, T., Ertinger, E. & Leighninger, M. (2015). "The Future of Public Participation: Better Design, Better Laws, Better Systems". *Conflict Resolutions Quarterly*, 33(s1):35—44.

Nabatchi, T. & Leighninger, M. (2015). *Public Participation for 21st Century Democracy*. New York: John Wiley & Sons.

Naisbitt, J. (1988). *Megatrends: Ten New Directions Changing Our Lives*. New York: Grand Central Publishing.

National Population & Talent Division. (2013). "A Sustainable Population for a Dynamic Singapore: Population White Paper". Available at: http://population.sg/whitepaper/resource-files/population-white-paper.pdf.

Needham, C. & Mangan, C. (2014). *The 21st Century Public Servant*. Birmingham: University of Birmingham.

Needham, C., Mangan, C. (2016). "The 21st Century Public Servant. Working at Three Boundaries of Public and Private". *Public Money and Management*, 36(4):265—272.

Neo, B. S. & Geraldine, C. (2007). *Dynamic Governance: Embedding Culture, Capabilities and Change in Singapore*. Singapore: World Scientific.

Newman, J. & Clarke, J. (2009). *Publics, Politics and Power: Remaking the Public in Public Services*. London: Sage.

Ng, E. S., Lyons, S. T. & Schweitzer, L. (Eds.)(2012). *Managing the New Workforce: International Perspectives on the Millennial Generation*. Cheltenham: Edward Elgar Publishing.

Ng, E. S., Lyons, S. & Schweitzer, L. (2012). *Managing the New Workforce*. Cheltenham: Edward Elgar Publishing.

Ng, E. S., Schweitzer, L. & Lyons, S. T. (2010). "New Generation, Great Expectations: A Field Study of the Millennial Generation". *Journal of Business and Psychology*, 25(2):281—292.

NIA(International Institute on Ageing)(2015). *World Population Ageing 2013*. Malta: United Nations.

Nieuwenkamp, R. (2001). *De Prijs Van Het Politieke Primaat: Wederzi-jds Vertrouwen en Loyaliteit in de Verhouding Tussen Bewindspersonen en Ambtelijke Top*. Delft: Eburon.

Ning, L., Xiaoming, Z., Harris, T. B., Xin, L. & Kirkman, B. L. (2016). "Recognizing 'Me' Benefits 'We': Investigating the Positive Spillover Effects of Formal Individual Recognition in Teams". *Journal of Applied Psychology*, 101(7):925—939.

Noe, R. A. (1988). "An Investigation of the Determinants of Successful Assigned Mentoring Relationships". *Personnel Psychology*, 41(3):457—479.

Noordegraaf, M. (2004). *Management in Het Publieke Domein: Issues, Instituties en Instrumenten*. Bussum: Coutinho.

Noordegraaf, M. (2007). "From 'Pure' to 'Hybrid' Professionalism Present-day Professionalism in Ambiguous Public Domains". *Administration & Society*, 39(6):761—785.

Noordegraaf, M. (2015). *Public Management: Performance, Professionalism and Politics*. Basingstoke: Palgrave Macmillan.

Norwegian Ministry of Government Administration and Reform. (2008). "Leadership in Norway's Civil Service". Norwegian Ministry of Government Administration and Reform.

Nye, J. C. (2010). *The Powers to Lead*. Oxford: Oxford University Press.

OECD. (2005). "Managing Conflict of Interest in the Public Sector A Toolkit".

OECD. (2008). *OECD Key Environmental Indicators*. Paris: OECD.

OECD. (2009). *Government at a Glance*. Paris: OECD.

OECD. (2010). The Emerging Middle Class In Developing Countries' Working Paper No.285. Available at: https://www.oecd.org/dev/44457738.pdf.

OECD. (2015). *Government at a Glance*. Paris: OECD.

OECD. (2015). *OECD Public Governance Reviews: Estonia and Finland; Fostering Strategic Capacity across Governments and Digital Services across Borders*. Paris: OECD.

O'Flynn, J. (2009). "The Cult of Collaboration in Public Policy". *Australian Journal of Public Administration*, 68(1):112—116.

O'Flynn, J. (2009). "The Cult of Collaboration in Public Policy". *The Australian Journal of Public Administration*, 68(1):112—116.

Ohm, P. (2010). "Broken Promises of Privacy: Responding to the Surprising Failure of Anonymization". *UCLA Law Review*, 57(6):1701.

O'Leary, R. (2005). *The Ethics of Dissent*. Managing Guerilla Government. London: CQ Press.

O'Leary, R. (2010). "Guerrilla Employees: Should Managers Nurture, Tolerate, or Terminate Them?" *Public Administration Review*, 70(1):8—19.

O'Leary, R. & Vij, N. (2012). "Collaborative Public Management: Where Have We been and Where are We Going?" *The American Review of Public Administration*, 42(5):507—522.

O'Leary, R., Yujin, C. & Gerard, C. M. (2012). "The Skill Set of the Successful Collaborator". *Public Administration Review*, 72(1):570—583.

O'Neill, B. (2013). "The Ethics of Whistleblowing". Mises Institute see: https://mises.org/library/ethics-whistleblowing.

Osborne, D. & Gaebler, T. (1992). *Reinventing Government: How the Entrepreneurial Spirit Is Transforming the Public Sector*. Reading: Addison-Wesley.

Osborne, S. P. (2006). "The New Public Governance?" *Public Management Review*, 8(3):377—388.

Osborne, S. P. (2009). "Debate: Delivering Public Services: Are We Asking the Right Questions?" *Public Money & Management*, 29(1):5—7.

Osborne, S. P. & Brown, K. (2005). *Managing Change and Innovation in Public Service Organizations*. London and New York: Routledge.

Osborne, S. P. & Brown, K. (2013). "Introduction: Innovation in Public Services". In Osborne, S. P. & Brown, K. (Eds.), *Handbook of Innovation in Public Services*. Cheltenham, UK: Edward Elgar, pp.1—14.

Osborne, S. P. & Brown, L. (2011). "Innovation, Public Policy and Public

Services Delivery in the UK: The Word That Would Be King?" *Public Adminis-tration*, 89(4):1335—1350.

Osborne, S. P. (Ed.)(2010). *The New Public Governance: Emerging Per-spectives on the Theory and Practice of Public Governance*. London; New York: Routledge.

Osborne, S. P., Radnor, Z. & Nasi, G. (2013). "A New Theory for Public Service Management? Toward a (Public) Service-dominant Approach". *The American Review of Public Administration*, 43(2):135—158.

Oster, S. M. (1995). *Strategic Management for Nonprofit Organizations: Theory and Cases*. New York: Oxford University Press.

Ostrom, E. (1996). "Crossing the Great Divide: Coproduction, Synergy, and Development". *World Development*, 24(6):1073—1087.

Overmyer, S. P. (2011). *Implementing Telework: Lessons Learned from Four Federal Agencies*. Arlington, VA: IBM Center for the Business of Government.

Overview of Andhra Pradesh Smartcard Project. (2010). Retrieved from http://www.rd.ap.gov.in/smartcard/note_smartcard.

Paarlberg, L. E. & Lavigna, B. (2010). "Transformational Leadership and Public Service Motivation: Driving Individual and Organizational Performance". *Public Administration Review*, 70(5):710—718.

Page, E. (2012). *Policy without Politicians: Bureaucratic Influence in Comparative Perspective*. Oxford: Oxford University Press.

Paine, L. S. (1994). "Managing for Organizational Integrity". *Harvard Bus-iness Review*, 72(2):106—117.

Paine, L. S. (2000). "Does Ethics Pay?" *Business Ethics Quarterly*, 10(1): 319—330.

Pajo, K. & McGhee, P. (2003). "The Institutionalisation of Business Eth-ics: Are New Zealand Organisations Doing Enough?" *Journal of Management & Organization*, 9(1):52—65.

Parks, R. B., Paula, C. B., Larry, K., Ronald, O., Elinor, O., Vincent,

O., Stephen, L. P., Martha, B. V., Gordon, P. W. & Rick, W. (1981). "Consumers as Co-producers of Public Services: Some Economic and Institutional Considerations". *Policy Studies Journal*, 9(7):1001—1011.

Parry, E., Unite, J., Chuddzikowski, K., Briscoe, J. P. & Shen, Y. (2012). *Career Success in the Younger Generation*. In Ng, E. S., Lynons, S. T. & Schweitzer, L. (Eds.), *Managing the New Workforce: International Perspectives in the Millennial Generation*. Cheltenham, UK: Edward Elgar Publishing Limited, pp.242—261.

Partridge, P. H. (1974). "An Evaluation of Bureaucratic Power". *Australian Journal of Public Administration*, 33(2):99—115.

Pasotti, E. (2010). *Political Branding in Cities: The Decline of Machine Politics in Bogotá, Naples, and Chicago*. Cambridge; New York: Cambridge University Press.

Peixoto, T. (2014). "Participatory Budgeting Map". https://maps.google. com/maps/ms?ie = UTF8&hl = en&msa = 0&msid = 210554752554258740073. 00045675b996d14eb6c3a&t=m&11=40.979898, 14.765625&spn=145.175291, 298.828125&z=1&source=embed [accessed January 30, 2015].

Penn, M. & Kinney Zalesne, E. (2009). *Microtrends: The Small Forces Behind Tomorrow's Big Changes*. New York: Twelve.

Perrewé, P. L. & Nelson, D. L. (2004). "Gender and Career Success: The Facilitative Role of Political Skill". *Organizational Dynamics*, 33(4):366—378.

Perrow, C. (1986). "Economic Theories of Organization". *Theory and Society*, 15(1):11—45.

Perry, J. L. (1996). "Measuring Public Service Motivation: An Assessment of Construct Reliability and Validity". *Journal of Public Administration Research and Theory*, 6(1):5—22.

Perry, J. L. (2000). "Bringing Society in: Toward a Theory of Public Service Motivation". *Journal of Public Administration Research and Theory*, 10(2): 471—488.

Perry, J. L., Hondeghem, A. & Wise, L. R. (2010). "Revisiting the Motivational Bases of Public Service: Twenty Years of Research and an Agenda for the Future". *Public Administration Review*, 70(5):681—690.

Perry, J. L. & Wise, L. R. (1990). "The Motivational Bases of Public Service". *Public Administration Review*:367—373.

Pestoff, V. (1995). *Citizens as Co-producers of Social Services—from the Welfare State to the Welfare Mix*. In Pestoff, V. (Ed.), *Reforming Social Services in Central and Eastern Europe—An Eleven Nation Overview*. Cracow: Academy of Economics, pp.29—117.

Pestoff, V. (1998). *Beyond the Market and State: Social Enterprises and Civil Democracy in a Welfare Society*. Farnham: Ashgate.

Peters, B. G. & Barker, A. (1993). *Advising West European Governments: Inquiries, Expertise and Public Policy*. Edinburgh: Edinburgh University Press.

Petersen, J. L. (2000). *Out of the Blue: How to Anticipate Big Future Surprises*. Lanham: Madison Books.

Pew. (2010), web source: http://www.pewresearch.org/2010/03/11/portraitof-the-millennials/.

Pina e Cunha, M. (2005). *Bricolage in Organizations*. Lisbon: Mimeo.

Pink, D. H. (2009). *Drive: The Surprising Truth about What Motivates Us*. New York: Penguin.

Pitts, D. W. & Wise, L. R. (2010). "Workforce Diversity in the New Millennium: Prospects for Research". *Review of Public Personnel Administration*, 30(1):44—69.

Pollitt, C. (2000). *How Do We Know How Good Public Services Are? Governance in the Twenty-first Century: Revitalizing the Public Service*. Montreal: McGill-Queen's University Press, pp.119—152.

Pollitt, C. (2000). "Institutional Amnesia: A Paradox of the 'Information Age'?" *Prometheus*, 18(1):5—16.

Pollitt, C. (2008). *Time*, *Policy*, *Management*: *Governing with the Past*: *Governing with the Past*. Oxford: Oxford University Press.

Pollitt, C. (2009). "Bureaucracies Remember, Post-bureaucratic Organizations Forget?" *Public Administration*, 87(2):198—218.

Pollitt, C. (2010a). "Cuts and Reforms—Public Services as We Move into a New Era". *Society and Economy*, 32(1):17—31.

Pollitt, C. (2010b). *Simply the Best? The International Benchmarking of Reform and Good Governance*. *Comparative Administrative Change and Reform*: *Lessons Learned*. Montreal; Ithaca: McGill-Queen's University Press, pp. 91—113.

Pollitt, C. (2011). "30 Years of Public Management Reforms: Has There Been a Pattern?" World Bank Blog: Governance for Development". Available at: http://blogs.worldbank.org/governance/30-years-of-publicmanagement-reforms-has-there-been-a-pattern.

Pollitt, C. & Bouckaert, G. (2011). *3rd Ed. Public Management Reform*: *A Comparative Analysis-new Public Management*, *Governance*, *and the Neo-Weberian State*. Oxford; New York: Oxford University Press.

Porfon, L. D. (2013). *"Organisational System Gender Bias Within Canadian Public Sector Organisations"*. Athabasca University, Master of Arts-Integrated Studies.

Porter, M. E. & Kramer, M. R. (2006), "Strategy and Society: The Link Between Competitive Advantage and Corporate Social Responsibility". *Harvard Business Review*, 84(12):78—92.

Prahalad, C. K. & Venkat, R. (2004). "Co-creation Experiences: The Next Practice in Value Creation". *Journal of Interactive Marketing*, 8(3):5—14.

Provan, K. G. & Kenis, P. (2008). "Modes of Network Governance: Structure, Management, and Effectiveness". *Journal of Public Administration Research and Theory*, 18(2):229—252.

Public Sector Commission. (2014). "General Workforce and Diversity Planning". Government of Western Australia see: https://publicsector. wa. gov. au/ workforce/workforce-planning/toolkit.

Public Service Commission of Canada. (2014). "Guidance Document for Participating in Non-Candidacy Political Activities". See: http://www.psc-cfp.gc.ca/ plac-acpl/guidance-direction-eng.htm.

Public Service Division(2016). http://www.psd.gov.sg/what-we-do/developing-leadership-in-the-service.

Public Services Alliance. (2015). "DIY Workforce: Uberization of American Jobs". Available at: http://publicservicesalliance. org/2015/07/13/diy-workforce-uberization-of-american-jobs/.

Putters, K. (2009). "Besturen Met Duivelselastiek". Inaugural lecture: Erasmus University Rotterdam.

Puttick, R., Baeck, P. & Colligan, P. (2014). *I-teams: The Teams and Funds Making Innovation Happen in Governments Around the World*. UK: Nesta.

Quah, Jon S. T. (2011). *Curbing Corruption in Asian Countries: An Impossible Dream?* Bingley: Emerald Group Publishing.

Quah, Jon S. T. (2015). "Evaluating the Effectiveness of Anti-corruption Agencies in Five Asian Countries". *Asian Education and Development Studies*, 4(1):143—159.

Rabin, J. (2003). "*Encyclopedia of Public Administration and Public Policy: A-J Decker Encyclopedia Series*". CRC.

Rabin, J. (2003). *Encyclopedia of Public Administration and Public Policy(Vol.1)*. AJ. Boca Raton: CRC Press.

Radnor, Z. J. & Boaden, J. (2004). "Developing an Understanding of Corporate Anorexia". *International Journal of Operations and Production Management*, 24(4):424—440.

Radnor, Z. & Stephen P. O. (2013). "Lean: A Failed Theory for Public Services?" *Public Management Review*, 15(2):265—287.

Ragins, B. R. (1997). "Diversified Mentoring Relationships in Organizations: A Power Perspective". *Academy of Management Review*, 22(2):482—521.

Ragins, B. R. & Kram, K. E. (2007). *The Handbook of Mentoring at Work: Theory, Research, and Practice*. Los Angeles: Sage Publications.

Raile, E. D. (2013). "Building Ethical Capital: Perceptions of Ethical Climate in the Public Sector". *Public Administration Review*, 73(2):253—262.

Ramirez, E. B. J., Ohlahausen, M. K. & McSweeny, T. (2016). "Big Data: A Tool for Inclusion or Exclusion? Understanding the Issues'". FTC Report.

Ramirez, R., Mukherjee, M., Vezzoli, S. & Kramer, A. M. (2015). "Scenarios as a Scholarly Methodology to Produce 'Interesting Research'". *Futures*, 71:70—87.

RAND. (2013). "Cyber-security threat characterization". Retrieved from http://www.rand.org/content/dam/rand/pubs/research_reports/RR200/RR235/RAND_RR235.pdf.

Rayner, J., Lawton, A. & Williams, H. M. (2012). "Organizational Citizenship Behavior and the Public Service Ethos: Whither the Organization?" *Journal of Business Ethics*, 106(2):117—130.

Rayner, J. Williams, H. M., Lawton, A. & Allinson, C. W. 2011. "Public Service Ethos: Developing a Generic Measure". *JPART*, 21(1):27—51.

Redman, B. (2014). "Snowden and Institutional Corruption, What Have We Learnt". Edmond J. Safra. Center For Ethics see: http://ethics.harvard.edu/blog/snowden-and-institutional-corruption-what-have-we-learned.

Redman-Simmons, L. (2009). *"Bureaucracy vs. the Public Service Ethos: Contemporary Concepts of Public Service"*. NYSPSA 63rd Annual Conference.

Rehg, M. T., Miceli, M. P., Near, J. P. & Van Scotter, J. R. (2008). "Antecedents and Outcomes of Retaliation Against Whistleblowers: Gender Differences and Power Relationships". *Organization Science*, 19(2):221—240.

Reitman, R. (2011). "Will the Rise of WikiLeaks Competitors Make Whistleblowing Resistant to Censorship?" Electronic Frontier Foundation see:

https://www.eff.org/deeplinks/2011/02/will-rise-wikileaks-competitors-make.

Reynaers, A. (2014). "It Takes Two to Tangle: Public Private Partnerships and Their Impact on Public Values". Doctoral Thesis, VU University Amsterdam.

Reynaers, A. M. (2015). "Public Water in Private Hands: A Case Study on the Safeguarding of Public Values in the First DBFMO in the Dutch Water Sector". *International Journal of Water Governance*, 3(2):1—16.

Rhisiart, M. & Poli, R. (2015). "Ethical Issues in Futures Studies: Theoretical Development and Applications". *Futures*, 71:88—90.

Rhodes, R. A. W. (1994). "The Hollowing Out of the State: The Changing Nature of the Public Service in Britain". *The Political Quarterly*, 65(2):125—233.

Rhodes, R. A. W. (1996). "The New Governance: Governing without Government". *Political Studies*, 44(4):652—667.

Rhodes, R. A. W. (2011). *Everyday Life in British Government*. Oxford: Oxford University Press.

Rhodes, R. A. W. (2016). "Recovering the Craft of Public Administration". *Public Administration Review*, 76(4):638—647.

Rhodes, R. A. W. & Wanna, J. (2007). "The Limits to Public Value, or Rescuing Responsible Government from the Platonic Guardians". *Australian Journal of Public Administration*, 66(4):406—421.

Riccucci, N. (2002). *Managing Diversity in Public Sector Workforces*. New York: Westview Press.

Riccucci, N. M. (2009). "The Pursuit of Social Equity in the Federal Government: A Road Less Traveled?" *Public Administration Review*, 69(3):373—382.

Riccucci, N. M. (2010). *Public Administration: Traditions of Inquiry and Philosophies of Knowledge*. Washington, D. C.: Georgetown University Press.

Ridley-Duff, R. & Bull, S. (2015). *Understanding Social Enterprise*. London: Sage.

Rittel, H. W. & Webber, M. M. (1973). "Dilemmas in a General Theory of Planning". *Policy Sciences*, 4(2):155—169.

Ritz, A., Brewer, G. A. & Neumann, O. (2016). "Public Service Motivation: A Systematic Literature Review and Outlook". *Public Administration Review*, 76(3):414—426.

Roberts, A. S. (2012). "Transparency in Troubled Times". Tenth World Conference of the International Ombudsman Institute, November 2012; Suffolk University Law School Research, pp.12—35.

Roberts, B. H. (2014). *Managing Systems of Secondary Systems. Policy Responses in International Development*. Brussels: Cities Alliance.

Roberts, D. & Ackerman, S. (2015). "NSA Mass Phone Surveillance Revealed by Edward Snowden Ruled Illegal". The Guardian see: http://www.theguardian.com/us-news/2015/may/07/nsa-phone-records-program-illegal-court.

Roberts, N. C. & Paula, J. K. (1996). *Transforming Public Policy: Dynamics of Policy Entrepreneurship and Innovation*. San Francisco, CA: Jossey-Bass Publishers.

Roberts, N. C. & Raymond, T. B. (1991). "Stakeholder Collaboration and Innovation: A Study of Public Policy Initiation at the State Level". *Journal of Applied Behavioral Science*, 27(2):209—227.

Roberts, R. (2009). "The Rise of Compliance-based Ethics Management: Implications for Organizational Ethics". *Public Integrity*, 11(3):261—278.

Rodrigues, R., Huber, M. & Lamura, G. (Eds.)(2012). "Facts and Figures on Healthy Ageing and Long-term Care". European Centre for Social Welfare Policy and Research: Vienna.

Rodwan, J. G. (2015). "Should Public Schools Close for Christian, Jewish, and Muslim Holidays?" The Humanist see: http://thehumanist.com/news/religion/should-public-schools-close-for-christian-jewish-and-muslim-holidays.

Roland Berger Strategy Consultants. (2011). "Trend Compendium 2030". Available at: https://www.rolandberger.com/gallery/trend-compendium/tc2030/

content/assets/trendcompendium2030.pdf.

Romme，A. G. L. & Van Witteloostuijn，A. (1999). "Circular Organizing and Triple Loop Learning". *Journal of Organizational Change Management*，12(5):439—454.

Rorh，J. (1992). *Ethics for Bureaucrats: An Essay on Law and Values(2nd Ed.)*. New York: CRC Press.

Rosenbloom，D. (2015). "The Constitution and a Reasonable Public Servant". In Lee，L. X. H. & Rosenbloom，D. (Eds.) *A Reasonable Public Servant: Constitutional Foundations of Administrative Conduct in the United States*. New York: Routledge，pp.3—18.

Rosen，Y. (2015). *Handbook of Research on Technology Tools for Real World Skill Development*. Hershey，PA: Information Science Reference.

Rose，R. P. (2013). "Preferences for Careers in Public Work: Examining the Government-Nonprofit Divide Among Undergraduates through Public Service Motivation". *The American review of Public Administration*，43(4):416—437.

Rothkopf，D. (2008). *Superclass: The Global Power Elite and the World They Are Making*. New York: Macmillan.

Rustin，B. (1955). "Speaking Truth to Power: A Quaker Search for an Alternative to Violence". Retrieved from https://afsc. org/sites/afsc. civicactions. net/files/documents/Speak_Truth_to_Power.pdf.

Rutgers，M. (2008). "Sorting Out Public Values? On the Contingency of Value Classifications in Public Administration". *Administrative Theory & Praxis*，30:92—113.

Rutgers，M. (2010). "Theory and Scope of Public Administration: An Introduction to the Study's Epistemology". *Public Administration Review*. Foundations of Public Administration Series，pp.1—45.

Rutgers，M. (2015). "As Good as It Gets? On the Meaning of Public Value in the Study of Policy and Management". *American Review of Public Administration*，45:29—45.

Rutgers, M. R. (2005). "Retracing Public Administration". *Public Administration*, 83(1):243—264.

Rutgers, M. R. & Beck Jørgensen, T. (2014). "Tracing Public Values Change: A Historical Study of Civil Service Job Advertisements". *Contemporary Readings in Law and Social Justice*, 6(2):59—80.

Ryde, R. (2012). *Never Mind the Bosses: Hastening the Death of Deference for Business Success*. New York: John Wiley & Sons.

Samet, R. H. (2014). "Complexity Science and Theory Development for the Futures Field". *Futures*, 44:504—513.

Scassa, T. (2014). "Privacy and Open Government". *Future Internet*, 6(2): 397—413.

Schall, E. (1997). "Public-sector Succession: A Strategic Approach to Sustaining Innovation". *Public Administration Review*, 57(1):4—10.

Schein, E. H. (1992). *Organizational Culture and Leadership*. San Francisco: Jossey Bass.

Schillemans, T. (2008). "Accountability in the Shadow of Hierarchy. The Horizontal Accountability of Agencies in the Netherlands". *Public Organization Review*, 8:175—194.

Schillemans, T. (2011). "Does Horizontal Accountability Work? Evaluating Potential Remedies for the Accountability Deficit of Agencies". *Administration & Society*, 43(4):387—416.

Schillemans, T. (2015). "Managing Public Accountability: How Public Managers Manage Public Accountability". *International Journal of Public Administration*, 38(6):433—441.

Schmidt, J. M. (2015). "Policy, Planning, Intelligence and Foresight in Government Organizations". *Foresight*, 17(5):489—511.

Schnabel, P. (2015). *Angst Voor de Toekomst en Onvrede Spelen Nederland Parten*. Dossier Sociale Vraagstukken(online publication: http://www.socialevraagstukken.nl/angst-voor-de-toekomst-en-onvrede-spelen-nederland- parten/).

Schooner, S. L., Katzenbach, J. R., Kotter, J. P. & Smith, D. K. (1997). *Change, Change Leadership, and Acquisition Reform.*

Schrobsdorff. (2015), "The Millennial Beard: Why Boomers Need Their Younger Counterparts". *TIME Magazine*, 3 December 2015.

Schumpeter, J. (1942). *Creative Destruction: Capitalism, Socialism and Democracy.* New York: Harper, pp.82—85.

Schwartz, M. S., Dunfee, T. W. & Kline, M. J. (2005). "Tone at the Top: An Ethics Code for Directors?" *Journal of Business Ethics*, 58(1—3):79—100.

Scottish Co-production Network. (2013). Case Study—Lochside Neighbourhood Group: Making a Difference in Our Neighbourhood. Available at: http://www.coproductionscotland.org.uk/files/7513/8728/4017/Lochside_case_study.pdf.

Scott, T. W. & Tiessen, P. (1999). "Performance Measurement and Managerial Teams". *Accounting Organizations and Society*, 24(3):263—285.

Scott, W. R. (1992). *Organizations: Rational, Natural and Open Systems (3rd ed.).* Englewood Cliffs, NJ: Prentice Hall.

Scott, W. R. (2008). "Lords of the Dance: Professionals as Institutional Agents". *Organization Studies* 29(2):219—238.

SCP. (2015). De Sociale Staat van Nederland [The Social State of the Netherlands]. The Hague: SCP.

Selsky, J. W. & Parker, B. (2005). "Cross-sector Partnerships to Address Social Issues: Challenges to Theory and Practice". *Journal of Management*, 31(6):840—873.

Seltzer, L. (2013). "How Snowden Got the NSA Documents". ZDNet see: http://www.zdnet.com/article/how-snowden-got-the-nsa-documents/.

Senge, P. M. (1990). *The Fifth Discipline: The Art and Practice of the Learning Organization.* New York: Doubleday.

Senge, P. M. (1999). *The Dance of Change: The Challenges to Sustaining Momentum in Learning Organizations.* New York: Crown Business.

Sevilla, I. S. (2014). "Effectiveness of Whistleblowing—Before and After the Digital Age: An Analysis of the Impact of Whistleblowing on Documents". MPP Professional Paper, The University of Minnesota.

Shanker, V. P. (2013). "Indian Transgender Passes Test Before Exam". Aljazeera see: http://www. aljazeera. com/indepth/features/2013/12/indiantransgender-passes-test-before-exam-2013129145640227933.html.

Shaw, S. & Fairhurst, D. (2008). "Engaging a New Generation of Graduates". *Education+Training*, 50(5):366—378.

Silverman, R. E. (2011), "Performance Reviews Lose Steam. Some Companies Find New Ways to Motivate, Exchange Feedback; A Few Scrap the Practice Altogether". *Wall Street Journal*, 19 December 2011.

Sims, R. R. (2003). "Ethics and Corporate Responsibility. Why Giants Fall". *Westport*, CT: Greenwood.

Sims, R. R. & Brinkmann, J. (2003). "Enron Ethics(or: Culture Matters More Than Codes)". *Journal of Business Ethics*, 45(3):243—256.

Sinclair, A. (1995). "The Chameleon of Accountability: Forms and Discourses". *Accounting Organizations and Society*, 20(2):219—237.

Skagerlind, H. H., Westman, M. & Berglund, H. (2015). "Corporate Social Responsibility through Cross-sector Partnerships: Implications for Civil Society, the State, and the Corporate Sector in India". *Business and Society Review*, 120(2):245—275.

Smith, J. E. & Saritas, O. (2011). "Science and Technology Foresight Baker's Dozen: A Pocket Primer of Comparative and Combined Foresight Methods". *Foresight*, 13(2):79—96.

Smith, W. K., Gonin, M. & Besharov, M. (2013). "Managing Social-Business Tensions: A Review and Research Agenda for Social Enterprise". *Business Ehtics Quarterly*, 23(3):407—442.

Solem, K. E. (2011). "Integrating Foresight into Government. Is It Possible? Is It Likely?" *Foresight*, 13(2):18—30.

Sonenshein, R. J. (2013). *When the People Draw the Lines: An Examina-*

tion of the California Citizens Redistricting Commission. Sacramento：League of Women Voters of California.

Staff Correspondent. （2016）. "Public servants Get Guidelines on Social Media". Prothom Alo see：http：//en.prothom-alo.com/bangladesh/news/98607/Govt-issues-guidelines-on-using-social-media.

Stamper, C. L. & Johlke, M. C. (2003). "The Impact of Perceived Organizational Support on the Relationship Between Boundary Spanner Role Stress and Work Outcomes". *Journal of Management*, 29(4)：569—588.

Standard Digital. (2015). "Government to Open 22 Additional Huduma Centers across the Country". See：http：//www.standardmedia.co.ke/business/article/2000148367/government-to-open-22-additional-hudumacentres-across-the-country.

Stark, A. (2014). "Bureaucratic Values and Resilience：An Exploration of Crisis Management Adaptation". *Public Administration*, 92(3)：692—706.

State of Victoria Department of Education and Early Childhood Development. (2012). "Stakeholder Engagement Framework". Available at：http://www.education.vic.gov.au/Documents/about/programs/partnerships/stakeholderengagement11.pdf.

Steelman, T. A. (2010). *Implementing Innovation：Fostering Enduring Change in Environmental and Natural Resource Governance.* Washington, D. C.：Georgetown University Press.

Stella, M. & Hartley, J. (2013). *Dancing on Ice：Leadership with Political Astuteness by Senior Public Servants in the UK.* Milton Keynes UK：The Open University Business School.

Stevens, M. J. & Campion, M. A. (1994). "The Knowledge, Skill, and Ability Requirements for Teamwork：Implications for Human Resource Management". *Journal of Management*, 20：503—530.

Stevens, M. S. (2013). "The Facebook Question：Social Media and Local Government HR Practices".

Stewart, J. (2006). "Value Conflict and Policy Change". *Review of Policy*

Research, 23(1):183—195.

Stigler, G. J. (1971). "The Theory of Economic Regulation". *Bell Journal of Economics and Management Science*, 2:3—21.

Stiglitz, J., Abernathy, N., Hersh, A., Konczal, M. & Holmberg, S. (2015). "Rewriting the Rules of the American Economy". Retrieved from http://rooseveltinstitute.org/rewriting-rules-report/.

Storey, D. (2014). "Setting the Scene: The Rise of Secondary Cities: Presentation for the Asia Development Dialogue: Building Resilience and Effective Governance of Emerging Cities in ASEAN". Available at: http://lkyspp.nus.edu.sg/wp-content/uploads/2014/01/Asia-Development-Dialogue-STOREY-Rev-Final-20140331.pdf.

Suchman, M. C. (1995). "Managing Legitimacy: Strategic and Institutional Approaches". *Academy of Management Review*, 20(3):571—610.

Su, X. & Bozeman, B. (2009). "Dynamics of Sector Switching: Hazard Models Predicting Changes from Private Sector Jobs to Public and Nonprofit Sector Jobs". *Public Administration Review*, 69(6):1106—1114.

Su, X. & Bozeman, B. (2015). "Public Service Motivation Concepts and Theory: A Critique". *Public Administration Review*, 75(5):700—710.

Swiering, J. & Wierdsma, A. (1992). *Becoming a Learning Organization: Beyond the Learning Curve*. Addison-Wesley: Reading.

Taleb, N. N. (2007). *The Black Wwan: The Impact of the Highly Improbable*. New York: Random House.

Tamás, G. (2015). "Strategia Sapiens—Strategic Foresight in a New Perspective". *Foresight*, 17(5):405—426.

Taylor, H. F. (1911). *Principles of Scientific Management*. New York and London: Harper and Brothers.

Taylor, P. & Urwin, P. (2001). "Age and Participation in Vocational Education and Training". *Work, Employment & Society*, 15(4):763—779.

Teisman, G. R. & Klijn, E. H. (2002). "Partnership Arrangements: Governmental Rhetoric or Governance Scheme?" *Public Administration Review*, 62(2):197—205.

Tenbrunsel, A. E., Smith-Crowe, K. & Umphress, E. E. (2003). "Building Houses on Rocks: The Role of the Ethical Infrastructure in Organizations". *Social Justice Research*, 16(3):285—307.

Tene, O. & Polonetsky, J. (2013). "Judged by the Tin Man: Individual Rights in the Age of Big Data". *Journal on Telecommunications and High Technology Law*, 11(2):351—368.

Tepper, B. J. (1995). "Upward Maintenance Tactics in Supervisory Mentoring and Nonmentoring Relationships". *Academy of Management Journal*, 38(4):1191—1205.

Terjesen, S., Vinnicombe, S. & Freeman, C. (2007). "Attracting Generation Y Graduates: Organisational Attributes, Likelihood to Apply and Sex Differences". *Career Development International*, 12(6):504—522.

Term Planning Tool for Developing Countries. Available at: http://www.undp.org/content/dam/undp/library/capacity-development/English/Singapore%20Centre/GPCSE_Foresight.pdf.

Terry, L. D. (1995). *Leadership of Public Bureaucracies: The Administrator as Conservator*. Thousand Oaks, CA: Sage.

Tevis, R. E. (2010). "Creating the Future: Goal-oriented Scenario Planning". *Futures*, 42:337—344.

Thacher, D. & Rein, M. (2004). "Managing Value Conflict in Public Policy". *Governance*, 17(4):457—486.

't Hart, P. (1993). "Symbols, Rituals and Power: The Lost Dimensions of Crisis Management". *Journal of contingencies and crisis management*, 1(1): 36—50.

't Hart, P. (2013). "After Fukushima: Reflections on Risk and Institutional Learning in an Era of Mega-crises". *Public Administration*, 91(1):101—113.

't Hart, P. (2014a). *Understanding Public Leadership*. Basingstoke: Palgrave Macmillan.

't Hart, P. (2014b). *Ambtelijk Vakmanschap 3.0 : De Zoektocht Naar Het Handwerk Van de Overheidsmanager*. The Hague : VOM.

't Hart, P. (2014c). "Collaborating to Manage : A Primer for the Public Sector". *Public Administration*, 92(3) : 763—764.

't Hart, P. & Wille, A. (2006). "Ministers and Top Officials in the Dutch Core Executive : Living Together, Growing Apart?" *Public Administration*, 84(1) : 121—146.

The Economist. (2014). "A Troubling Trajectory". Available at : http://www.economist.com/news/finance-and-economics/21636089-fears-are-growing-trades-share-worlds-gdp-has-peaked-far.

Thompson, D. (2008). "Who Should Govern Who Governs? The Role of Citizens in Reforming the Electoral System". In Mark, E. W. & Hilary, P. (Eds.). *Designing Deliberative Democracy : The British Columbia Citizens' Assembly*, New York : Cambridge University Press, pp.20—49.

Tidd, J. & Bessant, J. (2009), *Managing Innovation : Integrating Technological, Market and Organizational Change*, 5th Edition. New York : Wiley & Sons.

Tideman, T. N. & Tullock, G. (1976). "A New and Superior Process for Making Social Choices". *The Journal of Political Economy* : 1145—1159.

Tom, A. (2012). "Viewpoint : Gartner on the Changing Nature of Work". BBC News. Available at : http://www.bbc.com/news/business-16968125.

Tosey, P., Visser, M. & Saunders, M. N. K. (2012). "The Origins and Conceptualisations of 'Triple-loop' Learning : A Critical Review". *Management Learning*, 43(3) : 291—307.

Trevino, K. L., Hartman, P. L. & Brown, M. (2000). "Moral Person and Moral Manager : How Executives Develop a Reputation for Ethical Leadership". *California Management Review*, 42(4) : 128.

Treviño, L. K., Brown, M. & Hartman, L. P. (2003). "A Qualitative Investigation of Perceived Executive Ethical Leadership: Perceptions from Inside and Outside the Executive Suite". *Human Relations*, 56(1):5—37.

Treviño, L. K., Hartman, L. P. & Brown, M. E. (2000). "Moral Person and Moral Manager: How Executives Develop a Reputation for Ethical Leadership". *California Management Review*, 42(4):128—142.

Triana, M. D., Garcia, M. F. & Colella, A. (2010). "Managing Diversity: How Organisational Efforts to Support Diversity Moderate the Effects of Perceived Racial Discrimination on Affective Commitment". *Personnel Psychology*, 63(4):817—843.

Trommel, W. A. (2009). *Gulzig, Bestuur* [*Greedy Governance*]. The Hague: Boom Bestuurskunde.

Tschirhart, M., Reed, K. K., Freeman, S. J. & Anker, A. L. (2008). "Is the Grass Greener? Sector Shifting and Choice of Sector by MPA and MBA Graduates". *Nonprofit and Voluntary Sector Quarterly*, 37(4):668—688.

Tullock, G. (1976). *The Vote Motive*. London: IEA.

Tully, C. (2015). "Stewardship of the Future Using Strategic Foresight in 21st Century Governance UNDP Global Centre for Public Service Excellence". Available at: http://www. undp. org/content/dam/undp/library/capacity-development/English/Singapore%20Centre/GCPSE_Stewardship-Foresight2015.pdf.

Tuomo, K. (2011). *Practising Strategic Foresight in Government*. The Cases of Finland, Singapore, and the European Union. Singapore: RSIS.

Turkle, S. (2012). *Alone Together: Why We Expect More from Technology and Less from Each Other*. New York: Basic Books.

Twenge, J. M. (2006). *Generation Me: Why Today's Young Americans Are More Confident, Assertive, Entitled—And More Miserable Than Ever Before*. New York, NY: Free Press.

Twenge, J. M. (2010). "A Review of the Empirical Evidence on Generational Differences in Work Attitudes". *Journal of Business and Psychology*, 25(2): 201—210.

Twenge, J. M. & Campbell, S. M. (2012). "Who are the Millennials? Empirical Evidence for Generational Differences in Work Values, Attitudes and Personality". Lyons, S., Ng, E. & Schweitzer, L. (Eds.) *Managing the New Workforce: International Perspectives on the Millennial Generation*. Cheltenham: Edward Elgar, pp.152—180.

Twenge, J. M., Campbell, W. K. & Freeman, E. C. (2012). "Generational Differences in Young Adults' Life Goals, Concern for Others, and Civic Orientation, 1966—2009". *Journal of Personality and Social Psychology*, 102(5): 1045.

Twenge, J. M., Campbell, W. K. & Gentile, B. (2012). "Generational Increases in Agentic Self-evaluations among American College Students, 1966—2009". *Self and Identity*, 11(4):409—427.

Twenge, J. M. & Kasser, T. (2013). "Generational Changes in Materialism Societal Insecurity and Materialistic Role Modeling". *Personality and Social Psychology Bulletin*, 39(7):883—897.

Twenge, J. M., Sherman, R. A. & Sonja, L. (2016). "More Happiness for Young People and Less for Mature Adults: Time Period Differences in Subjective Well-Being in the United States, 1972—2014". *Social Psychological and Personality Science*, 7(2):131—141.

UNDP(2011). "Human Development Report 2011: Sustainability and Equity: A Better Future for All". Available at: http://hdr.undp.org/sites/default/files/reports/271/hdr_2011_en_complete.pdf.

UNDP(2013). "Human Development Report 2013: The Rise of the South: Human Progress in a Diverse World". Available at: http://hdr.undp.org/sites/default/files/reports/14/hdr2013_en_complete.pdf.

UNDP Global Centre for Public Service Excellence(2015). *Using Strategic Foresight in 21st Century*. Singapore: UNDP.

UNESCO(2011). "GMR Gender Overview". Available at: http://www.unesco.org/new/fileadmin/MULTIMEDIA/HQ/ED/pdf/gmr2011-genderoverview.pdf.

United Nations Population Division(2006). "World Urbanization Prospects: The 2005 Revision". New York: United Nations.

United Nations Population Division(2013). "World Fertility Report 2013: Fertility at the Extremes". Available at: http://www. un. org/en/development/ desa/population/publications/pdf/fertility/worldFertilityReport2013.pdf.

USAID. (2006). "Stakeholder Collaboration: An Imperative for Education Quality". Available at: http://pdf.usaid.gov/pdf_docs/Pnadg024.pdf.

Usher, R. & Bryant, I. (1989). *Adult Education as Theory, Practice, and Research: The Captive Triangle.* London: Routledge.

Vancoppenolle, D., Mirko, N. & Martijn van der, S. (2011). "Politieke Ambtenaren? Formele en Feitelijke Rolverschillen Tussen Nederlandse Politiek Assistenten en Vlaamse Kabinetsmedewerkers". *Bestuurskunde*, 20(2):63—74.

Van de Donk, W. (2001). *De Gedragen Gemeenschap.* Den Haag: SDU Uitgevers.

Vandenabeele, W. (2008). "Government Calling: Public Service Motivation as an Element in Selecting Government as an Employer of Choice". *Public Administration*, 86(4):1089—1105.

Van den Heuvel, J. H. J, Huberts, L. W. J. C., Van der Wal, Z. & Steenbergen, K. (2010). *Integriteit Van Het Lokaal Bestuur: Raadsgriffiers en Gemeentesec-retarissen over Integriteit.* Den Haag: Lemma.

Van den Heuvel, J. H. J., Huberts, L. W. J. C. & Verberk, S. (2002). *Het Morele Gezicht Van de Overheid: Waarden, normen en beleid* [*The Moral Face of Government: Values, Norms and Policy*]. Utrecht, The Netherlands: Lemma.

Van der Meer, F. M., Van den Berg, C. F. & Dijkstra, G. S. (2013). "Rethinking the 'Public Service Bargain': The Changing (Legal) Position of Civil Servants in Europe". *International Review of Administrative Sciences*, 79(1): 91—109.

Van der Steen, M. (2015). "De Gelaagde Praktijk Van Ambtelijk Vakmanschap". In Uijlenbroek, J. J. M. (Ed.). *Staat Van de Ambtelijke Dienst: De Over-*

heid in Tijden Van Verandering. The Hague: CAOP.

Van der Steen, M., Scherpenisse, J. & Van Twist, M. (2015). *Sedimentatie in Sturing-systeem Brengen in Netwerkend Werken Door Meervouding Organiseren*. The Netherlands: NSOB.

Van der Steen, M. & Van der Duin, P. (2012). "Learning Ahead of Time: How Evaluation of Foresight May Add to Increased Trust, Organizational Learning and Future Oriented Policy and Strategy". *Futures*, 44:487—493.

Van der Steen, M., Van der Wal, Z. & Bloemen, P. (2016). "Adaptive Capacity and Policy Design in Successful Small Countries: The Delta Works Case in the Netherlands". *Paper Presented at GDN Workshop*, 26—27 February 2016, Singapore.

Van der Steen, M. & Van Twist, M. (2012). "Beyond Use: Evaluating Foresight That Fits". *Futures*, 44:475—486.

Van der Veen, R. & Trommel, W. (1999). "Managed Liberalization of the Dutch Welfare State: A Review and Analysis of the Reform of the Dutch Social Security System, 1985—1998". *Governance*, 12(3):289—310.

Van der Voet, J., Kuipers, B. S. & Groeneveld, S. M. (2016). "Implementing Change in Public Organizations: The Relationship Between Leadership and Affective Commitment to Change in a Public Sector Context". *Public Management Review*, 18(6):842—865.

Van der Voet, J. & Vermeeren. (2016). "Change Management in Hard Times Can Change Management Mitigate the Negative Relationship Between Cutbacks and the Organizational Commitment and Work Engagement of Public Sector Employees?" *The American Review of Public Administration*.

Van der Wal, Z. (2008). *Value Solidity: Differences, Similarities and Conflicts Between the Organizational Values of Government and Business*. Amsterdam: VU University.

Van der Wal, Z. (2011). "The Content and Context of Organizational Ethics". *Public Administration*, 89(2):644—660.

Van der Wal, Z. (2013). "Mandarins Versus Machiavellians? On Differences Between Work Motivations of Administrative and Political Elites". *Public Administration Review*, 73(5):749—759.

Van der Wal, Z. (2014b). *What Drives Public Managers in Tough Governance Settings? In Governing Asia: Reflections on a Research Journey*. Singapore: World Scientific Publishing Company, pp.197—205.

Van der Wal, Z. (2014). "Elite Ethics: Comparing Public Values Prioritization Between Administrative Elites and Political Elites". *International Journal of Public Administration*, 37(14):1030—1043.

Van der Wal, Z. (2015a). "'All Quiet on the Non-Western Front?' A Review of Public Service Motivation Scholarship in Non-Western Contexts". *Asia Pacific Journal of Public Administration*, 37(2):69—86.

Van der Wal, Z. (2015b). "Future Business and Government Leaders of Asia: How Do They Differ and What Makes Them Tick?" *Journal of Business Ethics*, 1—14.

Van der Wal, Z. (2016). "Small Countries, Big Performers: In Search of Shared Strategic Public Sector HRM Practices in Successful Small Countries". *International Journal of Public Administration*, 1—16.

Van Der Wal, Z, De Graaf, G. & Lasthuizen, K. (2008). "What's Valued Most? Similarities and Differences Between the Organizational Values of the Public and Private Sector". *Public Administration*, 86(2):465—482.

Van der Wal, Z., de Graaf, G. & Lawton, A. (2011). "Competing Values in Public Management. Introduction to the Symposium Issue". *Public Management Review*, 13(3):331—341.

Van der Wal, Z., de Graaf, G. & Van Montfort, C. (2011). "Introductie: Goed Bestuur als Management Van Spanningen Tussen Publieke Waarden". *Bestuurskunde*, 20(2):2—4.

Van der Wal, Z., Graycar, A. & Kelly, K. (2016). "See No Evil, Hear No Evil? Assessing Corruption Risk Perceptions and Strategies of Victorian Public

Bodies". *Australian Journal of Public Administration*, 75(1):3—17.

Van der Wal, Z., Nabatchi, T. & De Graaf, G. (2015). "From Galaxies to Universe: A Cross-Disciplinary Review and Analysis of Public Values Publications from 1969 to 2012". *The American Review of Public Administration*, 45(1):13—28.

Van der Wal, Z. & Yang, L. (2015). "Confucius Meets Weber or 'Managerialism Takes All'? Comparing Civil Servant Values in China and the Netherlands". *International Public Management Journal*, 18(3):411—436.

Van de, W. (2014). "Building Resilience in Public Organizations: The Role of Waste and Bricolage". *The Innovation Journal: The Public Sector Innovation Journal*, 19(2).

Van de Walle, S., Van Roosbroek, S. & Bouckaert, G. (2008). "Trust in the Public Sector: Is There Any Evidence for a Long-term Decline?" *International Review of Administrative Sciences*, 74(1):47—64.

Van Dijk, J. A. (2005). *The Deepening Divide: Inequality in the Information Society*. Thousand Oaks: Sage Publications.

Van Dooren, W., Bouckaert, G. & Halligan, J. (2015). *Performance Management in the Public Sector*. London: Routledge.

Van Montfort, A. J. G. M., Beck, L. & Twijnstra, A. A. H. (2013). "Can Integrity be Taught in Public Organizations? The Effectiveness of Integrity-Training Programs for Municipal Officials". *Public Integrity*, 15(2):117—132.

Van Rijn, M. & Van der Burgt, R. (2012). *Handboek Scenarioplanning: Toekomstscenario's Als Strategisch Instrument Voor Het Managen Van Onzekerheid: Kijk over de Horizon, Voorzie, Anticipeer en Word Succesvol*. Deventer: Kluwer.

Van Wart, M. (2013). "Lessons from Leadership Theory and the Contemporary Challenges of Leaders". *Public Administration Review*, 73(4):553—565.

Van Wart, M., Hondeghem, A., Schwella E. & Swino, P. (2015). *Leadership and Culture: Comparative Models of Top Civil Servant Training*. Basingstoke：Palgrave Macmillan.

Varum, C. A. & Melo, C. (2010). "Directions in Scenario Planning Litera-ture—A Review of the Past Decades". *Futures*, 42：355—369.

Vielmetter, G. & Sell, Y. (2014). *Leadership 2030：The Six Megatrends You Need to Understand to Lead Your Company into the Future*. AMACOM Div American Mgmt Assn.

Vitell, S. J. & Singhapakdi, A. (2008). "The Role of Ethics Institutionaliza-tion in Influencing Organizational Commitment, Job Satisfaction, and Esprit de Corps". *Journal of Business Ethics*, 81(2)：343—353.

Vogel, R. & Frost, J. (2009). "Innovating in the German Public Sector：How a Think Tank Frames the Debate on NPM". *The Innovation Journal：The Public Sector Innovation Journal*, 14(2)：1—21.

Von Hippel, E. (2005). "Democratizing Innovation：The Evolving Phenome-non of User Innovation". *International Journal of Innovation Science*, 1(1)：29—40.

Voorberg, W. H., Bekkers, V. J. J. M. & Tummers, L. G. (2015). "A Sys-tematic Review of Co-creation and Coproduction：Embarking on the Social Inno-vation Journey". *Public Management Review*, 17(9)：1333—1357.

Waehrens, B. V. & Riis, J. O. (2010). "Failures to Enact the Future—A Social Practice Perspective". *Futures*, 42：328—336.

Waldmeir, P. (2015). "China Outlines Regulations for Car-hailing Apps Such As Uber". The Financial Times see：http://www.ft.com/intl/cms/s/0/d08338b6-6fde-11e5-ad6d-f4ed76f0900a.html#axzz3x9HLVuVm.

Waldo, D. (1988). *The Enterprise of Public Administration：A Summary View*. Novato, CA：Chandler & Sharp Publishers.

Walker, R. M., Damanpour, F. & Devece, C. A. (2011). "Management In-novation and Organizational Performance：The Mediating Effect of Performance Management". *Journal of Public Administration Research and Theory*, 21(2)：367—386.

Watkins, M. (2013). "Making Virtual Teams Work: Ten Basic Principles". *Harvard Business Review*.

Watt, I. (2012). "Reflections on My First Year as Secretary of the Department of the Prime Minister and Cabinet and Thoughts on the Future". Address to the Institute of Public Administration Australia, ACT Division, Great Hall, Parliament House, October, 5.

Wayland, R. (2015). "Strategic Foresight in a Changing World". *Foresight*, 17(5):444—459.

Weaver, G. R., Treviño, L. & Cochran, P. L. (1999). "Corporate Ethics Programs as Control Systems: Influences of Executive Commitment and Environmental Factors". *Academy of Management Journal*, 42(1):41—57.

Weber, M. (1919). *Wissenschaft als Beruf* (*Vol. 1*). Munich & Leipzig: Duncker & Humblot.

Weber, M. (1921). "The Definition of Sociology and Social Action. Max Weber: Economy and Society, Berkeley". *CA*: *University of California Press*, 1978, pp.4—26.

Weber, M. (1968). *Politics as a Vocation*. Philadelphia: Fortress Press.

Weggeman, M. C. D. P. (2007). *Leidinggeven aan Professionals*: *Niet Doen*. Schiedam: Scriptum.

Weick, K. E. (1993). "The Collapse of Sensemaking in Organizations: The Mann Gulch Disaster". *Administrative Science Quarterly*, 38(4):628—652.

Weick, K. E. (2005). "Organizing and Failures of Imagination". *International Public Management Journal*, 8(3):425—438.

Weigand, K., Flanagan, T., Dye, K. & Jones, P. (2014). "Collaborative Foresight: Complementing Long-horizon Strategic Planning". *Technological Forecasting and Social Change*, 85:134—152.

Wilkinson, A. & Kupers, R. (2013). "Living in the Futures". *Harvard Business Review*. Available at: https://hbr.org/2013/05/living-in-thefutures.

Wilkins, V. M. (2006). "A Mixed Bag: The Supreme Court's Ruling on the

ADEA and Disparate Impact". *Review of Public Personnel Administration*, 26：269—274.

Wilkins, V. M. & Williams, B. N. (2008). "Black or Blue: Racial Profiling and Representative Bureaucracy". *Public Administration Review*, 68(4):654—664.

Williams, A. (2015). "More Over, Millennials, Here comes Generation Z". *The New York Times*. Retrieved from http://www. nytimes. com/2015/09/20/fashion/move-over-millennials-here-comes-generation-z.html?_r=0.

Williams, C. L., Chandra, M. & Kristine, K. (2012). "Gendered Organizations in the New Economy". *Gend Soc.* 26(4):549—573.

Williams, P. (2002). "The Competent Boundary Spanner". *Public Administration*, 80(1):103—124.

Williams, P. (2010). "Special Agents: The Nature and Role of Boundary Spanners. Paper to the ESRC Research Seminar Series—'Collaborative Futures: New Insights from Intra and Inter-Sectoral Collaborations'". *University of Birmingham*, February 2010.

Williams, P. (2013). "We Are All Boundary Spanners Now?" *International Journal of Public Sector Management*, 26(1):17—32.

Wilson, W. (1887). "The Study of Public Administration". *Political Science Quarterly*, 2(2):197—222.

Witesman, E. & Walters, L. (2016). "The Public Values of Political Preference". *International Journal of Public Administration*, 39(1):63—73.

Wolf, C. (2011). "China's Next Buying Spree: Foreign Companies". *The Wall Street Journal*. Available at: http://www. wsj. com/articles/SB1000142405274870475430457609588053386442.

Wood, C., Steve, T., Knell, N., Pittman, E. & Mulholland, J. (2014). "2014 Digital Cities: Winners Focus on Innovation, Boosting Transparency and Privacy". See: http://www. govtech. com/local/Digital-Cities-Survey-2014.html?page=2.

World Bank. (2010). "World Development Report 2010: Development and Climate Change". Available at: http://siteresources. worldbank. org/INTW-DR2010/Resources/5287678-1226014527953/WDR10-Full-Text.pdf.

World Bank. (2014). "Trade(% of GDP)". Available at: http://data.world-bank.org/indicator/NE.TRD.GNFS.ZS.

World Economic Forum. (2016). *The Future of Jobs*. Geneva: World Economic Forum.

Worstall, T. (2013). "More People Have Mobile Phones Than Toilets". Forbes Magazine, 23 March 2013.

Wright, B. E. & Grant, A. M. (2010). "Unanswered Questions about Public Service Motivation: Designing Research to Address Key Issues of Emergence and Effects". *Public Administration Review*, 70(5):691—700.

Wu, X., Ramesh, M, Howlett, M. (2015). "Policy Capacity: A Conceptual Framework for Understanding Policy Competences and Capabilities". *Policy and Society*, 34:165—171.

Wynen, J., Verhoest, K., Ongaro, E. & Thiel, S. V. (2013). "Innovation-Oriented Culture in the Public Sector: Do Managerial Autonomy and Result Control Lead to Innovation?" *Public Management Review*, 16(1):45—66.

Xu, V. (2015). "Edward Snowden Talks Ethics of Whistleblowing". *The Stanford Daily*. see: http://www. stanforddaily. com/2015/05/18/edwardsnowden-talks-ethics-of-whistleblowing/.

Yadron, D., Ackerman, S. & Thielman, S. (2016). "Inside the FBI's Encryption Battle with Apple". *The Guardian* see: https://www.theguardian.com/technology/2016/feb/17/inside-the-fbis-encryption-battle-with-apple.

Yam, K. C., Klotz, A., He, W. & Reynolds, S. J. (2014). "Turning Good Soldiers into Bad Apples: Examining When and Why Citizenship Behavior Leads to Deviance". *Academy of Management Annual Meeting Proceedings*, 2014(1): 97—102.

Yates, J. (1989). "The Emergence of the Memo as a Managerial Genre".

Management Communication Quarterly, 2(4):485—510.

Yuthas, K., Jesse, F. D. & Rodney, K. R. (2004). "Beyond Agency and Structure: Triple-Loop Learning". *Journal of Business Ethics*, 51(2):229—243.

Zhu, X. (2013). "Mandate Versus Championship: Vertical Government Intervention and Diffusion of Innovation in Public Services in Authoritarian China". *Public Management Review*, 16(1):117—139.

译后记

正如本书的作者泽格·范德沃尔教授在前言中所说:"我比以往更加确信,这个世界需要善治的政府、优秀的行政官以及高效的公共管理者"。面对易变性(volatility)、不确定性(uncertainty)、复杂性(complexity)和模糊性(ambiguity)为特征的 VUCA 时代,公共管理和公共管理者需要做出回应。本书的翻译出版正是应时代的呼唤而做出的行动。

作为一本兼具理论和实践知识的书籍,本书主要从 21 世纪公共管理的"传统"与"新生"展开探讨,分析了公共管理发展的趋势与驱动因素以及公共管理者面临的要求、困境与机遇;在公共管理中需要注重管理利益相关者的多元性,审慎面对管理权威的动荡,同时要充分发掘和管理新型劳动力和创新力量,处理管理道德的复杂性,平衡管理短期与长期视野,通过跨部门协作提升管理效率。书中的每个章节都从传统与现实的冲击入手,辅以具体的案例实践与专栏讨论,提出 VUCA 时代的公共管理者所需要具备的理论能力、知识储备和实践技能。希望本书的出版,能够为广大的公共管理研究者及实践者,包括公共行政,公共政策,公共管理等相关专业的师生提供理论的思考和实践的参考,作为有价值的工具教材和专业书籍。

本书的翻译工作从 2019 年开始,当时在中山大学政治与公共事务管理学院就读本科的三位同学,杜联繁、罗瑞婧、尹思菲参与了相关内容的翻译,其中罗瑞婧主要参与了第三、七、八、十二章内容的翻译,尹思菲主要参与了第二、四、六、九章内容的翻译,杜联繁主要参与了前言、第一、五、十、十一章内容的翻译并协助了全书的后期校对和修订工作。三位同学在 2023 年研究生顺利毕业,走上了各自的工作岗位。在本书即将付梓之际,谨向她们致谢和祝贺。本书系教育部人文社会科学重点研究基地重大项目"共同富裕背景下的城市治理现代化与城乡融合发展"(22JJD630023)的阶段性成果以及广州市人文社会科学重点研究基地成果。在出版过程中，格致出版社的裴乾坤、顾悦和王萌等编辑提供了专业而细致的指引和服务，对于她们的工作表示衷心感谢。

时代一如既往地前行。近年来井喷的生成式人工智能（Generative Artificial Intelligence，GAI）及其带来的革新性内容（Artificial Intelligence Generated Content，AIGC）乃至呼之欲出的通用人工智能（Artificial General Intelligence，AGI）必将（或者已经）掀起新一轮的公共管理变革以及对公共管理者的挑战。这种变革和挑战是颠覆式的、彻底的甚至不可逆转的。我们可能会彷徨、无助甚至悲观，但更多的是应该接受、拥抱和创新。正如本书带给我们的启示，无论技术如何冲击，时代如何变化，公共管理者都要直面挑战，把握技术的理性，提升管理的效率，坚持治理的温度，肩负善治的使命，永远走在变革的最前沿。

叶林

2024 年 2 月于广州

图书在版编目(CIP)数据

21 世纪的公共管理者 : 挑战与策略 / (荷)泽格·
范德沃尔著 ; 叶林等译. — 上海 : 格致出版社 : 上海
人民出版社,2024.6
ISBN 978 - 7 - 5432 - 3539 - 7

Ⅰ. ①2… Ⅱ. ①泽… ②叶… Ⅲ. ①公共管理-研究
Ⅳ. ①D035 - 0

中国国家版本馆 CIP 数据核字(2024)第 051691 号

责任编辑 裴乾坤
封面设计 路　静

21 世纪的公共管理者:挑战与策略

[荷]泽格·范德沃尔　著

叶林等　译

出　　版　格致出版社
　　　　　上海人民出版社
　　　　　(201101　上海市闵行区号景路 159 弄 C 座)
发　　行　上海人民出版社发行中心
印　　刷　上海商务联西印刷有限公司
开　　本　720×1000　1/16
印　　张　22.5
插　　页　3
字　　数　361,000
版　　次　2024 年 6 月第 1 版
印　　次　2024 年 6 月第 1 次印刷
ISBN 978 - 7 - 5432 - 3539 - 7/C · 306
定　　价　108.00 元